ESPORTES DE RAQUETE

ESPORTES DE RAQUETE

ORGANIZADORES

João Guilherme Cren Chiminazzo
Taisa Belli

MANOLE

Produção editorial: Retroflexo Serviços Editoriais
Revisão de tradução e revisão de prova: Depto. editorial da Editora Manole
Projeto gráfico: Depto. editorial da Editora Manole
Diagramação: HiDesign Estúdio
Ilustrações: HiDesign Estúdio
Capa: Ricardo Yoshiaki Nitta Rodrigues
Imagens da capa: iStock

CIP-BRASIL. CATALOGAÇÃO NA PUBLICAÇÃO
SINDICATO NACIONAL DOS EDITORES DE LIVROS, RJ

E78

Esportes de raquete / organização João Guilherme Cren Chiminazzo, Taisa Belli. - 1. ed. - Santana de Parnaíba [SP] : Manole, 2021.
; 23cm.

ISBN 9786555760927

1. Esportes. 2. Jogos de raquete. I. Chiminazzo, João Guilherme Cren II. Belli, Taisa.

21-69860 CDD: 796.34
CDU: 796.34

Meri Gleice Rodrigues de Souza - Bibliotecária - CRB-7/6439

Edição brasileira – 2021

Direitos em língua portuguesa adquiridos pela:
Editora Manole Ltda.
Alameda América, 876 – Tamboré – 06543-315 – Santana de Parnaíba – SP – Brasil
Fone: (11) 4196-6000 | www.manole.com.br | https://atendimento.manole.com.br
Impresso no Brasil | *Printed in Brazil*

Dedico este livro aos meus pais, Sueli e João Batista, à minha esposa, Tatiana, e às minhas filhas, Giovanna e Giuliana, com carinho, respeito e gratidão.

Também quero dedicar a todos os professores e professoras, alunos e alunas, atletas e interessados em esportes de raquete. Que este livro possa servir de estímulo e/ou contribuição para a relação de cada um de vocês com os esportes de raquete. Que os impulsione e os determine a desenvolver trabalhos de forma digna, plena e consistente.

João Guilherme Cren Chiminazzo

Dedico este livro à minha família, com profunda gratidão. Em especial aos meus pais, Lourdes e Christiano, ao meu marido, Marco Aurélio, e à minha filha, Sofia.

Dedico ainda ao Grupo Interdisciplinar de Pesquisa em Esportes de Raquete – Griper-FCA-Unicamp. E a todos profissionais que atuam ou desejam atuar com os esportes de raquete. Este livro foi desenvolvido para vocês.

E dedico, com senso de equidade, a todas as mulheres atuantes nesse universo das raquetes, remetendo-me ao pensamento de Rupi Kaur: "Me levanto sobre o sacrifício de um milhão de mulheres que vieram antes e penso: O que é que eu faço para tornar esta montanha mais alta para que as mulheres que vierem depois de mim possam ver além?".

Taisa Belli

Organizadores

JOÃO GUILHERME CREN CHIMINAZZO

Possui graduação (bacharelado e licenciatura) em Educação Física pela Universidade Estadual de Campinas (Unicamp, 2001), mestrado em Educação Física pela Unicamp (2005), especialização em Fisiologia do Exercício: Prescrição do Exercício pela Universidade Estácio de Sá (2003) e doutorado em Educação Física pela Unicamp (2018) com período de intercâmbio sanduíche na Universidade de Almeria (Espanha). Atuou como gerente operacional técnico do *badminton* nos Jogos Olímpicos do Rio 2016, preparador físico e coordenador técnico de *badminton* na Confederação Brasileira de *Badminton* (CBBd) e preparador físico de futebol. Atualmente é docente do curso de Educação Física da UniEduk, líder do Grupo de Estudos em Futebol e Futsal (GEFF-UniEduk), fisiologista da Seleção Brasileira Feminina Sub-17 de Futebol, membro do Núcleo de Ciências do Esporte da CBBd e pesquisador em Esportes de Raquete.

TAISA BELLI

Líder da Universidade do Tênis de Mesa na Confederação Brasileira de Tênis de Mesa (CBTM). Professora colaboradora da Faculdade de Ciências Aplicadas da Universidade Estadual de Campinas (FCA-Unicamp), atuando no curso de graduação em Ciências do Esporte, no Programa de Pós-Graduação em Ciência da Nutrição e do Esporte e Metabolismo e como líder do Grupo Interdisciplinar de Pesquisa em Esportes de Raquete (Griper). Pesquisadora nas áreas de Fisiologia e Treinamento Desportivo. Graduada em Educação Física e mestre em Ciências Fisiológicas pela Universidade Federal de São Carlos (UFSCar), doutora em Ciências da Motricidade pela Universidade Estadual Paulista (Unesp/Rio Claro) e com pós-doutorado em Ciências do Movimento Humano pela Universidade Metodista de Piracicaba (Unimep).

Autores

Alaor Gaspar Pinto Azevedo

Profissional com mais de 35 anos de experiência nacional, na área médica, sendo vinte anos na área de gestão hospitalar e planejamento estratégico, ocupando posições de liderança em hospitais públicos e privados. Ex-atleta de tênis de mesa nas décadas de 1960 e 1970, com registro de títulos nacionais e internacionais. Presidente da Confederação Brasileira de Tênis de Mesa (CBTM) em oito mandatos. Ex-presidente da Confederação Sul-Americana de Tênis de Mesa (Consuteme). Membro do *Board* da Federação Internacional de Tênis de Mesa (ITTF).

Alessandro Moura Zagatto

Possui graduação em licenciatura em Educação Física pela Universidade Estadual Paulista Júlio de Mesquita Filho, mestrado e doutorado em Ciências da Motricidade pela mesma Universidade. Livre-docente em Biodinâmica do Rendimento Esportivo. Atualmente é professor adjunto RDIDP da Universidade Estadual Paulista Júlio de Mesquita Filho. Tem experiência na área de Ciência do Esporte e Fisiologia do Exercício, atuando principalmente nos seguintes temas: Respostas de Recursos Ergogênicos Tamponantes do Desempenho Esportivo; Métodos e Técnicas de Avaliação da Capacidade e Potência Aeróbia e Anaeróbia; Métodos de Recuperação Pós-Exercício. Coordenador do Programa de Pós-Graduação em Ciências da Motricidade Interunidades da Universidade Estadual Paulista (Unesp) e editor acadêmico da *Plos One*.

Alexandre Vinícius Bobato Tozetto

Mestre em Educação Física pela Universidade Federal de Santa Catarina (UFSC, 2016). Especialista em Futebol pela Universidade Federal de Viçosa (2015) e especialista em Esporte Escolar pela Universidade Estadual de Ponta Grossa (2011). Graduado em Educação Física, licenciatura (2010) e bacharelado (2011), pela Universidade Estadual do Centro-Oeste. Membro do Núcleo de Pesquisa em Pedagogia do Esporte (NuPPE) e do Laboratório de Pedagogia do Esporte (Lape) do Centro de Desportos da UFSC. Atualmente é educador na empresa Life Skill Brasil e doutorando pelo programa de Pós-Graduação em Educação Física do Centro de Desportos da UFSC.

Aline Miranda Strapasson

Doutora pela Faculdade de Educação Física da Universidade Estadual de Campinas (FEF-Unicamp). Professora da Escola de Educação Física, Fisioterapia e Dança (Esefid) da Universidade Federal do Rio Grande do Sul (UFRGS). Coordenadora do Projeto Escola de Esportes Adaptados e Paralímpicos da Esefid. Professora de *parabadminton* do projeto e pesquisadora da modalidade.

Amanda Rizzieri Romano

Psicóloga pela Universidade São Francisco (USF). Mestranda em Psicologia com ênfase em Avaliação Psicológica (linha de pesquisa: Construção, Validação e Padronização de Instrumentos de Medida) pela USF, bolsista Capes. Principais temas de investigação: Avaliação Psicológica, Psicometria e Desenvolvimento Positivo de Jovens no Esporte.

Caio Corrêa Cortela

Vice-presidente da Federação Paranaense de Tênis. Assessor de Coordenação do Departamento de Capacitação de Treinadores da Confederação Brasileira de Tênis (CBT). Coordenador dos Departamentos de Capacitação das Federações Paranaense e Paulista de Tênis. Doutor em Ciências do Movimento Humano pela Universidade Federal do Rio Grande do Sul (UFRGS), mestre em Treinamento Esportivo para crianças e jovens pela Universidade de Coimbra e treinador nível 3 pela Federação Internacional de Tênis (ITF). Atua com o tênis em diferentes vertentes, e nas áreas da Pedagogia do Esporte e do Desenvolvimento Profissional de Treinadores.

Camila Cardoso

Bacharel em Ciências do Esporte pela Faculdade de Ciências Aplicadas da Universidade Estadual de Campinas (FCA-Unicamp). Treinadora de tênis de mesa. Membro do Grupo Interdisciplinar de Pesquisa em Esportes de Raquete (Griper) da FCA-Unicamp.

Carlos Adelar Abaide Balbinotti

Professor titular da Escola de Educação Física, Fisioterapia e Dança (Esefid) da Universidade Federal do Rio Grande do Sul (UFRGS) e do Programa de Pós-Graduação em Ciências do Movimento Humano (PPGCMH) da UFRGS. Doutorado em Ciências do Desporto pela Universidade do Porto, Portugal. Mestrado em Ciências do Movimento Humano pela Esef/UFRGS. Licenciatura em Educação Física. Tem experiência na área da Educação Física, com ênfase em Pedagogia do Treino Desportivo e Tênis.

Cássia dos Santos Joaquim

Doutoranda pela Faculdade de Educação Física da Universidade Estadual de Campinas (FEF-Unicamp) e bolsista CNPq. Mestre em 2017 pela mesma Faculdade. Especialista em Educação e Interdisciplinaridade pelo Centro de Formação de Professores da Universidade Federal do Recôncavo da Bahia (CPF-UFRB). Bacharel e Licenciada pela FEF-Unicamp. Formada desde 2004, atuou durante sete anos como professora de Educação Física em escolas públicas e privadas (de São Paulo e na Bahia), como professora de clube (em Campinas-SP), de organizações não governamentais (em Campinas-SP e Indaiatuba-SP) e professora de Projeto de Extensão Universitária da UFRB.

Daniel Alvarez Pires

Graduado em Educação Física pela Universidade do Estado do Pará (UEPA), mestre em Educação Física pela Universidade São Judas Tadeu (USJT) e doutor em Ciências do Esporte pela Universidade Federal de Minas Gerais (UFMG). Desde 2007 é professor do *Campus* Universitário de Castanhal da Universidade Federal do Pará (UFPA). Desde 2019 é professor do Programa de Pós-Graduação em Ciências do Movimento Humano (PPGCMH) da UFPA. Tem experiência nas áreas de Educação Física e Esporte, com ênfase em Psicologia do Esporte e do Exercício. Autor de artigos científicos e palestras sobre a síndrome de *burnout* no contexto esportivo.

Diego Pinto Jabois

Possui graduação em licenciatura e bacharelado na área de Educação Física pela Universidade Metropolitana de Santos (Fefis-Unimes). Especialização em Educação Física Escolar (*lato sensu*) pela Universidade Gama Filho. Pós-graduado em Pedagogia do Esporte pelo Instituto Unyleya Faculdade Integrada (Brasília-DF). Instrutor de *badminton* certificado pela Federação Paulista de *Badminton* (Febasp) e pela Confederação Brasileira de *Badminton* (CBBd). Mestre em Educação Física pela Universidade São Judas Tadeu. Na mesma instituição, membro do grupo de estudo e pesquisa Diálogo. Atualmente é professor em efetivo exercício do Estado de São Paulo e da Prefeitura de Itanhaém-SP.

Evandro Morais Peixoto

Docente do Programa de Pós-Graduação *Stricto Sensu* em Psicologia da Universidade São Francisco (USF). Mestre e doutor em Psicologia como Profissão e Ciência pela Pontifícia Universidade Católica de Campinas (PUC-Campinas), com estágio doutoral desenvolvido na Université du Québec à Trois-Rivières UQTR (Canadá) e estágio pós-doutoral na USF. Membro do GT Avaliação Psicológica em Psicologia Positiva e Criatividade na Associação Nacional de Pesquisa e Pós-Graduação em Psicologia (Anpepp). Membro da Comissão Consultiva em Avaliação Psicológica CCAP/CFP. Principais temas de investigação: Avaliação Psicológica, Psicometria, Psicologia do Esporte e do Exercício e Desenvolvimento Positivo de Jovens no Esporte.

Felipe Arruda Moura

Possui graduação em bacharelado em Educação Física pela Universidade Estadual Paulista Júlio de Mesquita Filho (2003), mestrado em Ciências da Motricidade pela mesma Universidade (2006) e doutorado em Educação Física pela Universidade Estadual de Campinas (Unicamp). Atualmente é professor adjunto do Departamento de Ciências do Esporte da Universidade Estadual de Londrina (UEL) e orientador (mestrado e doutorado) e vice-coordenador do Programa de Pós-Graduação Associado em Educação Física. Tem experiência em pesquisas voltadas para a biomecânica aplicada ao esporte e exercício, desenvolvimento de tecnologias para a saúde e esporte, modelos matemáticos e computação aplicados ao esporte e processamento de sinais biológicos.

Francisco Jiménez Jiménez

Doutor em Educação Física. Professor titular da Universidad La Laguna (Tenerife, Espanha). Coordenador do Grupo de Investigación e Innovación Docente en la Actividad Física y el Deporte (GIIDAFD). Membro do Centro de Estudios de Ciencias del Deporte (Cecide), e da Red de Investigación en Aprendizaje – Servicio en Actividad Física y Deporte para la Inclusión Social (Riadis). Autor de diversos artigos e coautor de publicações relacionadas ao ensino do esporte. Docente na formação de professores de Educação Primária e Educação Secundária na especialidade de Educação Física. Orientou diversas teses relacionadas à didática da Educação Física e do ensino do esporte.

Gabriel Henrique Treter Gonçalves

Professor adjunto dos cursos de Educação Física do Centro de Ciências da Saúde e do Esporte (Cefid) da Universidade do Estado de Santa Catarina (Udesc). Doutor em Ciências do Movimento Humano pela Universidade Federal do Rio Grande do Sul (UFRGS). Pós-graduado em Gestão do Esporte pela Universität Leipzig (Alemanha). Coordenador do Núcleo de Estudos em Gestão e *Marketing* Esportivo (Nepegem/Udesc). Professor de tênis com experiência no ensino de crianças e jovens.

Geraldo Ricardo Hruschka Campestrini

Diretor da Confederação Brasileira de Tênis de Mesa (CBTM). Autor do livro *Plataforma de negócios do esporte: a gestão do esporte orientada pelo mercado* (2016). Doutor em Ciências do Exercício e do Esporte, na área de concentração Aspectos Biopsicossociais do Exercício Físico, pela Universidade do Estado do Rio de Janeiro (Uerj), com pesquisa relacionada ao impacto econômico de eventos esportivos. Mestre em Gestão do Desporto pela Faculdade de Motricidade Humana, Universidade Técnica de Lisboa-Portugal (2009). Especialista em Gestão e *Marketing* no Esporte pelo Instituto Catarinense de Pós-Graduação (2007). Bacharel em Ciência do Esporte pela Universidade Estadual de Londrina (UEL, 2004).

Guanis de Barros Vilela Junior

Professor titular do Programa de Pós-Graduação em Ciências do Movimento Humano (PPG-CMH) da Universidade Metodista de Piracicaba (Unimep). Fundador do Centro de Pesquisas Avançadas em Qualidade de Vida (CPAQV) e coordenador do Núcleo de Pesquisas em Biomecânica Ocupacional e Qualidade de Vida (CNPq). Membro da Associação Brasileira de Editores de Revistas Científicas (Abec), editor-chefe da revista *CPAQV* e fundador da Associação Brasileira das Ciências do Movimento Humano (ABCMH). Possui parcerias com grupos de pesquisa nacionais e internacionais. Atualmente orienta projetos de mestrado e doutorado ligados à qualidade de vida, biomecânica e inteligência artificial. Ministra as disciplinas de Epistemologia, Biomecânica e Inteligência Artificial aplicada à Saúde junto ao PPG-CMH.

Guy Ginciene

Doutor em Desenvolvimento Humano e Tecnologias pela Universidade Estadual Paulista (Unesp). Professor adjunto da Escola de Educação Física, Fisioterapia e Dança (Esefid) da Universidade Federal do Rio Grande do Sul (UFRGS). Professor do Programa de Pós-Graduação em Ciências do Movimento Humano (PPGCMH) da Esefid/UFRGS. Coordenador do Laboratório de Estudos Multidisciplinares em Esportes (Leme).

João Marcelo de Queiroz Miranda

Doutor em Educação Física pela Universidade São Judas Tadeu na área de treinamento esportivo aplicado a tenistas. Docente da Universidade Cidade de São

Paulo desde 2010, ministrando disciplinas como Esportes de Raquete, Treinamento Esportivo, Treinamento de Força, Esportes Individuais e Coletivos. Professor de Educação Física da Prefeitura Municipal de São Paulo, atuando na Educação Básica (Ensino Fundamental I e II). Formação complementar em cursos de tênis (Confederação Brasileira de Tênis - CBT e Federação Paulista de Tênis - FPT) e *badminton* (Federação de *Badminton* do Estado de São Paulo - Febasp). Treinador de *beach tennis* no contexto do lazer esportivo.

Júlia Barreira

Graduada e mestre em Educação Física pela Universidade Estadual de Campinas (Unicamp). Cursou por três anos a graduação de Estatística na mesma Universidade. Atualmente faz doutorado em Educação Física e é professora do curso de especialização em Bioquímica, Fisiologia, Treinamento e Nutrição Esportiva (Unicamp). Atua como docente do curso de graduação em Educação Física na Faculdade Anhanguera de Campinas e na Universidade São Francisco (USF). Além dos estudos realizados com análise de desempenho e esportes, trabalha como pesquisadora e professora na consultoria SOS Estatística.

Karine Jacon Sarro

Possui mestrado e doutorado em Educação Física na linha de pesquisa de biomecânica pela Universidade Estadual de Campinas (Unicamp), com doutorado sanduíche na Politecnico di Milano (Itália). Docente da Faculdade de Educação Física da Universidade Estadual de Campinas (FEF-Unicamp), orientadora de mestrado e doutorado no Programa de Pós-Graduação em Educação Física. Membro da diretoria da Sociedade Brasileira de Biomecânica. Atua na área de biomecânica, com ênfase em biomecânica da respiração e análise de movimentos em contexto esportivo, de atividade física e reabilitação.

Keiko Verônica Ono Fonseca

Professora titular da Universidade Tecnológica Federal do Paraná (UTFPR, Curitiba, Eletrônica). Vice-presidente da Confederação Brasileira de *Badminton* (CBBd, 2016-2020). Membro da Comissão de Ciências do Esporte da Badminton World Federation (BWF). Doutora (Universidade Federal de Santa Catarina, 1997), mestre (Universidade Estadual de Campinas, 1988) e bacharel (Universidade Federal do Paraná, 1985) em Engenharia Elétrica. Estágios: FH Karlsruhe (Alemanha, 1988), University of York (doutoral, Reino Unido, 1995) e Carnegie Mellon University (doutoral, EUA, 1995), Technische Universität Dresden (pós-doutoral, Alemanha, 2013). Prêmios: *BWF Women in Badminton*, por relevantes serviços ao *Badminton* Internacional (2016, China) e de Mérito Universitário (2019, UTFPR, primeira mulher agraciada). Atua no *badminton* desde 1992.

Klertianny Teixeira do Carmo

Docente da Faculdade de Horizonte (FMH), no ensino de Dança e Folclore no curso de Educação Física. Mestra em Educação Brasileira pela Faculdade de Educação da Universidade Federal do Ceará (UFC). Licenciada em Educação Física pelo Instituto de Educação Física e Esportes (Iefes) da UFC. Membro do Grupo de Pesquisa Corponexões: Corpo, Cultura e Sociedade, do Instituto Federal do Ceará (IFCE).

Larissa Rafaela Galatti

Doutora. Pesquisadora do Grupo de Estudos em Pedagogia do Esporte (Lepe). Docente e coordenadora associada do Curso de Ciências do Esporte da Faculdade de Ciências Aplicadas da Universidade Estadual de Campinas (FCA-Unicamp). Credenciada ao Programa de Pós-Graduação em Educação Física da Faculdade de Educação Física (FEF) da Unicamp. Suas pesquisas são centradas na Pedagogia do Esporte, em especial nas modalidades coletivas, desenvolvimento de atletas e de treinadoras e treinadores esportivos. É parecerista e membro de corpo editorial em diferentes países. Membro do Comitê Científico do International Council for Coaching Excellence (ICCE). Possui formação como *International Master Coach Developer* pela Nippon Coach Developer Academy (NCDA, Tóquio, Japão). Experiência como professora visitante, palestrante e formadora de treinadores(as) em países das Américas, da Europa, da África e da Ásia.

Layla Maria Campos Aburachid

Doutora em Ciências do Esporte pela Universidade Federal de Minas Gerais (UFMG). Professora adjunta III da Faculdade de Educação Física da Universidade Federal de Mato Grosso (UFMT). Coordenadora do Grupo de Pesquisa em Metodologias de Ensino e Psicologia do Esporte (Gemepe). Atua nas áreas de graduação, pós-graduação e formação continuada de professores e treinadores em diferentes modalidades. Membro do Núcleo de Ciências do Esporte da Confederação Brasileira de *Badminton* (CBBd) e capacitadora da Badminton World Federation (BWF). Experiência de trinta anos como ex-tenista juvenil, ex-atleta da Seleção Brasileira de *Badminton*, ex-treinadora de tênis e atual treinadora de *badminton* em programa de extensão universitária.

Leandro de Melo Beneli

Doutor em Educação Física (2018) pela Faculdade de Educação Física da Universidade Estadual de Campinas (FEF-Unicamp). MBA em Controladoria (2014) e Especialização em Metodologia e Gestão para o Ensino Superior a Distância (2012) pela Uniderp. MBA em Gestão de Projetos (2011) pela Faculdade Anhanguera de Campinas. Mestre (2007), bacharel (2002) e licenciado (2005) em Educação Física pela FEF-Unicamp. Atualmente é docente na Universidade Paulista (Unip – Limeira/Campinas) nas disciplinas de Esportes Coletivos e Individuais, Gestão em Academias e Trabalho de Conclusão de Curso. Sócio da AKDMIA de Basquete, onde atua como gestor administrativo-financeiro e pedagógico.

Leopoldo Katsuki Hirama

Doutor pela Faculdade de Educação Física da Universidade Estadual de Campinas (FEF-Unicamp). Professor adjunto da Universidade Federal do Recôncavo da Bahia (UFRB), no Centro de Formação de Professores (CPF), curso de licenciatura em Educação Física desde 2009. Investiga, atua e leciona na área da Pedagogia do Esporte, especificamente em Esportes Coletivos, Lutas e Valores Humanos.

Lucas Balduino

Jornalista com atuação na crônica esportiva há mais de dez anos. Graduado em Comunicação Social desde 2009, trabalhou em alguns dos principais veículos de imprensa do Sul do País a partir de 2010, ocupando os cargos de repórter e editor em jornais dos Grupos RBS e NSC – afiliadas da Globo. Atualmente exerce o cargo de assessor de comunicação da Confederação Brasileira de Tênis (CBT), acompanhando a rotina da entidade e cobrindo os grandes eventos esportivos das equipes nacionais da modalidade, como a Copa Davis e a Billie Jean King Cup, as Copas do Mundo do Tênis masculino e feminino, além dos Mundiais de *Beach Tennis* e Tênis em Cadeira de Rodas.

Luciano Juchem

Professor adjunto II do Colegiado de Educação Física da Universidade Federal do Vale do São Francisco (Univasf). Doutor em Ciências do Movimento Humano pela Escola de Educação Física, Fisioterapia e Dança (Esefid) da Universidade Federal do Rio Grande do Sul (UFRGS). Professor de tênis com experiência de mais de dezenove anos na formação de tenistas infantojuvenis.

Ludgero Braga Neto

Bacharel em Educação Física pela Universidade de São Paulo (USP, 1997). Mestre e doutor em Educação Física pela mesma Universidade (2003 e 2008, respectivamente). Tem experiência na área de Educação Física, atuando principalmente nos seguintes temas: Biomecânica dos Gestos Esportivos, especificamente no tênis (saque, *forehand e backhand*).

Mairin Del Corto Motta

Ex-atleta juvenil de *squash*, tendo integrado a Seleção Juvenil Brasileira nos anos de 2010 a 2012, é formada em Ciências do Esporte pela Faculdade de Ciências Aplicadas da Universidade Estadual de Campinas (FCA-Unicamp). Atualmente realiza mestrado pela Faculdade de Educação Física (FEF) da Unicamp e é membro do Laboratório de Estudos em Pedagogia do Esporte (Lepe) e do Grupo Interdisciplinar de Pesquisa em Esportes de Raquete (Griper), ambos localizados na FCA-Unicamp. As linhas de pesquisa em que atua são: Treinadores(as) de Esportes de Raquete, Conhecimentos e Competências de Treinadores(as), Contextos de Aprendizagem de Treinadores(as), Ensino-Treino dos Esportes de Raquete.

Maria Teresa Krähenbühl Leitão

Formada pela Escola Superior de Educação Física de Jundiaí. Especialização, mestrado, doutorado e pós-doutorado em Educação Física Adaptada na Faculdade de Educação Física da Universidade Estadual de Campinas (FEF-Unicamp). Professora titular na Escola Superior de Educação Física de Jundiaí desde 1996. Diretora nacional de esportes da *Special Olympics* Brasil. Coordenadora internacional de tênis da *Special Olympics* América Latina e SOI. Organizadora do tênis em Jogos Mundiais da *Special Olympics* em Atenas (2011), Los Angeles (2015) e Abu Dhabi (2018), Panamericanos (Brasil, México, Bolívia, Porto Rico, Bolívia), Latino-Americanos (El Salvador e Panamá), Centro-Americano (Panamá), e do Torneio Mundial Invitacional na República Dominicana (2018). Membro da Sports Resource Team (SRT) e Sports Resources Advisory Committee (SRAC) e Federação Sul-Americana de Atividade Física Adaptada (Fefasa).

Marta Cristina Lopes

Especialista pela Faculdade de Educação Física da Universidade Estadual de Campinas (FEF-Unicamp). Professora da Escola Estadual Miguel Vicente Cury. Tutora do Programa de Ensino de *Badminton* Escolar *Shuttle Time*. *Coach level* 1 pela Federação Mundial de *Badminton* (BWF). Professora de *badminton* e *parabadminton* (PBd) da Associação Esportiva Sankalp e técnica da Seleção Brasileira de *Parabadminton* (2018-2019).

Michel Milistetd

Professor adjunto da Universidade Federal de Santa Catarina (UFSC). Coordenador do Núcleo de Pesquisa em Pedagogia do Esporte (Nuppe) da UFSC. Possui graduação em Educação Física pela Pontifícia Universidade Católica do Paraná (PUCPR, 2004), mestrado em Ciências do Desporto pela Faculdade de Desporto da Universidade do Porto (2007) e doutorado em Educação Física pela UFSC (2015). Realizou estágio de pós-doutorado na Universidade de Ottawa/

Canadá (2020). Formação como *Coach Developer* pelo International Council for Coaching Excellence/Nippon Sports Sciences University (ICCE/NSSU). Consultor em organizações esportivas na formação de atletas e treinadores. Membro do grupo de trabalho internacional para desenvolvimento de treinadores de alta *performance* (ICCE). Atua nas áreas de Treinamento Esportivo, Pedagogia do Esporte e Formação de Treinadores.

Milton Shoiti Misuta

Possui graduação (2002), mestrado (2004) e doutorado (2009) em Educação Física pela Universidade Estadual de Campinas (Unicamp). Atualmente é professor RDIDP na Faculdade de Ciências Aplicadas (FCA) da Unicamp/Limeira e atua como orientador (mestrado e doutorado). Tem experiência na área de Educação Física, com ênfase em Biomecânica, atuando principalmente nos seguintes temas: Desenvolvimento de Metodologias em Biomecânica, Biomecânica Aplicada ao Esporte, Desenvolvimento de Sistemas para Análise de Movimento, Visão Computacional e Processamento de Imagens em Biomecânica.

Paulo Cesar Montagner

Doutor em Educação Física pela Universidade Estadual de Campinas (Unicamp, 1999), atualmente é professor livre-docente na Faculdade de Educação Física (FEF) da Unicamp, tendo sido diretor da FEF-Unicamp na gestão 2006-2010. Tem experiência em Educação Física e Esporte, com ênfase na área das Ciências do Esporte, atuando principalmente nos seguintes temas: Estudos Pedagógicos do Esporte, Ensino do Esporte, Iniciação e Treinamento do Esporte, Estudos da Gestão e Diferentes Estruturas Esportivas, Formação Humana em Educação Física e Esporte, Ensino e Treinamento de Crianças e Jovens em Basquetebol.

Roberto Tierling Klering

Docente do curso de Educação Física da Universidade Feevale. Mestre e doutor em Ciências do Movimento Humano pelo Programa de Pós-Graduação em Ciências do Movimento Humano da Universidade Federal do Rio Grande do Sul (PPGCMH/UFRGS). Pesquisador do Núcleo de Pesquisa em Psicologia e Pedagogia do Esporte (NP3-Esporte/UFRGS). Professor de tênis com experiência no ensino de crianças, adolescentes e adultos.

Sérgio Stucchi

Graduado em Educação Física pela Pontifícia Universidade Católica de Campinas (PUC-Campinas), mestre em Educação pela Universidade Metodista de Piracicaba (Unimep) e doutor em Educação Física pela Universidade Estadual de Campinas (Unicamp). Membro do grupo docente fundador da Faculdade de

Educação Física (FEF) da Unicamp. Atualmente está aposentado e participa como professor colaborador do Centro de Memória da Unicamp. Tem experiência na área de Educação, com ênfase em Educação Física, atuando principalmente nos seguintes temas: Lazer e Sociedade, Esportes de Raquete e Imagem e Memória.

Tatiana Passos Zylberberg

Licenciada, bacharel, mestre e doutora em Educação Física pela Universidade Estadual de Campinas (Unicamp). Docente do Instituto de Educação Física e Esportes (Iefes) da Universidade Federal do Ceará (UFC). Fundou "Mulheres e Novelos", projeto de extensão que promove o acolhimento, a escuta e o empoderamento de pacientes com endometriose. É autora-artista do projeto "De Corpos no Mundo", exposição no escuro para a formação sensível. Coordena a Escola de Dança do Iefes/UFC, projeto que oferece aulas de ballet, *jazz*, danças urbanas e oficinas de consciência corporal. Esses projetos contam com bolsa da PREX, PRAE e/ou SecultArte – UFC. É membro do comitê científico do GTT de Comunicação e Mídia do Colégio Brasileiro de Ciências do Esporte (CBCE). Membro da Academia Itajubense de Letras (AIL). Dentre outras obras, é autora do livro infantojuvenil *O menino que desenhava o invisível.*

Vitor Ciampolini

Bacharel em Educação Física pela Universidade Federal de Santa Catarina (UFSC), com período de intercâmbio sanduíche na Universidade do Estado de Nova York em Oswego e na Universidade de Syracuse, ambas nos EUA. Mestre em Educação Física pela UFSC, com período de intercâmbio sanduíche na Universidade de Ottawa, no Canadá. Atualmente é estudante de doutorado do Programa de Pós-Graduação em Educação Física da UFSC (PPGEF/UFSC) e treinador de basquetebol em categorias de formação. Participa do Núcleo de Pesquisa em Pedagogia do Esporte desde 2013 e investiga as áreas de: Formação de Treinadores, Desenvolvimento Positivo de Jovens e Ensino de Habilidades para a Vida por Meio do Esporte.

Sumário

Apresentação

Ao ver, pela primeira vez na vida, um jogo de tênis, fiquei encantado com a modalidade. Era criança e logo estava na quadra tendo aulas, jogando e me divertindo. Após alguns anos, e já no curso de Educação Física, ampliei o conhecimento, inclusive conhecendo outros esportes de raquete. Um pouco mais além, lá estava eu ministrando disciplina relacionada ao tema. Desde então, são 17 anos.

João Guilherme

Começo a minha trajetória ainda na infância, como atleta de tênis de mesa. Segui como mesatenista de rendimento até ingressar na categoria adulta, atuando em nível nacional. Fiz uma transição para treinadora dessa modalidade esportiva. E mais recentemente, há seis anos, atuo como pesquisadora e docente junto aos esportes de raquete.

Taisa

Pois bem, esse é o ponto em comum que acionou a nossa aspiração a sistematizar algumas ideias e conceitos, por meio deste livro, acerca da grande família de esportes de raquete. Outro elemento propulsor foi a carência de um livro nacional que contemplasse essa temática. Há quase vinte anos existe uma movimentação nos cursos de Educação Física em prol dos esportes de raquete. Tal inquietação ganhou corpo, forma e reconhecimento. Tanto que, hoje em dia, é comum encontrarmos componentes curriculares trabalhando os esportes de raquete nos cursos de formação em Educação Física. Um livro pode compor mais um passo desse movimento, trazendo um embasamento consolidado para o desenvolvimento dos conteúdos dentro dessa temática.

A carência reportada na literatura também é refletida na prática de tais esportes. Sabemos, por exemplo, que os esportes de raquete não são tão explorados em nosso país, quiçá algumas modalidades são praticadas em ambientes específicos, como clubes e academias. Talvez as mais conhecidas sejam as modalidades clássicas de raquete: tênis, tênis de mesa, *squash* e *badminton*. A falta de popularidade também pode se entrelaçar com fenômenos culturais. Especificamente no caso do Brasil, o futebol, "paixão nacional", ocupa espaços cotidianos com muito mais facilidade. Adoraríamos ver crianças brincando na rua com os jogos de raquete. É importante, porém, romper o paradigma, por exemplo, de que o tênis é um esporte de elite. Do mesmo modo que se joga futebol na rua, é possível jogar tênis. Basta esticar uma corda entre dois postes, na altura da cintura (configurando uma rede), estar de posse de um objeto/bolinha (implemento) e trocar rebatidas com um companheiro, localizado do outro lado da rede. Trata-se de um jogo de esportes de raquete que proporcionará o aperfeiçoamento de habilidades motoras, as quais, por sua vez, servirão de base para o desenvolvimento de habilidades específicas referentes às modalidades de raquete. Encontramos em sua prática um ambiente bastante rico para o favorecimento das habilidades motoras básicas, em especial o "rebater", expandindo o universo motor e esportivo de seus praticantes.

Apresentamos a vocês, então, o livro *Esportes de raquete*, cujo objetivo está centrado no diálogo desses esportes com as diferentes áreas do conhecimento que sustentam sua prática. Seu eixo norteador são os esportes de raquete como um todo, não apontando para uma discussão acerca de alguma das modalidades de raquete específica. É composto de vinte capítulos desenvolvidos por quarenta autores e autoras de referência em suas respectivas áreas de atuação.

Nos capítulos iniciais do livro são apresentadas perspectivas atuais para o ensino dos esportes de raquete, aplicadas a vários contextos de prática, incluindo propostas pautadas nas teorias interacionistas e na teoria das inteligências múltiplas, um modelo de ensino-treino multimodalidades e uma narrativa de experiências de ensino no contexto escolar.

O livro segue com um capítulo que evidencia o universo dos esportes de raquete presentes na atualidade, totalizando quase trinta tipos de jogos praticados ao redor do mundo, e outro capítulo que apresenta modelos competitivos diversificados com enfoque no público infantojuvenil.

Os contextos de formação e desenvolvimento de treinadores e treinadoras de esportes de raquete no Brasil são então apresentados, seguidos por capítulos que trazem à tona possibilidades de atuação do psicólogo do esporte nas diferentes manifestações dos esportes de raquete, bem como em face da síndrome de *burnout*.

Nas páginas seguintes, estabelece-se uma abordagem dos esportes de raquete enquanto prática de lazer, indo além do "fazer" tido como obrigatório, ou por rendimento, ou, ainda, por trabalho.

O esporte de raquete adaptado é então contemplado em dois capítulos, que focam caminhos para seu desenvolvimento, por meio do conhecimento das deficiências e de estratégias para seu ensino, assim como nos apresentam de que maneira esses esportes são disputados na *Special Olympics*.

Os aspectos fisiológicos, de preparação esportiva, e as contribuições da biomecânica compõem um grande bloco, na sequência do livro, que aborda, de maneira geral, os aspectos biodinâmicos da prática dos esportes de raquete. E há dois capítulos seguintes abordando temáticas referentes à análise de desempenho nos esportes de raquete, tratando de duas ferramentas de grande utilidade: a análise notacional e a análise estatística.

Em seu final, o livro traz dois capítulos que versam sobre gestão esportiva. Um deles apresenta conceitos e organizações dos processos de gestão, enquanto o outro relata como três confederações olímpicas administram e representam suas respectivas modalidades de raquete em suas gestões.

Desejamos que este livro possa ser um pontapé inicial e/ou uma leitura complementar para fundamentar e/ou aprofundar as ações de professores(as) e treinadores(as) que tenham interesse nos esportes de raquete, da mesma forma que possa envolver estudantes que busquem aprender mais informações nessa temática. Quem sabe assim tenhamos futuros parceiros nessa desafiadora e rica "aventura" que é realizar um trabalho com os esportes de raquete de forma comprometida, visionária, integral, pautada tanto no poder da sensibilidade aos praticantes e/ou envolvidos como em uma apurada observação e análise do contexto de sua prática, e em estudos amparados pela Ciência.

João Guilherme e Taisa

Prefácio

Receber o convite para prefaciar o livro organizado pelos professores João Guilherme C. Chiminazzo e Taisa Belli é um grande orgulho, que também me enche de honra e responsabilidade, pois conheço o excelente trabalho de ambos no estudo dos esportes de raquete e seu rigor em todas as aventuras acadêmicas que empreendem.

Como "pioneiro" e referência inescapável da pesquisa mundial de esportes de raquete, professor Adrian Lees (2019) expressou recentemente:

> O início da ciência dos esportes de raquete, há mais de 50 anos, pode ser rastreado até os primeiros pesquisadores pioneiros que, por meio de seu amor pelo jogo, apostaram em seu futuro se afastando de sua disciplina acadêmica original em direção a um campo virgem de descobertas. Eles foram capazes de fazer a transição e estabelecer as bases para outros seguirem.[1]

Isso, hoje, podemos confirmar como uma realidade, porque os esportes de raquete têm sido amplamente estudados na ciência nos últimos anos, o que reflete o aumento dessa prática em todo o mundo.

Um legado que, em 2019, materializou-se com o lançamento da primeira revista de pesquisa especializada no tema, *International Journal of Racket Sport Science*, ferramenta de atualização dos últimos avanços na análise dos esportes de raquete, fornecendo um local em que os principais avanços e pesquisas que afetam o desenvolvimento e os rumos da ciência dos esportes de raquete podem ser relatados. Assim, podemos colocar alguma perspectiva para o desenvolvimento da ciência dos esportes de raquete.

Voltando um pouco mais no tempo, foi em 1993 que ocorreu o primeiro Congresso Mundial de Ciência e Esportes de Raquete, com a subsequente publicação de artigos revisados por pares. Um total de seis desses Congressos foi realizado, cada um com sua publicação de artigos associada. Desse modo sabemos como as investigações relacionadas à ciência dos esportes de raquete avançaram no passado.

1 Lees A. The evolution of racket sport science: a personal reflection. German Journal of Exercise and Sport Research. 2019;49(3):213-20 [tradução livre].

Este livro, com sua abordagem global e transversal aos esportes de raquete, vem cobrir a necessidade de uma análise holística de todos os esportes em conjunto, compartilhando muitos elementos comuns e transferíveis em sua iniciação, especialização e alto desempenho. A perspectiva multidisciplinar se realiza de forma muito inteligente e criativa.

O presente estudo é uma contribuição interessante e inovadora para o conhecimento dos esportes de raquete. Mediante um compromisso progressivo e conjunto, em seus vinte capítulos, aborda as mais diversas perspectivas de análise, que permitem desenvolver um conhecimento amplo desses esportes, com especial ênfase no campo educacional, mas com um olhar global sobre todas as demais ciências aplicadas ao esporte. A análise ampla e diversificada vai desde os aspectos mais básicos para a iniciação esportiva até a investigação sobre o jogo ou o estudo da técnica e seu estudo biomecânico.

Nesse panorama de análise integral, uma avaliação de aspectos psicofisiológicos e de outras áreas, como o treinamento em esportes de raquete, também é realizada em uma abordagem conjunta.

Um bloco de grande relevância dedica tratamento especial e vanguardista ao esporte adaptado e às necessidades especiais de pessoas, sob um espectro muito diferente.

O livro faz ainda uma interessante incursão pela gestão aplicada a esse tronco comum do desporto e às entidades desportivas que o acolhem, nomeadamente no domínio dos desportos associativos e federados.

Sem dúvida, a seleção dos autores dos diferentes capítulos reúne especialistas em cada um dos campos de análise, com grandes profissionais que têm demonstrado a aplicação de uma abordagem criativa e inovadora ao estudo dos esportes de raquete. Estudiosos estes que utilizam como fio condutor, para todos os conteúdos expostos, uma interpretação conjunta dos esportes de raquete como núcleo central de um processo de aprendizagem esportiva de grandes semelhanças e transferências, principalmente nos estágios iniciais.

Portanto, este é um livro muito útil para educadores e treinadores de todos os níveis e etapas na formação de jovens e adultos, que servirá para compreender melhor o processo de ensino-aprendizagem dos esportes de raquete de forma conjunta, abrangente e bem-sucedida.

David Cabello-Manrique
Docente e pesquisador do Departamento de Educación Física y Deportiva,
Universidad de Granada, Granada/Espanha
Editor-chefe da *International Journal of Racket Sport Science*

Agradecimentos

A DEUS, por me conceder o dom divino da Vida. Por vezes, podemos achar que as contingências são unicamente fruto das nossas ações enquanto Seres atuantes neste palco/campo/quadra. Mas, a cada dia, vislumbro que temos um Grande Treinador no comando, sabendo, taticamente, como manipular as partidas "aqui embaixo". Agradeço a Ele pela saúde que me é concedida, por me dotar da capacidade de ter fé e por me permitir a vivência do amor.

Aos meus pais, Sueli e João Batista, pessoas que deram a base de toda a minha formação enquanto Ser Humano. Em especial à minha mãe, por ser exemplo de comprometimento com os estudos e a profissão, inspiração para tantas situações vividas por mim no exercício da docência. Observando, ainda criança, a sua rotina de trabalho e o seu envolvimento com as aulas a serem ministradas, pude (anos depois) compreender o que é a entrega genuína ao ensino e, muitas vezes, a necessidade de abdicar da convivência familiar para conseguir dar conta da demanda. Sou grato e orgulhoso.

Aos meus irmãos, João Flávio e João Henrique, companheiros iniciais nos esportes e jogos, lá na infância/adolescência, ora adversários, ora do mesmo time. As relações fraternas nos ensinam muito a respeito das competências e valores atrelados ao universo esportivo. Com os irmãos, frequentemente, temos os primeiros contatos com questões de disputa, poder e conflito. Aprendemos a desenvolver controles, encontramos apoio emocional e/ou instrumental para resolver problemas e tomamos conhecimento das diferenças, sejam comportamentais ou em opiniões e pontos de vista. Ser e ter irmão é um laboratório, sempre.

À minha esposa, Tatiana, que se tornou, entre tantas funções assumidas, também um porto seguro, desde o momento em que a conheci, já há alguns anos. Além de oferecer todas as condições necessárias para o meu engajamento nas tantas questões acadêmicas e, mais recentemente, para a minha plena dedicação a este livro, na reta final ainda atuou como revisora, fazendo uso de toda a sua sapiência quanto à ortografia, à gramática e à coesão textual. Te amo! Somos abençoados por tantas missões compartilhadas e, agora, mais essa. Muito obrigado.

Às minhas filhas, Giovanna e Giuliana, que, mesmo sem compreender muito bem, souberam administrar as ausências do Papai e lidar com o eventual estado irritadiço também do Papai, sobretudo quando as tarefas acumulavam. Mas as brincadeiras aconteciam e emprestavam inspiração e motivação. Amo vocês.

À Taisa Belli, por ter sido parceira nesta aventura e realização. Agradeço por ter aceitado participar deste projeto mas, efetivamente, pela confiança nele, pelo seu empenho, organização e rigor no trabalho. Grande profissional e amiga.

Agradeço também à Camila Cardoso, pelo auxílio na fase final de revisão com paciência e disponibilidade.

Aos meus eternos professores, alunos, ex-alunos, colegas de trabalho, obrigado pelas trocas de conhecimento, questionamentos, críticas, observações, dúvidas e pelas significativas presenças. O saber é construído também nessa interação entre pares, e seja na formalidade de uma universidade ou na informalidade de um momento social. Agradeço por todas as contingências.

Um especial agradecimento a cada autor deste livro. Não somente acreditaram no projeto como conduziram cada etapa com competência, responsabilidade e doação exemplar. Compartilharam seus estudos, experiências e domínios pontualmente, no entanto, com a devida abrangência. Foi um prazer percorrer a caminhada junto a vocês, é uma satisfação ter o resultado em mãos, e animador saber que os esportes de raquete encontram-se conduzidos por profissionais tão valorosos e aptos. Grato pela firme parceria.

Finalmente, quero agradecer à Editora Manole, por dar credibilidade à nossa proposta, por confiar e acreditar em sua riqueza e no potencial desta obra para o cenário esportivo nacional.

João Guilherme

Há uma frase atribuída a Isaac Newton que diz assim "Se cheguei até aqui foi porque me apoiei nos ombros de gigantes". E ela reflete meus agradecimentos de hoje. Se hoje concluo a organização deste livro, foi porque ao longo de toda minha trajetória me apoiei nos ombros de gigantes. Gigantes que me ninaram, me alimentaram, que financiaram minha formação pessoal e como mesatenista. Gigantes que me ensinaram a ler, escrever, somar, dividir e refletir. E também aqueles gigantes-mestres/doutores e gigantes-alunos que me ensinaram e continuam a me ensinar a arte de ser profissional de Educação Física e de ser docente e pesquisadora em nosso país. Gigantes que atuaram e aqueles que ainda atuam comigo no exercício da profissão e ampliam o meu olhar a cada dia. Gigantes que me abrem as portas para atuar em instituições de referência, as quais me proporcionam um crescimento ímpar. Gigantes que atuam em outros nichos e que eu tenho o privilégio de chamar de amigos e amigas, aqueles que me apoiam como mulher e também aqueles que me auxiliam na rotina do dia a dia. Gigantes que me confiaram a organização deste livro e aqueles que tiveram papel fundamental na redação de cada trecho dele.

A minha gratidão a cada um de vocês!

Taisa Belli

1

Proposta interacionista de ensino dos esportes de raquete

Leandro de Melo Beneli
Leopoldo Katsuki Hirama
Cássia dos Santos Joaquim
Paulo Cesar Montagner

INTRODUÇÃO

Os esportes de raquete caracterizam-se pelo ato de golpear um objeto móvel com o objetivo de ultrapassar a rede ou demarcação em busca de ganhar a jogada e o ponto, podendo ainda ser um esporte praticado individualmente ou em duplas (CABELLO, 2000). De acordo com o estudo de González (2004, p.1), são classificados como esportes de interação direta com o adversário, o espaço é caracterizado pela separação de uma rede que divide a quadra ou parede de rebote, e visam "arremessar/lançar um móvel em setores onde o(s) adversário(s) seja(m) incapaz(es) de alcançá-lo ou forçá-lo(s) para que cometa(m) um erro, servindo somente o tempo que o objeto está em movimento".

Observamos, com base em pesquisa bibliográfica, uma carência de estudos científicos e pedagógicos que abordam o ensino de esportes de raquete na escola, ou mesmo em ambientes de iniciação esportiva em diferentes espaços sociais. Guioti et al. (2014) destacam a dificuldade de desenvolver esse conteúdo e sugerem como principais motivos a formação dos profissionais, a falta de disciplinas nos currículos dos cursos de graduação em educação física, a escassez de material didático e cursos por parte das organizações esportivas responsáveis pelas modalidades, a visão de que os esportes com raquete são modalidades elitizadas, além dos custos para manutenção dos espaços e aquisição de materiais.

Em contrapartida, em um dos poucos estudos encontrados sobre esportes de raquete e educação física escolar, apresenta-se uma proposta planejada e aplicada em escola pública, onde, apesar da resistência inicial por parte dos alunos, gradativamente a iniciativa despertou curiosidade pelos conteúdos oferecidos, assim como os materiais alternativos aguçaram o interesse da turma e, consequentemente, promoveram mais atenção à aula (CORRÊA et al., 2019).

Quanto às disciplinas relacionadas ao tema nos cursos de graduação, quando existem, recebem em geral denominações genéricas como esportes de raquete, incluindo em sua ementa o tratamento de todas as modalidades com tais características. Essas disciplinas, geralmente com duração de um semestre, sinalizam para a abordagem de estudos e ações práticas de aspectos técnicos, táticos e físicos das diversas modalidades existentes, enfatizando a reflexão, planejamento, sistematização e organização nos níveis iniciais, de especialização e treinamento. Diante desse fato, é esperado que as diferentes modalidades de raquete sejam tratadas de forma individualizada e, consequentemente, superficial, dada a escassez de tempo disponível.

É importante enfatizar que a ação motora da rebatida, assim como ocorre nos esportes de raquete, não se constitui como um elemento motriz integrante da nossa cultura, a não ser por poucos jogos infantis, como o *bets* ou taco, que estão se perdendo com o crescimento das cidades e a presença cada vez menor de crianças brincando livremente nas ruas. A falta de familiaridade com o movimento de rebatida com implemento proporciona um distanciamento ainda maior das modalidades de raquete, diferentemente do saltar, correr e arremessar, habilidades básicas observadas na cultura brasileira.

Apesar dessas constatações, entendemos que os esportes de raquete em suas diferentes modalidades podem ser desenvolvidos com a utilização de metodologias adequadas, ampliando a diversidade de estímulos, não se restringindo somente à técnica e aos gestos motores, que de fato são elementos importantes para seu aprendizado, porém enfatizando o planejamento e o entendimento do jogo e o comportamento diante de situações-problema durante a prática.

Como exemplos de estudos que abordam o ensino dos esportes de raquete com essa ênfase, podemos citar Aburachid et al. (2019), que demonstraram a possibilidade de utilização de diferentes métodos para o ensino do *badminton* no contexto da educação física escolar; Belli et al. (2017), com o ensino-treino do tênis de mesa na iniciação tardia; Galatti et al. (2019), com o ensino-treino também do tênis de mesa por meio da abordagem não linear; Ginciene e Impolcetto (2019), com o ensino do tênis de campo por meio de jogos e uma proposta de compreensão dos jogos esportivos com raquete, entendendo-os como uma família, com suas aproximações e transferências de uma modalidade para outra, de Silva et al. (2017).

A realidade predominante encontrada no Brasil é caracterizada por profissionais de educação física com conhecimento superficial nas modalidades de raquete ou por instrutores que se baseiam prioritariamente em suas experiências como praticante. Esse fato pode reforçar a promoção de uma visão do ensino a partir de uma perspectiva reduzida, com aulas estruturadas em atividades analíticas direcionadas para o ensino da técnica (GINCIENE et al., 2019). Dessa forma, os estudos apresentados colaboram para difundir novas propostas de ensino, oferecendo suporte para experimentações pedagógicas e tratando aspectos técnicos sempre relacionados às dinâmicas do jogo e sua compreensão.

Para colaborar com a discussão, nossa proposta parte da utilização do jogo como forma de desenvolver o aprendizado dos esportes de raquete em um sentido mais amplo, ou seja, não restringindo o processo de ensino-aprendizagem na execução da técnica ou de gestos motores previamente estabelecidos, mas sim proporcionar ao aluno a vivência e a possibilidade de tomar decisões diante dos problemas inerentes à prática esportiva. Assim, o objetivo deste capítulo é apresentar uma possibilidade pedagógica para o ensino de esportes de raquete com base em propostas interacionistas (SCAGLIA et al., 2014), referenciadas por autores nacionais e internacionais (BAYER, 1984; GARGANTA, 1995; GRAÇA, 1995; GRIFFIN et al., 1997; PAES, BALBINO, 2005; REVERDITO, SCAGLIA, 2009).

PROPOSTAS INTERACIONISTAS E SUA APLICAÇÃO NOS ESPORTES COM RAQUETE

As propostas interacionistas vêm sendo desenvolvidas por estudiosos da pedagogia do esporte desde o início da década de 1980, em diferentes países e com denominações variadas como, por exemplo, o *Teaching games for understanding* (GRIFFIN et al., 1997; SOUZA, OSLIN, 2008), especialmente nos EUA, e os jogos desportivos coletivos em Portugal (GARGANTA, 1995; GRAÇA, 1995). Essas proposições seguem algumas características que podem auxiliar no planejamento de uma abordagem como conteúdo de esportes de raquete, buscando minimizar os problemas apresentados anteriormente. Realizaremos, dessa forma, a apresentação de sugestões no trato desse conteúdo sobre as bases que fundamentam tais propostas.

O jogo como foco principal

As propostas interacionistas defendem que o aprendizado aconteça a partir do todo, ou seja, do jogo, contrariando a forma tradicional de ensinar o esporte. O objetivo principal é estimular os alunos a compreenderem a dinâmica da modalidade para posteriormente seguirem para o detalhamento de suas partes, fundamentos, técnicas, regras específicas. Souza e Oslin (2008) afirmam que os jogos são motivantes e acomodam inicialmente as habilidades e entendimento tático que os alunos já conhecem, e a partir desse conhecimento é possível avançar no aprendizado.

O ensino a partir do jogo também proporciona maior entendimento da necessidade do domínio técnico, pois, ao compreender a dinâmica da modalidade, seus praticantes percebem que certas habilidades precisam ser mais refinadas para o bom desenrolar do próprio jogo. Assim, as atividades posteriores com objetivos técnicos serão mais bem aceitas.

Para Garganta (1998), as técnicas nos jogos desportivos coletivos não são meros movimentos específicos, e sim um movimento que permite resolver de forma eficiente as tarefas que o jogo solicita, ou seja, o modo de fazer (técnica) não deve ser separado das razões de fazer (tática). Isso vale para os esportes de raquete também, visto que apresentam a complexidade e a imprevisibilidade como inerentes à sua prática.

Light (2007) faz críticas às aulas de iniciação esportiva que se baseiam no ensino da técnica, por meio da repetição de gestos, e alerta que esse método gera pouco interesse dos alunos, reduzindo as possibilidades educacionais e minimizando a complexidade nas diversas possibilidades do esporte.

No entanto, como ensinar a dinâmica dos esportes com raquete a partir das diferentes modalidades existentes?

O ensino pelas similaridades

Ora, se a proposta se concentra a partir do entendimento da dinâmica do jogo, é possível pensar em uma lógica dos jogos de raquete? A resposta é positiva e colocada de forma a reunir diferentes modalidades em categorias, no caso, os jogos de rede ou parede. Segundo Werner et al. (1996), ao se estimular jogos da mesma categoria, as crianças podem entender as similaridades entre as diferentes modalidades, transferindo conhecimentos construídos em sua prática e, principalmente, compreendendo seus sentidos.

Light (2007) esclarece que o ensino por meio do jogo possibilita o desenvolvimento da percepção, da resolução de problemas estabelecidos pela prática, além da tomada de decisão e das respostas às informações do ambiente no qual os participantes estão inseridos.

Como exemplo, podemos citar o jogo de peteca, que apresenta uma dinâmica semelhante à do *badminton* e pode auxiliar no entendimento de seus sentidos quanto ao espaço a ser defendido e atacado, às movimentações necessárias, aos fundamentos utilizados, e às percepções acerca do jogo, para que possam buscar respostas, a fim de obter sucesso na situação vivenciada.

Adaptação de regras, espaços e materiais

Outra característica das propostas interacionistas é a manipulação de regras, materiais e/ou espaços para adequação dos jogos conforme o grupo a ser trabalhado e os objetivos traçados. De forma geral, a adaptação ocorre no sentido de facilitar o jogo, diminuindo a velocidade, proporcionando maior tempo para a reflexão e maior possibilidade de sucesso (GRIFFIN, 1996).

Souza (1999, p.93) reforça a importância da adaptação, afirmando que "alterar as regras é um dos meios mais eficazes para que os alunos possam jogar sem grandes habilidades, e assim estimular a motivação de crianças e jovens".

Paes (2001) afirma que a criança, quando joga, vivencia diferentes situações que estimulam o desenvolvimento e a aprendizagem de relações com os adversários e com os companheiros, incitando a importância das regras. A partir dessas diferentes emoções, a criança necessita aprimorar sua inteligência e criatividade para que esses problemas possam ser solucionados. Por meio da complexidade do jogo a criança pode desenvolver-se de forma integral.

Portanto, a adaptação estará presente na simplificação do jogo, para maior liberdade de reflexão e sucesso na execução das possíveis estratégias criadas pelos alunos. Como exemplo, podemos citar a simples diminuição do tamanho da quadra e da altura da rede, facilitando a cobertura de todo o espaço como também do envio da bola ao lado oposto.

Estimulação por resolução de problemas

A compreensão do jogo é, na maioria dos casos, desenvolvida a partir da resolução de problemas. Os alunos são estimulados a elaborar respostas com o intuito de resolver as situações estabelecidas. Dessa forma, a atuação do professor concentra-se em oferecer problemas adequados ao desenvolvimento de seus alunos e ao objetivo da aula, como também em mediar as soluções aplicadas à prática esportiva. O professor se abstém de dar as respostas e se coloca na posição de facilitador, mediador e provocador.

Hirama et al. (2014, p.64) reforçam a posição dos alunos e professores:

> É preciso que os próprios jogadores percebam a situação, reflitam individual e coletivamente sobre as estratégias a serem seguidas e colocá-las em prática.
>
> Desta forma, o professor estará estimulando no grupo a resolução, a discussão sobre possibilidades, a criação de táticas e a autonomia coletiva. Assim o profissional se afasta da forma tradicional de lidar com seus alunos como o chefe que manda e os comandados que apenas executam, sem sequer entender o que fazem.

Outra questão que merece destaque é a motivação decorrente quando o ensino é desafiador e promovido por meio de situações-problema e jogos. Discutindo sobre formas pedagógicas diversificadas no ensino de esportes de raquete,

Aburachid (2015) evidencia que alunos que foram estimulados pela descoberta guiada e pela aprendizagem implícita (situações-problema) se sentiram motivados a aprender e aprimorar novas técnicas e táticas, e em situações de pressão tiveram tomadas de decisões mais rápidas e melhores do que em situações de baixa complexidade.

Para ilustrar, podemos antecipar uma característica de um jogo que será descrito posteriormente. Oferecemos um jogo semelhante ao *squash*, no qual os jogadores ficam lado a lado e a bola deve ser rebatida na parede frontal, porém as rebatidas são feitas com a mão espalmada e usando uma bola de borracha. No entanto, um lado da quadra possui dimensões curta e larga e o outro lado é longo e estreito. Os alunos são estimulados a resolver, sempre dentro da situação de jogo, como atuar com rebatidas curtas e longas. Ao professor cabe a provocação, a solicitação aos alunos que reflitam e coloquem suas estratégias em ação.

Os problemas oferecidos pela adaptação nesse jogo também servem no sentido de estimular as características gerais da dinâmica dos jogos de raquete. Podemos citar, nessa situação:

- Enviar a bola ou objeto para o campo do adversário, por meio de rebatidas.
- Dificultar a devolução da bola pelo adversário.
- Conseguir o ponto, evitando que o adversário rebata a bola ou objeto para sua quadra.

Diálogo constante

A comunicação durante toda a aula é muito importante nessa proposta, pois o compartilhamento de informações, ideias e possíveis soluções faz parte da construção da compreensão do jogo (FREIRE, 2003; SANTANA, 2003; SOUZA, OSLIN, 2008).

A conversa inicial possibilita melhor compreensão sobre o objetivo da aula, e deve estimular nos alunos a busca por respostas prévias sobre a atividade que será desenvolvida. Além disso, facilita o entendimento da lógica interna do jogo.

A conversa ao final, quando o professor pode solicitar que os alunos falem sobre suas reflexões e estratégias, também representa um momento de entendimento do que foi alcançado, buscando sentido e significado nas ações realizadas, algo bastante diferenciado das longas e desmotivantes sessões de repetições de fundamentos sem contexto, comuns nas formas tradicionais de se ensinar esportes (SOUZA, OSLIN, 2008). Dessa forma, é possível o ensino pautado no desenvolvimento de alunos mais críticos em relação à prática esportiva, levando em consideração sua abrangência de componentes e conteúdos.

PROPOSTAS INTERACIONISTAS E OS ESPORTES DE RAQUETE NA PRÁTICA

Apresentadas as características que norteiam as propostas interacionistas, partimos para a descrição e discussão de jogos, procurando, sempre que possível, identificar suas bases e refletir sobre seus objetivos e resultados esperados.

Iniciamos apresentando propostas realizadas sem o implemento, apenas com a utilização das mãos. No entanto, todas podem ser realizadas da mesma forma com o uso das raquetes. Essa proposição objetiva tornar os primeiros jogos mais fáceis e possíveis, como defendido por Paes (2002), lembrando que as rebatidas com implementos geralmente não estão no acervo de movimentos do cotidiano das crianças e jovens.

Alguns aspectos importantes são considerados, como a participação dos alunos pelo maior tempo em ação possível, a adaptação de materiais e regras pensando no ambiente escolar tradicional, ou seja, com pouco espaço e equipamentos, e, por último, o trato com o conteúdo esportes de raquete nas aulas de educação física escolar. No entanto, as propostas também podem ser aproveitadas para o ensino em outros espaços de educação não formal como clubes, ONG (organizações não governamentais) e programas socioeducacionais.

Sugestão: *jeu de paume* adaptado

O tênis é um esporte que tem sua origem em rebatidas de mão, quando se usavam luvas para proteção (*jeu de paume*[1]). O jogo é baseado nesse fato histórico, e dele podem participar vários jogadores de cada lado da rede, sendo que o objetivo é impossibilitar a rebatida da outra equipe para dentro de sua própria quadra. Pode-se recorrer a um pingo da bola antes da tentativa de devolução, assim como no tênis.

O *jeu de paume* tem como objetivo principal o estímulo à rebatida e o entendimento da dinâmica própria dos jogos de rede e parede, mesmo que seja realizada sem um implemento.

Os materiais necessários podem ser cordas, barbantes ou fitas elásticas e plásticas ou, mesmo, bancos compridos ou redes de voleibol para simular a rede; giz ou mesmo as linhas de uma quadra para demarcar território; e bolas de diferentes tamanhos, que quiquem no chão.

---

1 Mais informações sobre a origem do tênis podem ser encontradas no *site* da Confederação Brasileira de Tênis, disponível em: http://cbtenis.com.br/site.aspx/historia-tenis.

Esse jogo pode ser realizado em pequenos grupos, em duplas ou individualmente e em quadras reduzidas para estimular o controle da ação e o maior número de rebatidas, possibilitando o desenvolvimento dessas habilidades pelos praticantes.

Como a realidade encontrada no ambiente de grande parte das escolas é de pouco espaço e muitos alunos, uma solução que nos agrada é aplicar os jogos com início e final determinado por tempo, ou seja, todas as miniquadras iniciarão e encerrarão os jogos juntas, trocando todos os jogadores de uma vez. Supondo que no espaço disponível da escola seja possível organizar cinco miniquadras para jogar em duplas, ao se organizar jogos com 5 minutos de duração, haverá sempre vinte alunos em ação e um tempo de ociosidade pequeno, em que os participantes estarão ocupados com outras tarefas, como arbitragem e/ou a auto-organização das próximas equipes participantes.

Outras variações podem ser adotadas para esses jogos:

- Jogar sozinho, em duplas ou até em maior número, deixando que os alunos organizem o revezamento, logicamente garantindo que todos participem igualitariamente.
- Caso a rede seja simulada por um banco e a bola quique em cima dele, o jogo pode continuar normalmente.
- Utilizar bolas menores ou maiores, bolas mais leves ou mais pesadas, bolas que quicam mais ou menos.
- Variar o tamanho e o formato das quadras, inclusive com dimensões diferentes de cada lado.
- Utilizar o comprimento da quadra para a montagem de um número maior de campos adaptados.

A partir dessa organização do jogo, é possível aproximar a dinâmica de diferentes modalidades de raquete, variando principalmente na adaptação de regras, materiais e espaço. A seguir serão demonstradas algumas dessas possibilidades de aproximação com modalidades de raquete, pensando nas similaridades, levando em consideração a flexibilidade da proposta em torno do jogo e as diferentes possibilidades de intervenções que devem ser observadas a partir dos objetivos previamente estabelecidos.

Sugestão: tênis adaptado

Para simular a modalidade tênis na escola ou em algum outro ambiente que precise de adaptação, sugerimos aproveitar a estrutura descrita anteriormente, porém com a ampliação de algumas características, como:

- Traçar com giz e/ou aproveitando as linhas existentes de outras modalidades (voleibol, p. ex.) os desenhos semelhantes aos da quadra de tênis, logicamente que em dimensões reduzidas, facilitando a realização do jogo e inserindo ações específicas, como o saque cruzado.
- Seguir as regras básicas da modalidade, como permitir que a bola quique uma vez no solo.
- Fazer a contagem do tênis: cada jogador sacará várias vezes seguidas até fechar um *game*. Explicar que a contagem é feita pelos números 15, 30, 40, *game*, e que, caso haja empate no momento em que os participantes alcancem o ponto 40, vence aquele que conquistar dois pontos seguidos (neste caso, as duas duplas ou os dois jogadores a cada rodada realizarão um *game*, não sendo o jogo finalizado por tempo como na sugestão de jogo anterior do *jeu de paume* adaptado).

Sugestão: *badminton* adaptado

Entendemos que o *badminton* é uma modalidade mais difícil de ser adaptada pela característica do implemento a ser rebatido, que é o volante ou *birdie*, uma espécie de peteca. Além disso, a raquete de madeira não se mostrou eficiente para essa ação, precisando ser uma encordoada como a raquete de tênis. Ao mesmo tempo, é um jogo incomum, pois a peteca do *badminton* tem um tempo de voo diferente de uma bola, além de realizar uma trajetória distinta.

É possível aproveitar o espaço descrito na sugestão de jogo *jeu de paume*, além da ampliação de algumas características como:

- Adaptar materiais para elevar a altura da rede. Como sugestão, é possível confeccionar uma rabiola de pipa grande e fixar em todo o comprimento da quadra, amarrando-a entre as tabelas de basquete ou em alguma outra estrutura alta, possibilitando a regulagem da altura.
- Caso não haja uma raquete encordoada como a raquete de tênis e se esteja trabalhando com raquete de frescobol, experimentar diferentes materiais em substituição à volante ou *birdie* (peteca), como bolas de espuma ou bexigas não muito cheias (com ⅔ de sua capacidade de enchimento). Caso se jogue com as mãos para simular as rebatidas, pode-se utilizar petecas de lazer, petecas artesanais, bexigas e outros. Também é possível encontrar na internet formas alternativas de confeccionar petecas (com a boca de uma garrafa PET, sacola de mercado e fita adesiva) e raquetes.[2]

---

2 Sugestão de *sites*: http://portaldoprofessor.mec.gov.br/fichaTecnicaAula.html?aula=13612 e https://www.facebook.com/watch/?v=535915270452939 (SESC Thermas).

- Adaptar as regras para a modalidade, não permitindo que a bola quique no chão.

Sugestão: *squash* adaptado

O *squash* é um esporte de raquete, porém sem a divisão dos jogadores por uma rede. Em vez disso, o espaço de jogo é todo cercado por paredes e as rebatidas são direcionadas à parede frontal, onde há três linhas de marcação: uma a 48 cm do chão, que delimita a altura mínima em que a bola pode bater, ou seja, o jogador que rebater abaixo dela perde o ponto; a segunda linha fica a 1,783 m do chão e corresponde à linha de serviço (ou saque), e o saque deve ser realizado acima dela; e a terceira e última linha fica a 4,57 m do chão e corresponde à altura-limite em que a bola pode ser rebatida.

Claro que o professor pode realizar o jogo mesmo sem as paredes laterais e de fundo, e as linhas na parede frontal podem ser adaptadas ao espaço disponível à aula, porém acreditamos ser importante demarcar a mais baixa e a de serviço, além de definir no chão marcações dos limites de espaço.

Para maior compreensão de formas de adaptar o *squash* ao ambiente escolar, sugerimos:

- Utilizar as paredes disponíveis, podendo adaptar o jogo para ser realizado apenas com uma frontal, ou com uma frontal e uma das laterais, demarcando os outros limites da quadra com giz.
- Os dois jogadores posicionam-se lado a lado no momento do saque (após isso podem correr por todo o espaço) e rebatem a bola para a parede, com as mãos ou com a raquete, acima da linha mais baixa (sugerimos mais ou menos de 0,5 m de altura para jogos com raquete e de 1 m para rebatidas com as mãos), podendo deixar quicar uma vez antes de rebatê-la. Em relação ao material, a bola pode ser de tênis de mesa, de espuma ou de borracha, para que não machuque as mãos dos alunos.
- Outro fator importante é que deverá ser usado um espaço em comum, não se podendo impedir a corrida do outro para a rebatida.
- As demarcações também devem ser colocadas no piso da quadra e podem variar em tamanho e formato, oportunizando a construção de diferentes estratégias. Por exemplo: uma quadra estreita e comprida exigirá dos alunos maior atenção no deslocamento para a frente e para trás.

Sugestão: frescobol adaptado

O frescobol é uma modalidade de raquete cooperativa sem qualquer tipo de divisão de campo (rede ou parede), podendo ser jogado em dupla ou mais pessoas, que tem como objetivo manter a bola em jogo; por isso é um estímulo excelente para a promoção da ação de rebater. Porém, como muitas vezes os equipamentos escolares são reduzidos, sugerimos, como uma possibilidade interessante de variação, dividir várias equipes de, por exemplo, 4 a 6 alunos e desafiá-los a trocar o maior número de rebatidas sem que a bola saia do jogo. Dessa forma, a atividade deve ser cooperativa dentro da equipe, mas competitiva em relação às outras.

Entendemos que a vivência dos jogos acima, somada à mediação do professor, que, além de propor as atividades, oportunizará a discussão das estratégias criadas, poderá estimular a compreensão das dinâmicas das modalidades formais dos jogos de raquete.[3]

Conforme salientado anteriormente, esses jogos podem ser realizados com as mãos ou com raquetes, valendo-se ainda de outras variações, conforme as características do espaço, materiais e, principalmente, dos próprios alunos. No entanto, a conquista dos equipamentos dos esportes de raquete representa, para muitas escolas, um limite difícil de ser superado. Novamente, algumas sugestões de adaptação[4] podem ser a solução para essa triste realidade brasileira no que se refere ao investimento educacional.

É possível construir raquetes usando cabides de arame abertos e moldados em formato semelhante ao implemento do tênis e envolto com meias-calças femininas. Utilizando esse material com bolas de espuma, é possível se aproximar do tênis, pelo menos na questão dos ajustes corporais para a execução dos golpes.

---

3 Poderíamos refletir, a partir das referências do presente texto, em novas concepções ou adaptações de modalidades de raquete. Atualmente, uma modalidade que cresce no ambiente das práticas nos esportes de raquete é o *beach tennis*, com interesse em diferentes países do mundo dada sua capacidade de adaptação e facilidade de locais de prática. Como outros casos conhecidos, essa modalidade foi desenvolvida recentemente para ser praticada na praia, daí seu nome. Segundo o *site* da CBT (Confederação Brasileira de Tênis), esse esporte foi criado na Itália em 1987 e logo se iniciou seu processo de profissionalização, em 1996. O *site* apresenta uma reflexão interessante. Registra que o *beach tennis* "...tem uma mistura do tênis tradicional, vôlei de praia e *badminton*, e suas regras e práticas vêm se modificando ao longo dos anos". O texto específico sobre o *beach tennis* menciona que a modalidade chegou ao Brasil em 2008, no estado do Rio de Janeiro e tem crescido com muita rapidez nos diferentes ambientes. Das praias, já se pode encontrar grupos de praticantes em clubes, condomínios de casas e apartamentos, escolas, academias, gerando um campo profissional e de lazer significativo em diferentes cidades do Brasil. Suas características de prática permitem refletir em adaptações e ensino-aprendizagem com as mesmas concepções teórico-práticas estudadas com outras modalidades de raquete aqui registradas no presente capítulo. (Fonte: www.cbt-tenis.com.br, pesquisa realizada em 27.junho.2020).

4 Atualmente na internet encontramos diversos vídeos e/ou descrições de como adaptar materiais. Sugerimos estes dois *sites* como possibilidade: https://impulsiona.org.br/tenis-de-mesa-com-material-alternativo/ e https://www.ligatenis10.com.br/produto/o-manual-da-raquete-de-tenis-de-papelao/.

Outra possibilidade é a utilização de raquetes de pingue-pongue, que têm custo mais acessível e podem ser utilizadas para a própria modalidade, com a adaptação de mesas presentes na escola. Logicamente as bolas e petecas utilizadas para as demais modalidades precisarão ser coerentes com a menor área e peso deste implemento.

Uma opção para as bolas de tênis de mesa é reciclar os rolamentos de desodorantes do tipo *roll-on*. São do tamanho aproximado e mais resistentes do que as bolas convencionais.

Mais uma possibilidade para a adaptação de raquetes é a aquisição de placas de compensado e a solicitação em marcenaria do corte realizado no formato de raquetes de frescobol. Os próprios alunos podem se responsabilizar pelo acabamento do material, como lixar e pintar.

O mesmo formato pode ser utilizado para a confecção utilizando papelão, com várias camadas unidas por cola, incluindo alguns palitos de sorvete para reforçar. A empunhadura pode ser revestida de tiras de borracha provenientes de câmaras de ar de pneus. Embora não muito duráveis, o custo basicamente se resume à cola, sendo ainda possível a participação de todos os alunos, de forma que cada um pode ter sua própria raquete e aplicar nela o acabamento personalizado que desejar.

CONSIDERAÇÕES FINAIS SOBRE INTERVENÇÕES PEDAGÓGICAS NO ENSINO DOS ESPORTES DE RAQUETE

Após a apresentação de algumas possibilidades para o ensino dos esportes de raquete, abordaremos um aspecto determinante para a efetividade desse processo, qual seja, a intervenção pedagógica do professor a partir da proposta estabelecida, e que não pode ser reduzida às atividades relacionadas à correção dos gestos técnicos dos alunos (BOLONHINI, 2009).

Entendemos que o professor deve elaborar as atividades baseando-se na lógica interna dos esportes de raquete, pensando nas similaridades e aproximações, de tal forma que esse eixo conduza para a aprendizagem dos elementos inseridos nos jogos. A intervenção pela mediação do processo de ensino torna-se determinante, e não corroboramos a simples ideia da utilização de atividades e jogos prontos, sem a reflexão e o direcionamento para os objetivos previamente estabelecidos pelo professor.

Observamos ainda, em alguns locais de ensino de esportes e de educação física, como escolas, ONG, projetos sociais, que em diversos casos essas instituições não possuem infraestrutura adequada, predominando a escassez de materiais, o que pode restringir as possibilidades do professor na organização das aulas.

Entretanto, esse fato não impede o ensino dos esportes de raquete, desde que o professor compreenda os diferentes métodos pedagógicos que possibilitem, de forma eficiente, ensinar esporte para crianças e jovens e, ainda, desde que o docente adote uma conduta que reforce a ampliação do ensino, não focando e balizando seu planejamento apenas no gesto motor, mas também nos diversos elementos que constituem a prática esportiva.

Nesse sentido, alguns aspectos são importantes para a atuação do professor no ensino dos esportes com raquete:

- Clareza e objetividade: apontar com clareza os objetivos da atividade do jogo, reforçando inclusive as dimensões conceituais, de tal forma que os alunos entendam a proposta planejada pelo professor. Os objetivos dos jogos devem ser desafiadores, porém considerando as necessidades e limitações dos praticantes.
- Mediação das situações-problema: o professor deve estimular que seus alunos busquem respostas para as situações estabelecidas na prática, ou seja, deve mediar e não direcionar ou resolver os problemas do jogo. Esse aspecto desenvolve o entendimento do jogo, e estimula o uso da autonomia para a prática esportiva das modalidades de raquete.
- Planejamento e criatividade na organização dos conteúdos: necessidade de organização dos conteúdos baseando-se em um planejamento amplo, considerando as similaridades das modalidades de raquete, e que conduza as atividades para os objetivos da proposta. Criatividade na elaboração e adaptação das regras, permitindo a liberdade de respostas durante o jogo.
- Consideração dos diferentes níveis de aprendizagem: determinar objetivos que possam ser alcançados, baseando-se no nível de aprendizagem dos praticantes, mas que exijam ao mesmo tempo o empenho na prática da atividade no sentido de entender os aspectos que envolvem o jogo, e desenvolver diferentes aspectos como habilidades motoras, cognitivas, compreensão tática, aspectos emocionais, valores morais, sociais, históricos, culturais, entre outros.
- Compreensão dos métodos pedagógicos de ensino do esporte: o professor deve estabelecer sua metodologia de ensino, mas, sobretudo, necessita intervir nas atividades dos jogos proporcionando desafios táticos em que os praticantes busquem possibilidades de resolução, ou seja, é algo construído a partir da observação dos participantes durante a dinâmica do jogo. Diante disso, os próprios participantes perceberão a coerência de desenvolver essas alternativas para a prática esportiva das modalidades de raquete.

Na busca por finalizar essa proposta, entendemos a dificuldade encontrada em promover o conteúdo esporte de raquete nos mais diversos ambientes de ensino. Os limitadores são diversos e vão desde o espaço e materiais inadequados até a falta de conhecimento de tais modalidades pelos professores e alunos, acarretando, muitas vezes, a desmotivação antes mesmo de a proposta ser implantada. Diante disso, acreditamos que as propostas interacionistas, orientadas para a nossa realidade, podem auxiliar sensivelmente o docente na tarefa de oportunizar o acesso aos conceitos, atitudes e procedimentos de esportes tão distantes da realidade da maioria dos brasileiros.

Se são esportes originalmente praticados pela camada social mais privilegiada do país, esse fato não deve ser impeditivo, pois essas modalidades fazem parte da cultura esportiva da humanidade e, assim, passam a ser direito de todos, independentemente da condição social ou econômica.

REFERÊNCIAS

Aburachid LMC. O ensino dos esportes de raquete: uma atuação pedagógica diversificada. In: Congresso Internacional dos Jogos Desportivos, 5, 2015, Belo Horizonte, MG. Anais do 5º Congresso Internacional dos Jogos Desportivos. Lemos KLM, Greco PJ, Morales JCP (org.). p.217-236.

Aburachid LMC, Ribas S, Araujo ND, Greco PJ. Badminton: possibilidades de ensino aplicadas ao contexto da educação física escolar. Journal of Physical Education. 2019;30:e3055.

Bayer C. O ensino dos desportos coletivos. Lisboa: Dina Livros; 1994.

Belli T, Ginciene G, Castro LB, Soati KC, Misuta MS, Galatti LR. Pedagogia do esporte e tênis de mesa: novas perspectivas no ensino-treino do efeito na iniciação esportiva tardia. Pensar a Prática. 2017;20:420-9.

Bolonhini SZ. Pedagogia do esporte e a iniciação ao tênis de campo: um estudo nos principais clubes de São Paulo [dissertação]. Campinas, Universidade Estadual de Campinas, Faculdade de Educação Física; 2009.

Cabello MD. Análisis de las características del juego en el bádminton de competición: su aplicación al entrenamiento [tese]. Granada, Universidade de Granada; 2000.

Confederação Brasileira de Tênis. História do beach tennis. Disponível em: http://www.cbt-tenis.com.br/beachtenis.php?cod=5; acessado em: 27 de junho de 2020.

Corrêa MML, Freitas TCR, Silva SA. O ensino dos esportes de raquete no ambiente escolar. Caderno de Educação Física e Esporte: Physical Education and Sport Journal. 2019;17(1):309-16.

Freire JB. Educação como prática corporal. São Paulo: Scipione; 2003.

Galatti LR, Machado JC, Motta MC, Misuta MS, Belli T. Nonlinear pedagogy and the implications for teaching and training in table tennis. Motriz. 2019;25(issue1).

Garganta J. O ensino dos jogos desportivos colectivos: perspectivas e tendências. Revista Movimento. 1998/1; ano IV, n.8, p.19-27.

Garganta J. Para uma teoria dos jogos desportivos colectivos. In: Graça A, Oliveira J (org.) O ensino dos jogos desportivos coletivos. 2.ed. Lisboa: Universidade do Porto; 1995. p.11-25.

Ginciene G, Impolcetto FM. Primeiras aproximações para uma proposta de ensino dos jogos de rede/parede: reflexões sobre o tênis de campo e o voleibol. Revista Brasileira de Ciência e Movimento. 2019;27(2):121-32.

Ginciene G, Lang AR, Galatti LR, González FJ, Darido SC. Ensino do tênis e a prática pedagógica dos professores. Pensar a Prática. 2019;22.

González FJ. Sistema de classificação de esportes com base nos critérios: cooperação, interação com o adversário, ambiente, desempenho comparado e objetivos táticos da ação. Lecturas: Educación Física y Deportes [revista digital]. 2004; ano 10, n.71.

Graça A. Os comos e os quandos no ensino dos jogos. In: Graça A, Oliveira J (org.). O ensino dos jogos desportivos. Porto: Faculdade de Ciências do Desporto e da Educação Física, Universidade do Porto; 1995. p.27-34.

Griffin LL. Tactical approaches to teaching games: improving net/wall game performance. Journal of Physical Education, Recreation & Dance. 1996;67(2):34-7.

Griffin LL, Mitchell S, Oslin J. Teaching sport concepts and skills: a tactical games approach. Champaign IL: Human Kinetics; 1997.

Guioti TT, Toledo E, Scaglia AJ. Esportes de raquete para deficientes intelectuais leves: uma proposta fundamentada na pedagogia do esporte. Revista Brasileira de Educação Especial. 2014;20(3):357-70.

Hirama LK, Joaquim CS, Costa RR, Montagner PC. Propostas interacionistas em pedagogia do esporte: aproximações e características. Conexoes: Revista da Faculdade de Educação Física da Uni camp. 2014 out/dez;12(4):51-68.

Light R. Accessing the inner world of children: the use of student drawings in research on children's experiences of game sense proceedings. In: The Asia Pacific Conference on Teaching Sport and Physical Education for Understanding. 2007. p.72-83.

Paes RR. A pedagogia do esporte e os jogos coletivos. In: De Rose Jr., D. Esporte e atividade física na infância e adolescência: uma abordagem multidisciplinar. Porto Alegre: Artmed; 2002. p.89-98.

Paes RR. Educação física escolar: o esporte como conteúdo pedagógico do Ensino Fundamental. Canoas: Ed. da Ulbra; 2001.

Paes RR, Balbino HF. Pedagogia do esporte: contextos e perspectivas. Campinas: Guanabara Koogan; 2005.

Reverdito RS, Scaglia AJ. Pedagogia do esporte: jogos coletivos de invasão. São Paulo: Phorte; 2009.

Santana WC. A pedagogia do esporte e a moralidade infantil [dissertação]. Campinas, Universidade Estadual de Campinas, Faculdade de Educação Física; 2003.

Scaglia AJ, Reverdito RS, Galatti LR. A contribuição da pedagogia do esporte ao ensino do esporte na escola: tensões e reflexões metodológicas. In: Marinho A, Nascimento JV, Oliveira AAB (orgs.). Legados do esporte brasileiro. Florianópolis: Ed. da Udesc; 2014. p.45-86 (Coleção Temas em Movimento – v.5).

Silva JVP, Souza LCL, Calado KTOL, Silva CB, Reverdito RS. Família dos jogos esportivos com raquetes: metodologia e procedimentos pedagógicos. Revista Brasileira de Ciência e Movimento. 2017;25(4):117-27.

Souza AJ. É jogando que se aprende. In: Nista-Piccolo V. Pedagogia dos esportes. Campinas: Papirus; 1999, p.79-112.

Souza AJ, Oslin JA. Player-centered approach to coaching. Journal of Physical Education, Recreation & Dance. 2008;79(6):24-30.

Werner P, Thorpe R, Bunker D. Teaching games for understanding: evolution of a model. Journal of Physical Education, Recreation & Dance. 1996;67(1):28-33.

2

Por uma proposta comum de ensino dos esportes de raquete: o que sabemos e o que precisamos construir

Camila Cardoso
Mairin Del Corto Motta
Taisa Belli
Guy Ginciene
Larissa Rafaela Galatti

INTRODUÇÃO

Os esportes de raquete são modalidades nas quais se rebate com a raquete um implemento (bola ou peteca) em direção à quadra adversária sobre a rede ou contra uma parede (GONZÁLEZ, DARIDO, OLIVEIRA, 2014). Dentre estes, os mais populares incluem *badminton*, *squash*, tênis e tênis de mesa (LEES, 2003). Mais recentemente, inclusive, foi criado o *racketlon*, um esporte em que os jogadores se enfrentam nesses 4 principais esportes de raquete, sendo uma partida seguida de outra (FEDERATION OF INTERNATIONAL RACKETLON).

Historicamente essas modalidades são ensinadas, majoritariamente, por metodologias pautadas no princípio analítico (SILVA et al., 2017; BELLI et al., 2017; GINCIENE et al., 2019), cujo foco está no ensino da técnica, treinada de forma isolada e descontextualizada da sua utilização no jogo. Segundo Galatti et al. (2014; 2017; 2019), executar movimentos de forma isolada não assegura que os problemas de ordem tática que aparecem no jogo sejam resolvidos. Por esse motivo, nos esportes coletivos, alguns conceitos de ensino contemporâneos – diferentes dos modelos sustentados no princípio analítico – foram propostos nas últimas décadas. Entre eles está a pioneira proposta de organização de conteúdos de Bayer (1994), que sugere o agrupamento das modalidades coletivas em uma categoria única, pois estas possuem invariantes e princípios operacionais comuns (DAOLIO, 2002), que podem ser transferidos de um jogo coletivo para outro (SCAGLIA et al., 2013).

Segundo Daolio (2002), uma bola (ou implemento), espaço delimitado de jogo, parceiros, adversários, um alvo a atacar e defender e regras específicas são as seis invariantes que compõem todos os esportes coletivos e fazem com que seja possível agrupá-los dentro de uma categoria. Galatti et al. (2017) denominam tais elementos como estruturais, e é por conta dessa estrutura comum, aliada a princípios funcionais de jogo, que é possível o ensino dos esportes coletivos por meio de um mesmo tratamento pedagógico. São os elementos funcionais de ataque: conservação individual e coletiva da bola, progressão da equipe e da bola em direção ao alvo adversário e finalização da jogada, visando à obtenção de ponto. Os princípios defensivos são: recuperar a bola, impedir o avanço da equipe contrária e da bola em direção ao próprio alvo e proteger o alvo visando impedir a finalização da equipe adversária.

Olhando para os esportes de raquete, é igualmente possível identificar elementos estruturais e funcionais comuns que podem orientar processos pedagógicos para esse conjunto de modalidades. Assim, apresentamos como elementos estruturais: regras, uso de implementos (raquete e bola/peteca), espaço delimitado, jogadores, adversários e o alvo. Essa estrutura dá origem a elementos funcionais comuns que geram regras de ação de ataque e defesa. Logo, os elementos funcionais de ataque são tentar marcar o ponto e rebater com o maior nível de dificuldade ao adversário; na defesa, antecipar a trajetória do ataque e impedir o ponto (SILVA et al., 2017). Esse conjunto comum de elementos estruturais e funcionais gera problemas similares para serem solucionados por jogadores no decorrer da partida.

Assim, tal qual nos esportes coletivos, parece possível que as modalidades com raquete sejam ensinadas por princípios comuns (MANDIGO, ANDERSON, 2003; SILVA et al., 2017), perseguindo um pressuposto comum para os esportes de raquete: rebater o implemento em direção à área adversária, tentando criar condições favoráveis para si, com o intuito de dificultar a devolução do adversário, para que este não consiga defender seus espaços na área de jogo e cometa um erro (MITCHELL, OSLIN, 1999; GALATTI et al., 2019; GINCIENE, IMPOLCETTO, 2019).

Como aconteceu nos esportes coletivos, nas modalidades de raquete há, mais recentemente, o surgimento de propostas práticas e teóricas para o ensino por meio de jogos. Afinal, para Balbinotti (2009), o modelo analítico não é o modelo ideal para o ensino do tênis; no tênis de mesa, o mesmo é destacado por Belli et al. (2017; 2019) e Galatti et al. (2019). Essa premissa ressoa em outros esportes de raquete, já que na perspectiva tradicional, sustentada no princípio analítico, o ensino é estabelecido sem potencializar o elemento tático, limitando a possibilidade de transferência para aplicar nas diversas situações reais de jogo. E as federações internacionais de esportes de raquete têm acompanhado essa tendência.

A Federação Internacional de Tênis (ITF) lançou em 2007 uma metodologia denominada *play and stay*, com enfoque em situações de jogo, por meio da utilização de jogos reduzidos e materiais adaptados, além de colocar o aluno no papel central na construção de conhecimento. O *play and stay* tem como objetivo tornar os alunos capazes de jogar desde a primeira aula (CORTELA et al., 2012).

No tênis de mesa, algumas propostas do Grupo Interdisciplinar de Pesquisa em Esportes de Raquete (Griper), sediado na Faculdade de Ciências Aplicadas da Unicamp, vêm sendo lançadas, pautadas nas tendências atuais da pedagogia do esporte. Em Belli et al. (2017), por exemplo, o ensino do "efeito sobre a bola" foi destacado. Em Galatti et al. (2019), nova proposta sustentou o ensino da modalidade na pedagogia não linear: esta tem uma abordagem centrada em quem joga e entende que o aprendizado emerge por meio da interação entre os indivíduos, ambiente e tarefas. Para isso é adotada uma abordagem baseada no jogo e são utilizados alguns princípios, como manipulação de constrangimentos, variabilidade de padrões de movimentos, intervenções e tarefas que representem um ambiente competitivo.

Porém, diferentemente dos esportes coletivos ou esportes de combate, na literatura que envolve raquetes a produção sobre propostas que busquem ensinar essas modalidades em uma mesma prática, a partir de suas similaridades, parece ser pequena. A partir do panorama apresentado, este capítulo pretende verificar a produção atual e propor bases para uma organização comum de conteúdos de ensino-treino para os esportes de raquete. Para tanto, o capítulo se organiza nas seguintes etapas:

1. Identificar quais são os artigos com propostas de ensino já existentes para os esportes de raquete e apresentá-los aos leitores e leitoras.
2. Elaborar uma proposta inicial de modelo de organização de conteúdos de ensino-treino multimodalidades para os esportes de raquete.

CONHECENDO O QUE A LITERATURA NOS OFERECE SOBRE O ENSINO MULTIMODALIDADES DE ESPORTES DE RAQUETE

Como escolhemos os artigos?

Para conhecer o cenário existente, realizamos uma pesquisa com base na metodologia denominada "estado da arte" ou "estado do conhecimento". Definida como de caráter bibliográfico, tem o desafio de mapear e discutir a produção acadêmica em vários campos do conhecimento, tentando responder quais aspectos e dimensões vêm sendo destacados, em diferentes épocas, lugares e condições em que foram produzidos (FERREIRA, 2002). O estado da arte teve como objetivo mapear e analisar a produção de artigos científicos sobre esportes de raquete nos periódicos nacionais e internacionais indexados na Qualis Capes na área 21, a área da educação física, seguindo procedimentos metodológicos a exemplo de Barreira et al. (2018) e Costa et al. (2019). Com o objetivo de abranger ao máximo o levantamento realizado, não estabelecemos limite inferior para a data de publicação dos artigos, e adotamos como ponto de corte a data de 31 de dezembro de 2018.

Para a definição das revistas pesquisadas, foi acessada a Plataforma Sucupira para baixar o arquivo contendo todas as revistas indexadas na área 21 da Qualis Capes (2013-2016). Inicialmente, havia 2.218 revistas indexadas na área da educação física da Qualis Capes. A primeira separação ocorreu por meio da leitura dos títulos, buscando aqueles que tinham possibilidade de conteúdo relacionado ao esporte. Nessa etapa, foram selecionadas 450 revistas. Todas eles tiveram o escopo lido, e 120 se enquadraram na área de esporte. Destas, foram eliminadas revistas impressas e repetidas, restando 95 revistas. Destas, 26 foram classificadas como A1, A2, B1, B2 e B3 (Qualis Capes 2013-2016), como mostra a Figura 1.

Em cada uma das 26 revistas foram buscados artigos contendo os termos-chave em espanhol (*badminton, squash, tenis, tenis de mesa, deportes de red,*

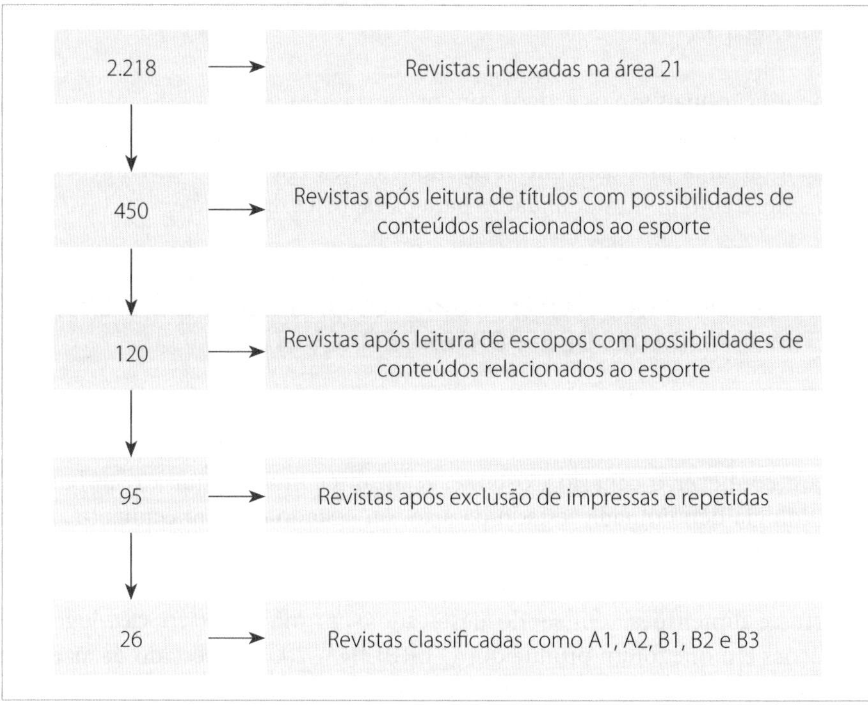

Figura 1 Etapas da seleção de revistas utilizadas.

Fonte: elaborada pelos autores.

deportes de raqueta e *deportes con raqueta*), inglês (*badminton, squash, tennis, table tennis, net sports, net games, racket sports* e *racquet sports*) e português (*badminton, squash*, tênis, tênis de mesa, esportes de rede, esportes de raquete e esportes com raquete). Os artigos que continham algum dos termos-chave no título, subtítulo, palavras-chave ou resumo foram colocados em uma pasta com a classificação e o nome da revista, sendo selecionados para posterior análise.

Foram incluídos para análise artigos originais ou de revisão que continham algum dos termos-chave no título, subtítulo, palavras-chave ou resumo. Foram excluídas publicações em revistas classificadas como Qualis C (Qualis Capes 2013-2016), além de publicações diferentes de artigos originais ou revisão (como resumos de congresso ou resenhas). Artigos com palavra-chave com sentido diferente do desejado também foram excluídos, por exemplo: a palavra "tênis" comumente fazia referência a calçados ou ao nome de um clube; a palavra "*squash*" em língua inglesa se refere também a "abóbora". Assim, chegamos a 95 revistas entre Qualis B5 e A1 (Qualis Capes 2013-2016), nas quais foram identificados 1.061 artigos. Considerando o elevado número de artigos para uma análise mais aprofundada, optamos por excluir também artigos das revistas classificadas com Qualis B5 e B4 (Qualis Capes 2013-2016), restando 26 revistas, que constituíram o universo de análise deste capítulo.

O que encontramos?

Nas 26 revistas selecionadas, encontramos 237 artigos que atendiam à nossa busca, dos quais 30 foram excluídos, por não tratar de esportes de raquete, restando 207 artigos. Destes, apenas 16 artigos abordavam o tema metodologia de ensino-treino nos esportes de raquete, e somente um trazia uma abordagem multimodalidades. A Figura 2 ilustra esse processo de depuração dos artigos analisados.

No Quadro 1 são listados os 16 artigos que tratavam de metodologia de ensino-treino dos esportes de raquete, descrevendo autoria, ano de publicação, país de filiação do primeiro autor, a revista em que o artigo foi publicado, o Qualis da revista (Qualis Capes 2013-2016) e a modalidade (ou modalidades) abordada(s).

A Figura 3 apresenta o número de publicações sobre metodologia de ensino-treino nos esportes de raquete por ano, observando um pico de publicações em 2007 (5 artigos).

A Figura 4, por sua vez, apresenta a filiação do primeiro autor em publicações sobre metodologia de ensino-treino nos esportes de raquete. Há diversidade de países publicando sobre o tema, sendo 8 no total. Os EUA foram os que mais publicaram, com 5 artigos, seguido de 4 publicados por autores brasileiros.

Na Figura 5, por fim, vemos que o tênis aparece com mais publicações, 7 no total, seguido pelo *badminton*, com 5 publicações, e pelo tênis de mesa, com 3.

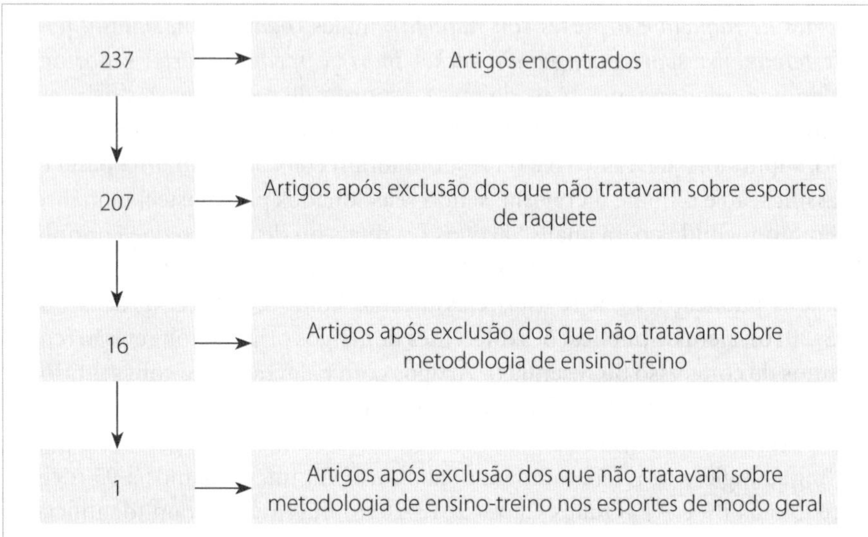

Figura 2 Etapas da seleção dos artigos analisados.
Fonte: elaborada pelos autores.

Quadro 1 Artigos classificados como metodologia de ensino-treino nos esportes de raquete

Autor	Ano	País do 1º autor	Revista	Qualis	Modalidade
Blomqvist M	2001	Finlândia	Physical Education and Sport Pedagogy	A1	*Badminton*
Gubacs-Collins K	2007	EUA	Physical Education and Sport Pedagogy	A1	Tênis
Miller J	2007	Austrália	Physical Education and Sport Pedagogy	A1	*Badminton*
Mitchell SA	1999	EUA	Physical Education and Sport Pedagogy	A1	Multirraquetes
O'Keeffe SL	2007	Irlanda	Physical Education and Sport Pedagogy	A1	*Badminton*
French KE	1996	EUA	Journal of Teaching in Physical Education	A2	*Badminton*
French KE	1996	EUA	Journal of Teaching in Physical Education	A2	*Badminton*
Zhang P	2012	EUA	Journal of Teaching in Physical Education	A2	Tênis de mesa
García JPF	2001	Espanha	Movimento	A2	Tênis

(continua)

Quadro 1 Artigos classificados como metodologia de ensino-treino nos esportes de raquete *(continuação)*

Autor	Ano	País do 1º autor	Revista	Qualis	Modalidade
Pífero CM	2010	Brasil	Revista Brasileira de Educação Física e Esporte	B1	Tênis
Unierzyski P	2007	Polônia	Revista Internacional de Ciencias del Deporte	B1	Tênis
Hagl M	1981	Colômbia	Educación Física y Deporte	B2	Tênis
Pustowka WM	1982	Colômbia	Educación Física y Deporte	B2	Tênis
Belli T	2017	Brasil	Pensar a Prática	B2	Tênis de mesa
Perez CR	2014	Brasil	Pensar a Prática	B2	Tênis de mesa
Maia RF	2017	Brasil	Revista Mackenzie de Educação Física e Esporte	B2	Tênis

Fonte: elaborado pelos autores.

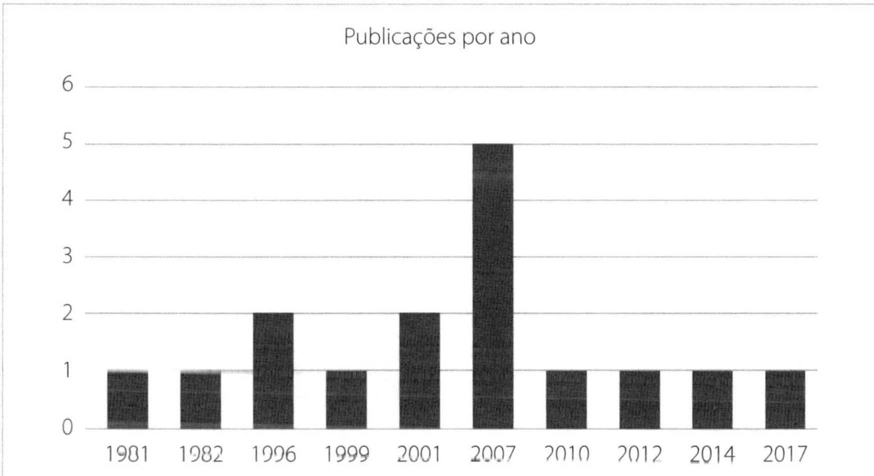

Figura 3 Publicações sobre metodologia de ensino-treino nos esportes de raquete por ano.
Fonte: elaborada pelos autores.

O *squash* foi a única modalidade pesquisada em que não se encontraram artigos na temática.

Quanto ao Qualis Capes (2013-2016) das revistas que publicaram sobre metodologia de ensino-treino nos esportes de raquete, identificamos mais publi-

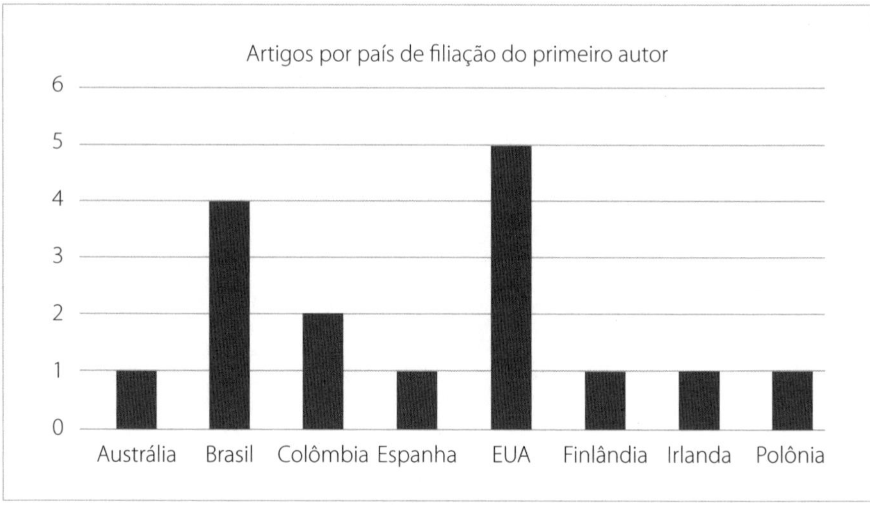

Figura 4 Publicações sobre metodologia de ensino-treino nos esportes de raquete por país de filiação do primeiro autor.

Fonte: elaborada pelos autores.

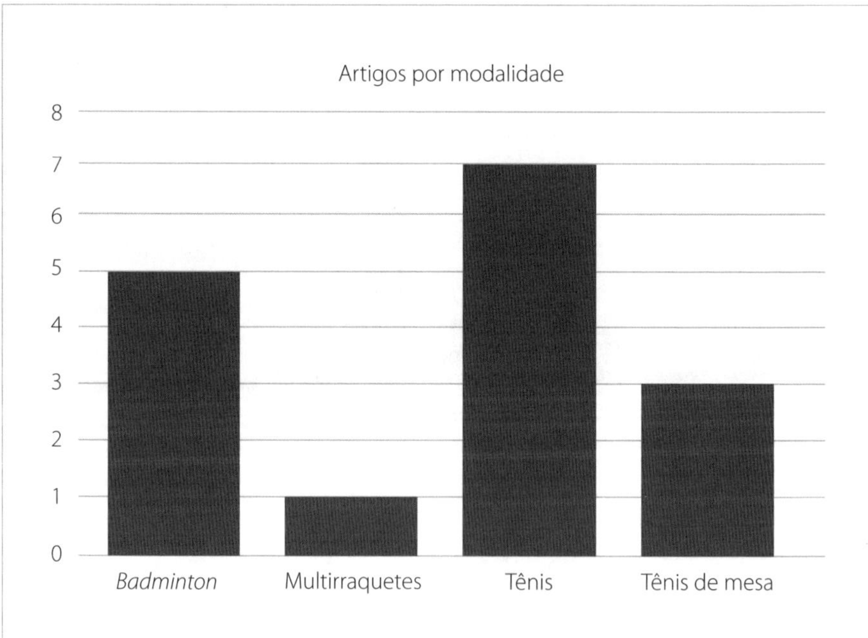

Figura 5 Publicações sobre metodologia de ensino-treino nos esportes de raquete por modalidade.

Fonte: elaborada pelos autores.

cações em revistas A1, com 5 publicações, seguido por revistas A2 e B2, com 4 publicações cada, duas publicações B1 e uma publicação B3.

Merece destaque o artigo de Mitchell e Oslin (1999) intitulado "An investigation of tactical transfer in net games", pois foi o único a tratar da metodologia de ensino dos esportes de raquete na perspectiva multimodalidades. Nesse artigo é proposta a transferência de conhecimentos táticos entre jogos que se enquadram na mesma categoria. Para a realização do estudo foram escolhidos os esportes *badminton* e *pickleball*, que se enquadram na categoria dos esportes de raquete, e foram aplicadas aulas para 21 crianças de 14 e 15 anos. Os alunos do estudo de Mitchell e Oslin (1999) demonstraram entender a tática comum entre o *badminton* e o *pickleball*, que é jogar a bola/peteca em um espaço vazio para dificultar a devolução do adversário. Com esses resultados foi provada a possibilidade de transferência entre os dois esportes de raquete. O artigo de Mitchell e Oslin (1999) se mostrou, assim, uma importante referência para a proposta de organização de conteúdos que será apresentada na etapa seguinte.

Como a única publicação multimodalidades encontrada foi de 1999, e como não encontramos, nos parâmetros da busca, estudos em português, avançamos para propor bases que sustentem uma nova proposta.

POR UM MODELO MULTIMODALIDADES PARA ENSINO DOS ESPORTES DE RAQUETE: UMA PROPOSTA INICIAL

O modelo multimodalidades para ensino-treino dos esportes de raquete foi elaborado pelas autoras e autor deste capítulo, que compõem um grupo com três professores doutores com experiência de no mínimo doze anos em modalidades de raquete; e duas graduadas em Ciências do Esporte, ambas com ao menos doze anos de experiência prática em esportes de raquete. Partimos do artigo de Mitchel e Oslin (1999), único multimodalidades encontrado no "estado da arte". A ele, somamos as ideias de Méndez Giménez (2000), Mandigo e Anderson (2003) e Griffin (1996). Foram realizadas reuniões mensais – presenciais ou *on-line* – ao longo de um ano, até chegarmos ao modelo inicial expressado na Figura 6:

A Figura 6[1] ilustra dois jogadores em uma partida de qualquer um dos esportes de raquete destacados neste estudo (*badminton, squash*, tênis e tênis de mesa), com os possíveis momentos de jogo e possibilidades de tomadas de de-

1 Interessante que, apesar do conteúdo muito distinto, a ideia da figura tenha se iniciado a partir da leitura do texto sobre a modalidade paralímpica coletiva para pessoas cegas, o *goalball*, de Morato, Gomes e Almeida (2012).

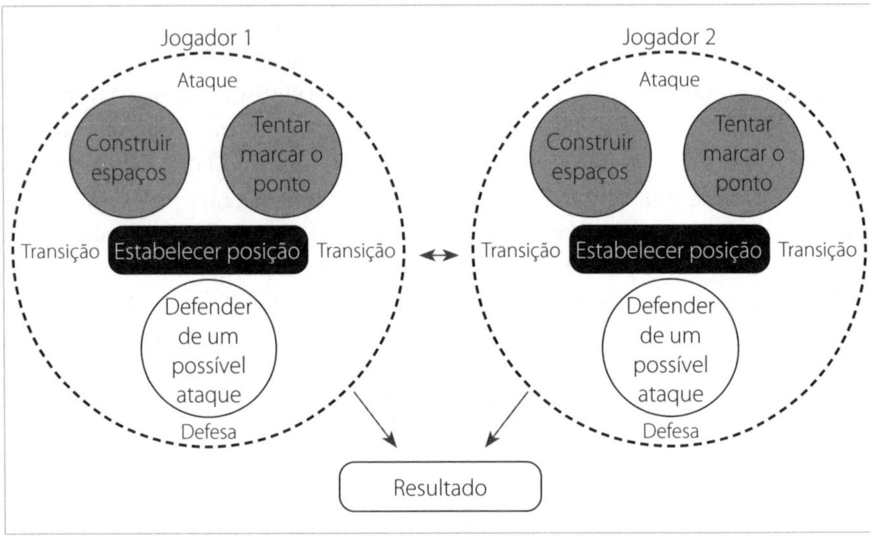

Figura 6 Modelo universal para ensino-treino dos esportes de raquete.
Fonte: elaborada pelos autores.

cisão. Os círculos em cinza são momentos característicos de um **ataque** (**construir espaços** e **tentar marcar o ponto**), e o círculo em branco representa o momento característico de uma defesa (**defender de um possível ataque**).

No momento em que um jogador ou jogadora recebe uma das ações de ataque (construir espaços e tentar marcar o ponto), pode responder com a ação expressa no círculo de cor branca (defesa), ou mesmo com um ataque, com uma das ações representadas nos círculos cinzas. Essa é uma característica particular dos esportes de raquete, que envolve ações alternadas e não condicionadas, ou seja, não é porque alguém ataca que a ação adversária será de defesa, constituindo um "contra-ataque imediato" (MUNIVRANA et al., 2015).

Entre a realização de ações ofensivas e defensivas, o jogador procura estabelecer posição (em preto na figura), posicionando-se no melhor espaço de jogo para tentar realizar alguma das ações nos círculos cinza ou branco. A interação desses aspectos ocorre dentro de determinado tempo, sendo iniciado com o saque e finalizado com dois resultados possíveis: o ponto conquistado por quem atacou por meio de um ponto vencedor ou erro forçado (p. ex., quando o ponto é vencido no *rally* devido a um golpe intencionalmente colocado fora do alcance do/da oponente) e o erro não forçado (p. ex., quando o resultado do *rally* foi gerado por um erro de tomada de decisão ou de execução técnica) (MARTÍNEZ-GALLEGO et al., 2013).

Explicada a figura, falta explicar os conceitos básicos de um jogo de esportes de raquete estabelecidos para esse estudo, que foram divididos em fase do jogo ofensivo e defensivo.

O primeiro conceito ofensivo é denominado **construir espaços**, definido como o ato de enviar a bola/peteca longe do adversário em determinado espaço livre (MITCHEL, OSLIN, 1999), buscando manter o adversário em constante movimento (MÉNDEZ GIMÉNEZ, 2000), forçando-o a buscar a bola/peteca, que podem ser colocadas nos cantos da área de jogo, nos espaços laterais, utilizando bolas/petecas curtas (colocadas próximas à rede) ou longas (colocadas próximas ao fundo da área de jogo) (MANDIGO, ANDERSON, 2003). O segundo conceito ofensivo é **tentar marcar o ponto**, caracterizado por impulsionar a bola/peteca para a área de jogo adversária de forma que não seja possível devolvê-la (MITCHELL, OSLIN, 1999). Para tanto se pode utilizar rebatidas com diferentes efeitos, forças, velocidades e colocações (espaço livre ou próximo ao adversário) (MANDIGO, ANDERSON, 2003; MUNIVRANA et al., 2015), buscando induzir o adversário a cometer um erro (MÉNDEZ GIMÉNEZ, 2000).

Como conceito defensivo, apresentamos o **defender de um possível ataque**, o qual pode ser realizado em situações de desvantagem no controle do *rally*, apresentando a intenção de se manter no *rally* defendendo os golpes do adversário, tendendo a utilizar bolas/petecas altas ou longas ou golpes de bloqueio, com o objetivo de ganhar tempo e se reposicionar dentro da área de jogo ou adquirir uma vantagem tático-técnica (MÉNDEZ GIMÉNEZ, 2000).

Por fim, durante os momentos de transição, temos o conceito de **estabelecer posição**, caracterizado por recuperar o posicionamento, o mais rápido possível, na área de jogo onde há maior possibilidade de alcance de todas as regiões (MANDIGO, ANDERSON, 2003; MITCHELL, OSLIN, 1999) para a realização da próxima rebatida (de ataque ou de defesa), provocando menos fadiga e havendo um ganho de tempo (MÉNDEZ GIMÉNEZ, 2000).

IMPLICAÇÕES PRÁTICAS

O modelo apresentado busca estimular novas propostas que busquem integrar e diversificar o momento da aprendizagem de esportes de raquete, favorecendo no desenvolvimento dos praticantes competências para diferentes modalidades, aumentando a chance de engajamento e, por consequência, de benefícios pessoais e sociais por meio da prática esportiva. Essa proposta não se limita a um contexto ou faixa etária, podendo ser aplicada em clubes, organizações não governamentais (ONG), escolas, prefeituras, hotéis, sistema "S".

A fim de ilustrar que esse modelo pode ajudar treinadores e professores a propor aulas e treinos com atividades mais representativas e que respeitem o caráter de jogo dos esportes de raquete, nesta seção vamos "colocar em prática" a funcionalidade do modelo. A partir do entendimento dos conceitos nas fases de ataque, transição e defesa, treinadores podem realizar um melhor planejamento de treinos e aulas com a intenção de abordar com maior profundidade os aspectos táticos dos esportes de raquete, modificando se necessário a ordem de seus treinos/aulas, seja para atender a alguma necessidade do aluno ou para fortalecer determinado aspecto (p. ex., se for necessário, reforçar um aspecto da fase ofensiva, seja na construção de espaço ou ao tentar marcar o ponto).

Ilustrando uma aplicação em ambiente de rede

Há uma situação de jogo muito frequente nos esportes de rede: suponhamos que o jogador A esteja praticamente parado em sua área de jogo, rebatendo a bola/peteca para a área de jogo do adversário (jogador B), fazendo este se deslocar de uma lateral à outra sucessivas vezes para alcançar a bola/peteca, até que o jogador B não consiga mais rebater e o jogador A marque o ponto.

Nessa situação, o jogador A está executando consecutivamente ações ofensivas, denominadas "construir espaços", segundo o modelo proposto. O jogador A segue construindo espaços até encontrar a possibilidade para "tentar marcar o ponto". Simultaneamente, o jogador B realiza consecutivas ações defensivas, mas não consegue ser efetivo na transição ao "estabelecer posição", pois o jogador A insiste em colocar a bola/peteca em um local que dificulta o posicionamento mais adequado. O jogo segue nesse modelo até o jogador B não conseguir se "defender de um possível ataque" realizado pelo jogador A.

É claro que, como treinadores, todos queremos ter atletas como o jogador A, mas como treinamos nossos atletas para serem efetivos em seguir o modelo proposto? Como treinamos nossos atletas para "construir espaços" e para "estabelecer posição" da melhor maneira possível?

Um exemplo pode ser a utilização do jogo "corredor lateral", cujo objetivo principal é a busca pelas áreas laterais. Nesse jogo, temos um jogador de cada lado e vence quem realizar 21 pontos primeiro. Há duas formas de pontuar: a primeira forma é a já utilizada nas regras oficiais, e soma-se 1 ponto nesse caso. A segunda forma é por meio da busca das duas laterais, somando 3 pontos caso, no mesmo *rally*, o jogador seja capaz de utilizar as duas laterais e marcar o ponto (quicando a bola, ou fazendo o jogador colocar os pés nas áreas laterais).

Essa é uma maneira de proporcionar mais oportunidades de aprender e treinar ações ofensivas, estimulando a compreensão de dificultar para o adversário por meio da colocação da bola, de efeitos. Simultaneamente, quem está nas fases de transição ou defensiva receberá estímulos contextualizados e diversificados para buscar se posicionar em seus espaços e não perder o ponto.

Ilustrando uma situação em ambiente de parede

Já nos esportes de parede, os jogadores disputam a mesma área de jogo, e uma das situações mais frequentes nesses esportes é a de, além de deslocar o adversário, os jogadores buscarem uma área central dentro da quadra com a intenção de poder se deslocar de forma igual para alcançar as extremidades da quadra.

Seguindo a mesma lógica de jogo proposta anteriormente, o jogo a seguir é realizado dentro de uma quadra oficial de *squash*, e a área demarcada é a de um quadrado onde o T está no centro.

O jogo acontece como o jogo formal (modo simples), no qual os jogadores A e B estão disputando o espaço da área quadrada e onde ambos apresentam o mesmo objetivo: permanecer o maior tempo dentro dessa área (quadrada). Para que isso ocorra, os jogadores poderão utilizar bolas longas e curtas, com a intenção de deslocar o adversário o mais longe possível da área demarcada e dificultar a rebatida do adversário. O golpe de voleio só poderá ser realizado por ambos os jogadores se, ao receber uma bola, o jogador estiver dentro da área demarcada, ajudando assim a se manter dentro da área e deslocando seu adversário. Caso o jogador que ganhou o ponto esteja dentro da área demarcada, ganha 2 pontos, mas se não estiver ganha apenas 1 ponto.

CONSIDERAÇÕES FINAIS

Este capítulo indica que existem poucas publicações sobre metodologia nos esportes de raquete multimodalidades, já que, dos 16 artigos sobre metodologia de ensino estudados, apenas um era multimodalidades. Diante disso, avançamos em propor um modelo multimodalidades de ensino dos esportes de raquete. Por fim, indicamos nas aplicações práticas sugestões para que treinadores, com base no modelo, possam compor novas práticas, respeitando a natureza tática dos esportes de raquete. Também exemplificamos com atividades para esportes rede e de parede, partindo das mesmas fases e conceitos comuns.

A partir da leitura deste capítulo, pesquisadores e treinadores podem se sentir desafiados a propor novos estudos e novas práticas, inclusive aprendendo com sua própria prática e com pares, em processos reflexivos que resultem em treinos e aulas diversificadas e desafiadoras.

Desejamos ter provocado boas reflexões, como: "Será que essa proposta eu consigo aplicar na ONG de *badminton*? Nos meus atletas de *squash*? Nas minhas alunas da terceira idade do tênis de mesa? E para cadeirantes que praticam tênis, isso também pode funcionar?, Como avaliar esse processo?, Qual desenho de pesquisa permitiria verificar a satisfação de praticantes com aulas/treinos multimodalidades?". O desafio está lançado. Esperamos que a comunidade de esportes de raquete envolva-se em, continuamente, desafiar-se em novos modelos, estudos e, sobretudo, práticas que potencializem a experiência humana no contexto esportivo.

Por fim, a partir do alto valor atribuído pelos próprios treinadores à aprendizagem entre os pares, deixamos algumas sugestões gerais de prática entre treinadores e treinadoras, ao experimentarem novas experiências, como a sugerida pelo modelo apresentado no capítulo:

- Estabelecer dinâmicas de grupo nas quais treinadores de diferentes modalidades de raquete tentem criar jogos e sessões de aula/treino. Sabemos que treinadores aprendem muito na troca com pares, e experiências dessa natureza podem se beneficiar da renovação de práticas de treinadores mais habituados a ensinar por meio do jogo, e em dar suporte a profissionais inexperientes nessa perspectiva de treino (GALATTI, SANTOS, KORSAKAS, 2019). Essas trocas podem partir de um objetivo mais específico, como focar uma fase do jogo e seus conceitos: ataque (construir espaços ou tentar marcar o ponto), defesa (defender de um possível ataque) ou transição (estabelecer posição). Por mais que dentro do jogo proposto (ou exercício) possa aparecer mais de um aspecto, exercitar o foco da atividade ajudará no desenho de sessões de aula/treino mais alinhadas às características dos esportes de raquete e necessidade dos praticantes (GALATTI et al., 2014).
- Uma possibilidade de intervenção seria um grupo que tenha trabalhado algum aspecto ofensivo apresentar e, talvez, um grupo que tenha trabalhado aspecto defensivo comentar sobre o jogo/exercício. Boas perguntas de um grupo para o outro podem enriquecer o processo: "Como você poderia melhorar a atividade?, Como incluir nesse jogo a ênfase em construir espaços?, Como pensar na fase defensiva por meio do jogo que o grupo ofensivo apresentou?".
- Se o encontro for presencial e o espaço permitir, sugerimos, dentro da dinâmica, que treinadores realizem as atividades e as aprimorem também na prática.
- A ideia de trabalhar com treinadores e treinadoras de diferentes modalidades tende a enriquecer o exercício de aprimorar a proposta em ensinar esportes de raquete. Essa dinâmica com treinadores de uma única modalidade pode também funcionar, especialmente o com auxílio de materiais *on-line*, vídeos ou impressos de outros esportes; além disso, treinadores de determinada modalidade podem refletir na maneira como essa abordagem multimodalidades é capaz de potencializar o ensino-treino de seu esporte em específico.

- Buscar "desafiar" treinadores a aplicarem em seu dia a dia atividades ou sessões de treino construídas com os pares, evidenciando o jogo e focando objetivos táticos.
- Certamente, na ausência de um grupo de discussão, treinadores podem emergir em um processo individual e informal de estudo a partir dos diferentes esportes de raquete, refletindo as possibilidades de aplicação prática a partir do modelo proposto neste capítulo. Após a aprendizagem com pares, a busca por *sites* especializados e por grupos/pessoas relacionados ao seu esporte em redes sociais se mostra a fonte preferida por treinadores de aprendizagem informal (WALKER, THOMAS, DRISKA, 2018).

Desejamos boas práticas!

REFERÊNCIAS

Balbinotti C. O ensino do tênis: novas perspectivas de aprendizagem. Porto Alegre: Artmed; 2009.

Barreira J, Gonçalves MCR, Medeiros DCC de, Galatti LR. Produção acadêmica em futebol e futsal feminino: estado da arte dos artigos científicos nacionais na área da educação física. Movimento (ESEFID/UFRGS). 2018 jun 24;24(2):607.

Bayer C. O ensino dos desportos colectivos. Lisboa: Dinalivro; 1994.

Belli T, Ginciene G, Castro LB de, Soati KC, Misuta MS, Galatti LR. Pedagogia do esporte e tênis de mesa: novas perspectivas para o ensino-treino do efeito na iniciação esportiva tardia. Pensar a Prática. 2017 jun 30;20(2):420-9.

Belli T, Misuta MS, Moura PPR de, Tavares T dos S, Ribeiro RA, Santos YYS dos et al. Reproducibility and validity of a stroke effectiveness test in table tennis based on the temporal game structure. Frontiers in Psychology. 2019 fev;10:1-9.

Cortela CC, Fuentes JP, Aburachid LMC, Kist C, Cortela DNR. Iniciação esportiva ao tênis de campo: um retrato do programa play and stay à luz da pedagogia do esporte. Conexões. 2012 maio/ago;10(2):214-34.

Costa RR, Santos MOP dos, Pereira S de S, Galatti LR, Scaglia AJ. Pedagogia do esporte: publicações em periódicos científicos brasileiros de 2010 a 2015. Conexões. 2019;17:1-20.

Daolio J. Jogos esportivos coletivos: dos princípios operacionais aos gestos técnicos: modelo pendular a partir das ideias de Claude Bayer. Revista Brasileira de Ciências e Movimento. 2002;10(4):99-104.

Federation of International Racketlon. Disponível em: https://www.racketlon.net/; acessado em: 1º de novembro de 2019.

Federation of International Racketlon. What is racketlon? Racketlon. Disponível em: https://www.racketlon.net/what-is-racketlon/; acessado em: 30 de julho de 2019.

Ferreira NS de A. As pesquisas denominadas estado da arte. Educação & Sociedade. 2002;23:257-72.

Galatti LR, Bettega OB, Paes RR, Reverdito RS, Seoane AM, Scaglia AJ. O ensino dos jogos esportivos coletivos: avanços metodológicos dos aspectos estratégico-tático-técnicos. Pensar a Prática. 2017 set;20(3):639-54.

Galatti LR, Machado JC, Motta MDC, Misuta M S, Belli T. Nonlinear pedagogy and the implications for teaching and training in table tennis. Motriz: Revista de Educação Física. 2019;25(1):1-7.

Galatti LR, Reverdito RS, Scaglia AJ, Paes RR, Seoane AM. Pedagogia do esporte: tensão na ciência e o ensino dos jogos esportivos coletivos. Revista da Educação Física/UEM. 2014 abril 17;25(1):153-62.

Galatti LR, Santos YYS dos, Korsakas P. A coach developers' narrative on scaffolding a learner-centred coaching course in Brazil. International Sport Coaching Journal. 2019;6:339-48.

Ginciene G, Impolcetto FM. Primeiras aproximações para uma proposta de ensino dos jogos de rede/parede: reflexões sobre o tênis de campo e o voleibol. Revista Brasileira de Ciência e Movimento. 2019;27(2):121-32.

Ginciene G, Lang AMR, Galatti LR, González FJ, Darido SC. Ensino do tênis e a prática pedagógica dos professores. Pensar a Prática. 2019;22:1-12.

González FJ, Darido SC, Oliveira AAB de. Práticas corporais e a organização do conhecimento: esportes de marca e com rede divisória ou muro/parede de rebote. Maringá: Universidade Estadual de Maringá; 2014.

Griffin LL. Improving net/wall game performance. Journal of Physical Education, Recreation & Dance. 1996 fev;67(2):34-7.

Lees A. Science and the major racket sports: a review. Journal of Sport Sciences. 2003 set;21(9):707-32.

Mandigo JL, Anderson AT. Using the pedagogical principles in net/wall games to enhance teaching effectiveness. Teaching Elementary Physical Education. 2003;14(1):8-11.

Martínez-Gallego R, Guzmán JF, James N, Ramón-Llin J, Crespo M, Vuckovic G. The relationship between the incidence of winners/errors and the time spent in different areas of the court in elite tennis. Journal of Human Sport and Exercise. 2013;8(3):S601-S607.

Méndez Giménez A. Diseño e intencionalidad de los juegos modificados de cancha dividida y muro. Lecturas de Educación Física y Deportes. 2000;18(5).

Mitchell SA, Oslin JL. An Investigation of tactical transfer in net games. European Journal of Physical Education. 1999 jan 3;4(2):162-72.

Morato MP, Gomes MSP, Almeida JJG de. Os processos auto-organizacionais do goalball. Revista Brasileira de Ciências do Esporte. 2012;34(3):741-60.

Munivrana G, Petrinovic LZ, Kondric M. Structural analysis of technical-tactical elements in table tennis and their role in different playing zones. Journal of Human Kinetics. 2015;47(1):197-214.

Scaglia AJ, Reverdito R, Leonardo L, Lizana C. O ensino dos jogos esportivos coletivos: as competências essenciais e a lógica do jogo em meio ao processo organizacional sistêmico. Movimento (ESEFID/UFRGS). 2013 ago 23;19(4):227.

Silva JVP da, Souza LCL de, Calado KTL, Silva CB da, Reverdito RS. Família dos jogos esportivos com raquetes: metodologia e procedimentos pedagógicos. Revista Brasileira de Ciência e Movimento. 2017;25(4):5-12.

Walker LF, Thomas R, Driska AP. Informal and nonformal learning for sport coaches: a systematic review. International Journal of Sports Science & Coaching. 2018;13(5):694-707.

3

Do olhar plural para a pedagogia singular: reflexões sobre inteligências e aprendizagem para os esportes de raquete[1]

Tatiana Passos Zylberberg
Klertianny Teixeira do Carmo

INTRODUÇÃO: OLHAR PLURAL

Trazemos um desafio-convite: vamos ampliar a nossa compreensão sobre inteligência e corpo para criarmos situações-problema que possibilitem aprender e/ou aperfeiçoar-se nos esportes de raquete? Vamos ampliar o nosso olhar, pluralizá-lo e aprender a ver outros sinais?

Mas o que seria, então, inteligência?

Tanto a utilização popular como a científica do termo "inteligência" são cercadas de controvérsias. Há predominante compreensão da inteligência como uma propriedade humana única, hereditária e passível de ser medida. De acordo com Gardner (2000), algumas culturas definiram ainda a inteligência em termos de características ocidentais como obediência, capacidade de ouvir, discernir ou agir com moral. Outras culturas, pontua o mesmo autor, nem sequer possuem um conceito chamado "inteligência".

Ao longo do tempo, em diferentes culturas e contextos, a palavra "inteligência" adquiriu diversos significados. Em certos casos, explicou Najmanovich (2001), o termo foi utilizado como sinônimo de perspicácia, talento, dom, astúcia, sagacidade, lucidez, vasta memória. Segundo a autora, "a palavra inteligência é o nome do conjunto de capacidades humanas prodigiosamente complexo e multifacetado" (p.39). O termo "inteligência" foi introduzido no meio científico por Herbert Spencer e Francis Galton, somente no século XIX, para designar a capacidade humana de resolver problemas, explicou Zylberberg (2007).

1 Agradecemos pelas preciosas contribuições de Daniel da Silva Oliveira, João Carlos Belo Mendes e José Mateus Lima Santos durante a elaboração deste capítulo.

Entretanto, para Marina (1995), existem pelo menos três definições de inteligência. A primeira – subjetiva –, que envolve a capacidade de suscitar, dirigir e controlar as operações mentais; a segunda – objetiva –, que se relaciona com a capacidade de criar e de manusear irrealidades; e a terceira – funcional –, que se refere ao modo de adaptação ao meio, que implica uma interpretação e alteração do próprio meio. Para esse autor, outra classificação possível quanto às opiniões do que seja inteligência divide-se em dois grandes grupos. O primeiro é o grupo dos psicólogos cognitivos e teóricos da inteligência artificial, que consideram a inteligência um processo computacional, e o outro é aquele que compreende a inteligência como capacidade global, dirigida a um fim. Para Marina (1995), é preciso unificar essas duas concepções. De acordo com o autor, em cada cultura existe uma ideia do que é a inteligência, e isso impacta na compreensão que temos do que é o (pensar) humano.

> A inteligência é muito mais do que o cômputo de informações. É a constituição de um Eu inteligente, que é um sistema extrator de informação e criador de informação. Dirige seu próprio comportamento, conhece a realidade, inventa possibilidades novas. A inteligência não é uma operação única, mas antes uma forma de realizar muitas atividades mentais, transfigurá-las e construir outras novas. É um modo de criar significados livres (MARINA, 1995, p.165).

Gregory (1996) também indagou: mas o que é inteligência? Sua resposta iniciou-se com a assertiva: é difícil defini-la, suas descrições geralmente se baseiam em paradoxos. O autor acrescenta ainda: "Não é o cérebro como objeto que é inteligente, mas os processos que ele executa que produzem soluções inteligentes" (p.22). Como ressalta Zylberberg (2007), a "Inteligência é, portanto, um termo aberto, polimorfo e polissêmico, podendo assumir diferentes significados dependendo do contexto" (p.45).

Neste capítulo abordaremos, portanto, a inteligência de forma múltipla/plural a partir da teoria defendida e debatida por Howard Gardner em diferentes obras (1994, 1995, 1998, 2000, 2006, 2010).

Em meados de 1970, Howard Gardner, professor da Universidade de Harvard, começou a construir uma teoria sobre a cognição humana, questionando a teoria de Jean Piaget e a concepção de *inteligência geral* (o fator *g*). A possibilidade de desenvolver a teoria das inteligências múltiplas (IM) surgiu no início da década de 1980 quando era um membro líder no *Projeto Potencial Humano*, criado e fundado pela Bernard van Leer Foundation. Valendo-se dos recursos da ciência cognitiva e dos avanços da neurociência, posicionou-se contra a abordagem psicométrica padrão. Para o grupo, a inteligência não pode ser medida.

Nas investigações que empreenderam, o psicólogo e sua equipe procuraram descrever os diferentes processos para resolução e aprendizado de problemas; e tentaram ainda explicar como a mente realiza essas operações.

O conceito de inteligência foi inicialmente proposto por Gardner (1994a) como uma *capacidade* de resolver problemas ou elaborar produtos, importantes em determinado ambiente ou comunidade cultural. Duas décadas após a publicação de sua teoria, querendo ressaltar que as influências culturais e psicológicas desempenham um papel determinante, reformulou o conceito de inteligência substituindo o termo "capacidade" por *potencial biopsicológico*. Indo além do modelo unitário, Gardner (1994a) apresentou inicialmente sete inteligências relativamente autônomas: linguística, lógico-matemática, espacial, corporal, musical, interpessoal e intrapessoal. Acrescentou, anos depois, a inteligência naturalista e, posteriormente, apontou reflexões sobre uma possível nona inteligência, a existencialista.

Segundo Gardner (1995):

> Não faz sentido pensar na inteligência, ou inteligências, como entidades biológicas, como o estômago, ou mesmo como uma entidade psicológica como a emoção ou temperamento. Na melhor das hipóteses, as inteligências são potenciais ou inclinações que são realizadas, ou não, dependendo do contexto cultural em que são encontradas (p.188).

Para Najmanovich (2001), Gardner propôs-se a pensar que a inteligência, longe de ser uma entidade única e abstrata, "é uma atitude que se expressa através de sistemas simbólicos diferentes e que isso sempre ocorre num domínio cultural" (p.53). Segundo Gardner (1994a), a inteligência não existe como uma entidade fisicamente verificável, mas é um constructo científico útil para refletirmos e nos debruçarmos sobre a aprendizagem humana. Segundo Najmanovich (2001), a contribuição fundamental da teoria das inteligências múltiplas foi a mudança da pergunta "*Quão inteligente você é*?" para a indagação "*De que modo você é inteligente*?". Como ressalta Zylberberg (2007), essa alteração desencadeou um *giro crucial* que ampliou gradativamente as discussões mais estéreis, polêmicas e mesmo racistas[2] que marcaram as primeiras pesquisas sobre a inteligência humana. Gardner, portanto, instigou-nos a compreender a(s) inteligência(s) de maneira diferente daquela proposta pelos modelos clássicos.

Segundo Souza (2001), "o potencial herdado é também cultural, o desenvolvimento ontogênico sofre influências da cultura vivida, e a manifestação do comportamento inteligente se dá dentro de uma cultura" (p.34). Nesse sentido,

2 Sobre essa questão sugerimos a leitura de Gould (1991) na obra *A falsa medida do homem*.

o mesmo autor defende que, ao adotarmos uma definição de inteligência como um comportamento do indivíduo manifestando o potencial biopsicológico de formas múltiplas, para solucionar problemas que tenham relação com o contexto cultural em que esse indivíduo está inserido, a partir do comportamento já conhecido, surgirão outros, fundamentados na experiência anterior, buscando outros níveis de integração entre o ser humano e o ambiente.

No mundo ocidental, fomos, portanto, (de)marcados por um olhar reducionista sobre a inteligência, o qual atribuiu valor acentuado ao cérebro/mente, renegando o corpo e suas potencialidades para "simplesmente" respostas mecânicas e/ou físicas.

Como professores e treinadores que tenham interesse nos esportes de raquete podem desenvolver um olhar sensível para acolher e estimular as inteligências dos(as) alunos(as) e/ou atletas, de forma a não buscar apenas corrigir/aprimorar os movimentos/gestos, mas identificar/desenvolver potencialidades? Como organizar pedagogicamente ou como criar oportunidades para aprender ou aperfeiçoar o que alunos ou atletas já executam nos esportes de raquete?

Descrevemos a seguir uma situação real que se tornou fundamental para olharmos o movimento humano de maneira mais complexa e singular, como, ainda, para refletirmos sobre a inteligência humana de corpo (inteiro).

CORPO E SITUAÇÕES-PROBLEMA

> "Todos os dualismos são um embuste.
> Embuste de teorias que,
> se não são cegas, vieram para cegar."
>
> (FREIRE DA SILVA, 1991, p.16).

Historicamente, a compreensão de inteligência humana nos levava a acolher menos as individualidades. Muitos estudos, como denunciou Gould (1991), buscaram nas diferenças individuais marcas para classificar, rotular e mesmo depreciar. Era mais forte ter referências que generalizavam, comparavam e hierarquizavam.

Nossa história é marcada também pela ideia do domínio do intelecto sobre o corpo. Como apontou Freire da Silva (1991), o corpo nunca passou de veículo, de meio de transporte, aprisionado às rédeas do espírito. Mas a história, segundo a qual, corpo e mente são entidades distintas e separadas, e mente, espírito ou alma são entidades superiores ao corpo, é uma ideia questionável. Zylberberg (2007) reforça que não há um recipiente corpóreo que guarde um cérebro "intelectualizável" capaz de ser treinado ou testável para ingerir, excretar e expirar conhecimento. Para a autora, a experiência e o conhecimento precisam ser incorporados também cinestesicamente. Como Zylberberg (2007) destaca em sua tese de doutorado, ainda persiste a dificuldade em compreender que as possibilidades corporais sejam como expressão da inteligência.

Como afirmou Gardner (1994a):

> Uma descrição do uso do corpo como uma forma de inteligência pode, a princípio, chocar. Houve uma separação radical em nossa tradição cultural recente entre as atividades do raciocínio, por um lado, e as atividades da parte manifestamente física da nossa natureza, conforme epitomizada por nossos corpos, do outro. Este divórcio entre o "mental" e o "físico" não raro esteve aliado à noção de que o que fazemos com nosso corpo é um tanto menos privilegiado, menos especial do que as rotinas de resolução de problemas desempenhadas principalmente através do uso da linguagem, da lógica ou de algum sistema simbólico relativamente abstrato (p.162).

Descrevemos a seguir uma história do acervo individual das memórias de Tatiana Zylberberg para refletirmos mais sobre (um) corpo e suas potencialidades.

> Meu avô paterno era judeu-polonês e veio de navio, ainda criança, encontrar no Brasil seu refúgio pós-guerra. Ele aportou no Rio de Janeiro. A vida dele foi como a de muitos brasileiros que mesclam culturas e religiões, ganhos e perdas, avanços e tropeços. Diabético e cardíaco, em 1994, ele sofreu um derrame. Mas não me disseram imediatamente, apenas levaram-me ao hospital, assim que cheguei de viagem. Autorizaram a minha entrada na área de tratamento intensivo (UTI) e deparei-me com um senhor "estranho" deitado no leito, então exclamei: "Este não é o meu avô!". Quase que ao mesmo tempo, percebi uma suave e intensa expressão de espanto tomar-lhe a face, que de tão inchada, o desfigurava da minha memória de neta. Mas logo o reconheci e pedi desculpas: "Sinto muito, perdoe-me, vô". Segurei em suas mãos e comecei levemente a massageá-las no intuito de remover-lhe os edemas. Vendo um dos lados do corpo dele paralisado e sua fala sequestrada, vi pulsar em minha memória uma explicação do meu professor Edson Duarte, da disciplina de Bases neurológicas no curso de Educação Física (Unicamp): "Quando alguém tem um derrame e perde o movimento de um dos lados do corpo e da fala, perdeu a capacidade de expressar a voz, não de pensar o que deseja dizer. A linguagem depende de várias áreas integradas. Devido à plasticidade neuronal, a possibilidade de adaptação, basta ensinar a escrever com a

outra mão não afetada, que poderá voltar a falar". Era "isso" basicamente o que eu tinha como referência. E dediquei os meus dias a envolver o meu avô no mundo das letras, fazendo ele escrever com a "outra" mão, aquela do braço que ainda mexia normalmente. Com folhas brancas grandes e lápis, comecei a pedir que ele cobrisse as letras que eu havia desenhado no papel, tão qual aparecem em cadernos de caligrafia. Além da sequência do alfabeto, escrevia palavras relacionadas com os objetos dispostos pelo quarto. Foram dias nesta rotina: caminhadas lentas puxando a perna, a mão do derrame segurando uma bolinha de esparadrapo. A meta era abrir! Eu fazia uns exercícios com bolinhas que tinha aprendido ainda adolescente, num curso sobre Sentir e Dançar o corpo, ministrado pelo Prof. Adilson Jesus e a terapeuta Odenise Bellini, que fiz em 1990 quando completava 15 anos, era julho e inverno em Minas Gerais e eu na época ainda estava no ensino médio. Um parêntese para explicar algo do curso. Tenho vívida a memória de um dos primeiros exercícios, no qual, descalços, devíamos pisar numa bolinha de tênis, massageando os pés de várias formas por pelo menos três minutos, usando o peso do corpo e mantendo os pés abaixo da direção dos ombros. Ao terminar o tempo estabelecido, tirávamos a bolinha debaixo dos pés e devíamos observar. Era claro, que o pé recém mexido parecia tocar mais o chão do que o outro, nos mínimos contatos com o piso. Era como se aquele lado do corpo tivesse mais base e outra leveza. Os comandos neuronais enviados pelos receptores para as áreas centrais do cérebro traziam a resposta de "soltar" a musculatura. Logo em seguida, deveríamos fazer o mesmo processo para o outro lado do corpo. Era perceptível a mudança que se instalava. Estas informações estavam ali, pulsando na minha memória e foram elas que me ajudaram a pensar a sequência de exercícios que eu faria para o meu avô. Meu pai também estava empenhado em ajudar o pai dele. Portanto, criou suportes com cabides de roupa e elástico, para movimentar o lado paralisado do corpo de algumas formas e utilizar o lado que se movia para outras experiências de movimento. Recordo das vezes em que meu avô ainda caiu no chão, na insistência de ir ao banheiro sozinho. Mas, cerca de dois meses depois do momento que nos reencontramos no hospital, ele estava a escrever com a mão que antes não controlava a escrita e a falar as primeiras palavras. Meu avô viveu com certa autonomia por mais dois anos e, quando nos sentávamos à mesa nas outras vezes que veio do Rio de Janeiro para nos visitar, ele dizia: "Falo sozinho, apenas para não esquecer". Esta experiência de ensiná-lo a escrever com a outra mão, para ensiná-lo a falar, mudou o meu olhar para esportes que (historicamente) estimulam, quase sempre, apenas o lado do corpo mais "naturalmente" dominante: o braço mais ágil e habilidoso.

Ao olhar os esportes de raquete com base na situação narrada, fazemos o convite para a compreensão de sermos estimulados não apenas em um lado, nem metade ou nem menos do que somos. Por isso, para estimularmos ambos os lados do corpo, é importante, primeiro, nos conhecermos mais e inteiros.

Importante ressaltar ainda que a experiência acima nos mostra a versatilidade do corpo, fazendo-nos refletir sobre as limitações de (novas) aprendizagens quando nos restringimos a utilizar exclusivamente a predominância do lado "dominante" em detrimento da estimulação dos dois lados do corpo.

Sabe-se que cada hemisfério cerebral controla (de forma mais dominante) o lado oposto do corpo. Existem estudos que detalham características mais presentes em cada hemisfério e como isso reverbera nos comportamentos, atitudes e ações motoras humanas. Temos uma cultura que estabelece o lado certo, o lado dominante, o lado ágil. É assim na vida e nos esportes. Seja pela predominância das carteiras escolares de um braço só ou dos objetos cotidianos (como abridores de lata), estamos cercados da normatividade do lado direito, estamos imersos em um mundo para destros. Nas modalidades de esportes de raquete isso pode estar invisibilizado, mas é algo que professores(as) e treinadores podem passar a ver com mais atenção e abertura.

Embora seja indicada nas iniciações esportivas maior variedade de experiências e vivências motoras para que não haja uma especialização precoce (GALLAHUE, OZMUN, 2005), culturalmente ainda se busca treinar o lado que já demonstra maior habilidade, limitando o atleta ou aluno a determinadas funções ou locais da quadra, conforme a modalidade escolhida. No entanto, percebemos que jogadores que sobressaem ou têm êxito em suas finalizações são canhotos e, mais raro ainda, ambidestros. Na ambidestria, como não há a predominância do lado direito ou esquerdo, há possibilidade de utilização indiscriminada de ambos, trazendo grande confusão aos adversários. Esse é um diferencial entre os atletas e algo relatado pelo tenista sul-coreano Kim Cheong-Eui em entrevista à ESPN (2017). Esse atleta tem preferência pelo lado direito, mas utiliza a ambidestria em jogo para melhorar seu desempenho por conta de uma lesão.

Entendendo a inteligência como potencial para resolver problemas e criar produtos, deixa-se de pensar a educação/aprendizagem como instrução e repetição para pensar em criar contextos nos quais as pessoas possam criar diferentes respostas. Nos processos de ensino-aprendizagem, é crucial oferecer situações-problema que ampliem as potências do corpo; afinal, "a inteligência inventa novos problemas e procura resolvê-los" (MARINA, 1995, p.277). Uma possibilidade de intervenção pedagógica que se desdobra da teoria das inteligências múltiplas diz respeito à oferta de *situações-problema*. "A solução de problemas baseia-se na apresentação de situações abertas e sugestivas que exijam dos alunos uma atitude ativa e um esforço para buscar suas próprias respostas, seu próprio conhecimento" (POZO, 1998, p.9).

De acordo com Scaglia, Reverdito e Galatti (2014, p.63), "os movimentos esportivos não podem ser entendidos como meros gestos motores, mas sim como ações carregadas de desejos, sentidos e significados".

Se criarmos situações-problema, na perspectiva da teoria das múltiplas inteligências, para fomentar experiências de imprevisibilidade, explorando diversas circunstâncias dos esportes de raquete, podemos fazer aprendizes se apropriarem da lógica tática das modalidades e não somente serem treinados para reproduzir gestos técnicos, gerando abertura para a criação autoral dos movimentos.

Por meio da estimulação para multiplicidade de experiências de movimentos com raquetes, podemos criar novas memórias. Sugere-se variar, por exemplo, tempo de bola, quantidade de bolas, distância e força da rebatida, criar situações para incrementar a percepção espacial. Pode-se ampliar ainda o repertório de memória procedural e da propriocepção.[3]

Segundo Rink[4] (2008, p.251):

> Para manejar uma raquete, ou qualquer outro instrumento, novas questões cinemáticas terão de ser resolvidas pela mente do atleta. Uma raquete, dependendo do seu peso, flexibilidade, comprimento do cabo e a firmeza do seu trançado terá de ser manejada de formas diferentes. Uma raquete mais rígida oferece mais controle, e uma raquete mais flexível oferece mais conforto no uso, mas o jogador pode perder o controle se a sua levíssima *raquete de titanium* colidir com uma bola em altíssima velocidade. Mas atenção agora: *grandes jogadores de tênis desenvolverão um forte sentido proprioceptivo com relação à sua raquete*. Com o tempo, todas as qualidades físicas do instrumento serão incorporadas ao *programa motor do tênis* existente no cérebro do tenista. Com a prática, este instrumento começará a mandar uma retroalimentação da sua *performance* para o cérebro do tenis-

---

3 Com o sentido da propriocepção, podemos sentir a posição de nossos corpos e de lados dele, sem precisarmos olhar. Tal como ocorre com a visão, audição, sistema químico (paladar e olfato) e somatossensorial (tato, pressão profunda, dor), na propriocepção os sensores situados nas articulações estão conectados por uma complexa rede de receptores nervosos que mandam mensagens simultâneas para todas as partes do corpo.

4 Vale ressaltar que esse exemplo é citado pelo autor em um capítulo sobre propriocepção e fisiologia relacionadas à equitação, que, segundo ele, é uma modalidade que exige maior complexidade sensitivo-motora do que o manejo de objetos e veículos.

> ta, como se fosse a extensão do seu braço – e ele será capaz de acertar uma bola com a raquete como se fosse a palma da sua mão! O ser humano é capaz de desenvolver grande habilidade com o manejo de objetos e é capaz de desenvolver uma infinidade de respostas reflexas numa infinidade de jogos.

Conforme Magill (1984), para uma pessoa que quer aprender *squash*, e que teve vivência no tênis, o aprendizado fica mais fácil. Essa influência de uma experiência anterior em uma nova aprendizagem é denominada pelo autor de "transferência de aprendizagem". Para que a aprendizagem seja refinada é necessário que a memória fortaleça as redes sinápticas a partir da aquisição do maior número de novas informações sobre um mesmo objeto ou ação, para que assim a evocação dessas informações ocorra de forma mais rápida.

Se um tenista, um jogador de *beach tennis*, de *badminton*, conseguem assimilar as raquetes como extensões do próprio corpo, que diferentes situações-problema podemos ofertar para estimular as inteligências e para levá-los a criar respostas com ambos os lados do corpo?

> O senso cinestésico nos permite julgar o ritmo, a força e a extensão dos nossos movimentos e fazer adaptações necessárias, sendo que um diferencial para essa inteligência é que algumas atividades procedem num movimento tão rápido que o *feedback* de sistemas perceptuais não pode ser usado. Particularmente no caso de atividades muito bem aprendidas, automatizadas e altamente trabalhadas, a sequência inteira pode ser "pré-programada" de modo que ela possa se desenrolar como uma unidade sem emendas com apenas as mais leves modificações possíveis à luz de informações dos sistemas sensoriais (SOUZA, 2001, p.48).

Criar, portanto, envolve o rompimento de limites. O esquecimento de um jeito de jogar, para descobrir outros jeitos. Utilizar o outro lado do corpo, inicialmente não dominante, pode estimular outra organização sensório-motora, fazendo nossa inteligência ser convocada à construção de outras respostas. Essas experiências estimulam ainda a propriocepção, modificam a sensação de peso e posição da raquete, o ponto de contato da bola, a força despendida na rebatida, como ainda a sensação de êxito. No início, jogar com o outro lado do corpo pode ainda provocar um estranho desconforto entre pensar o movimento, prepará-lo com quase exatidão e não o executar com o primor projetado. Muitas vezes serão necessários mais tempo e diversificadas repetições. Esse tipo de proposta pode ser instigante na iniciação esportiva.

Scaglia, Reverdito e Galatti (2014) compreendem que "a pedagogia é uma reflexão sobre todo o contexto que envolve a ação educativa, coadunando numa efetiva prática de intervenção – uma intervenção comprometida, intencional, dirigida, organizada e ciente de suas responsabilidades educacionais" (p.51).

Os mesmos autores ainda afirmam que:

> As novas tendências em Pedagogia do Esporte, direcionadas pelas teorias interacionistas, encontram no imbricar das abordagens cognitivas, humanistas, socioculturais e ecológicas, a fundamentação necessária para o estabelecimento de princípios pedagógicos, os quais incidirão, decisivamente, nos procedimentos metodológicos (p.69).

Essas novas tendências valorizam o processo criativo na solução de problemas, a "inteligência para o jogo", como definem os mesmos autores.

Concluídas essas reflexões iniciais, propomos o seguinte questionamento: que inspirações a teoria das inteligências múltiplas nos oferece para criarmos pedagogias singulares? Isto é, propostas que reconheçam, valorizem e estimulem as individualidades?

PEDAGOGIA SINGULAR: MÚLTIPLAS CONSIDERAÇÕES

De acordo com Pozo (2002), as contribuições da psicologia cognitiva e a compreensão da mente humana como um sistema complexo permitem-nos repensar a aprendizagem como um processo interno e individual que se produz entre pessoas, sendo modulada pela experiência cultural.

É importante deixar claro que a teoria das IM é um referencial da psicologia que nos permite rever as propostas pedagógicas, de forma a "reconhecer e respeitar diferenças individuais" (GARDNER, CHEN, MORAN, 2010, p.24). Isto é, se as pessoas têm diferentes possibilidades de aprender, a educação humana, seja ela formal ou não formal, não pode uniformizar as propostas pedagógicas[5] como se todos os indivíduos reagissem da mesma forma e ao mesmo tempo (ZYLBERBERG, 2007). Por isso, neste capítulo, apresentamos reflexões sobre inteligência, aprendizagem e esportes (de raquete), como um convite, uma convocação para ampliarmos a maneira de percebermos o aprender humano, de forma a elaborarmos pedagogias singulares, a partir de um olhar plural.

Enxergamos com mais nitidez o que os alunos e/ou atletas não conseguem executar bem? Enxergamos como se sentem ao errar? Que "sinais" identificamos sobre quando é hora de criarmos outros caminhos para ajudá-los a aprender?

---

5 Propostas pedagógicas tanto de escolares e de instituições não formais como de clubes.

Zylberberg (2007) inspirou-se nos conceitos de "ruídos" e "sinais" de Izquierdo (2003) para propor em sua tese de doutorado pistas para (re)pensarmos as possibilidades de aprendizagem.

Izquierdo (2003), na obra *Silêncio, por favor*, apresentou o *ruído* como o conjunto de todas as informações, entre as quais é difícil distinguir as que realmente nos interessam, pois elas nos atordoam e nos confundem. Ruído seria "um som indesejável que gostaríamos de ignorar para poder atender os sinais que nos são importantes" (p.12). Um dos problemas, ressalta o autor, é que a constância cotidiana, a familiaridade dos ruídos, levam-nos a não saber ouvir o silêncio. O autor afirma que o ruído não é somente auditivo, é também visual e linguístico, é multissensorial. Se os ruídos são, por exemplo, as informações ou crenças que tanto nos atordoam e nos confundem, que nos impedem de ver outras rotas ou outras potencialidades, que tal identificarmos quais ruídos carregamos sobre as inteligências de nossos(as) alunos(as) e/ou atletas?

Izquierdo (2003) nos convida a melhorarmos nossa relação ruído-sinal, de forma a aumentarmos a capacidade de detectar os sinais em relação aos ruídos ou baixar os ruídos.

Zylberberg (2007) defendeu a importância de: (1) identificarmos os ruídos e sinais da aprendizagem; (2) percebermos o estudante/atleta em sua corporeidade e; (3) nos responsabilizarmos eticamente pela educação das inteligências. No processo pedagógico dos esportes de raquete, podemos reconhecer os múltiplos sinais das inteligências de nossos alunos e/ou atletas, encontrando rotas de acesso para elaborarmos respostas para situações-problema, indo além das impossibilidades e das dificuldades de aprendizagem.

Gardner (2000) apresentou a ideia das "rotas de acesso", com base em sua perspectiva da multiplicidade e da individualidade da inteligência humana, visando inspirar diversas possibilidades para favorecer a aprendizagem:

1. **Narrativa:** promover a aprendizagem por meio de histórias por quaisquer veículos midiáticos.
2. **Quantitativa e numérica:** utilizar expressões, fórmulas, números, referências quantitativas para compreender e expressar o conhecimento.
3. **Lógica:** utilizar a dedução, silogismos e interpretações complexas de situações, fatos, conhecimentos e fenômenos.
4. **Existencial:** examina as facetas filosóficas e terminológicas de um conceito ou assunto. Esse enfoque é apropriado para aquelas pessoas que gostam de fazer perguntas fundamentais sobre o mundo, a vida e a humanidade.
5. **Estética:** enfatizar aspectos sensoriais ou superficiais que atraem e favorecem uma postura artística ou contemplação das experiências de vida.

6. **Experiencial:** responder com o próprio corpo, construindo projetos, manipulando materiais diversos ou experimentando múltiplas vivências de movimento.
7. **Social:** promover momentos de trabalho em equipe, com processos coletivos, interativos, dialógicos e compartilhados.

Determinados alunos e/ou atletas podem não aprender com procedimentos, materiais e tempo comuns para outros e, portanto, necessitam de estratégias educativas novas e diversificadas. Como identificar outros sinais de suas inteligências? Como romper as dificuldades iniciais e, até mesmo, fazer os alunos e/ou atletas superar as dificuldades persistentes?

Segundo Gardner, Kornhaber e Wake (1998), "Os valores e crenças moldam as diferentes visões de inteligência das pessoas" (p.20). É por isso que Zylberberg (2007) convida a aprender a "ouvir-enxergar os sinais".

Como um exercício para o olhar plural, elencamos "quatro sinais" (IDIC) para que professores/técnicos observem com atenção:

1. **Individualidades:** (re)conhecer as memórias, motivações e formas de utilizar o corpo, seja pelo lado direito, esquerdo ou ambos, de nossos alunos e/ou atletas nos esportes de raquete.
2. **Diversidades:** ofertar atividades que variem relação espaço-tempo, níveis de complexidade das tarefas e proposição de desafios voltados para a utilização dos dois lados do corpo nos esportes de raquete.
3. **Identidades:** promover a compreensão do jogo e de quem joga, observar relações inter e intrapessoais; as emoções não devem ser sufocadas, mas compreendidas e ressignificadas.
4. **Criatividades:** valorizar a experiência autoral de alunos/atletas para que possam demonstrar a apropriação do repertório motor, criar cenários para resolver problemas e buscar soluções com autonomia.

Que outros princípios metodológicos podem inspirar os professores ou técnicos dos esportes de raquete a criar novas "portas de entrada" para o conhecimento quando os alunos e/ou atletas demonstrarem não aprender por determinado caminho?

Para ampliar a capacidade de ver a inteligência dos alunos e/ou atletas de esportes de raquete, os professores e/ou técnicos devem exercitar continuamente a capacidade de perceber, devem solidificar uma atitude apreciadora e observar a aprendizagem com olhar investigador. Os alunos e/ou atletas também devem ser levados a exercitar este olhar investigador sobre o próprio processo. Pozo (2002) expressa com exatidão: devemos "corrigir o aprendiz, não apenas a tarefa" (p.255). Para corrigir o aprendiz, é importante compreendermos a inteligência como um construto complexo e a aprendizagem além da visão das "dificuldades".

Gardner (2006) reafirmou que o número de inteligências é menos importante do que a premissa de que há uma multiplicidade delas e de que cada ser humano tem um *mix* único de inteligências. Precisamos aprender que somos inteligentes.

Zylberberg (2007, p.249) alertou que:

> Quando num breve olhar, tentamos identificar as inteligências, sem a contemplação de sua multidimensionalidade, sem nos posicionarmos como observadores prudentes e nos atermos além dos dados macroscópicos, podemos não perceber as significações imanentes que estão a desdobrar-se diante de nós.

Precisamos aprender a perceber a inteligência e a aprendizagem nas mais diversas formas. Por isso, concordamos com Marina (1995) quando afirmou que a questão da inteligência não é apenas uma preocupação no campo da ciência, mas, sobretudo, da ética. A educação das inteligências é uma das importantes tarefas éticas no século XXI (ZYLBERBERG, 2007).

Escolhemos a teoria das múltiplas inteligências como um de nossos referenciais, não apenas seguindo *ventos reformistas* ou pensando em ofertar uma *cosmética educativa*[6] para os esportes com raquete, mas apostando na importância da compreensão multidimensional do ser humano e na preocupação com seu desenvolvimento pleno, como uma premissa para propormos pedagogias singulares, para aulas e/ou treinos que promovam a aprendizagem e estimulem mais do que "um ou dois lados dos corpos", que olhem para inteligências individuais, compreendendo que elas "pedem" intervenções pedagógicas singulares.

REFERÊNCIAS

Freire da Silva JB. De corpo e alma: o discurso da motricidade. São Paulo: Summus; 1991.

Gallahue DL, Ozmun JC. Compreendendo o desenvolvimento motor: bebês, crianças, adolescentes e adultos. 3.ed. São Paulo: Phorte; 2005.

Gardner H. Estruturas da mente: a teoria das inteligências múltiplas. Porto Alegre: Artes Médicas; 1994a.

Gardner H. A criança pré-escolar: como pensa e como a escola pode ensiná-la. Porto Alegre: Artes Médicas; 1994b.

Gardner H. Inteligências múltiplas: a teoria na prática. Porto Alegre: Artes Médicas; 1995.

Gardner H, Chen J, Moran S. Inteligências múltiplas ao redor do mundo. Porto Alegre: Artmed; 2010.

---

6 Termo utilizado por Najmanovich, 2001.

Gardner H, Feldman DH, Krechevsky M. Building on children's strengths: the experience of Project Spectrum. New York: Teachers College; 1998.

Gardner H, Feldman DH, Krechevsky M. Inteligência: múltiplas perspectivas. Porto Alegre: Artmed; 1998.

Gardner H, Feldman DH, Krechevsky M. Inteligência: um conceito reformulado. Rio de Janeiro: Objetiva; 2000.

Gardner H, Feldman DH, Krechevsky M. The development and education of the mind: the selected works of Howard Gardner. New York: Taylor & Francis; 2006.

Gardner H, Kornhaber ML, Wake WK. Inteligência: múltiplas perspectivas. Porto Alegre: Artes Médicas; 1998.

Gould SJ. A falsa medida do homem. São Paulo: Martins Fontes; 1991.

Gregory R. Vendo a inteligência. In: Khalfa J (org.). A natureza da inteligência: uma visão multidisciplinar. São Paulo: Unesp; 1996. p.19-32.

Izquierdo I. Memória. Porto Alegre: Artmed; 2002.

Magill RA. Aprendizagem motora: conceitos e aplicações. São Paulo: Edgard Blucher; 1984.

Marina JA. Teoria da inteligência criadora. Lisboa: Caminho; 1995.

Najmanovich D. O sujeito encarnado: questões para pesquisa no/do cotidiano. Rio de Janeiro: DP&A; 2001.

Pozo JI. Aprendizes e mestres: a nova cultura da aprendizagem. Porto Alegre: Artmed; 2002.

Pozo JI (org). A solução de problemas: aprender a resolver, resolver para aprender. Porto Alegre: Artmed; 1998.

Rink B. Desvendando o enigma do centauro: sessenta séculos de aventuras da mais extraordinária parceria já acontecida no planeta – a simbiose de Homo sapiens com Equus caballus – comentada sob a luz da ciência moderna. 2008. Disponível em: http://www.desempenho.esp.br/livro/get_capitulo.cfm?id=1023; acessado em: 29 de janeiro de 2016.

Scaglia AJ de, Reverdito RS, Galatti LR. A contribuição da pedagogia do esporte ao ensino do esporte na escola: tensões e reflexões metodológicas. In: Marinho A, Nascimento JV, Bassoli AA (org.). Legados do esporte brasileiro. Florianópolis: Udesc; 2014. p.45-86.

Souza MT de. A inteligência corporal-cinestésica como manifestação da inteligência humana no comportamento de crianças [tese]. Campinas, Universidade Estadual de Campinas, Faculdade de Educação Física; 2001.

Strini A. "Chuto com as duas": tenista sul-coreano explica uma raridade no tênis, ser ambidestro. Disponível em: http://www.espn.com.br/noticia/719820_chuto-com-as-duas-tenista-sul-coreano-explica-uma-raridade-no-tenis-ser-ambidestro; acessado em: 7 de julho de 2020.

Zylberberg TP. Possibilidades corporais como expressão da inteligência humana no processo de ensino-aprendizagem [tese]. Campinas, Universidade Estadual de Campinas, Faculdade de Educação Física; 2007.

4

Esportes de raquete nas aulas de educação física: possibilidades, diálogos e reflexões sobre o ato pedagógico no contexto escolar

João Guilherme Cren Chiminazzo
Diego Pinto Jabois

> "[...] eu achei muito interessante, pois era uma coisa nova que eu nunca tinha experimentado, além do que é divertido. O esporte tem movimentos bem simples e é fácil de ser jogado, por isso gostei bastante do *badminton*..."
>
> (Narrativa produzida no 9º ano do ensino fundamental)

O texto ensaístico aqui apresentado tem como objeto entrecruzar experiências e reflexões sobre o ato pedagógico, vivenciado no espaço escolar, envolvendo a tematização de dois dos mais representativos esportes com raquete da literatura esportiva contemporânea.

Trata-se do *badminton* e do tênis, modalidades amplamente conhecidas no contexto esportivo da atualidade. Ambas são repletas de representações e significados, mas que na mesma direção apresentam bons motivos para figurar no percurso curricular dos educandos e educandas no espaço escolar nas aulas de educação física e/ou projetos associados.

Ao início de cada ano letivo, geralmente, os docentes do componente curricular de educação física, como estratégia metodológica, buscam reconhecer práticas e/ou atividades significativas associadas aos elementos da cultura corporal dentro e fora do universo escolar para compor o itinerário curricular de suas propostas.

Nessa direção, reconhecemos que, recentemente, as práticas corporais envolvendo os esportes de raquete e/ou rede/parede ganham contornos normativos para esse itinerário pela BNCC (Base Nacional Comum Curricular), cujo objetivo se concentra em assegurar competências e habilidades mínimas a serem desenvolvidas e organizadas nos currículos das escolas brasileiras (públicas e privadas).

O texto não tem a pretensão de promover o debate e/ou estendidas reflexões sobre o fato em defesa normativa, mas certamente reconhece a oportunidade singular para o fomento e a iniciativa de ampliar reflexões acerca das vivências propostas envolvendo os elementos da cultura corporal em especial nos esportes de raquete e/ou rede/parede, aqui representados.

Diante disso, em tempos presentes, a preocupação com a "indisponibilidade corporal" dos educandos e educandas é certamente crescente no espaço escolar e bastante evidenciada pelos docentes (desde os anos iniciais da educação básica até as séries finais do ensino médio) (CHICATI, 2000; PAZINATO et al., 2016; SOUZA et al., 2019).

Tal "indisponibilidade" é comumente justificada pelos educandos e educandas, em especial nos anos finais do ensino fundamental, por motivos variados, tais como dores de cabeça, cansaço ou simples falta de vontade devido ao "esgotamento" por acúmulo de tarefas escolares, dentre outras. Nesse cenário, ainda temos, frequentemente, a preferência imperativa pelo uso das tecnologias móveis (celular) mesmo durante o período destinado à aula (certamente inoportuno para o momento).

Outro fator relevante e ainda presente, em franca percepção, nas aulas do componente curricular de educação física no espaço escolar é a repetição demasiada das práticas corporais (modalidades) tidas como clássicas (basquetebol, voleibol, handebol e futebol) de forma sistemática. Essas modalidades também são conhecidas como o "quarteto fantástico" das aulas de educação física.

Nesse sentido, Paulo Freire (1997) já chamava a atenção para a importância da curiosidade enquanto elemento antecedente ao conhecimento, enfatizando que, sem o fomento da curiosidade em contradição ao contínuo da repetição das práticas corporais esportivas ofertadas, corremos o risco de perder a oportunidade de compartilhar novos conhecimentos.

Ainda nas reflexões de Freire (1997), como docente, precisamos nos mover com clareza na prática. Precisamos conhecer as diferentes dimensões que caracterizam a essência dessa prática, o que pode tornar mais seguro o próprio desempenho. É importante que o docente estenda sua percepção para além dos impactos associados exclusivamente à gestualidade desejada (fazer) envolvendo os esportes de raquete, em especial, no espaço escolar.

Diante disso, apresentamos, nesse espaço, experiências autorais, diversificadas e certamente viáveis envolvendo a prática de esportes de raquete e/ou rede/parede, fruto do diálogo e de reflexões convergentes entre os docentes pesquisadores, abordando o ato pedagógico.

Ao desenvolvermos tais propostas, os objetivos foram associados à oferta e ampliação gestual, bem como reflexiva, no que diz respeito ao (re)conhecimento e prática das modalidades de raquete e/ou rede/parede para o contexto escolar.

Configura-se como ponto de partida do ato pedagógico apresentado o reconhecimento de diversas modalidades que utilizam algum tipo de implemento (bastões e/ou raquetes, entre outros), de preferência modalidades não convencionais para o universo dos educandos e educandas, com a intenção de ampliar para as modalidades mais convencionais com o uso de raquete. Sabe-se que o novo desperta curiosidade, interesse e, com isso, pode proporcionar maior motivação.

Porém, elucidando ainda sobre as modalidades convencionais de esportes de raquete, podemos dizer que sua origem está em jogos que existiam no passado, os quais tinham por objetivo o rebater. Por exemplo, o jogo de *poona* deu origem ao *badminton*; já o *jeu de paume* deu origem ao tênis. Esse fenômeno também ocorreu com outras modalidades esportivas, fora do contexto das raquetes. Com o passar dos anos, houve a sistematização de regras e surgiram então as modalidades de esportes de raquete institucionalizadas, conhecidas como tênis, tênis de mesa, *badminton*, *squash*, entre outras.

Os questionamentos centrais que propomos inicialmente são: por que não trabalhar, nas aulas de educação física, com jogos e brincadeiras que utilizem implementos (raquetes)? Será que a prática de uma modalidade é a única forma de aprender e ampliar os conhecimentos sobre os esportes de raquete? É possível trabalhar os esportes de raquete fora do contexto das modalidades? Curiosamente, percebemos diversas formas de jogar o futebol, variando de acordo com os contextos e possibilidades. Por exemplo, no intervalo (recreio) da escola, os alunos adotam qualquer objeto passível de ser chutado como sendo a bola e, em qualquer espaço físico, dividem todos os interessados em dois times e jogam o futebol de forma adaptada. Agora, se é possível jogar o futebol dessa maneira, por que não seria possível fazer o mesmo com os esportes de raquete? Até mesmo nas aulas de educação física, algumas vezes o professor adapta os materiais, espaços e até mesmo bolas para que o jogo se torne possível (PAES, 2002). Ora, por que não seguir a mesma intenção ao desenvolver o conteúdo dos esportes de raquete?

Uma das ideias desenvolvidas aqui concerne às possibilidades de adaptação das práticas corporais tidas como tradicionais, já praticadas no espaço escolar, mas fazendo uso, nessa nova proposta, de raquetes. Por exemplo, você já pensou em adaptar o jogo de "pega-pega" utilizando raquetes? Ou, ainda, fazer o jogo de "alerta" com raquete e bolinha?

Nessa direção, descreveremos uma experiência pedagógica conduzida no espaço escolar público, direcionada aos anos finais do ensino fundamental. Pretendemos não somente apresentar um grupo a mais de modalidades existentes, como evidenciamos anteriormente, mas sobretudo trabalhar a dimensão e a compreensão integral das gestualidades, envolvendo a tematização dos esportes de raquete.

O primeiro contato com o conteúdo deu-se por meio de pesquisas, pois os educandos e educandas foram estimulados a apresentar seminários desenvolvidos em grupos. O propósito inicial desse estudo era resgatar inclusive jogos e brincadeiras com raquete ou, ainda, possíveis práticas corporais que pudessem ser adaptadas para "o rebater" com o uso de implementos.

Cabe aqui uma reflexão oportuna de que a falta de materiais (raquetes, tacos, bastões etc.) não pode justificar a ausência do estímulo por parte do docente. Ao docente fica a missão de criar alternativas para que jogos/brincadeiras se tornem possíveis e adequados ao espaço escolar. Uma das possibilidades consiste também na confecção da raquete e/ou implementos com materiais alternativos, por exemplo, cabide de arame e meia-calça, garrafas plásticas, espaguete flutuador para piscina, entre outros (CHIMINAZZO, 2008). Assim, novas habilidades e possíveis competências podem ser ocasionadas em uma atividade dessa natureza. Inclusive, pode-se conduzir para um percurso interdisciplinar, envolvendo outros componentes curriculares na ocasião do espaço escolar. Um dos resultados esperados nessa ação é uma potencial oportunidade para a familiarização do gesto de rebater com os implementos por eles criados, agregando valor à ação construtiva.

Em momento seguinte, foi realizada uma nova dinâmica, em que as modalidades de esportes de raquete tradicionalmente conhecidas, como tênis, tênis de mesa, *beach tennis, badminton*, entre outras, pudessem ser exploradas com maior riqueza de detalhes e profundidade. Os temas foram sorteados entre grupos, os quais deveriam aprofundar investigações gerais sobre as modalidades correspondentes, dentro de um tempo previamente estipulado no intervalo semanal das aulas.

A arte predominantemente criativa envolvendo painéis de fotos, desenhos (Figura 1), reportagens, curiosidades e explicações do desenvolvimento gestual das modalidades foi produzida com entusiasmo pelos educandos e educandas nessa etapa.

Figura 1 Desenho produzido no 8º ano do ensino fundamental.

Fonte: acervo dos autores.

A partir de todo o material produzido, optou-se por centralizar as apresentações orais na prática descritiva da mecânica básica de cada modalidade, segundo a percepção dos educandos e educandas, bem como nas mais variadas possibilidades referentes à participação de pessoas com necessidades especiais, visando, assim, problematizar a lógica inclusiva dentro e fora do espaço escolar.

O interesse da turma, a partir dos trabalhos e apresentações, foi aumentando gradativamente e se distanciando do interesse exclusivo pelas modalidades tidas como clássicas durante as aulas de educação física. Era notável que a expectativa dos educandos e educandas para o exercício do "novo", logo no fomento da curiosidade, havia sido despertada. Além disso, outro ponto a ser trabalhado correspondia ao universo motor, o qual deve ser estimulado e problematizado com frequência no espaço escolar tanto com as crianças quanto com os adolescentes (não menos importantes).

Na direção do terceiro passo da ação pedagógica, após o relato oportuno de experiências pessoais da respectiva docência com o *badminton* e o jogo de tênis, o aprofundamento direcionado a tais modalidades foi conduzido no itinerário da proposta.

Para melhor esclarecer, o *badminton* é uma modalidade de raquete, olímpica, de origem asiática, que consiste em rebater uma peteca por cima de uma rede, de média estatura, com uma raquete com característica específica, para a quadra oposta. Já o tênis consiste em rebater uma bolinha por cima de uma rede para que ela caia em um espaço delimitado, a quadra do adversário.

Diferentemente do *badminton*, no tênis é permitido que a bola toque o chão pelo menos uma vez. Na sequência do jogo, cabe ao adversário rebater a bola, também por cima da rede, para que ela atinja a quadra do oponente. Ambas as modalidades, em linhas gerais, podem ser vivenciadas de forma individual, em duplas ou até mesmo em trios (não oficial), dependendo do objetivo.

Ganhavam força a oferta e a apreciação das novas gestualidades para além das ditas tradicionais para o contexto. Os já comuns "chutes" e/ou "manchetes" poderiam ser estendidos a "rebatidas". No breve mapeamento investigativo realizado, verificou-se que os educandos e educandas desconheciam por completo a maioria das modalidades de rebatida com raquete e/ou implementos.

Finalizada a exposição dos conceitos a respeito do tênis e do *badminton*, foram iniciadas as experimentações. A princípio nos concentramos em elementos básicos a partir de exercícios simples e lúdicos de "rebatidas", explorando conceitos sobre posicionamento, em que a raquete deve ficar levantada e à frente do corpo, possibilitando o sucesso na rebatida, com toques e deslocamentos livres, mas sutis, sempre respeitando os limites e o tempo de cada um dos participantes.

Parte substancial da vivência proposta nessa ocasião foi direcionada para a principal característica associada às modalidades de raquete, que consiste naturalmente na rebatida e no posicionamento estratégico consciente dentro do espaço destinado. Desafios e brincadeiras utilizando elementos facilitadores como baldes, cones, raquetes menores, elásticos, petecas, entre outros materiais, caracterizaram-se como recursos para ampliar as estratégias de aprendizagem.

Foi perceptível a presença de dificuldades na execução de alguns fundamentos como rebatidas e saques, considerando que as raquetes têm características peculiares, exigindo dos participantes tanto atenção quanto postura adequada para a aplicação dos fundamentos básicos. Ressaltamos então a importância de uma familiarização com os implementos antes de se trabalhar diretamente com os fundamentos específicos, principalmente com o saque.

Após algumas intervenções, concentradas até o momento em deslocamentos simples, saques e rebatidas, os participantes foram ficando nitidamente mais habilidosos e também confiantes. Isso aumentava a motivação para as aulas, proporcionando novos desafios e instigando-os a superá-los. Diante disso, e na sequência das estratégias de aprendizagem, os participantes formaram duplas e organizaram brincadeiras e jogos alternativos com os fundamentos adquiridos ao longo das aulas. Percebe-se a progressão de exercícios. Em um primeiro momento o aluno trabalhou individualmente e, na sequência, foi proporcionado o trabalho em dupla, aumentando a complexidade da tarefa também.

Uma fita elástica esticada de gol a gol na quadra poliesportiva, simulando uma rede na altura da cintura, nos garantia a construção de diversas "miniquadras" de tênis e de *badminton*, atendendo ao maior número de participantes possível para os jogos. Aqui, tratamos do jogo possível (PAES, 2002), uma vez que o espaço de jogo estava reduzido em prol de atender um maior número de alunos durante a aula.

Por fim, fizemos a simulação de um torneio (de *badminton* e de tênis) entre os participantes, durante o qual puderam aprender sobre diferentes sistemas de disputa, aplicação das regras e desenvolvimento do jogo por meio da contagem institucionalizada. Valores socioeducativos como o respeito e a ética desportiva também foram abordados sistematicamente e oportunizados em sua aplicação, pois os esportes de raquete priorizam a cordialidade e o respeito ao adversário dentro e fora de quadra.

Essencialmente, observou-se a iniciativa dos educandos e educandas envolvidos com os acontecimentos, criando desafios e problematizando situações, engajados na apropriação dos conteúdos também no campo das atitudes.

Importante destacar que a doação de materiais por colegas sensibilizados e envolvidos com as modalidades abordadas foi o que possibilitou a aquisição de recursos extras para o momento. Entretanto, acreditamos que a produção de materiais alternativos, mencionada anteriormente, para a mesma finalidade configura-se também como uma oportunidade no trabalho de interação que antecede a prática propriamente dita.

Destacamos que, além das maquetes, cartazes (Figura 2) e apresentações orais presentes nos seminários que antecederam a prática, outro ponto significativo foi a produção de relatos de experiência. Por meio da escrita, os educandos e educandas tiveram a oportunidade de textualizar suas dificuldades, opiniões, realizações, críticas e/ou expectativas relacionadas à prática.

Por intermédio desses relatórios, é possível verificar como a experiência foi percebida e incorporada. Igualmente, foi possível testemunhar o contentamento por serem detentores de novos códigos esportivos e também por reconhecerem que havia a "disponibilidade" de outras atividades nas aulas de educação física, agora mais próxima de seus repertórios.

Frequentar o espaço escolar representa para a maioria dos educandos e educandas a oportunidade de estabelecer contato com o "novo" sem perder a referência cultural de suas origens na comunidade.

É nessa relação estabelecida e no tensionamento promovido por escola, professores e educandos que se edificam novas práticas, reforçando o respeito às diversidades, valorizando novas ideias, fortalecendo comportamentos éticos de convivência, onde o "diferente" é parte igualmente enriquecedora no processo, promovendo efetivas transformações.

Os esportes de raquete trouxeram para os educandos e educandas uma educação física capaz de promover reflexões, questionamentos e, sobretudo, possibilidades no sentido de ultrapassar o determinismo de certas fronteiras estabelecidas ao longo do tempo, estampadas inclusive nos marcadores sociais identificados

Figura 2 Desenho produzido no 8º ano do ensino fundamental.

Fonte: acervo dos autores.

nos relatos (idade, condições econômicas, local de moradia etc.). Nos relatos, os esportes de raquete eram vislumbrados, por aqueles e aquelas que tinham algum tipo de conhecimento acerca da temática, como esportes de "ricos", "pessoas bem de vida", distantes de suas realidades. Inclusive, não imaginavam, no mesmo horizonte, que meninas e meninos pudessem fazer parte de uma mesma equipe, conforme puderam vivenciar nas modalidades, em níveis semelhantes.

Concordamos que certas fronteiras não devessem significar impedimento e que o ato pedagógico inspirado sobretudo no diálogo requer robustas parcelas de dedicação, sensibilidade e rigor metodológico por parte dos docentes envolvidos.

Destacamos ser gratificante, como educadores, testemunhar mudanças significativas na rotina e no comportamento dos educandos e educandas, tendo como fonte inspiradora algo tão simples mas, concomitantemente, conforme já relatado, de particular complexidade no contexto.

Finalmente, acreditamos que o espaço escolar carrega um vasto potencial de criação no fomento de aprendizagens mais significativas, mas necessita também de olhares "desbravadores" e de atos pedagógicos comprometidos, que se consolidem em uma relação mais dialógica entre os envolvidos. Que possam, assim, contribuir para a formação de sujeitos sensíveis às diferenças e capazes de desfrutar, democraticamente, de repertórios gestuais mais "surpreendentes" para o contexto e repletos de intencionalidades.

REFERÊNCIAS

Brasil. Base Nacional Comum Curricular: Educação Infantil e Ensino Fundamental. Brasília: MEC/Secretaria de Educação Básica; 2017.

Chicati KC. Motivação nas aulas de educação física no ensino médio. Revista da Educação Física/UEM. 2000;11:97-105.

Chiminazzo J. Esporte de raquete na escola: uma possibilidade de trabalho. Movimento e Percepção. 2008;9(12).

Freire P. Pedagogia da autonomia: saberes necessários à prática educativa. São Paulo: Paz & Terra; 1997.

Paes RR. Educação física escolar: o esporte como conteúdo pedagógico do Ensino Fundamental. Canoas: Editora Ulbra; 2002.

Pazinato Dutra R, Valerio M, Goulart AS, Castro CF de, Lopes CD, Fiussen C, et al. Desmotivação nas aulas de educação física, segundo os estudantes do 9º ano do Ensino Fundamental. Revista Didática Sistêmica. 2017;18(1):70-8.

Souza WLC, Araújo SF, Langer A, Costa ARG dal. A desmotivação dos jovens do Ensino Médio pela educação física escolar. Revista Magsul de Educação Física na Fronteira. 2019;3(2):18-30.

5

A universalidade dos esportes de raquete: uma análise à luz da lógica interna

Layla Maria Campos Aburachid
Francisco Jiménez Jiménez

Este capítulo apresenta-se como uma proposta informativa, a fim de trazer à tona a vastidão dos esportes de raquete praticados ao redor do mundo. Pretende-se ainda relatar a classificação de cada esporte, de acordo com autores que se baseiam nos critérios da lógica interna dos jogos.

Mas o que é lógica interna? Esta é definida por Parlebas (2001, p. 302) como "o sistema de características pertinentes de uma situação motora e das consequências que provoca para a realização da ação motora correspondente". Esse conceito essencial da praxiologia (estudo da ação humana) motriz remete a critérios estruturais e funcionais (Figura 1). Os critérios estruturais se manifestam na presença ou ausência de determinados elementos (espaço, tempo, objetos e outros protagonistas), levando em consideração as características destes e sua forma de utilização em face da delimitação das regras. A inter-relação desses elementos configura o contexto ou o cenário no qual se desenvolve a ação do jogo em cada esporte. Os critérios funcionais referem-se às ações que os jogadores realizam assumindo ou não determinados papéis e subpapéis estratégicos (p. ex., o jogador que golpeia e o jogador que está à espera do golpe adversário nos esportes de raquete), que são realizadas mediante diversas ações técnicas, interagindo ou não com outros jogadores (comunicação motriz) (JIMÉNEZ, 2003).

Os critérios estruturais ainda constituem as referências que os jogadores hão de considerar e interpretar para executar as ações mais adequadas durante o jogo, tendo em conta que os esportes de raquete podem ser dinâmicos e modificáveis. Ainda assim, a ação de jogo se realiza mediante a rebatida da bola/peteca (implemento), sem a opção de se manter em contato, enquanto se decide que ação realizar, isto é, não é possível conduzir ou driblar o objeto do jogo, mas apenas rebatê-lo/golpeá-lo. Essa condição regulamentar exige um planejamento prévio dos jogadores (Para onde enviar a bola ou peteca? Qual técnica executar?) cada vez que golpeiam o implemento.

Esses critérios oferecem um conjunto de indicadores para analisar com precisão qualquer situação motriz, permitindo desvelar sua essência e os princípios fundamentais de ação e, portanto, as condições que afetam a ação motriz que nelas se desenvolve. Exemplos desse tipo de análise da lógica interna encontram-se na obra de Moreno et al. (2007), voltada aos jogos motores para adultos das Ilhas Canárias – Espanha, na obra de Luis, Jiménez e Hernández (2012), sobre vôlei de praia, e de Oliveira e Ribas (2019), sobre voleibol. As informações obtidas mediante essas análises são de grande interesse para planejar intervenções pedagógicas no contexto escolar ou no âmbito do treinamento esportivo.

Os esportes de raquete mais conhecidos e praticados no mundo, como tênis, tênis de mesa, *badminton* e *squash*, vêm elevando seu *status* perante os demais 22 esportes de raquete identificados até o presente momento. Por que isso ocorre? Não seria simplesmente pela sua popularidade local e quantidade de praticantes? Por que os demais esportes de raquete não assumem o mesmo *status* do agora "quarteto fantástico" dos esportes de raquete? O que os diferencia? Pretende-se, com essa explosão de perguntas, provocar o leitor a refletir sobre a imensidão de possibilidades de atuação na prática da educação física escolar e quiçá no treinamento de uma modalidade contida no rol desses esportes.

A essa diversidade aparente somam-se diversas categorias, das classificações mais gerais às específicas dos jogos esportivos, partindo de diferentes marcos teóricos. Se tomarmos como referência a classificação geral de Parlebas (2001),

Figura 1 Da lógica interna aos critérios estruturais e funcionais.

Fonte: elaborada pelos autores.

baseada na praxiologia, todos os esportes de raquete praticados de forma individual (1 × 1) alocam-se na categoria de "esportes de oposição sem incerteza do meio". Entretanto, na classificação de Almond (1986), a partir do marco teórico do ensino dos jogos pela compreensão, os esportes de raquete encontram-se na categoria de "jogos esportivos de rede ou parede". Existe alguma explicação para essa aparente divergência? A resposta é sim.

A classificação de Parlebas (2001) sustenta-se na presença ou ausência de elementos de caráter estrutural (C-companheiro; A-adversário; I-incerteza do meio onde a ação se realiza). Por outro lado, a classificação de Almond (1986) parte da identificação do problema tático comum entre determinado grupo de esportes. No caso da maioria dos esportes de raquete, o problema tático a resolver está em enviar a bola/peteca para espaços distantes do adversário, a fim de impedir sua devolução ou provocar uma devolução em más condições (desequilíbrio), buscando efetivar a finalização do ponto. Portanto, fica claro que nos encontramos ante a análise de uma mesma realidade sob diversas perspectivas, estrutural e funcional, que têm caráter complementar e oferecem chaves pedagógicas importantes para a organização do ensino e treinamento. A classificação de Parlebas (2001) nos convida a nos questionarmos acerca da similaridade ou não das atividades que desenhamos para o ensino, pensando no contexto real de jogo. A classificação de Almond (1986) nos provoca a responder se os objetivos motores das atividades que desenhamos coincidem com os problemas táticos que os jogadores devem solucionar no jogo real ou se distanciam deles.

A partir disso, propõe-se uma apresentação informativa e sistematizada dos esportes de raquete buscando compreender sua lógica interna como um grupo, bem como as especificidades que caracterizam algumas dessas modalidades em subgrupos. As comparações procedentes verificam os esportes tanto pelas semelhanças quanto pelas diferenças nos critérios que compõem a lógica interna.

UM AUXÍLIO ANALÍTICO SOB A ÓTICA DA LÓGICA INTERNA DOS ESPORTES DE RAQUETE

O olhar analítico ao qual nos referimos visou à compreensão da lógica interna dos esportes de raquete a partir do sistema de classificação para os jogos proposto por Almond (1986) e de adaptações complementares a ele. Integram-se, portanto, as estruturas do jogo de Moreno (1994) e da praxiologia motriz de Parlebas (2001; 2002). Tais análises apresentam-se com base na conduta motriz, quer dizer, como se organiza e se classifica o comportamento motor sob o ponto de vista da ação de jogo. As classificações de caráter externo assumem a aparência ou a forma externa da prática física, e as classificações de caráter interno focam o critério da estrutura funcional da atividade. Vale ressaltar que, dada sua complexidade e interdependência, não se pode resumir tais análises somente a essa faceta, devendo-se abranger também seus significados, intenção, filosofia de jogo, motivo para competir e institucionalização dos esportes (RIBAS, 2005), desafio este postergado para um momento futuro.

São três os autores cujas obras teremos como embasamento para a análise da lógica interna dos jogos. Os critérios para a classificação das modalidades esportivas estão expostos no Quadro 1.

Quadro 1 Critérios para a classificação das modalidades esportivas

Classificação para os jogos	Trajetória do implemento	Estruturas do jogo	Praxiologia motriz
Invasão	Transpor a rede	Espaço	Companheiro
Rede/parede	Atingir a parede frontal	Participação	Adversário
Campo/corrida	Atingir área sem quique		Meio físico
Alvo			

Fonte: Almond (1986), Moreno (1994) e Parlebas (2001).

Dando início à classificação dos 26 esportes de raquete encontrados, relata-se a seguir em quais critérios cada um deles se enquadra a partir da classificação para os jogos de Almond (1986). Dada a semelhança entre os vários esportes, a maioria está alocada como esportes no critério de rede e parede, sendo apenas o *speedball*, o *speedminton* e o frescobol (*matkot*) constantes no critério de esportes de alvo. O Quadro 2 expõe que 14 esportes (69%) são de rede, com os campos e oponentes separados, divididos por uma rede, com exceção do *qianball*, uma vez que os adversários, nesse caso, alocam-se no mesmo campo e devem golpear a bola que retorna por meio de uma corda elástica do outro campo. Configurando um espaço comum para os praticantes, 7 esportes (20%) são de parede e o implemento deve, obrigatoriamente, atingir a parede frontal, alternando-se os golpes, e 4 são de alvo (11%).

O Quadro 2 foi criado para apresentação no I Congresso Brasileiro dos Jogos Esportivos Coletivos (realizado em Brasília), na palestra "Ensino-aprendizagem: treinamento dos esportes de raquete". A proposta aloca os esportes conforme a trajetória a ser percorrida pelo implemento (bola/peteca). Vale ressaltar que o *racketlon* aloca-se fora de todas as classificações por ser um esporte composto pelas quatro mais populares modalidades de raquete (tênis, tênis de mesa, *badminton* e *squash*). Portanto, configura-se dentro dos esportes tanto de rede e parede quanto com trajetória com e sem quique. Ainda é importante citar que, apesar de o nome não ser facilmente reconhecido no Brasil, o *frontenis* é a única das oito modalidades da pelota basca que utiliza uma raquete como equipamento.

Quadro 2 Classificação para os jogos e trajetória do implemento

Rede			Parede	Alvo
Transpor a rede sem quique	Transpor a rede com quique	Transpor a rede e uso de paredes laterais	Atingir a parede frontal	Atingir área sem quique
Ball badminton *Badminton* *Airbadminton* *Beach tennis*	*Pickleball* Tênis Tênis de mesa *Touchtennis* *Soft tennis* *Qianball*	Padel *Platform tennis* *Real tennis* *Stické*	*Frontenis* *Paleta frontón* Raquetebol *Racquets* *Squash* *Hardball squash* *Squash tennis*	*Speedball* *Speedminton* *(crossminton)* Frescobol *(matkot)* *360ball*

Fonte: elaborado pelos autores.

Para os esportes de transposição da rede com quique, há a obrigatoriedade do quique no solo após a efetivação do serviço, mas, ao longo do ponto, os golpes podem ocorrer sem quique (voleio, *smash*, dentre outras técnicas específicas de cada esporte) ou com quique, exceto no tênis de mesa (quique sempre obrigatório).

Nos esportes de transposição da rede e uso das paredes laterais, o auxílio dessas paredes não é obrigatório. O mesmo ocorre nos esportes em que o implemento deve atingir a parede frontal, exceto na *paleta frontón*, que não tem paredes laterais.

Seguidor da praxiologia motriz, Moreno (1994) acrescenta a sua classificação os critérios do **espaço de jogo separado e comum**, para além da instabilidade e estabilidade propostos por Parlebas (2001), e a **participação dos indivíduos – simultânea ou alternada**, com interdependência do implemento e do espaço de jogo, considerando os critérios companheiro-adversário-incerteza (CAI). A Figura 2 expõe a disposição dos esportes de raquete conforme tais critérios.

Vale ressaltar que a modalidade solo do *speedball* não se adéqua a nenhum dos critérios de participação, pois o participante assume uma intervenção solitária, golpeando uma bola, presa por uma corda elástica, a maior quantidade de vezes no tempo de um minuto, o que a diferencia das modalidades simples e duplas do *speedball*.

Na sequência, estrutura-se a classificação dos esportes de raquete conforme a praxiologia motriz (PARLEBAS, 2001; 2002), e ressalta-se ainda o fato de as regras de jogo criarem um conjunto de obrigações que os indivíduos devem respeitar. Dessa forma, são criados modos de interação entre os vários participantes e entre estes e os espaços da prática, equipamentos e implementos. Para cada situação motora, são fornecidos determinados limites, como o sistema de pontuação (p. ex., jogo por tempo ou por pontos), relações de comunicação entre colegas e contracomunicação (colegas × adversários), estrutura do jogo,

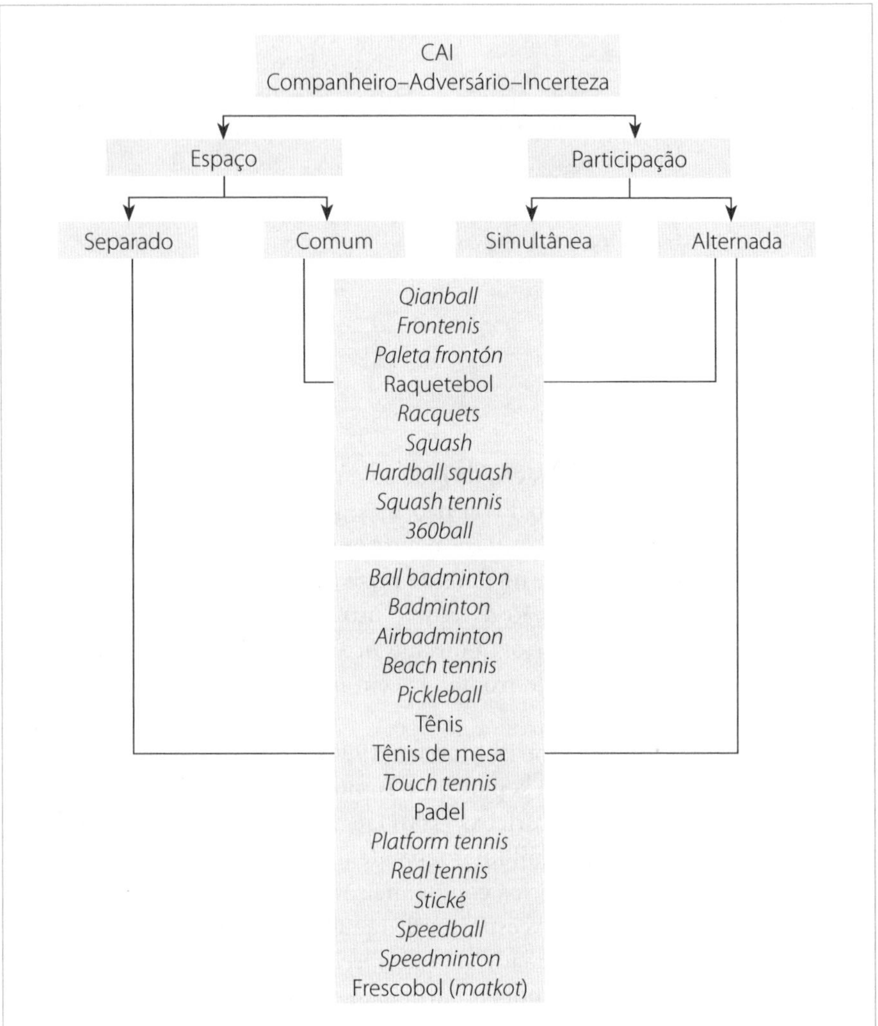

Figura 2 Classificação conforme as estruturas do jogo.

Fonte: elaborada pelos autores.

dentre outros (RODRIGUES, 2004). Para tanto, os critérios determinados do companheiro (C), do adversário (A) (presença ou ausência de companheiros e/ou adversários) e da incerteza (I) (da ação no meio físico/espaço de jogo), CAI, subdividem-se em subcritérios, como visto na Figura 1.

Segundo o critério de interação entre companheiro (C) e adversário (A), existem dois grandes grupos de situações motoras. Nas situações sociomotoras encontra-se a maioria dos esportes de raquete, pois a ação exige a participação de outros indivíduos, sejam companheiros ou adversários. Novamente a modalidade solo do *speedball* é diferenciada, pois o participante assume uma intervenção solitária, e sua tarefa motora não requer a presença de outros intervenientes, grupo aqui nomeado como esportes de situações psicomotoras.

Ao considerar as situações sociomotoras, um novo rol de critérios se abre para subclassificações, sendo:

- **Situações de cooperação ou comunicação motora:** a cooperação nesses esportes é visível dada a participação de pelo menos um companheiro na tentativa de alçar o objetivo comum. Como único caso, temos o frescobol, chamado de *matkot* em Israel, seu país de origem.
- **Situações de oposição ou contracomunicação motora:** a interação se dá perante um adversário que se opõe ao objetivo ou tarefa motora. Nos esportes de raquete essa oposição é instrumental, pois se utiliza a raquete como um equipamento extracorporal e não corporal (é o caso de vários esportes de luta). Nesse critério constam as modalidades com jogos de simples ou individuais, por se tratar de confrontos de 1 × 1.
- **Situações de cooperação-oposição:** nestas situações configuram-se as modalidades de duplas (2 × 2) presentes em vários esportes de raquete. Os jogadores contam com a colaboração de seu companheiro e sofrem pressão da oposição de dois adversários. Porém, ressalta-se que existem vários esportes em que há modalidades de simples, assim como de duplas. Contido nesse critério está o *ball badminton*, criado na Índia, que é praticado, além de duplas, também entre duas equipes compostas por cinco participantes, dispostas em cada campo separado pela rede (5 × 5), lembrando a ideia de um *badminton* por equipe (sua forma mais habitual de disputa).

Segundo o critério da incerteza (I) promovido pelo meio físico, encontram-se dois subcritérios, classificando a prática dos esportes em situações em meio estável e instável. Nas situações em meio estável, as ações do jogo são executadas em um meio sem incerteza, pois o campo de jogo (marcações) e a rede são fixos. Apesar de existirem tomadas de decisões, essa imprevisibilidade se dá quanto aos sinais relevantes em movimento, relativos ao comportamento do implemento e dos jogadores em campo. Por outro lado, existe o critério das situações em meio instável, que obriga o praticante a agir de acordo com as alterações do meio, como a água, o solo e as rochas desgastadas, por exemplo. Nenhum dos esportes de raquete se enquadra nesse critério, apesar de reconhecermos que a umidade relativa do ar, altitude e vento podem influenciar na trajetória do implemento, mas não tornam o campo de jogo incerto.

Ao considerar os três critérios CAI, emergem, a partir da interação entre eles, algumas categorias, mas apenas quatro delas se enquadraram na classificação dos esportes de raquete, permitindo ainda distinguir dentre elas:

1. Esportes de situações psicomotoras, com ausência de companheiros/adversários e estabilidade do meio físico.
2. Esportes de situações sociomotoras de cooperação, com a presença de companheiro(s) e estabilidade do meio físico.
3. Esportes de situações sociomotoras de oposição, com a presença de adversário(s) e estabilidade do meio físico.
4. Esportes de situações sociomotoras de cooperação/oposição, com a presença de companheiro(s) e adversário(s), e estabilidade do meio físico.

A Figura 3 ilustra os esportes de raquete conforme a interação entre os critérios CAI.

Nota-se que o *racketlon* não aparece nessa classificação, conforme citado anteriormente. Além disso, o *speedball* aparece por duas vezes por ser o único que contém a modalidade solo, que se diferencia dada a característica de sua situação psicomotora. A interação existente entre os esportes classificados dentro dos critérios adversário e companheiro/adversário, na Figura 3, reflete a existência neles de mais de uma modalidade, podendo ser disputados em simples (1 × 1) e duplas (2 × 2). Fora dessa possibilidade de disputa, constam o *squash tennis*, praticado apenas na modalidade de simples, portanto contendo apenas a presença de um adversário, do *ball badminton*, disputado em 5 × 5, que, além de ser disputado em simples e duplas, também tem a modalidade 3 × 3, e do padel, disputado exclusivamente em duplas (2 × 2).

É importante frisar que as modalidades existentes em cada esporte podem ser praticadas conforme o gênero, sendo masculino, feminino ou misto, o que as subdivide mais, porém a classificação por gênero não foi o foco nesse texto. Outro indicador que permitiria uma classificação mais precisa é a identificação do objetivo motor prioritário em cada esporte (MORENO et al., 1999). A maioria dos esportes de raquete se enquadra em situar o implemento em um espaço e/ou evitá-lo por meio de seu envio. A exceção se aplica apenas ao *speedball*, novamente na modalidade solo, que se enquadra em reproduzir modelos de domínio de objetos.

Como forma de complementação e com a intenção de orientar os professores acerca de novos conteúdos didáticos que permitem enriquecer a oferta docente em educação física, apresentam-se informações básicas referentes aos 26 esportes de raquete identificados até o presente momento. Destacamos que fomos o máximo a fundo para apresentar informações confiáveis; porém, para o país de origem, há esportes de raquete que apresentam mais de uma versão.

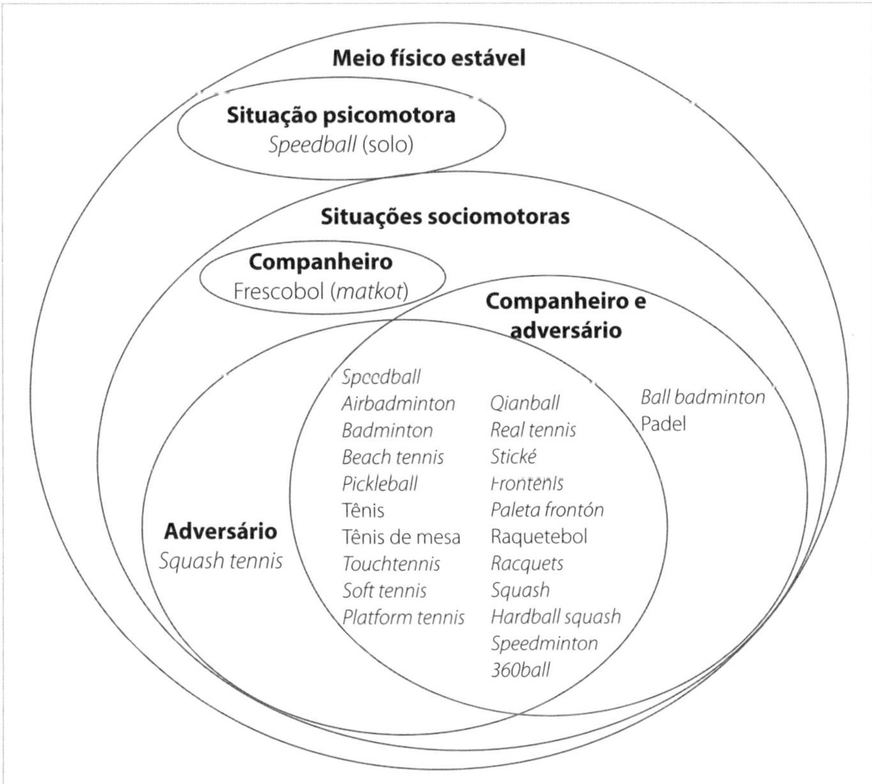

Figura 3 Classificação dos esportes de raquete conforme a interação entre os critérios CAI.
CAI: companheiro-adversário-incerteza.
Fonte: elaborada pelos autores.

BREVE DESCRIÇÃO SOBRE OS 26 ESPORTES DE RAQUETE

1. ***Ball badminton:*** originário da Índia, com a Federação desse país tendo sido fundada em 1954. O jogo é disputado em duplas, duplas mistas ou em cinco jogadores de cada lado (forma mais usual), com uma bola de lã em uma quadra de *badminton* de 12 m largura por 24 m comprimento. A equipe deve alcançar os 35 pontos para vencer (BALL BADMINTON FEDERATION OF INDIA, 2020).
2. ***Badminton:*** país de origem: Inglaterra. É um dos quatro mais populares esportes e apresenta as modalidades de simples masculina e feminina, duplas

masculina, feminina e mista. Disputado em melhor de três *games* de 21 pontos. É o segundo esporte de raquete mais praticado, contando com mais de 200 milhões de adeptos em 179 países (CONFEDERAÇÃO BRASILEIRA DE BADMINTON, 2020; BADMINTON WORLD FEDERATION, 2020a).

3. ***Airbadminton*:** variação do *badminton* para práticas *outdoor*, com distinções das dimensões, das modalidades (simples, duplas e trios) e da contagem, sendo melhor de cinco *games* de 11 pontos (BADMINTON WORLD FEDERATION, 2020b).
4. ***Beach tennis*:** esporte italiano, contendo as modalidades de simples e duplas, certamente com distintas dimensões para cada modalidade, mantendo-se a altura da rede em 1,70 m. A pontuação se dá como no tênis, porém sem vantagem no 40 × 40, e a partida pode ser realizada em um set simples, longo ou melhor de três *sets*. A raquete se assemelha à do padel (CONFEDERAÇÃO BRASILEIRA DE TÊNIS, 2020b; INTERNATIONAL TENNIS FEDERATION, 2020).
5. ***Frontenis*:** de origem mexicana, é uma variação da pelota basca, pois é praticado com raquetes, mas apenas a modalidade de duplas é jogada em competições internacionais. Durante muitos anos foi jogado apenas no México, Espanha e Argentina, mas agora é praticado em aproximadamente 18 países (FEDERACIÓN INTERNACIONAL DE PELOTA VASCA, 2020).
6. ***Paleta frontón*:** esporte peruano, criado em 1945, como uma variante do handebol, mas praticado em simples ou duplas. A quadra tem uma parede de 5 m (altura) por 6 m (largura), com área de jogo de 7,6 m (largura) por 12 m (profundidade) (INSTITUTO PERUANO DEL DEPORTE, 2020).
7. **Raquetebol:** esporte que unifica as regras do tênis e do *squash*, com sua prática tendo sido iniciada a partir de 1920, nos EUA. O espaço de jogo ocupa uma sala com quatro paredes, assemelhando-se à do *squash*, porém um pouco maior. A bola é a mesma do frescobol, e seus organizadores pretendem inseri-lo no rol dos esportes olímpicos (WORLD RACQUETBALL NEWS, 2020; INTERNATIONAL RACQUETBALL FEDERATION, 2020).
8. ***Racquets*:** sua origem remonta a mais de 200 anos na Inglaterra. Jogo também similar ao *squash*, porém as dimensões da quadra são maiores, assim como o cabo da raquete (de madeira), o que torna o jogo bem rápido. Existe nas modalidades de simples e duplas e é bastante praticado nos EUA, Canadá e Reino Unido (NORTH AMERICAN RACQUETS ASSOCIATION, 2020).
9. ***Squash*:** país de origem Inglaterra. É um dos quatro mais populares esportes e apresenta as modalidades de simples e duplas. Assim como o raquetebol, o esporte pertence ao rol dos Jogos Pan-americanos, com forte intenção de se tornar esporte olímpico. Possui mais de 20 milhões de praticantes em 188 países (CONFEDERAÇÃO BRASILEIRA DE SQUASH, 2020; WORLD SQUASH FEDERATION, 2020).

10. ***Hardball squash***: praticado em nível nacional nos EUA desde 1907, o esporte também é derivado do *squash*, mas, como o nome indica, a bola usada é mais pesada, o que torna o jogo mais rápido. Além disso, as dimensões da quadra de simples são menores do que as de duplas, o que não ocorre no *squash* (dimensões únicas) (US SQUASH, 2020).
11. ***Squash tennis***: o esporte também é derivado do *squash* e praticado nos EUA, e se diferencia do *squash* por não possuir o quadrado de saque e pelas características da bola e da raquete, que são próximas aos equipamentos do tênis (WIKIPEDIA, 2020d; BRITANNICA, 2020).
12. ***Pickleball***: criado em 1965 nos EUA, a quadra do esporte tem as dimensões do *badminton*. As raquetes se aproximam da raquete do *beach tennis*, sem cordas, e a bola é plástica e contém furos (INTERNATIONAL FEDERATION OF PICKLEBALL, 2020; ASSOCIAÇÃO BRASILEIRA DE PICKLEBALL, 2020).
13. **Tênis:** originário da Inglaterra, é o esporte de raquete mais popular do mundo, apesar de não ser o mais praticado, deixando esse posto para o tênis de mesa e em segundo lugar o *badminton*. Tem cerca de 87 milhões de praticantes em 211 países afiliados à Federação Internacional de Tênis (INTERNATIONAL TENNIS FEDERATION, 2020; CONFEDERAÇÃO BRASILEIRA DE TÊNIS, 2020a).
14. ***Qianball***: criado na China, porém muito popular na Dinamarca. Os jogadores (simples ou duplas) dividem o mesmo campo e o objetivo é rebater a bola, que é presa a uma corda elástica, para o outro lado da rede e fazê-la voltar para o campo de jogo até que um dos jogadores erre (WIKIPEDIA, 2020c; DOC PLAYER, 2020).
15. **Tênis de mesa:** no rol dos quatro esportes de raquete mais conhecidos, foi criado na Inglaterra a partir de uma adaptação em menor escala do tênis. É o único esporte que tem como equipamento também a mesa de jogo e não um campo no solo. Um dos esportes mais praticados no mundo e o mais praticado dos esportes de raquete, contando com cerca de 300 milhões de praticantes, sendo 40 milhões federados em 150 países (CONFEDERAÇÃO BRASILEIRA DE TÊNIS DE MESA, 2020; INTERNATIONAL TABLE TENNIS FEDERATION, 2020).
16. ***Touchtennis***: esporte jovem, criado em 2002 na Inglaterra, o *touchtennis* tem o apelo de ser praticado em qualquer local, com uma quadra compacta de 12 por 6 m, bola de espuma e raquetes juniores de tênis.
17. ***Soft tennis***: derivado do tênis, sua prática foi iniciada no Japão no final do século XIX. O esporte é praticado em quadra com as mesmas dimensões do tênis, mas com o uso de bolas *soft* (macias), o que torna o jogo mais lento (AMATEUR SOFT TENNIS FEDERATION OF INDIA, 2020; INTERNATIONAL SOFT TENNIS FEDERATION, 2020).

18. **Frescobol:** criado em Israel com o nome de *matkot*, é o único dos esportes de raquete em que há atuação apenas de companheiro, sem adversários. A uma distância aproximada de 6-8 m, os jogadores devem manter a bola, por meio de troca de golpes, o maior tempo, adotando comportamentos ofensivos e defensivos (WIKIPEDIA, 2020b; WIKIPEDIA, 2020a).
19. ***Speedball*:** jogo de origem francesa, esse esporte adveio do espirobol com as mãos. Praticado com raquetes pequenas, o jogador que saca deve rebater a bola para que ela se enrole até tocar no poste e seu adversário deve mudar o sentido da translação da bola, presa por uma corda, para atingir o mesmo objetivo. Também é praticado em simples com outro objetivo (número máximo de rebatidas por tempo) e em equipes (FUNDACIÓN SPIRIBOL, 2020).
20. **Padel:** há incerteza quanto ao país de sua criação: Inglaterra ou EUA. Praticado em duplas, com uso de bola de tênis, mas raquetes curtas e sem corda. Diferencia-se de outros esportes, assim como outros três que vêm a seguir, pela interação com as paredes; uma vez que a bola é recolocada em jogo, há mais emoção e dinamismo na disputa de um ponto (INTERNATIONAL PADEL FEDERATION, 2020; CONFEDERAÇÃO BRASILEIRA DE PADEL, 2020).
21. ***Platform tennis*:** esporte *outdoor* originário dos EUA, possui uma quadra menor do que a do tênis, com as mesmas dimensões para o jogo individual e de duplas. Tornou-se um forte esporte nos Emirados Árabes e no Egito, com altas premiações (AMERICAN PLATFORM TENNIS ASSOCIATION, 2020).
22. ***Real tennis*:** sem origem definida (França ou Inglaterra), as bolas desse esporte *indoor* são feitas a mão e sólidas como uma bola de críquete. As raquetes são de madeira com uma pequena área de contato. Os quatro países que têm quadra são, além de seus possíveis inventores, a Austrália e os EUA (INTERNATIONAL REAL TENNIS PROFESSIONAL ASSOCIATION, 2020).
23. ***Stické*:** esporte *indoor* inglês, inclui aspectos advindos do *real tennis* e do *racquets*. Jogado em uma quadra menor que a do *real tennis*, com raquetes padrão de tênis e bolas de baixa pressão, contendo a modalidade apenas de duplas (WIKIPEDIA, 2020e; ENCYCLOPEDIA OF SPORTS, 2020).
24. ***360ball*:** criado na África do Sul, esse esporte, praticado em simples ou duplas, passou a ser mais conhecido em 2009 e seu inventor foi premiado por esse feito. Os jogadores usam uma raquete para rebater a bola para um disco côncavo, centralizado no espaço de jogo. A quadra separa os espaços onde os jogadores podem se alocar ao redor desse disco (360BALL, 2020).
25. ***Speedminton*:** também conhecido como crossminton, o esporte foi criado na Alemanha, combinando diferentes esportes, como o *badminton*, o *squash* e o tênis. Jogado sem rede, pode ser praticado em qualquer tipo de campo plano.

A raquete se parece com a de *squash* e a peteca é menor e mais pesada que a peteca de *badminton* (CROSSMINTON, 2020; SPEEDMINTON, 2020).

26. ***Racketlon:*** de origem incerta (Finlândia ou Suécia), é praticado contra um adversário no tênis de mesa, *badminton*, *squash* e tênis, nesta ordem. Em cada um deles são disputados 21 pontos, e o jogador que marca mais pontos somados em todos os esportes vence o confronto (FEDERATION OF INTERNATIONAL RACKETLON, 2020).

CONSIDERAÇÕES PARA A IMPLANTAÇÃO E IMPLEMENTAÇÃO DA PRÁTICA DOS ESPORTES DE RAQUETE

Essa análise de classificação dos esportes de raquete foi um grande desafio dada a quantidade de esportes e de modalidades variantes deles, sendo um estudo distinto do estudo de Oliveira e Ribas (2019), que analisaram a lógica interna do voleibol a partir do sistema de classificação CAI e dos Universais Ludomotores. Muitos professores de educação física e treinadores também encaram a implantação e posterior implementação de esportes de raquete no contexto da educação física escolar ou de escolinhas e clubes como um grande desafio. Porém, nossos pares que obtêm sucesso têm grande satisfação ao identificar os benefícios que essas práticas esportivas trazem aos praticantes, seja do ponto de vista físico, cognitivo social ou emocional.

Estimular tais práticas agrega conhecimentos sobre esportes que seus novos praticantes nem sabiam que existiam, dada a diversidade de locais ao redor do mundo onde são mais populares. Além desse valor, experiências culturais diversas emergem nesse conjunto, pois o esporte é também um fenômeno sociocultural (BENTO, 2006). Outro fator é o ganho social dos praticantes. A partir da estimulação por meio de práticas esportivas não conhecidas, todo um grupo de alunos passa a se nivelar de forma igual quanto à experiência inicial de um novo jogo, o que os aproxima na dedicação mútua de auxílio para a prática (ABURACHID, 2015).

Quanto ao desafio da implementação, Aburachid (1999) e Aburachid e Greco (2006) propuseram uma metodologia alternativa para o ensino dos esportes de raquete para crianças e, para além da adequação das metodologias de ensino da Iniciação Esportiva Universal (Greco, Benda, 1998) e da Escola de Bola (Kröger, Roth, 2002), apontaram como e quais tipos de materiais alternativos podem ser de grande valia para oportunizar experiências práticas na iniciação aos esportes de raquete. Quadras podem assumir dimensões adaptadas, como marcações com giz e barbantes; raquetes podem ser substituídas por bastões, cabides de roupa, garrafas PET e meias-calças; bolas e petecas substituídas por balões, meias, isopor, *roll-ons*.

Ainda, a condução de estudos de intervenção no país e no exterior caminha em prol de experiências positivas de implementação dos esportes de raquete, tanto no contexto da educação física escolar como em projetos de extensão universitária e clubes (MITCHELL, OSLIN, 1994; DUGAL, 1994; BLOMQVIS et al., 2001; CONTRERAS et al., 2007; HASTIE et al., 2009; PÍFFERO, VALENTINI, 2010; NYE, 2010; PINTO et al., 2014; ABURACHID et al., 2019).

Sob o ponto de vista da escolha das estratégias e metodologias de trabalho do professor em campo, a identificação da estrutura das atividades colabora para a definição dos conteúdos mais apropriados para a concretização das metas a serem atingidas ao longo do processo de ensino-aprendizagem. A praxiologia motora, longe de ser uma proposta metodológica (RIBAS, 2005), permite essa análise e escolha dos conteúdos, ajustando-os tanto à ação motora da natureza das atividades esportivas quanto às necessidades dos aprendizes (SANTOS, BLANCO, 2003), passando a assumir caráter de utilização na atitude e no empenho profissional diário dos profissionais da educação física.

APLICAÇÕES PRÁTICAS E CONCLUSÃO

Para além de oportunizar o conhecimento aos alunos sobre os vários esportes de raquete, o que amplia ainda sua cultura e sua cultura de movimento, a variedade de estruturas que esses esportes apresentam (Figura 3) não facilita uma proposta didática única para seu ensino. Por outro lado, nesses esportes, a ação de golpear/rebater determinado implemento (bola ou peteca) nos remete a certo consenso em iniciar a prática. Como aponta Dugal (1994), por meio de atividades de familiarização com a bola/peteca e do uso da raquete é possível conhecer seus comportamentos, desenvolvendo o controle e o domínio básico do contato bola/peteca e raquete (fase de rebater).

Normalmente, costuma-se realizar esse tipo de atividade por meio de jogos praticados fora do espaço específico de jogo para, em uma segunda fase, passar a executá-los no espaço específico de jogo. A ideia inicial é "jogar com" a partir da intenção de rebater bolas/petecas lançadas por um mesmo colega (fase de devolver). Posteriormente, somam-se a essa fase referências espaciais concretas, como precisões de rebatidas em espaços perto, longe, esquerda, direita, entre outros (fase de intercâmbio). Por último, aborda-se o objetivo de ganhar o ponto (fase de ganhar). No Quadro 3, essa proposta didática é apresentada, integrando aspectos da lógica interna e os papéis estratégicos dos jogadores.

Outra alternativa didática para o ensino dos esportes de raquete é proposta a partir da perspectiva do *Teaching games for understanding* (TGfU), em português: "Ensino dos jogos pela compreensão". Com base nas contribuições de Griffin, Mitchell e Oslin (1997) para *badminton* e tênis, e Mitchell, Oslin e Griffin (2003) nas bases esportivas para jogos de rede/muro, essas propostas iniciam sua sequência de ensino levando em conta os problemas táticos do esporte.

A primeira atividade da sessão de aula é sempre um jogo simplificado, contendo modificações tanto por representação (modificações que elevem a essência do esporte que se aprende) quanto por exagero (modificações em diversos elementos, como regras, manipulação do espaço, de possíveis movimentos). Tal estimulação tem a intenção de simplificar as demandas técnicas e reduzir as exigências do jogo, a fim de permitir, desde o início, uma experiência de prática adaptada às possibilidades de resposta dos alunos.

Depois, passa-se a desenvolver a consciência tática e faz-se necessário reforçar determinadas habilidades técnicas mediante exercícios técnicos, para assim finalizar a aula com um segundo jogo, mais complexo, a fim de reforçar o conceito tático estimulado no jogo inicial. A partir dessa sequência de ensino, pretende-se capacitar o aluno a compreender a essência e o funcionamento do esporte que aprende, desde o princípio, ao mesmo tempo que vai aprendendo as habilidades técnicas correspondentes.

Como conclusão, os esportes de raquete configuram um universo diverso que é necessário conhecer a fundo para que possamos organizar seu processo de ensino e facilitar sua aprendizagem. Nessa dupla tarefa, encontramos no marco da praxiologia uma valiosa ajuda para podermos classificá-los com base nos critérios rigorosos que nos permitam agrupá-los em função de suas semelhanças estruturais (elementos presentes em cada esporte), e diferenciar sua lógica interna (critérios estruturais e funcionais que os fazem originais). As diversas classificações encontradas, coletadas neste capítulo, oferecem um claro embasamento para o planejamento organizacional do ensino do conjunto de grupos de esportes que dividem as mesmas características estruturais e funcionais, e para dar sequência ao ensino dos diversos grupos de esportes de raquete identificados em função de sua complexidade estrutural crescente. Por último, as propostas pedagógicas expostas pretendem oferecer alternativas para seu ensino, inclusive com comprovações científicas de sua eficácia no campo da prática, seja no contexto da educação física escolar ou em escolinhas de esporte no contraturno escolar ou em clubes.

Quadro 3 Proposta de tratamento didático para os esportes de raquete

<table>
<tr><th>Níveis de aprendizagem</th><th>Situações pedagógicas de referência</th><th colspan="2">Critérios de atuação</th><th colspan="2">Objetivos</th></tr>
<tr><td>I
REBATER</td><td>▪ Rebater bolas/ petecas lançadas por si mesmo.
▪ Manter bolas/ petecas no ar mediante rebatidas consecutivas.
▪ Rebater bolas/ petecas lançadas por um colega.</td><td colspan="2">▪ Posicionar-se e orientar-se em relação à trajetória da bola/peteca.
▪ Avançar até a bola/peteca para rebater.
▪ Devolver por cima da rede.
▪ Utilizar diferentes tipos de rebatidas.</td><td colspan="2">▪ Posicionar-se e antecipar o deslocamento para manter uma bola/peteca no ar por meio de rebatidas consecutivas e/ou devolver por cima da rede.</td></tr>
<tr><td rowspan="2">II
DEVOLVER</td><td rowspan="2">▪ Rebater bolas/ petecas lançadas por si mesmo.
▪ Rebater bolas/ petecas lançadas por um colega.</td><td>Jogador que rebate</td><td>Jogador que está à espera</td><td>Jogador que rebate</td><td>Jogador que está à espera</td></tr>
<tr><td>▪ Posicionar-se no centro do espaço de jogo depois de cada rebatida.</td><td>▪ Rebater a bola/peteca para devolvê-la por cima da rede até o campo oposto.
▪ Utilizar diferentes tipos de rebatida para devolver a bola/peteca até determinadas zonas do campo oposto.</td><td>▪ Situar-se no centro do espaço de jogo e antecipar o deslocamento para chegar à bola/peteca.</td><td>▪ Devolver a bola/ peteca por cima da rede apontando para a área do campo oposto onde está o colega.</td></tr>
</table>

III INTERCÂMBIO	▪ Jogar com outro(s) mantendo bolas/ petecas em jogo.	▪ Esperar a bola/peteca com a raquete situada no centro do corpo (à frente). ▪ Orientar-se e ocupar a trajetória mais provável da bola/peteca.	▪ Utilizar diferentes tipos de rebatidas para devolver a bola/peteca com diversas trajetórias por cima da rede para o colega, facilitando sua devolução. ▪ Trocar rebatidas sob várias referências espaciais (esquerda, direita, perto e longe da rede, na cruzada, na paralela). ▪ Trocar rebatidas variando e combinando as referências espaciais e as trajetórias da bola/peteca.	▪ Situar-se no centro do espaço de jogo e antecipar o deslocamento para chegar à bola/peteca, ocupando a trajetória mais provável da devolução.	▪ Usar como referência determinadas áreas do campo oposto para enviar a bola/ peteca.
IV GANHAR	▪ Jogar contra outro(s).		▪ Devolver bolas/petecas difíceis para finalizar a troca de bolas. ▪ Caracterizar uma ação e empregar outra para surpreender o adversário (fintas).		▪ Usar como referência as áreas livres do campo oposto para enviar a bola/ peteca, evitando a situação ofensiva do adversário.

Fonte: modificado de Dugal (1994, p.15).

REFERÊNCIAS

360ball. Disponível em: https://www.360ball.net/; acessado em: novembro de 2020.

Aburachid LMC. Sistematização e proposta de inclusão dos esportes de raquete (tênis, badminton, tênis de mesa e squash) como conteúdos da educação física escolar [monografia]. Belo Horizonte, Universidade Federal de Minas Gerais, Escola de Educação Física, Fisioterapia e Terapia Ocupacional; 1999.

Aburachid LMC. Impacto de diferentes métodos de ensino no desempenho tático-técnico no badminton [tese]. Belo Horizonte, Universidade Federal de Minas Gerais, Escola de Educação Física, Fisioterapia e Terapia Ocupacional; 2015.

Aburachid LMC, Greco PJ. Racket sports at the elementary school's physical education: proposal of an alternative methodology for over 10-year old children. In: Congresso Internacional de Educação Física, Foz do Iguaçu, 2006. The FIEP Bulletin. 2006;76:448-50.

Aburachid LMC, Ribas S, Araújo ND, Greco PJ. Badminton: possibilidades de ensino aplicadas ao contexto da educação física escolar. J Phys Educ. 2019;30(1):1-12.

Almond L. Reflecting on themes: a games classification. In: Thorpe, R, Bunker D, Almond L (ed.). Rethinking games teaching. Loughborough: University of Technology; 1986. p.71-2.

Amateur Soft Tennis Federation of India. Soft tennis. Disponível em: http://www.softtennis.in/; acessado em: novembro de 2020.

American Platform Tennis Association (APTA). American Platform Tennis Association. Disponível em: http://www.platformtennis.org/; acessado em: novembro de 2020.

Associação Brasileira de Pickleball. Associação Brasileira de Pickleball. Disponível em: http://associacaobrasileiradepickleball.com/; acessado em: novembro de 2020.

Badminton World Federation (BWF). Badminton World Federation. Disponível em: https://bwfbadminton.com/; acessado em: novembro de 2020a.

Badminton World Federation (BWF). O que é airbadminton?. Disponível em: https://development.bwfbadminton.com/pt/airbadminton-pt/the-game-pt; acessado em: novembro de 2020b.

Ball Badminton Federation of India (BBFI). Ball badminton. Disponível em: http://ballbadmintonindia.com; acessado em: novembro de 2020.

Bento JO. Do desporto. In: Tani G, Bento J, Petersen R. Pedagogia do desporto. Rio de Janeiro: Guanabara Koogan; 2006. p.12-25.

Blomqvist M, Luhtanen P, Laakso L. Comparison of two types of instruction in badminton. European Journal of Physical Education. 2001;6(2):139-55.

Britannica. Squash tennis. Disponível em: https://www.britannica.com/sports/squash-tennis; acessado em: novembro de 2020.

Confederação Brasileira de Badminton (CBBd). Confederação Brasileira de Badminton. Disponível em: http://www.badminton.org.br/; acessado em: novembro de 2020.

Confederação Brasileira de Padel (Cobrapa). Cobrapa. Disponível em: https://cobrapa.com.br/; acessado em: novembro de 2020.

Confederação Brasileira de Squash (CBS). Confederação Brasileira de Squash. Disponível em: http://cbsquash.com.br/; acessado em: novembro de 2020.

Confederação Brasileira de Tênis (CBT). Beach tennis. Disponível em http://cbt-tenis.com.br/beachtenis.php; acessado em: novembro de 2020a.

Confederação Brasileira de Tênis (CBT). Confederação Brasileira de Tênis. Disponível em: http://www.cbt-tenis.com.br/; acessado em: novembro de 2020b.

Confederação Brasileira de Tênis de Mesa (CBTM). Confederação Brasileira de Tênis de Mesa. Disponível em: https://www.cbtm.org.br/home/index; acessado em: novembro de 2020.

Contreras OR, García-López LM, Gutiérrez D, Del Valle S, Aceña RM. Iniciación a los deportes de raqueta: la enseñanza de los deportes de red y muro desde un enfoque constructivista. Barcelona: Paidotribo; 2007.

Crossminton. Disponível em: http://www.crossminton.com.br/tag/internacional/, acessado em: novembro de 2020.

Doc Player. Regler for qianball double kampe. Disponível em: https://docplayer.dk/2112551-Qianball-double-regler-regler-for-qianball-double-kampe-kfums-idraetsforbund.html; acessado em: novembro de 2020.

Dugal J. Análisis y tratamiento didáctico de las actividades físico-deportivas: el ejemplo del tenis. Revista Educación Física. 1994;50:11-17.

Encyclopedia of Sports. Stické tennis. Disponível em: https://www.topendsports.com/sport/list/tennis-sticke.htm; acessado em: novembro de 2020.

Federación Internacional de Pelota Vasca (FIPV). Federación Internacional de Pelota Vasca. Disponível em: https://web.archive.org/web/20110309034000/http://www.fipv.net/es; acessado em: novembro de 2020.

Federation of International Racketlon (FIR). Racketlon. Disponível em: https://www.racketlon.net/; acessado em: novembro de 2020.

Fundación Spiribol. Disponível em: https://www.fundacionspiribol.com/; acesso em: novembro de 2020.

Greco PJ, Benda RN. Iniciação esportiva universal: da aprendizagem motora ao treinamento técnico. Belo Horizonte: Editora UFMG; 1998. v.1.

Griffin L, Mitchell S, Oslin J. Teaching sport concepts and skills: a tactical games approach. Champaign: Human Kinetics; 1997.

Hastie PA, Sinelnikov OA, Guarino AJ. The development of skill and tactical competencies during a season of badminton. European Journal of Sport Science. 2009;9(3):133-40.

International Federation of Pickleball (IFP). Disponível em: https://ifpickleball.org/; acessado em: novembro de 2020.

International Padel Federation. Disponível em: https://www.padelfip.com/; acessado em: novembro de 2020.

International Racquetball Federation (IRF). Disponível em: http://www.internationalracquetball.com/; acessado em: novembro de 2020.

International Real Tennis Professional Association (IRTPA). Real Tennis General Information. Disponível em: https://www.irtpa.com/real-tennis-general-information/; acessado em: novembro de 2020.

International Soft Tennis Federation (ISTF). Disponível em: http://www.softtennis-istf.org/; acessado em: novembro de 2020.

International Table Tennis Federation (ITTF). Disponível em: https://www.ittf.com/; acessado em: novembro de 2020.

International Tennis Federation (ITF). ITF Beach Tennis World Tour. Disponível em: https://www.itftennis.com/en/itf-tours/beach-tennis-tour/; acessado em: novembro de 2020.

Instituto Peruano del Deporte. Federación Deportiva Peruana de Paleta Frontón. Disponível em: https://www.ipd.gob.pe/federacion-deportiva-peruana-de-paleta-fronton; acessado em: novembro de 2020.

Jiménez Jiménez F. Construyendo escenarios, promoviendo aprendizajes: las situaciones de enseñanza en la iniciación a los deportes de cooperación/oposición. In: Castejón Oliva FJ, Giménez Fuentes-Guerra FJ, Jiménez Jiménez F, López Ros V (eds.). Iniciación deportiva: la enseñanza y el aprendizaje comprensivo en el deporte. 2003. p.55-86.

Kröger C, Roth, K. Escola da bola: um ABC para iniciantes nos jogos esportivos. São Paulo: Phorte; 2002. p.208.

Luis JG, Jiménez F, Hernández AJ. Análisis estructural y funcional del vóley-playa: orientaciones para la interpretación de la acción de juego. Acciónmotriz. 2012;(9):16-36.

Mitchell SA, Oslin JL. An investigation of tactical transfer in net games. European Journal of Physical Education. 1994;4(2):162-72.

Mitchell S, Oslin J, Griffin L. Sport foundations for elementary physical education: a tactical games approach. Champaign: Human Kinetics; 2003.

Moreno JH. Fundamentos del deporte: análisis de las estructuras del juego deportivo. 2.ed. Barcelona: Inde; 1994.

Moreno JH, Adelantado VN, Núñez USC, Jiménez FJ (ed.). Catálogo de los deportes y juegos motores tradicionales canarios de adultos. Barcelona: Inde; 2007.

Moreno JH, Núñez UC, Cabrera HC, Sánchez GG, Melián LMH, Escudero MQ, et al. ¿Taxonomía de las actividades o de las situaciones motrices?. EFDeportes. 1999;(13).

North American Racquets Association. The North American Racquets Association. Disponível em: http://www.northamericanracquets.com/; acessado em: novembro de 2020.

Nye SB. Effects of the tactical games approach on student engagement in a sport education badminton season. VAHPERD Journal. 2010;31(1):19-24.

Oliveira RV, Ribas JFM. A lógica interna do voleibol sob as lentes da praxiologia motriz. Journal of Physical Education. 2019;30(3.073):1-12.

Parlebas P. Juegos, deportes e sociedades: léxico de praxiologia motriz. Badalona: Paidotribo, 2001.

Parlebas P. Elementos de sociologia del deporte. Instituto Andaluz del deporte/Junta de Andalucía; 2002.

Pinto BS, Monteiro MGD, Lopes TC. A possibilidade de práticas esportivas não tradicionais: tênis nas aulas de educação física. Coleção Pesquisa em Educação Física, v.13, p. 57-64, 2014.

Píffero CM, Valentini NC. Habilidades especializadas do tênis: um estudo de intervenção na iniciação esportiva com crianças escolares. Rev Bras Educ Fís Esporte. 2010;24(2):149-63.

Ribas JFM. Praxiologia Motriz: construção de um novo olhar dos jogos e esportes na escola. Motriz. 2005 maio/ago;11(2):113-20.

Rodrigues LAFB. Praxiologia motora e efeitos educativos. EFDeportes. 2004;(79).

Santos RM, Blanco FJ. Praxeología motriz y educación física: una unidad didáctica de juegos tradicionales en secundaria obligatoria. In: Fuentes Garcia JP, Bellido M (orgs.) Libro de actas del 1° Congreso Europeo de Educación Física FIEP, 2003, p.417-26.

Speedminton. Speedminton international. Disponível em: https://www.speedminton.com/; acessado em: novembro de 2020.

US Squash. Hardball. Disponível em: https://ussquash.org/hardball/; acessado em: novembro de 2020.

Wikipedia. Frescobol. Disponível em: https://pt.wikipedia.org/wiki/Frescobol; acessado em: novembro de 2020a.

Wikipedia. Matkot. Disponível em: https://en.wikipedia.org/wiki/Matkot; acessado em: novembro de 2020b.

Wikipedia. Qianball. Disponível em: https://en.wikipedia.org/wiki/Qianball; acessado em: novembro de 2020c.

Wikipedia. Squash tennis. Disponível em: https://en.wikipedia.org/wiki/Squash_tennis; acessado em: novembro de 2020d.

Wikipedia. Stické. Disponível em: https://en.wikipedia.org/wiki/Stick%C3%A9#History; acessado em: novembro de 2020e.

World Racquetball News. Projeto Raquetebol Brasil. Disponível em: http://mauro-racquetball.blogspot.com/2009/08/projeto-raquetebol-brasil.html; acessado em: novembro de 2020.

World Squash Federation. World squash. Disponível em: https://www.worldsquash.org/; acessado em: novembro de 2020.

6

As competições formais nos esportes de raquete: motivos para a diversificação das práticas

Roberto Tierling Klering
Luciano Juchem
Gabriel Henrique Treter Gonçalves
Carlos Adelar Abaide Balbinotti

CONSIDERAÇÕES INICIAIS

O presente capítulo tem como tema as competições esportivas no contexto dos esportes de raquete e, mais especificamente, no que diz respeito ao público infantojuvenil. Iniciamos apontando que, ainda que a pedagogia do esporte já tenha avançado muito nesse âmbito, concordamos com Hirama e Montagner (2009) quando afirmam que a competição esportiva infantojuvenil ainda motiva opiniões divergentes quanto à educação e à formação de crianças e adolescentes.

De acordo com Shields e Funk (2011), a competição esportiva pode ser compreendida em dois contextos: o "contexto de guerra" e o "contexto de parceria". Essas duas maneiras de encarar a competição esportiva são distintas entre si e ajudam a ilustrar as opiniões divergentes sobre a competição (ver Quadro 1). No caso da compreensão no "contexto de guerra", a busca pela demonstração de superioridade sobre o adversário é a principal meta a ser alcançada. O prazer é encontrado em recompensas extrínsecas, que são obtidas à custa dos adversários. Nessa visão, apenas o vencedor se beneficia do confronto.

Por outro lado, a competição vista em um "contexto de parceria" é compreendida de maneira oposta. Os competidores buscam a excelência de desempenho, procurando superar o desafio gerado por seu adversário. O prazer é encontrado no esforço em busca da superação dos próprios limites, gerando benefícios para ambos os competidores, independentemente do resultado (SHIELDS, FUNK, 2011). Assim, embora estas sejam duas visões extremas da competição esportiva, mostram que o esporte pode ser conduzido de maneiras distintas. Afinal, como já afirmava Parlebás (1987), o esporte não é bom nem ruim, é o que se fizer dele. E, de acordo com Reverdito e Scaglia (2013), a competição não é boa nem ruim, mas aquilo que especificamos para seus fins, tornando-nos responsáveis pelo ambiente pedagógico que satisfaça as necessidades e os desejos de crianças e adolescentes.

Quadro 1 Implicações das metáforas conceituais da competição

Conceito metafórico	Parceria	Batalha/guerra
Objetivos	▪ Aprendizagem e aperfeiçoamento ▪ Buscar melhores resultados pessoais	▪ Dominação e conquista ▪ Buscar superioridade
Motivações	▪ Amor pelo jogo ▪ Alegria na realização	▪ Usar o jogo para ganhar algo ▪ Vibrar à custa do adversário
Compreensão de oponente	▪ Parceiro e capacitador	▪ Inimigo e obstáculo
Compreensão de regras	▪ Imperfeitas para guiar à justiça e ao bem-estar	▪ Restrições toleradas parcialmente
Compreensão de árbitro	▪ Facilitador	▪ Adversário
Jogando e vencendo	▪ Foco no processo	▪ Foco no resultado
Emoções	▪ Predomínio de emoções positivas ▪ Jogo e seriedade em equilíbrio	▪ Predomínio de emoções negativas ▪ A seriedade ofusca o jogo
Os interesses de quem são atendidos?	▪ Interesse mútuo ▪ Bem comum	▪ Interesse do vitorioso ▪ Bem individual
Disputa ideal	▪ Jogo com oposição equilibrada ▪ Tensão, expectativa e drama	▪ Jogo com oposição fraca ▪ Certeza de resultado positivo
Como devemos chamar tudo isso?	▪ Competir COM	▪ Competir CONTRA

Fonte: adaptado de Shields e Bredemeier (2011).

Obviamente, acreditamos em uma competição pautada pelo contexto de parceria, pois, conforme Milistetd, Mesquita e Nascimento (2008), o esporte é constantemente apontado como um dos fatores que podem contribuir para a formação de crianças e adolescentes. Além disso, como coloca Marques (2004a, p. 77), "a competição – o jogo – é o elemento mais estruturante de toda a formação esportiva da criança e um aspecto determinante da sua educação, na sua preparação para a vida". Esses olhares se tornam extremamente importantes para os esportes de raquete, especialmente pelo motivo de que boa parte deles enfatiza as práticas individuais e, com isso, inflama demasiadamente o contexto competitivo com atitudes pouco amistosas e formativas em alguns casos. Nesse caminho, assim como para Shields e Funk (2011), acreditamos que a competição precisa ser ensinada no contexto infantojuvenil, pois muitos adultos (treinadores, professores e pais) ainda possuem conceitos equivocados sobre a competição.

Assim, com base nesse panorama inicial, podemos dizer que o primeiro ensinamento seria o conceito de competição, que, segundo Shields e Funk (2011), origina-se do latim, e não significa "esforçar-se contra", mas "esforçar-se com". A partir desses posicionamentos iniciais, faremos algumas ponderações acerca das competições infantojuvenis em relação aos aspectos psicológicos (motivacionais e socioemocionais), valorativos e de desempenho, buscando alertar para uma profunda reestruturação do que chamamos de competição.

A MOTIVAÇÃO E OS CONTEXTOS COMPETITIVOS

Essa dicotomia percebida nos contextos competitivos pode interferir nos aspectos motivacionais dos jogadores. Enquanto o contexto de parceria tende a motivar intrinsecamente, o contexto de guerra, por sua vez, tende a motivar de forma extrínseca (SHIELDS, BREDEMEIER, 2011). É importante destacar que o comportamento motivado de um indivíduo, ou seja, sua disposição para agir (RYAN, DECI, 2007), não se origina de uma única característica relacionada a sua personalidade, mas de um conjunto de variáveis internas e externas a esse indivíduo. As pessoas têm diferentes formas, intensidades e tipos de motivações que podem afetar o desenvolvimento e o funcionamento de suas personalidades. A teoria da autodeterminação (TAD) integra os diferentes tipos de motivação, explicando a ação de cada um sobre os comportamentos humanos em um contínuo. Em uma extremidade do contínuo está situada a amotivação, e na outra extremidade está situada a motivação intrínseca (MI), estando entre elas a motivação extrínseca (ME), com diferentes níveis de regulação (RYAN, DECI, 2000).

Mais detalhadamente, a MI é aquela que se refere ao fato de um indivíduo realizar qualquer atividade por si mesmo, pelo prazer e satisfação oriundos de sua participação (RYAN, DECI, 2000). A motivação intrínseca pode ser mais bem compreendida quando analisada em seus três tipos (VALLERAND, 1997):

A. Para saber: quando uma tarefa é realizada com o propósito de aprender.
B. Para realizar: quando se tem prazer em criar ou construir algo.
C. Para experimentar: quando o indivíduo realiza uma atividade para experimentar as sensações de prazer e satisfação referentes à tarefa.

Já a ME, ainda dentro do contínuo motivacional, revela uma gama de comportamentos regulados por suas finalidades e não por sua realização em si (RYAN, DECI, 2000). A TAD considera que quatro tipos de ME podem atuar sobre os comportamentos humanos (RYAN, DECI, 2000):

A. Regulação externa: ocorre quando o comportamento é regulado por meios que variam de premiações materiais ao medo de possíveis consequências indesejáveis.
B. Regulação introjetada: ocorre quando uma motivação externa é internalizada. Pode ser por pressões internas, culpa ou uma necessidade de ser benquisto em seu ambiente, ou de realizar algo para não ficar com peso na consciência.
C. Regulação identificada: ocorre quando um indivíduo realiza uma tarefa não por escolha própria, e sim por considerá-la importante, mesmo que esta não lhe seja prazerosa nem interessante.
D. Regulação integrada: ocorre quando as motivações que eram externas, por algum motivo, integram-se ao sistema de valores do indivíduo, fazendo parte dele a partir de então.

Por fim, a amotivação é o estado em que o indivíduo não demonstra interesse algum em participar das atividades, estando na ponta oposta à MI no contínuo motivacional. Sem motivação (amotivado), o indivíduo poderá não agir, ou agir sem qualquer interesse, apenas cumprindo a tarefa demandada, sem demonstrar qualquer aspecto valorativo para com a atividade. Não se sente competente para realizá-la e/ou cumpre a atividade sem um real interesse nos resultados que serão obtidos a partir dela (RYAN, DECI, 2000). Com isso, com base na TAD, percebemos a necessidade de desenvolver uma competição que esteja mais alinhada com a MI dos praticantes de esportes com raquete, buscando não só oferecer um contexto de parceria, mas um ambiente de satisfação, diversão e prazer, conforme é defendido amplamente no contexto esportivo quando se trata de crianças e adolescentes (FRASER-THOMAS, CÔTÉ, DEAKIN, 2008; FRASER-THOMAS, CÔTÉ, 2009; SHIELDS, FUNK, 2011; SHIELDS, BREDEMEIER, 2011).

Nesse caminho, de acordo com Balbinotti et al. (2011), a competição pode conter três tipos de orientação: a) orientação à vitória, quando a competitividade se manifesta por meio de aspectos (positivos e negativos) relacionados às vitórias e derrotas; b) orientação ao *status*, quando a competitividade se manifesta para a obtenção de reconhecimento social, a partir do sucesso obtido nas disputas esportivas em geral; e c) orientação à *performance*, quando a competitividade se manifesta no sentido da busca do desenvolvimento da *performance* do jogador. Essas orientações nos fazem perceber que apenas a orientação à *performance* está de acordo com a MI e, por sua vez, com a competição no contexto de parceria. Além disso, também nos faz olhar com alguma atenção para as necessidades psicológicas inatas de autonomia, competência e relacionamento, destacadas por Ryan e Deci (2000).

Para que um indivíduo consiga experimentar a eudaimonia (sentimento contínuo de integridade e bem-estar), as necessidades inatas de competência, autonomia e relacionamento devem ser satisfeitas (RYAN, DECI, 2000). Assim, compreende-se que a autonomia é o poder de ação e decisão, tomado em conformidade com os valores pessoais e com um nível de reflexão e consciência que o próprio indivíduo possui. Já a competência diz respeito à percepção da capacidade que um indivíduo tem acerca de sua adaptação ao ambiente, à sobrevivência, à execução de atividades práticas e exploração. Por fim, o relacionamento está ligado à necessidade de vínculo social, à capacidade de se relacionar com outras pessoas, outros grupos ou comunidades, amar e sentir-se amado, sendo importante também para a aprendizagem de regulamentos sociais (regras, normas e valores).

Acreditamos que, ao considerar a competição no contexto de parceria, priorizando a MI, a orientação à *performance* e a satisfação das necessidades psicológicas inatas, alcançaremos mais facilmente o cumprimento das adequações relacionadas às expectativas, necessidades e possibilidades de crianças e jovens, conforme defendido por Marques (2004a). No entanto, é imperativo que repensemos algumas das velhas práticas elencadas a seguir.

NOVOS OLHARES SOBRE VELHAS PRÁTICAS

Desafortunadamente, como na maior parte dos esportes, as competições formais infantojuvenis nos esportes de raquete tendem a seguir as mesmas premissas do modelo adulto. Nesse sentido, a seguir sairemos em defesa de modelos variados e diversos de competição, que busquem um distanciamento do modelo adulto e que se ajustem às necessidades, interesses e possibilidades de crianças e adolescentes. Para tanto, antes, procuraremos rebater algumas premissas que acreditamos que ainda permanecem no contexto dos esportes de raquete e que nos parecem ser equivocadas.

A competição como forma de avaliar a aprendizagem e detectar talentos

Há quem defenda que as competições servem para avaliar se as atividades de treino estão de fato promovendo o desenvolvimento de seus praticantes. No entanto, a competição vai muito além disso. A competição é complementar e parte estruturante do processo de aprendizagem (MARQUES, 2004a). Ela constitui o processo formativo e de aprendizagem tanto quanto as atividades de treinamento. Com isso, negamos o ponto de vista segundo o qual "treinamos para competir" e adotamos aquele segundo o qual "treinamos competindo", ou mesmo "competimos treinando".

Outra concepção equivocada, e que geralmente está alinhada com a ideia de competição enquanto avaliação, é usar a competição como meio para a detecção de talentos. Sabe-se hoje que o termo "talento esportivo", que é derivado de uma concepção apriorista, está ultrapassado para a pedagogia do esporte. Nesse sentido, acreditamos, junto a Bettega et al. (2015), que o processo formativo exerce uma influência muito mais significativa sobre o desempenho em longo prazo. Inclusive, o termo "detecção de talento", já bastante utilizado em outro momento nas ciências do esporte, tem sido bem menos encontrado na literatura científica recente.

Ao utilizar a competição como ferramenta avaliativa apenas, vemos que os olhares e julgamentos se detêm, na maioria das vezes, sobre os aspectos técnico-táticos. Nesse caminho, é muito frequente ouvir comentários relacionados aos golpes ou situações táticas do jogo, atendo-se, basicamente, às questões psicomotoras e cognitivas (táticas), estas últimas geralmente em menor proporção. Com isso, os aspectos educativos, psicológicos e socioemocionais são relegados, como se o esporte ainda fosse gerido por ex-atletas, sem formação acadêmica e seguindo uma linha epistemológica baseada no empirismo (conhecimento transferido), conforme salientam Gonçalves et al. (2018).

Esse modo de encarar a competição, além de ser reducionista quanto aos conteúdos presentes em uma competição, pode gerar grande pressão psicológica sobre as crianças e adolescentes, levando-os a abandonar a prática esportiva. Claro que crianças e adolescentes querem melhorar seus desempenhos, porém também querem se divertir. Quando a cobrança ultrapassa esses limites, crianças e adolescentes podem se sentir psicologicamente pressionados, perdendo o interesse pela prática e, com isso, desistindo da modalidade (FRASER-THOMAS et al., 2008; FRASER-THOMAS, CÔTÉ, 2009).

Especialização precoce na busca por resultados competitivos

Ainda que derivada do primeiro apontamento realizado, podemos sinalizar a busca por resultados competitivos como o principal objetivo a ser alcançado em boa parte das competições infantojuvenis dos esportes de raquete. Diversos estudos indicam uma nociva especialização precoce (CORTELA et al., 2016; KLERING et al., 2016; 2019) e lesões esportivas (MYER et al., 2015; POST et al., 2017; PASULKA et al., 2017) como consequências dessa prática. Com isso, veem-se comportamentos estratégico-táticos que tendem a funcionar apenas nas competições infantojuvenis e em treinamentos baseados na repetição de gestos que acabam por lesionar os jovens jogadores.

Nesse sentido, Coakley e Donnelly (2004) salientam que a demasiada importância atribuída à vitória ou a ser um vencedor é um dos principais problemas que recaem sobre a competição infantojuvenil. De acordo com Marques (2004a), a valorização excessiva dos resultados competitivos tende a proporcionar um aumento das cargas e volumes de treino, além de uma especialização rápida de exercícios e métodos de ensino, prejudicando a formação do jovem esportista. Assim, torna-se necessária uma competição esportiva infantojuvenil construída à luz das necessidades, possibilidades e expectativas desse público.

Antes de avançarmos, porém, cabe salientar que não somos contrários à busca pela vitória. Muito pelo contrário, somente se o jogador dedicar seus esforços à vitória é que a competição poderá ser realmente pedagógica e, com isso, o desempenho do jogador como um todo poderá melhorar o desempenho do jogador (GONÇALVES, BALBINOTTI, 2016). No entanto, o que estamos rechaçando aqui é o vencer a todo custo, sacrificando o processo formativo em prol de um resultado em curto prazo. Sabemos que os resultados a curto prazo não são preditores de sucesso no futuro (CORTELA et al., 2016), podendo limitar o potencial de desempenho do jogador e desencadear pressões psicológicas excessivas capazes de levá-lo ao abandono da modalidade.

Modelo hegemônico de competição infantojuvenil como única proposta

O terceiro aspecto a ser salientado diz respeito à utilização do modelo de competição adulto para a preparação esportiva em longo prazo, colocando os interesses e motivações de muitas crianças e adolescentes em segundo plano, bem como seu desenvolvimento esportivo, que, nesse caso, conforme a primeira premissa, não parece ser a prioridade. Vemos que apenas recentemente foram adotados modelos de competições alternativas para crianças com até 10 anos em alguns dos esportes de raquete. Para crianças acima dessa idade, o modelo adulto de competição ainda é o único possível de ser realizado.

Essa equiparação excessivamente precoce da competição infantojuvenil para com a competição adulta pode contribuir para uma sobrecarga de expectativas sobre as crianças e adolescentes. Ao verem o modelo competitivo como uma cópia do modelo adulto, é fácil transferir outras práticas que também não sejam adequadas para esse contexto. Dentre elas, podemos citar a pressão que a própria criança/adolescente se impõe (excessiva e não desejada), a necessidade do treinador de obter resultados para mostrar que seu trabalho está "rendendo frutos" ou que é um bom treinador, e, por fim, de acordo com Adelino, Vieira e Coelho (1998), o comportamento de quem assiste às competições das crianças, que acaba sendo muito semelhante ao de quem assiste às competições de adultos.

Todas essas práticas tendem a levar para algo que já conhecemos bem dentro da cultura esportiva: a vitória como glória e/ou redenção (ainda que por um período curtíssimo), a derrota como fracasso, despertando o ódio ou a compaixão. O esporte, sendo um campo de representação sociocultural das relações humanas, pode ser visto como um contexto no qual esse tipo de competição está presente, pois, de alguma forma, representa o macrossistema social, em que a competição é vista com a mesma perspectiva do campo de trabalho, por exemplo. No entanto, parece-nos claro que tais equívocos não podem mais ser perpetuados, ainda que reconheçamos que esse tipo de competição está presente em vários setores da sociedade (embora não concordemos com o "modelo" competitivo de sociedade) e ainda que possa haver algumas alegações disso como um fator de motivação e desenvolvimento de comportamentos atrelados a ele nas competições esportivas (DE ROSE JR., 2009), como uma ideia de educar as crianças e adolescentes para a vida. Nesse caminho, entendemos que a competição é um elemento estruturante do esporte (desde que atendendo aos preceitos defendidos anteriormente), pois é ela que lhe dá sentido (MARQUES, 2004a; SCAGLIA, GOMES, 2005), e que, também, conforme a visão de Marques (2004b), pode ser educativa e formativa, contribuindo, inclusive, para a transformação da sociedade em que vivemos hoje.

Destacados os pontos que pensamos serem cruciais à transformação dos modelos competitivos de crianças e adolescentes, a seguir, faremos algumas ponderações acerca do que julgamos mais adequado para uma melhor condição de realização das competições nos esportes de raquete.

"MODELOS" DIVERSIFICADOS DE COMPETIÇÃO FORMAL PARA CRIANÇAS E ADOLESCENTES

Como citado anteriormente, algumas modalidades vêm adotando, nos últimos anos, modelos competitivos alternativos, modificados para crianças. Nesse contexto, o que se evidencia, quando muito, são versões reduzidas de um modelo adulto, o que entendemos como insuficiente para contemplar os diferentes interesses e, principalmente, necessidades de crianças e adolescentes. É inegável que modificações estruturais, como espaço de jogo, altura de rede e implementos (bolas/petecas e raquetes), adequadas às capacidades físico-motoras dos praticantes, são fundamentais para o bom enquadramento de uma competição infantojuvenil. No entanto, logicamente, partindo do pressuposto de que as crianças não são simplesmente adultos em miniatura, suas competições não podem ser somente versões reduzidas do modelo tradicional. Trata-se aqui de ser criativo, de inovar, para além das adequações estruturais. Trata-se de modificar toda uma dinâmica que rege as competições formais, com diferentes possibilidades e oportunidades, sendo então construtiva e multidimensional, participativa e democrática, formativa.

No que se refere à formação de tenistas infantojuvenis, Brabenec (1999) ressalta que a manutenção do espírito competitivo auxilia na melhora de seus desempenhos, incentivando, inclusive, uma diversificação de práticas competitivas durante as atividades de treino. Porém, quando olhamos para as competições formais, isso não acontece. Assim, para que as competições formais possam realmente interferir de forma positiva no processo de formação de crianças e adolescentes, existe uma necessidade de adequação não só em face do modelo adulto, mas a contemplação de toda uma gama de jogos que observem a mesma lógica interna dos esportes de raquete – pequenas competições, regidas por jogos situacionais e/ou condicionados, com a finalidade de dar continuidade e de complementar o treino, bem como de valorizar diferentes estilos de jogo e jogadores. Com isso, percebe-se que, assim como o treino é planificado e organizado em diferentes fases – adequadas às necessidades e possibilidades de crianças e adolescentes –, a competição formal deve ser estruturada nesse mesmo caminho, podendo ser, ela própria, o elemento estruturante da formação do jogador, dando sentido a toda a preparação (MARQUES, 2004a).

Nesse contexto, entendemos que a competição deva ser construtiva e multidimensional, como boa parte das práticas de ensino-aprendizagem já faz, pois deve ser construída pelos praticantes. Os jovens esportistas devem ser partícipes do processo de criação das atividades competitivas formais, propondo modelos e formatos de disputa. Assim, o papel dos árbitros, treinadores e pais – que precisam ser devidamente capacitados – passa a ser de mediação e condução das propostas oriundas das crianças e adolescentes. Essa contribuição por parte de crianças e adolescentes é fundamental para o desenvolvimento da motivação intrínseca, pois, em colaboração, podem construir um evento, com base em suas competências, de forma autônoma. Um evento único e próprio, com potencial para ressignificar a relação do jogador com os esportes de raquete. Ainda, acreditamos que esse processo construtivo possa gerar maior aprendizagem e desenvolvimento dos aspectos multidimensionais, que vão além da prática reducionista atual (chegar, jogar e ir embora – e focado, geralmente, nos aspectos técnico-táticos do jogo). É preciso, assim, contemplar todo um universo de conteúdos – simultaneamente (GONÇALVES et al., no prelo).

Os diferentes conteúdos pedagógicos do esporte, de forma geral, costumam tangenciar diferentes formas e manifestações do esporte – esporte de rendimento, de participação e educacional – e, consequentemente, os principais desfechos da prática esportiva: *performance*, participação e desenvolvimento pessoal (CÔTÉ, HANCOCK, 2014). Estratégias como modificações estruturais, competições diversificadas, eventos em equipe, premiações variadas e participação em processos decisórios, aliadas a uma prática deliberada, podem contribuir para o desenvolvimento desses diferentes conteúdos pedagógicos e desfechos (CÔTÉ, HANCOCK, 2014; GONÇALVES et al., no prelo), gerando benefícios diversos, como: menor pressão para vencer, maior sensação de competência, maior engajamento, maior criatividade, melhor desenvolvimento cognitivo, melhor relação social (com pais, treinadores e outros jogadores), maior afetividade, autonomia, autoestima e autocontrole.

Entendemos que todos esses benefícios promovidos por uma prática competitiva devidamente adequada não devam se limitar a favorecer a um grupo específico de atletas – especialmente àqueles mais habilidosos técnica e taticamente, como usualmente. A competição, além de participativa, deve ser democrática, no sentido de ofertar a todo e qualquer interessado – independentemente de características físicas, habilidades técnicas, conhecimentos táticos etc. – a oportunidade não só de simplesmente competir, mas de competir com chances de experienciar a vitória. Essas experiências positivas, além de gerarem os benefícios cognitivos, psicológicos e sociais citados, podem contribuir para um crescimento no número de praticantes em categorias infantojuvenis e, assim, produzir futuros consumidores do esporte – consumidor-atleta, consumidor-entusiasta e consumidor-espectador.

A Figura 1 resume nossa ideia de "modelos competitivos diversificados" em um ciclo que não tem a competição como fim, ou uma atividade isolada, mas como o elemento estruturante do processo de formação esportiva e cidadã do atleta infantojuvenil.

Nesse contexto, considerando que o esporte é uma forma de representação das relações sociais estabelecidas nas demais áreas de convivência humana,

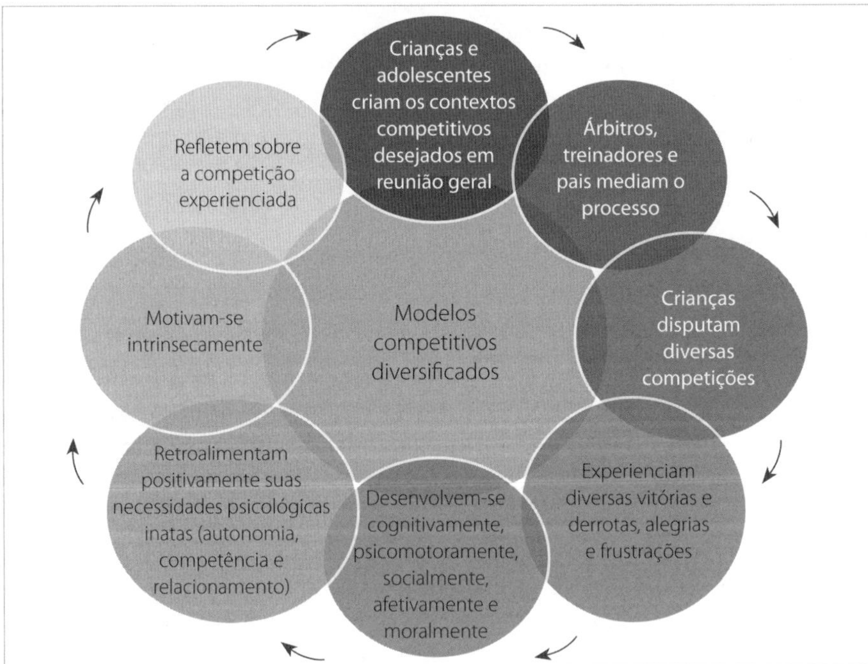

Figura 1 Ciclo de contribuições de uma competição infantojuvenil diversificada, plural e participativa.

Fonte: elaborada pelos autores.

ressalta-se que nenhuma dessas críticas e propostas é inovadora no campo da produção intelectual, mas encontram importantes barreiras para uma aplicação prática. Nesse sentido, embora não totalmente alinhado com o que defendemos anteriormente – pois não leva em seu veio a proposição das crianças/adolescentes –, mas acreditando que possa contribuir como um importante passo nesse caminho, colocamos algumas possibilidades competitivas que podem dar início a um processo de diversificação das competições formais (Quadro 2).

Quadro 2 Possibilidades competitivas para início do processo de diversificação das competições formais

Modalidade	Proposição
Todas	Competição por equipes, com alternância de participantes durante as partidas. Sem distinção de sexo. Os integrantes da equipe que não estão jogando podem atuar como técnicos, árbitros e/ou boleiros. Todos devem realizar todos os papéis.
Todas	Competição com *handicap*. Colocar vantagens no placar e até mesmo em posições/funções (p. ex., um único jogador realiza o saque em determinado confronto).
Todas	Competição com mudanças estruturais e funcionais: ▪ Formato de quadra, tipo de implemento (bolas/petecas), altura da rede etc. ▪ Jogadas com maior pontuação, diferentes regras etc.
Todas	Competições de habilidades/capacidades: precisão, potência, agilidade, consistência/regularidade etc.
Todas	Competição de conhecimento (*quiz*) acerca das modalidades. Conhecimentos técnicos, táticos, históricos, de regras etc.
Todas	Competições paralelas de modalidades com a mesma lógica interna e/ou jogos modificados (p. ex., o quadradinho no tênis).
Tênis	Competição em que o jogador que estiver sacando somente pode vencer o ponto por meio de voleios. Uma vez que a bola quicar no solo do seu lado da quadra, o ponto é do adversário.
Tênis de mesa	Competição com formato de mesa diferenciado (formar um ∠ utilizando três mesas, duas na horizontal e uma na vertical).
Badminton	Competição em que a rede deve ser inteiramente coberta, sem poder enxergar através dela.
Tênis de praia	Competição em que os jogadores deverão realizar dois toques na bola para rebatê-la ao outro lado.
Padel	Competição em que os pontos realizados com menos de seis trocas de bola computem um valor dobrado.
Squash	Competição em que os jogadores devam utilizar duas raquetes, uma em cada mão, devendo alternar os golpes com cada uma delas (lado dominante e lado não dominante).
Todas	Competição que combine ou reveze todas as possibilidades citadas (e outras).

Fonte: elaborado pelos autores.

Por fim, cabe salientar que as possibilidades competitivas aqui colocadas não pretendem esgotar as proposições, mas ilustrar algumas ideias que acreditamos serem passíveis de estarem junto das competições já institucionalizadas. Essas práticas competitivas poderiam integrar o calendário e o sistema de pontuações dos *rankings*, criando eventos próprios, ou mesmo estando presentes junto dos eventos competitivos do modelo vigente.

CONSIDERAÇÕES TRANSITÓRIAS

Ao término do capítulo, gostaríamos de trazer algumas considerações que não são definitivas, mas que buscam explicar que o que tentamos fazer aqui foi avançar na compreensão acerca dos modelos competitivos formais atuais e em suas práticas no que se refere aos esportes de raquete. Acreditamos que a forma como enxergamos as competições esportivas hoje, para o contexto infantojuvenil em especial, alinha-se com as novas tendências em pedagogia do esporte. Com isso, embora sem uma resposta definitiva, consideramos que as contribuições aqui trazidas já possam beneficiar todos os atores presentes nas competições formais infantojuvenis (em especial as crianças e adolescentes) e, a partir dessas contribuições, possibilitar novas reflexões a fim de seguirmos melhorando as práticas competitivas formais.

Por fim, cabe salientar que acreditamos que quem deve decidir sobre participar ou não das competições é o jogador, sem maiores interferências de seus professores/treinadores e/ou seus pais/responsáveis. E cabe a eles salientar as experiências positivas e negativas que dali poderão ter, garantindo uma reflexão adequadamente mediada sobre os eventos e sentimentos e, com isso, moralmente positiva. Assim, entendemos que as situações competitivas, quando bem conduzidas, sempre se configurarão em um momento pedagogicamente rico.

REFERÊNCIAS

Adelino J, Vieira J, Coelho O. Jovens no desporto: um pódio para todos. Treino Desportivo. 1998;3(2):19-32.

Balbinotti MAA, Barbosa MLL, Saldanha RP Balbinotti CAA. Factor and internal consistency studies of the Balbinotti Motives to Competitiveness in Sports Scale (EBMCE-18). Motriz: Revista de Educação Física. 2011;17(2):318-27.

Bettega OB, Scaglia AJ, Morato MP, Galatti LR. Formação de jogadores de futebol: princípios e pressupostos para composição de uma proposta pedagógica. Movimento. 2015;21(3):791-801.

Brabenec J. Competition: the most desirable form of training. ITF Coaching and Sport Science Review. 1999;7(17):3.

Coakley J, Donnelly P. Sports in society: issues and controversies. 1st Canadian edition. Toronto: McGraw-Hill Ryerson; 2004.

Cortela CC, Klering RT, Goncalves GHT, Balbinotti CAA. Early specialization in sports: a factor to be considered in Brazilian tennis players? Coaching & Sport Science Review. 2016;70(24):18-20.

Côté J, Hancock DJ. Evidence-based policies for youth sport programmes. International Journal of Sport Policy and Politics. 2014;8(1):51-65.

De Rose Jr D. Esporte, competição e estresse: implicações na infância e adolescência. In: De Rose Jr D (org.). Esporte e atividade física na infância e adolescência: uma abordagem multidisciplinar. 2. ed. Porto Alegre: Artmed; 2009. p.103-14 (Cap.7).

Fraser-Thomas J, Côté J. Understanding adolescents' positive and negative developmental experiences in sport. The Sport Psychologist. 2009;23(1):3-23.

Fraser-Thomas J, Côté J, Deakin J. Understanding dropout and prolonged engagement in adolescent competitive sport. Psychology of Sport and Exercise. 2008;9(5):645-62.

Gonçalves GHT, Assmann AB, Ginciene G, Balbinotti CAA, Mazo JZ. Uma história do tênis no Brasil: apontamentos sobre os clubes esportivos e seus métodos de ensino. Educación Física y Ciencia. 2018;20.

Gonçalves GHT, Balbinotti CAA. Novos caminhos e perspectivas para o ensino do tênis infantil. In: Urso RP, Paciaroni R (org.) Tênis: novos caminhos para uma abordagem profissional. São Paulo: Évora; 2016. p.52-61.

Gonçalves GHT, Bulso RV, Klering RT. Gestão pedagógica de competições de tênis infantojuvenis: para além da versão reduzida do modelo adulto. In: Balbinotti CAA, Cortela CC, Mazo JZ, Fuentes JPG (org.). Tênis: um olhar multidisciplinar para a modalidade. Curitiba. Editora CRV; 2021. [No prelo.]

Hirama LK, Montagner PC. A ação pedagógica da competição esportiva. Movimento e Percepção. 2009;10(15).

Klering RT, Gonçalves GHT, Cortela CC, Ginciene G, Balbinotti CAA. Níveis de treinamento das ações técnico-esportivas de tenistas infantojuvenis de 12 a 14 anos de idade. Journal of Physical Education. 2019;30.

Klering R T, Gonçalves GHT, Fuentes JPG, Balbinotti CAA. As técnicas avançadas na formação de tenistas completos: um estudo sobre os conteúdos do treino de tenistas infantojuvenis de 11 a 14 anos. Revista Brasileira de Ciência e Movimento. 2016;24(4):100-9.

Marques AT. Fazer da competição dos mais jovens um modelo de educação e formação. In: Gaya A, Marques AT, Tani G (org.). Desporto para crianças e jovens: razões e finalidades. Porto Alegre: Editora da UFRGS; 2004a. p.75-96.

Marques AT. O desporto como modelo educativo: uma pedagogia do esforço, uma cultura da exigência. In: Educação pelo desporto: realidade ou utopia. Lisboa: Instituto de Desporto de Portugal; 2004b. p.7-16.

Milistetd M, Mesquita I, Nascimento JV. Concepções dos treinadores acerca do papel da competição na formação desportiva de jovens jogadores de voleibol. Journal of Physical Education. 2008;19(2):151-8.

Myer GD, Jayanthi N, Difiori JP, Faigenbaum AD, Kiefer AW, Logerstedt D, et al. Sport specialization, part I: does early sports specialization increase negative outcomes and reduce the opportunity for success in young athletes?. Sports Health. 2015;7(5):437-42.

Parlebás P. Perspectivas para una educación física moderna (cuadernos técnicos). Junta Anadalucia: Unisport Andalucia; 1987.

Pasulka J, Jayanthi N, Mccann A, Dugas LR, Labella C. Specialization patterns across various youth sports and relationship to injury risk. The Physician and Sportsmedicine. 2017;45(3):344-52.

Post EG, Trigsted SM, Riekena JW, Hetzel S, Mcguine TA, Brooks MA, et al. The association of sport specialization and training volume with injury history in youth athletes. The American Journal of Sports Medicine. 2017;45(6):1405-12.

Reverdito RS, Scaglia AJ. Competições escolares: reflexão e ação em pedagogia do esporte para fazer a diferença na escola. In: Reverdito RS, Scaglia AJ, Montagner PC (org.). Pedagogia do esporte: aspectos conceituais da competição e estudos aplicados. São Paulo: Editora Phorte; 2013. p.237-58.

Ryan RM, Deci EL. Self-determination theory and the facilitation of intrinsic motivation, social development, and well-being. American Psychologist. 2000;55(1):68.

Ryan RM, Deci EL. Active human nature: self-determination theory and the promotion and maintenance of sport, exercise, and health. In: Hagger MS, Chatzisarantis NLD (eds.). Intrinsic motivation and self-determination in exercise and sport. Human Kinetics; 2007. p.1-19.

Scaglia A, Gomes RM. O jogo e a competição: investigações preliminares. In: Venâncio S, Freire JB (org.) O jogo dentro e fora da escola. Campinas: Autores Associados; 2005. p.136-56 (Estudo 7).

Shields DL, Bredemeier B. Contest, competition, and metaphor. Journal of the Philosophy of Sport. 2011;38(1):27-38.

Shields DL, Funk C. Teach to compete. Strategies. 2011;24(5):8-11.

Vallerand RJ. Toward a hierarchical model of intrinsic and extrinsic motivation. In: Advances in experimental social psychology. Academic Press. 1997. p.271-360.

7

Treinadores e treinadoras de esportes de raquete no Brasil: possibilidades de formação e desenvolvimento profissional

Larissa Rafaela Galatti
Caio Corrêa Cortela
Vitor Ciampolini
Alexandre Vinícius Bobato Tozetto
Michel Milistetd

INTRODUÇÃO

A formação e o desenvolvimento profissional de treinadores esportivos são reconhecidos como um processo que se desenvolve ao longo da vida (TOZETTO et al., 2018) e se manifesta em sua atuação, cuja qualidade está relacionada à aplicação consistente e integrada de conhecimentos profissionais, intrapessoais e interpessoais para incrementar a capacidade de praticantes de relacionar-se com o fenômeno esporte em diferentes contextos (CÔTÉ, GILBERT, 2009; GALATTI et al., 2019).

Ao considerar os diferentes contextos e categorias de atuação de treinadores esportivos, o termo "treinador ou treinadora de excelência" normalmente é interligado ao esporte de *performance* (PERONDI et al., 2020). Entretanto, Gilbert e Côté (2013) lembram que a excelência de treinadores deve ser avaliada pela forma como o profissional articula seus conhecimentos durante as interações com atletas de diversos contextos, ou seja, pela qualidade de sua intervenção profissional (REVERDITO et al., 2020). Na expectativa de estabelecer os cenários de atuação dos treinadores, nos quais a busca da atuação de excelência é sempre desejada, Côté e Gilbert (2009) propõem quatro contextos de atuação profissional: 1) treinador de participação para crianças, 2) treinador de participação para adolescentes e adultos, 3) treinador de alto rendimento para jovens, 4) treinador de alto rendimento para jovens adultos e adultos.

Se no esporte de forma geral a atuação de treinadores tende a se especializar para a participação ou alto rendimento, nos esportes de raquete é corriqueiro que treinadores transitem por diferentes contextos, atuando com atletas que buscam a melhor *performance* em competições de abrangência desde local até internacional, assim como atuam com praticantes que focam a participação em práticas de caráter mais recreativo. Ao compreender que treinadores são profissionais responsáveis pela integração e desenvolvimento de indivíduos de diversas faixas etárias e objetivos de prática, destacamos a necessidade de uma qualificação adequada, com conhecimentos atualizados ao longo de toda a carreira, de modo a capacitá-los para atuar de maneira ética, profissional e competente. Para Milistetd et al. (2016), esse processo formativo deve considerar toda a complexidade da atividade e envolve diferentes entidades que podem mediar esse processo.

Para treinadores de esportes de raquete no Brasil, faculdades e universidades são responsáveis pela formação inicial, habilitando a filiação ao Conselho Regional de Educação Física (CREF) e ao exercício profissional (BRASIL, 1998). Paralelamente, e a partir dessa formação, ao longo da carreira, treinadores acumulam experiências que moldam sua identidade e também a sua forma de atuação profissional. Essas experiências ocorrem em contextos diversos e se diferenciam na forma como os indivíduos interagem com a informação que recebem do ambiente externo (TOZETTO et al., 2018). Especificamente no campo esportivo, Nelson et al. (2006) descrevem três contextos de aprendizagem, nos quais os treinadores esportivos frequentemente estão envolvidos:

- **Contexto formal de aprendizagem:** aprendizagens que ocorrem em ambientes institucionalizados, estruturados e que incluem programas de ensino de longa duração, como cursos de graduação e pós-graduação.
- **Contexto não formal de aprendizagem:** oportunidades de aprendizagem voltadas para uma população específica. Nesses contextos se incluem propostas formativas e cursos de curta duração, como minicursos, *workshops*, clínicas, seminários, conferências, organizados por universidades, federações, clubes, entre outras organizações esportivas.
- **Contexto informal de aprendizagem:** ambientes normalmente desprovidos de uma sistematização do processo de aprendizagem, nos quais a busca e as estratégias implementadas para a aquisição dos novos conhecimentos e competências são gerenciadas pelo próprio profissional. Essas oportunidades incluem orientação informal, recursos materiais, experiências dentro e fora do esporte, assim como interações com os outros (treinadores adversários, profissionais das demais áreas – nutricionistas, psicólogos, atletas, entre outros).

Na sequência deste capítulo, trataremos de oportunidades de aprendizagem para treinadores e treinadoras de esportes de raquete, tendo por referência esses diferentes contextos.

CONTEXTO FORMAL, TREINADORES E TREINADORAS DE ESPORTES DE RAQUETE

No cenário brasileiro, diferentemente de outros países, a atuação como treinador ou treinadora de esportes de raquete é possível a partir da graduação em educação física. No entanto, em uma análise mais detalhada de 20 cursos de bacharelado em educação física, Milistetd (2015) mostrou que, apesar de os currículos estarem de acordo com as estruturas recomendadas pelas normas que os regem, as horas curriculares destinadas à formação para atuar como treinador esportivo são limitadas. Especificamente em relação aos esportes de raquete, o autor verificou que apenas em dois cursos a disciplina de tênis é ofertada, e em outros quatro cursos os conteúdos relacionados são diluídos com outros esportes individuais.

Em um estudo recente, que analisou a presença da disciplina tênis em 75 cursos presenciais de graduação em educação física (licenciatura/bacharelado), oferecidos por instituições de ensino superior do estado do Paraná (públicas ou privadas), a situação se mostrou semelhante à descrita anteriormente. Oito cursos apresentaram a disciplina em seus documentos orientadores, a maior parte (n = 5) voltada ao bacharelado (GESAT et al., 2020). Outros 12 cursos ofertavam a disciplina esportes de raquete, com carga horária média de 61 ± 18,6 horas. Apesar de fazer parte da Base Nacional Comum Curricular (BNCC), os autores observaram que esse agrupamento de modalidades se encontra ainda mais distante da formação dos profissionais licenciados, com apenas três cursos ofertando essas disciplinas (GESAT et al., 2020).

Além da baixa inserção dos esportes de raquete no meio acadêmico, as oportunidades de aprendizagem em contexto formal recebem menor valorização por parte dos treinadores esportivos em geral (HE et al., 2018). Especificamente com treinadores de tênis, o estudo de Cortela et al. (2020a) apresenta resultados similares, indicando menor atribuição de importância às aprendizagens formais, principalmente entre os treinadores mais experientes. Mesmo não podendo generalizar de forma direta esses resultados para os esportes de raquete, a similaridade dos desafios encontrados nesse agrupamento de modalidades e os resultados observados para os treinadores em geral sugerem um cenário semelhante. O distanciamento entre o que é aprendido nesse contexto e o que é requerido para a intervenção profissional e o papel passivo desempenhado durante essas aprendizagens são as críticas mais recorrentes às oportunidades presentes nesse contexto (MALLET et al., 2009; RODRIGUES et al., 2016; GALATTI et al., 2017).

No entanto, Mallet et al. (2009) reforçam que o acesso a especialistas, a procedimentos contínuos de avaliação, a medidas de controle e garantia de qualidade do ensino, e o reconhecimento dessas formações por meio de certificações, presentes no contexto formal, podem contribuir de forma efetiva para o desenvolvimento do treinador. No Brasil, estudos com treinadores de modalidades coletivas relataram que as aprendizagens em contexto formal foram importantes para a aquisição dos conhecimentos profissionais relacionados à didática e pedagogia e ao desenvolvimento de conhecimentos de base sobre educação física e esporte - como pedagogia, fisiologia, treinamento etc. (TOZETTO et al., 2017; VÍRGILIO et al., 2018; MOLETTA et al., 2019). Cortela et al. (2017) também descreveram impactos positivos de experiências no contexto formal nas aprendizagens de treinadores de tênis, verificando maior atribuição de importância e autopercepção de domínio em conhecimentos e competências profissionais diretamente relacionados à intervenção do treinador.

Em que pesem os desafios para que as aprendizagens possam ser potencializadas no contexto formal, as oportunidades presentes nesse ambiente, como os projetos de extensão universitária, tornam-se muitas vezes a primeira experiência do acadêmico da graduação como treinador (ou treinador-assistente) de um esporte de raquete.

Como exemplo, citamos o Projeto de Extensão de Tênis de Mesa da Faculdade de Ciências Aplicadas da Universidade Estadual de Campinas (FCA/Unicamp), em Limeira-SP. Oferecido à comunidade interna da universidade, o projeto visa ampliar o ensino da modalidade para além das propostas metodológicas tradicionais, mais centradas na repetição de técnicas. Logo, permite aos discentes do curso de Ciências do Esporte ousar em propostas metodológicas pautadas nas tendências atuais em pedagogia do esporte, que indicam o elemento tático como essencial, propondo um programa de iniciação tardia (SILVA et al., 2010) em tênis de mesa a partir da concepção interdependente de seus elementos tático-técnicos e tendo o jogo por principal estratégia pedagógica (BELLI et al., 2017). Nesse projeto, a cada semestre cabe aos discentes preparar e aplicar 12 semanas de aulas, somando 24 sessões e totalizando 72 horas de aulas para a prática e aprendizagem da modalidade. Outras experiências têm sido feitas em propostas multimodalidades, como pode ser visto no Capítulo 2 deste livro. Três docentes atuam no papel de facilitadores do processo, acompanhando o planejamento, avaliando as aulas já ministradas, indicando leituras e estimulando a reflexão sobre a ação, tendo por base metodologias ativas da educação (GALATTI et al., 2017; 2019). A partir dessa experiência, consolidou-se o "Griper" - Grupo Interdisciplinar de Pesquisa em Esportes de Raquete –, fundado em 2015, que amplia as possibilidades de ensino, pesquisa e extensão nessas modalidades a partir da universidade. Detalhes dessa experiência estão publicados em Galatti et al. (2017).

CONTEXTO NÃO FORMAL, TREINADORES E TREINADORAS DE ESPORTES DE RAQUETE

Considerando que a formação inicial no ensino superior computa apenas quatro anos da formação e pouco contempla os esportes de raquete, emerge a necessidade de uma formação específica e de um suporte para a intervenção de treinador de esportes de raquete, principalmente para quem almeja atuar no contexto do alto rendimento. Nesse cenário, uma possibilidade é a participação em cursos ofertados por confederações e federações esportivas. A Figura 1 apresenta o panorama da formação inicial e continuada nos esportes de raquete.

Atualmente, quatro modalidades de raquete possuem confederações reconhecidas pelo Comitê Olímpico Brasileiro (COB), sendo elas a Confederação Brasileira de *Badminton* (CBBd), a Confederação Brasileira de Tênis (CBT), a Confederação Brasileira de Tênis de Mesa (CBTM) e a Confederação Brasileira

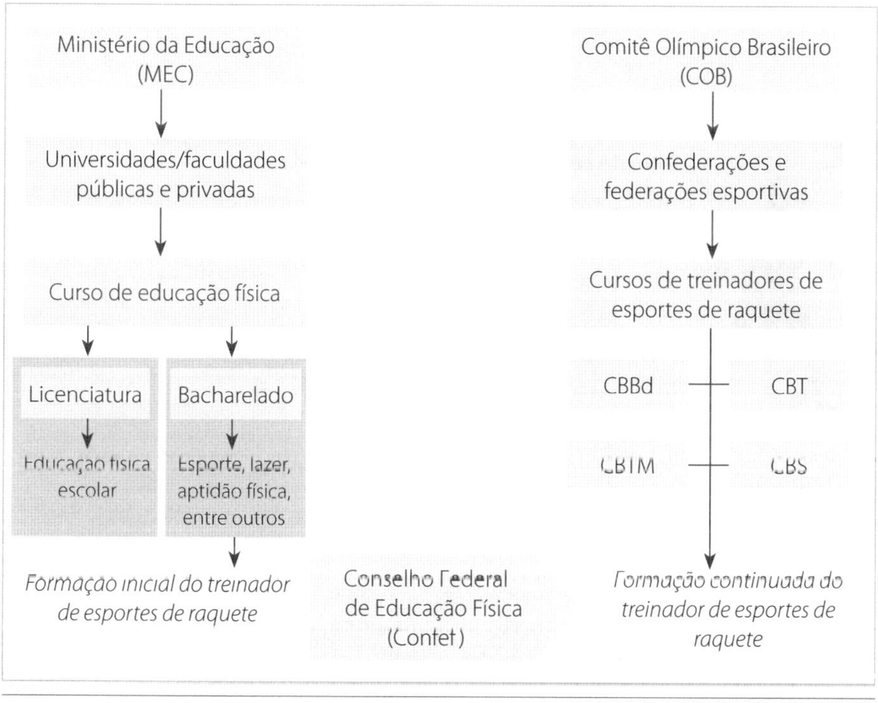

Figura 1 Formação inicial e formação continuada do treinador esportivo no Brasil.

CBBd: Confederação Brasileira de *Badminton*; CBT: Confederação Brasileira de Tênis; CBTM: Confederação Brasileira de Tênis de Mesa; CBS: Confederação Brasileira de *Squash*.

Fonte: adaptada de Milistetd et al. (2016).

de *Squash* (CBS). Destas, a CBBd, a CBT e a CBTM são confederações olímpicas, enquanto a CBS se caracteriza como uma confederação vinculada ao COB.[1]

A CBT se destaca por oferecer maior carga horária e diversidade de ações de formação disponíveis, apresentando um programa de certificação composto por 12 módulos, com 25 horas de duração cada, e 4 cursos curtos específicos, que somados totalizam aproximadamente 350 horas de formação. O programa atual empregado pela CBT acompanha e atende às diretrizes estabelecidas pela Federação Internacional de Tênis (ITF) para programas de formação, possibilitando a treinadores brasileiros a equivalência das certificações obtidas nacionalmente às expedidas pela ITF (CORTELA et al., 2020b). A Figura 2 apresenta um breve resumo das ações de formação que compõem o programa e o número de treinadores certificados no Brasil.

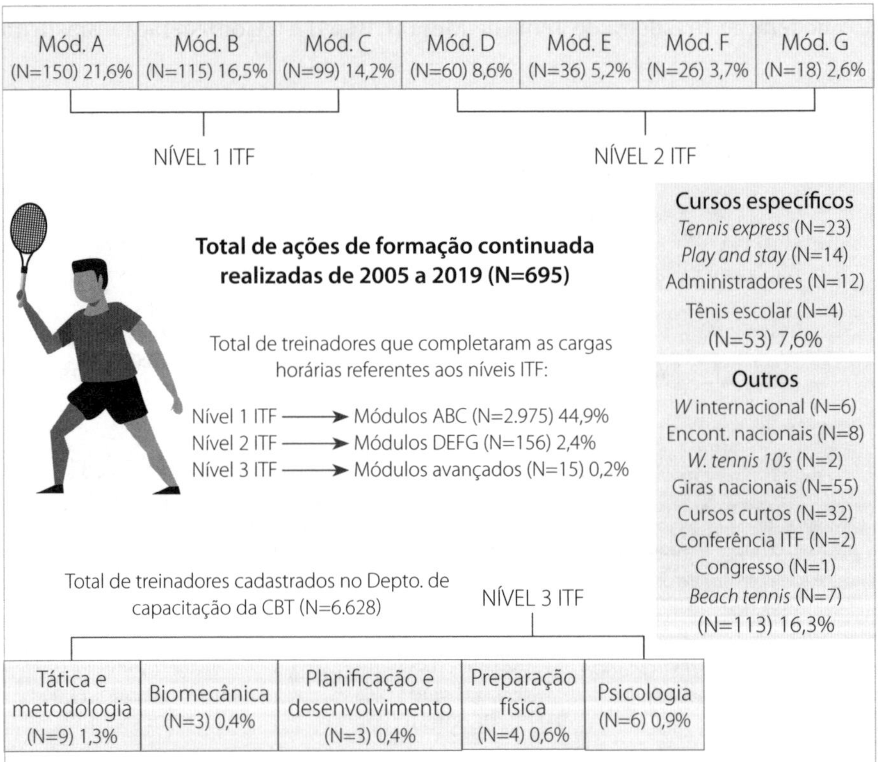

Figura 2 Ações de formação e treinadores de tênis certificados no Brasil pelo Departamento de Capacitação.

Fonte: adaptada de CORTELA et al., 2020b.

1 Disponível em: https://www.cob.org.br/pt/; acessado em: 15 de outubro de 2020.

A CBBd (2020) oferece dois cursos de formato teórico-prático com duração média por nível de 40 horas, totalizando 100 horas de curso. Além disso, oferece cursos voltados para professores de educação física, tendo por objetivo facilitar a inserção da modalidade nas escolas. A CBBd busca organizar seus cursos levando em consideração, predominantemente, as competências necessárias a treinadores, independentemente do contexto de sua atuação. Dessa forma, os conteúdos abordados em cada curso parecem ser similares, mas o domínio e a complexidade dos temas são aumentados ao longo dos níveis (MILISTETD et al., 2016).

A CBTM apresenta em seu Plano Estratégico 2016-2024[2] a Universidade do Tênis de Mesa, na qual se insere a "Escola de Treinadores", um "Programa sistematizado de formação de treinadores com o intuito de estimular o ingresso de novos profissionais para atuação na área e, também, o aperfeiçoamento continuado de técnicos que trabalham com o tênis de mesa". No *site* da entidade (CBTM, 2020) consta a oferta de 3 cursos teórico-práticos com duração média de 38 horas por nível, totalizando 114 horas de curso. Uma especificidade apresentada por essa confederação se dá pelo fato de que a estruturação de seus cursos segue as diretrizes dos cursos ITTF 1, ITTF 2 e ITTF 3, propostos pela sua federação internacional, a International Table Tennis Federation (ITTF). Em relação à oferta desses cursos, a CBTM oferece seus dois cursos durante os campeonatos nacionais de tênis de mesa que são realizados ao longo do ano.

Pelas informações disponíveis no *site* da CBS, não há oferta de cursos de formação de treinadores de *squash*, tampouco produção científica sobre treinadores na modalidade (MOTTA et al., 2015). Essa carência pode ter relação com a ausência do *squash* no programa olímpico, o que pode dificultar sua expansão e popularização.

De modo geral, as oportunidades de formação em contexto não formal são avaliadas de maneira positiva por treinadores. A especificidade dos saberes presentes nesse ambiente, voltados prioritariamente aos conhecimentos profissionais que dão suporte para intervenção, favorece o engajamento (LEFEBVRE et al., 2016). No entanto, assim como observado por Cortela et al. (2020a) para o contexto formal, o tempo de atuação profissional aparece como um ponto de atenção na valorização atribuída às oportunidades presentes no contexto não formal, verificando-se menor atribuição de importância por parte de treinadores mais experientes. No tênis, o engajamento nessas oportunidades associou-se a melhor autopercepção de domínio das competências profissionais, com destaque para o planejamento e para a avaliação, duas competências consideradas

2 Disponível em: https://www.cbtm.org.br/upload/download/17798676735044e38b54c2df86d36650.pdf; acessado em: 15 de outubro de 2020.

determinantes para a efetividade da intervenção do treinador (CORTELA et al., 2020c). Logo, é preciso que as entidades que ofertam cursos dessa natureza revisitem suas estratégias, observando se essa experiência é valorizada e quais práticas poderiam ser mais efetivas.

Contexto informal, treinadores e treinadoras de esportes de raquete

Um fator peculiar nos esportes de raquete é o hábito corriqueiro de treinadores muitas vezes serem um "parceiro de treino" para que as sessões individuais possam se desenvolver de forma satisfatória. Dessa forma, (ex)-praticantes e agora treinadores, além da formação em educação física, comumente possuem também a experiência prática, que se torna o diferencial em sua atuação. Esse tipo de aprendizagem decorre do contexto informal, em que a pessoa que aprende (treinador ou treinadora) percebe ou provoca situações de aprendizagem com outras pessoas (outros treinadores, atletas etc.) ou fontes de informação (livros, *sites* especializados, redes sociais, entre outros) na expectativa de saber mais ou resolver desafios advindos de sua prática profissional, por si também uma fonte de aprendizagem (DEEK et al., 2013; TRUDEL et al., 2013; WALKER et al., 2018).

Ao estabelecer situações de aprendizagem no contexto informal, é fundamental que os treinadores percebam o novo conteúdo e reflitam de maneira consciente para incorporar os novos conhecimentos à sua prática diária. Oportunidades de aprendizagem como a observação e a discussão com outros profissionais ou mentores (ação de acompanhamento e instrução-reflexão conjunta dos novos treinadores com profissionais mais experientes ou especializados) conduz ao compartilhamento de novas ideias e facilita a inserção de iniciantes com maior segurança nos esportes de raquete. Não obstante, o contexto de aprendizagem informal é apontado em diversos estudos como o mais expressivo por treinadores, por estar associado ao maior interesse no aprendizado, à realidade profissional, por ser motivador de tal forma que a aprendizagem se torna significativa (CORTELA et al., 2020a; STOSZKOWSKI, COLLINS, 2016; WALKER et al., 2018). O papel de treinadores mais experientes nesse processo é essencial na conduta de práticas educativas claras e no compartilhamento de experiências que contribuam para a aquisição dos conhecimentos e competências necessários ao desenvolvimento profissional (TRUDEL et al., 2013; GALATTI et al., 2019b; TOZETTO et al., 2019).

Nesse contexto – a exemplo dos demais –, a reflexão aparece como um elemento-chave entre as ações potencializadoras de aprendizagem e desenvolvimento profissional, sendo considerada essencial para a aquisição da maestria como treinador ou treinadora. O envolvimento constante em práticas reflexivas torna esse profissional mais autoconsciente, favorecendo a compreensão do contexto de intervenção, a tomada de decisão em face do cenário imprevisível presente no meio esportivo e contribuindo para o estabelecimento de uma sólida filosofia de trabalho (VAN MULLEM, DAHLIN, 2017; TOZETTO et al., 2018).

De acordo com Trudel et al. (2016), a capacidade de aprender por meio da reflexão é fundamental para que treinadores consigam ressignificar sua prática e sejam capazes de construir o próprio conhecimento, característica marcante de profissionais considerados inovadores. Nesse aspecto, há muito que evoluir nos esportes de raquete. Os estudos preliminares envolvendo treinadores de tênis apontam para menor valorização (CORTELA et al., 2017 e 2020a) e percepção de domínio relacionado à reflexão (CORTELA et al., 2017), requerendo maior atenção de todos os envolvidos no processo de desenvolvimento profissional de treinadores, para que o engajamento em rotinas reflexivas possa ocorrer nos diferentes contextos de aprendizagem.

CONSIDERAÇÕES FINAIS

Como vimos, os diferentes contextos de aprendizagem podem favorecer variadas experiências, conhecimentos e competências, com alcances distintos em treinadores experientes ou inexperientes. Considerando o contexto formal, o destaque está na obrigatoriedade da formação em educação física. No entanto, devido ao curto tempo de duração e às limitações de atuação prática durante esse período, outras oportunidades devem ser consideradas para o desenvolvimento de competências para atuação qualificada com esportes de raquete, tais como estágios obrigatórios e não obrigatórios e projetos de extensão universitária, relacionados a essas modalidades. Paralelamente à formação inicial e ao longo de toda a carreira, o envolvimento em cursos específicos ou a busca por experiências de aprendizagem no contexto informal tendem a oferecer oportunidades valiosas, capazes de ampliar conhecimentos, de integrar novas percepções, abordagens e competências para sua atuação profissional.

É destacado também que, independentemente do contexto de aprendizagem e de atuação de treinadores, a aprendizagem será potencializada pela capacidade de reflexão de cada profissional.

Portanto, contribuiria para o desenvolvimento de melhores treinadores se as instituições de ensino superior, clubes, federações, entre outros, buscassem proporcionar aos treinadores de esportes de raquete mais oportunidades de instrução, troca e aprofundamento durante os períodos de formação inicial e formação continuada. Da mesma forma, iniciativas individuais ou coletivas de treinadores na busca de novas experiências e conhecimentos, compreendendo informações de modo crítico-reflexivo e ampliando essa busca para além do conhecimento específico da modalidade, podem contribuir para os treinadores de esportes de raquete no constante aprimoramento e atualização de seus costumes, condutas e crenças.

REFERÊNCIAS

Belli T, Ginciene G, Castro LB de, Soati KC, Misuta MS, Galatti LR. Pedagogia do esporte e tênis de mesa: novas perspectivas no ensino-treino do efeito na iniciação tardia. Pensar a Prática. 2017;20(2):420-9.

Brasil. Lei n. 9.615, de 24 de março de 1998. Institui normas gerais sobre desporto e dá outras providências. Diário Oficial da União. 24 de março de 1998. Disponível em: http://www.planalto.gov.br/ccivil_03/LEIS/L9615consol.htm; acessado em: 4 de julho de 2020.

CBBd (Confederação Brasileira de Badminton). Disponível em: http://www.badminton.org.br/curso_calendario; acessado em: 14 de junho de 2020.

CBTM (Confederação Brasileira de Tênis de Mesa). Disponível em: http://www.badminton.org.br/admin/upload/documentos/7c259f84d0.pdf; acessado em: 14 de julho de 2020.

COB (Comitê Olímpico do Brasil). Disponível em: https://www.cob.org.br/pt/; acessado em: 25 de novembro de 2020.

Cortela CC, Balbinotti CAA, Tozetto AVB, Both J, Milistetd M. Associação entre formação inicial e autopercepção de competência profissional de treinadores de tênis. Journal of Sport Pedagogy and Research. 2017;3(2)32-42.

Cortela CC, Kist C, Milistetd M, Both J, Balbinotti CAA. Aprendizagem profissional de treinadores de tênis: um ensaio para primeiras aproximações com o contexto nacional de formação. Caderno de Educação Física e Esporte. 2020b; 2020b;18(2):1-8.

Cortela CC, Milistetd M, Both J, Fuentes JP, Balbinotti CAA. Desenvolvimento profissional de treinadores de tênis: situações e contextos de aprendizagem. Retos. 2020a;38:700-7.

Cortela CC, Milistetd M, Both J, Galatti LR, Balbinotti CAA. Formación permanente y autopercepción de competencia: un estudio con entrenadores de tenis. Pensar en Movimiento: Revista de Ciencias del Ejercicio y la Salud. 2020c;18:e41586.

Côté J, Gilbert W. An integrative definition of coaching effectiveness and expertise. International Journal of Sports Science & Coaching. 2009;4(3):307-23.

Deek D, Werthner P, Paquette KJ, Culver D. Impact of a large-scale coach education program from a lifelong-learning perspective. Journal of Coaching Education. 2013;6(1):23-42.

Galatti LR, Cortela CC, Silva WGF da, Misuta MS, Belli T. Theoretical and practical knowledge for table tennis coaches development in a sports science bachelor's degree. In: Proceedings book of the 15th ITTF Sports Science Congress. Düsseldorf, 2017. p.381-5.

Galatti LR, Machado JC, Motta MDC, Misuta MS, Belli T. Nonlinear pedagogy and the implications for teaching and training in table tennis. Motriz: Revista de Educação Física. 2019a;25(1).

Galatti LR, Milistetd M, Quinaud R, Mazzei LC, Seoane AM, Paes RR. Scaffolding a club philosophy among coaches: perspectives from a Spanish club. Revista de Psicologia del Deporte. 2019;28(3):24-9.

Galatti LR, dos Santos YYS, Korsakas P. A coach developers' narrative on scaffolding a learner-centred coaching course in Brazil. International Sport Coaching Journal. 2019;6(3):339-48.

Gesat RA, Cortela CC, Balbinotti CAA, Ginciene G. Retrato das disciplinas de tênis dos cursos de graduação em educação física no estado do Paraná. Caderno de Educação Física e Esporte. 2020;18(2):1-7.

Gilbert W, Côté J. A focus on coaches' knowledge. Routledge handbook of sports coaching. 2003. p.147.

He C, Trudel P, Culver D. Actual and ideal sources of coaching knowledge of elite Chinese coaches. International Journal of Sports Science & Coaching. 2018;3(4):496-507.

Lefebvre JS, Evans MB, Turnnidge J, Gainforth HL, Côté J. Describing and classifying coach development programmes: a synthesis of empirical research and applied practice. International Journal of Sports Science & Coaching. 2016;11(6):887-99.

Mallett CJ, Trudel P, Lyle J, Rynne SB. Formal vs. informal coach education. International Journal of Sports Science & Coaching. 2009;4(3):325-64.

Milistetd M. A aprendizagem profissional de treinadores esportivos: análise das estratégias de formação inicial em educação física [tese]. Florianópolis, Universidade Federal de Santa Catarina; 2015.

Milistetd M, Ciampolini V, Salles W das N, Ramos V, Galatti LR, Nascimento JV. do. Coaches' development in Brazil: structure of sports organizational programmes. Sports Coaching Review. 2016;5(2):138-52.

Moletta AF, Mendes FG, Borges L de A, Galatti LR. Treinadores e treinadoras de basquetebol de Santa Catarina: o desenvolvimento da aprendizagem formal, informal e não formal. E-Balonmano.com: Revista de Ciencias del Deporte. 2019;15(3):197-206.

Motta MC, Lima LA, Galatti LR. Squash e o desconhecimento científico sobre o treinador: evidências a partir de uma revisão sistemática. In: Anais do 1. Congresso Internacional de Pedagogia do Esporte / Revista Corpoconsciência. Cuiabá, 2015.

Nelson LJ, Cushion C, Potrac P. Formal, nonformal and informal coach learning: a holistic conceptualisation. International Journal of Sports Science and Coaching. 2006 Sep;1(3):247-59.

Perondi D, Galatti LR, Culver DM, Seguin CM, Franchini E, Albuquerque MR. From prohibition to excellence: a retrospective study about learning situations of expert Brazilian women judo coaches (no prelo).

Reverdito RS, Galatti LR, Strachan L, Scaglia AJ Paes RR. Coaching and continuity make a difference: competence effects in a youth sport program. Journal of Physical Education and Sport. 2020;20(4):1964-71.

Rodrigues HA, Paes RR, Souza Neto S. A socialização profissional do treinador esportivo como um processo formativo de aquisição de saberes. Movimento (ESEFID/UFRGS). 2016;22(2):509-22.

Silva RMP Galatti LR, Paes RR. Pedagogia do esporte e iniciação esportiva tardia: perspectivas a partir da modalidade basquetebol. Pensar a Prática. 2010;13(1).

Stoszkowski J, Collins D. Sources, topics and use of knowledge by coaches. Journal of Sports Sciences. 2016;34(9):794-802.

Tozetto AVB, Galatti LR, Milistetd M. Desenvolvimento profissional de treinadores esportivos no Brasil: perspectiva de aprendizagem ao longo da vida. Pensar a Prática. 2018;21(1).

Tozetto AVB, Galatti LR, Nascimento JV do, Milistetd M. Strategies for coaches' development in a football club: a learning organization. Motriz: Revista de Educação Física. 2019;25(2).

Tozetto AVB, Galatti LR, Scaglia AJ, Duarte T, Milistetd M. Football coaches' development in Brazil: a focus on the content of learning. Motriz: Revista de Educação Física. 2017;23(3).

Trudel P, Culver D, Werthner P. Looking at coach development from the coach-learner's perspective: considerations for coach development administrators. In: Potrac P, Gilbert W, Denison J (org.). Routledge handbook of sports coaching. London: Routledge; 2013. p.375-87.

Trudel P, Gilbert W, Rodrigue F. The journey from competent to innovator: using appreciative inquiry to enhance high performance coaching. International Journal of Appreciative Inquiry. 2016;18(2):40-6.

van Mullem PV, Dahlin S. Five Perspectives on pursuing mastery in coaching. International Sport Coaching Journal. 2017;4(2):246-53.

Virgílio ACS, Galatti LR, Tozetto AVB, Scaglia AJ. Aprendizagem de treinadores esportivos: fontes de conhecimento e prática profissional nos jogos esportivos coletivos. Journal of Sport Pedagogy and Research. 2017;3(2):20-6.

Walker LF, Thomas R, Driska AP. Informal and nonformal learning for sport coaches: a systematic review. International Journal of Sports Science & Coaching. 2018;13(5):694-707.

8

Psicologia do esporte e esportes de raquete: contextos e possibilidades de atuação profissional

Amanda Rizzieri Romano
Evandro Morais Peixoto

A psicologia do esporte e do exercício (PEE) é uma área do conhecimento que tem por objetivo o estudo do comportamento humano nos contextos do esporte e do exercício físico. Busca compreender como os fatores psicológicos afetam o desempenho dos praticantes dessas atividades, bem como a participação em atividades esportivas e físicas afeta o desenvolvimento psicológico, a saúde mental e o bem-estar dessas pessoas (WEINBERG, GOULD, 2017). Ao longo de sua história, a área vem passando por importantes transformações. Inicialmente as contribuições do psicólogo do esporte se restringiam ao esporte de alto rendimento, mas, com o passar dos anos, as contribuições desses profissionais se estenderam às diferentes expressões esportivas e de exercício físico (PEIXOTO et al., 2016).

A evolução observada na PEE nas últimas décadas está diretamente associada às evoluções observadas em outros campos acadêmicos, como a psicologia, a educação física e outras áreas que compõem as ciências do esporte, haja vista que a PEE se estabeleceu a partir da interseção entre essas áreas. Outro fenômeno que contribuiu para sua expansão foi a democratização do esporte, movimento que ainda reúne esforços para possibilitar o acesso das atividades físicas e práticas esportivas a maior número de participantes e não apenas às pessoas com habilidades motoras e físicas já desenvolvidas (NAKANO et al., 2020). No contexto brasileiro, a consolidação desse movimento foi apresentada na proposta de esporte para todos, que define quatro possíveis manifestações esportivas: esporte-educação, esporte de participação, esporte de formação e esporte de alto rendimento (BRASIL, 2015), as quais são consideradas como dimensões sociais do esporte.

De acordo com essa proposta, a dimensão social esporte-educação consiste na prática esportiva no contexto educacional, tendo como intuito o desenvolvimento psicomotor e aspectos psicológicos, como autonomia e senso crítico, enquanto o esporte de participação baseia-se no lazer, no princípio lúdico, tendo como principal objetivo a promoção de bem-estar aos participantes. Por sua vez, o esporte de alto rendimento dá enfoque aos habilidosos, excluindo aqueles menos competentes em razão da sua característica principal de seletividade. Já o esporte de formação caracteriza-se pela aquisição e desenvolvimento das competências técnicas do esporte, tendo como objetivo o aperfeiçoamento da prática daquela modalidade em termos recreativos, competitivos ou de alto rendimento (BRASIL, 2015). Nesse sentido, uma das expressões do esporte de formação comumente observada no Brasil é representada pelas categorias de base realizadas em clubes com o objetivo de formar atletas. O esporte é um fenômeno social abrangente, por isso é importante compreender que existe comunicação entre essas dimensões (TRIANI et al., 2017).

Os esportes de raquete envolvem diversas formas de manifestação, sendo as mais conhecidas dos brasileiros: tênis de campo, tênis de mesa, *badminton, squash, beach tennis*, padel e raquetebol. Os equipamentos diferenciam-se nas dimensões do espaço de jogo, nas medidas quanto ao comprimento, largura e peso da raquete, na composição de seus materiais, bem como também no fato de se usar bola ou peteca, gerando uma amplitude de possibilidades de desenvolvimento de habilidades motoras, técnicas, táticas e perceptivas específicas para cada um deles. Entretanto, algumas características aproximam as modalidades, como a habilidade motora rebatida, utilizada em todas elas, a forma como são jogadas, com um ou dois atletas contra outros dois e uma rede separando os campos de jogo. Isso pode facilitar a transferência do aprendizado de um esporte de raquete para outro.

Os esportes de raquete, assim como as diversas modalidades esportivas, contribuem para o desenvolvimento global do sujeito, influenciando diretamente em aspectos psicológicos, cognitivos e sociais (como concentração, atenção e relações interpessoais), além de envolver movimentos (correr, saltar, arremessar), promovendo o desenvolvimento motor. Esse grupo de modalidades desenvolve a coordenação nos seguintes aspectos: coordenação motora grossa e fina, estabilização da coordenação fina e desenvolvimento de movimentos correlatos, promovendo, então, benefícios para crianças e adolescentes (CÔRREA et al., 2019).

No contexto brasileiro, os esportes de raquete estão presentes em todas as manifestações, principalmente no esporte participação e no esporte-educação (projetos sociais), e com menos oportunidades de prática quando se refere ao esporte formação e de alto rendimento, pois o número de espaços disponíveis para a prática, praticantes e organizações é menor. Nesse sentido, Martin (2015) destaca os aspectos econômicos associados à prática do tênis, por exemplo, e descreve os altos custos para a prática em níveis competitivos, o que faz deste um esporte com pouca representatividade de grupos sociais economicamente desfavorecidos.

Independentemente da dimensão social da prática esportiva, a psicologia do esporte tem apresentado diferentes contribuições por meio de intervenções de cunho psicológico que potencializam os objetivos dessas práticas, a saber: sociais (MARQUES et al., 2008), educacionais (ARAÚJO et al., 2020), de formação (CÔTÉ et al., 2007) e de rendimento esportivo (LEES, 2003). Este capítulo tem como principal objetivo apresentar e discutir possibilidades de atuações do psicólogo do esporte nas diferentes manifestações dos esportes de raquete.

ESPORTE DE FORMAÇÃO

É importante ressaltar que o esporte é uma experiência relacional e, também, emocional para muitos praticantes. Durante a infância e a adolescência, esses aspectos tornam-se ainda mais marcantes. Por meio das relações interpessoais estabelecidas no contexto esportivo com treinadores, colegas de equipe e adversários, bem como pelas vivências esportivas de vitória ou derrota, uma variedade de sentimentos, positivos e negativos, pode ser experienciada pelas crianças e adolescentes. É fácil inferir que todas essas experiências são importantes para o processo de maturação dos atletas e, portanto, para a formação dos atletas de elite. Contudo, algumas questões são importantes para embasar essa discussão, por exemplo: É significativo o número de crianças e adolescentes que fazem parte de categorias de base nos esportes de raquete atualmente e que se tornarão atletas de alto rendimento? Caso não se tornem atletas de elite, esses indivíduos vão querer manter a prática desses esportes? Quais são os custos psicológicos para se tornarem atletas de alto rendimento? Quais são os papéis dos pais e dos treinadores no decorrer desse processo formativo?

Para responder a essas questões é necessário pensar que o esporte de base, que no Brasil está associado, majoritariamente, aos clubes esportivos, não pode ter como único objetivo a formação de novos jogadores e, com isso, o poder de usufruir de grandes transações financeiras e benefícios econômicos. É necessário haver responsabilidade pela formação integral dessas pessoas, haja vista que, independentemente de se tornarem ou não atletas de alto rendimento, deverão ser indivíduos ativos na sociedade em que vivem, dispondo de capacidade de pensamento crítico e posicionamentos políticos e sociais.

Essa visão mercadológica dos esportes caracteriza o esporte de formação como um ambiente de muitas pressões, ora exercidas pelos treinadores com o objetivo de atingir maior número de vitórias e, com isso, maior expressão na modalidade, ora pelos pais que projetam os próprios sonhos e expectativas sobre essas crianças, exigindo alto desempenho, vitória e havendo o desejo de que se tornem atletas de alto rendimento. Um cenário que contribui massivamente para a especialização precoce no esporte e que traz grandes prejuízos para o desenvolvimento da criança, para a formação esportiva, além de influenciar diretamente a relação estabelecida com o esporte ao longo da vida desses indivíduos. As pressões institucionais e relacionais influenciam as crianças a escolher um determinado esporte e a adquirir habilidades específicas dessa modalidade cada vez mais cedo. Esse fenômeno tem preocupado pesquisadores, os quais têm realizado esforços para construir modelos teóricos capazes de orientar a especialização desses jovens atletas. O modelo de desenvolvimento de participação esportiva (DMSP), proposto por Côté e Hay (2002), sugere três estágios da participação esportiva na infância e na adolescência, a saber: anos de experimentação, anos de especialização e anos de investimento.

Na fase de experimentação, os participantes se envolvem com diversas atividades esportivas e, desse modo, desenvolvem interesse pelos esportes, habilidades motoras básicas como correr, saltar e jogar em um ambiente pautado pela promoção do divertimento. A segunda fase, de especialização, caracteriza-se pela etapa na qual os atletas iniciam o processo de concentração em menor número de modalidades, dando enfoque, possivelmente, a uma prática em particular devido ao aumento das demandas de treinamento. É nesse momento que as possibilidades de participação diminuem, já que os atletas passam a ser agrupados de acordo com o nível de habilidade. Por sua vez, a fase de investimento diz respeito ao comprometimento dos atletas em aumentar o desempenho em um esporte específico. Essa fase configura-se como uma etapa limitada a um pequeno grupo de sujeitos, baseando-se na potencialidade apresentada, selecionando os atletas considerados promissores para um desempenho de alto nível. Vale ressaltar que cada modalidade esportiva envolve demandas específicas, e há uma diversificação nos perfis de desenvolvimento individual e grupal dos atletas, portanto as etapas não são associadas a uma idade ou duração específica (CÔTÉ et al., 2009; UNITED STATES OLYMPIC COMMITTEE, 2017).

De acordo com Côté e Vierimaa (2014), é necessário atentar-se às variáveis que afetam o progresso dos atletas no esporte. O DMSP apresenta um conjunto de aspectos que perpassam o desenvolvimento dos atletas, baseando-se nas demandas esportivas e em teorias gerais do desenvolvimento infantil e da adolescência. Os postulados desse modelo estimulam os programas esportivos a promover, além do desempenho, a participação contínua e o desenvolvimento pessoal a partir da prática – haja vista o número restrito de atletas em categorias de base que se tornaram atletas de alto rendimento, bem como o grande contingente de praticantes que poderão estabelecer relações positivas com o esporte durante essa fase da vida e colher os benefícios para a saúde física e mental, associados a essas atividades ao longo da vida por meio da prática recreacional (CÔTÉ, HAY, 2002).

Nessa direção, o DMSP apresenta alguns postulados que devem ser levados em consideração pelos psicólogos na estruturação de suas intervenções no contexto do esporte de formação, como a importância da diversificação de modalidades esportivas e a ludicidade nas vivências na fase de experimentação. Essa pluralidade das atividades na fase de experimentação possibilita o acesso a diversas experiências cognitivas e motoras que podem ser aplicadas no esporte de interesse nas fases posteriores e em outras esferas da vida. Também se vincula ao fato de que a especialização precoce está associada à perda de interesse pela modalidade e ao abandono da prática esportiva. A criança deve ter a opção de escolher entre se especializar em uma modalidade esportiva e manter-se no nível recreativo. Dessa forma, promover brincadeiras no processo de adesão à prática esportiva, respeitar as características da etapa de desenvolvimento, a qualidade dos relacionamentos estabelecidos, contar com treinadores e pais envolvidos no processo das crianças são características ambientais essenciais que encorajam o investimento em atividades estruturadas. Os postulados devem ser adaptados de acordo com o programa esportivo, visando atender às necessidades das crianças e adolescentes no esporte (CÔTÉ et al., 2007; CÔTÉ, VIERIMAA, 2014; MYER et al., 2015).

A participação de crianças e adolescentes em esportes pode ocorrer por meio de brincadeiras recreativas e/ou da prática deliberada, esta última altamente estruturada e dedicada intensamente ao desenvolvimento de habilidades específicas. Para que se alcancem altos níveis de *expertise* em determinada modalidade esportiva, é necessário treinamento intenso, que promoverá o aperfeiçoamento de habilidades técnicas e táticas, além da habilidade de tomada de decisões. Isso ocorrerá somente com treinamento intenso em uma única modalidade esportiva, com o objetivo de atingir o nível de *expertise*. No entanto, para a grande maioria das modalidades, o treinamento voltado para uma única modalidade e a exclusão das demais deve ser adiado até o fim da adolescência, para que se possa potencializar o sucesso do atleta e, também, minimizar possíveis riscos de lesões e desgaste psicológico (JAYANTHI et al., 2013). Independentemente de estarem focados no desenvolvimento de atletas de elite, é importante que programas esportivos estruturem o processo de ensino-aprendizagem para que os participantes alcancem resultados compatíveis com o desenvolvimento por meio do esporte: promover desempenho, participação e desenvolvimento pessoal (CÔTÉ, VIERIMAA, 2014).

Outro aspecto relevante e que deve estar no raio de atenção dos profissionais da área são as etapas de transição entre as diferentes fases da formação esportiva, pois é muito comum que crianças que vivenciaram a experimentação de diferentes modalidades abandonem a prática esportiva por não demonstrarem interesse na especialização esportiva, bem como crianças que abandonam a modalidade por não se sentirem motivadas na etapa de investimento. Nesse sentido, esforços devem ser despendidos pelos profissionais para que o esporte recreacional seja uma alternativa para essas pessoas, que poderão ter o esporte como uma atividade de lazer e fonte de benefícios físicos, psicológicos e sociais (CÔTÉ, HAY, 2002). Para tanto, é importante que a prática esportiva seja conduzida e organizada por profissionais competentes, que estejam disponíveis e atentos aos processos de desenvolvimento dos sujeitos submetidos a essas atividades, uma vez que o efeito positivo do esporte está associado à condução adequada da prática.

O psicólogo esportivo deve trabalhar junto com as comissões técnicas e os familiares, para propiciar um ambiente seguro e saudável, tanto em questões sociais como psicológicas. Outro ponto importante é acompanhar a iniciação esportiva e seu desenrolar, considerando a possibilidade de a criança ou o adolescente envolver-se futuramente com a especialização e a participação em competições (DIAS, TEIXEIRA, 2006). A modalidade infantojuvenil pode promover aspectos benéficos e maléficos na competição durante a infância e a adolescência. A competição é benéfica quando estimulada de forma positiva, tendo como enfoque o bem-estar do indivíduo nos níveis físico e psicológico, e tratando a vitória como uma possibilidade, e não como único fim. Nesse sentido, a participação do psicólogo vai além do trabalho específico com os atletas, mas pode ser realizada em parceria com a comissão técnica na criação de estratégias adequadas para a inserção dessas crianças no ambiente competitivo, no acompanhamento, na orientação de pais ou mesmo no desenvolvimento de políticas públicas que favoreçam o acesso ao esporte e ao desenvolvimento da formação esportiva (COIMBRA et al., 2008; RUBIO, 2007).

ESPORTE DE RENDIMENTO

Para a prática de jogos de raquete, muitas características psicológicas são importantes. Atletas e treinadores comumente se manifestam sobre aspectos psicológicos como tão relevantes para a prática esportiva de alto rendimento quanto as capacidades físicas, as habilidades técnicas e táticas, que são exigidas de um atleta. Conforme apontado por Lees (2003), a resistência mental é uma característica psicológica de grande relevância nos esportes de raquete devido à própria natureza das competições, como rapidez e intensidade dos jogos, possibilidades de variações de placar e mesmo variações de humor devido à vivência de momentos favoráveis e desfavoráveis em uma mesma partida. Portanto, ter capacidade de regulação emocional, manter-se concentrado e autoconfiante em diferentes etapas das competições esportivas, mesmo sob pressão psicológica, é tão fundamental quanto a capacidade fisiológica e a associação de esquemas de jogo.

Apesar desse reconhecimento, ainda é comum o equívoco de conceber que a preparação psicológica no esporte de alto rendimento ocorre por meio de iniciativas pontuais, como palestras motivacionais quando atletas passam por momentos difíceis, ou quando uma conquista importante é ameaçada por problemas de relacionamento entre os jogadores e treinadores. No entanto, para que a preparação psicológica seja efetiva, devem ser desenvolvidas iniciativas de longo prazo em que o psicólogo do esporte faça parte da equipe técnica, de modo que as habilidades psicológicas sejam desenvolvidas e treinadas em conjunto com as outras habilidades.

A Figura 1 demonstra a influência das habilidades psicológicas como um componente que circunda os demais aspectos desenvolvidos e estimulados nos esportes de raquete, como a aprendizagem tática (que inclui capacidades táticas básicas e a compreensão das estruturas funcionais da modalidade), o treinamento tático-técnico e as habilidades físicas que são adquiridas e potencializadas durante a prática, características fundamentais para um bom desempenho no esporte.

De acordo com Cece et al. (2020), as modalidades esportivas de raquete são complexas em razão da sua ampla variedade de fatores envolvidos para um desempenho adequado. Nesse sentido, o treino voltado para habilidades psicológicas é destinado ao desenvolvimento de habilidades mentais que auxiliam os atletas com seus objetivos, promovendo o aprendizado da administração dos

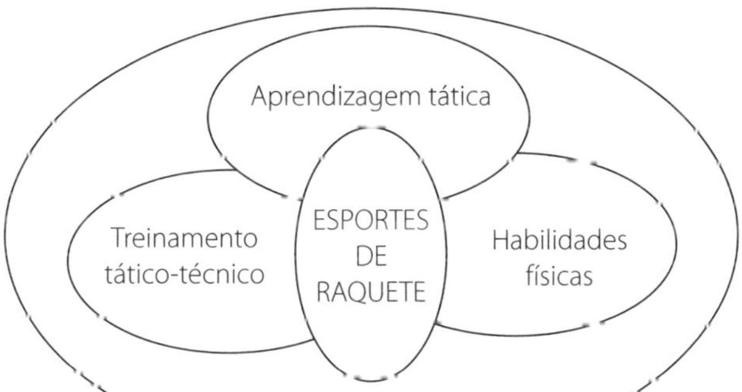

Figura 1 Componentes principais para um bom desempenho esportivo de acordo com as demandas específicas dos esportes de raquete.

Fonte: adaptada de Kröger, Roth, 2002.

estados psicológicos e com isso a melhora do desempenho e o bem-estar dos praticantes. Para que isso ocorra, a implementação de um programa de treinamento de habilidades psicológicas deve ser composta de diferentes etapas: avaliação, educação, aquisição, fase de prática e reavaliação.

Na etapa de avaliação, o profissional pode recorrer a procedimentos como entrevistas, observações, testes psicológicos e avaliações em grupo com o objetivo de identificar o nível de desenvolvimento das funções e habilidades psicológicas de um atleta em relação a sua modalidade. Essa é uma etapa que ocorre comumente na pré-temporada e proporciona uma compreensão das potencialidades e fraquezas dos atletas, bem como as informações necessárias para embasar as intervenções a serem realizadas nas futuras etapas. A fase de educação consiste nos esforços para os atletas compreenderem a importância da aquisição e desenvolvimento de habilidades psicológicas. Essa fase é de grande relevância, uma vez que muitos atletas ainda chegam às equipes adultas de alto rendimento sem terem experienciado, ao longo da carreira, algum tipo de treinamento psicológico. Assim, embora reconheçam que esses fenômenos fazem diferença em seu desempenho esportivo, os atletas não têm ideia de como isso pode ser treinado e aprimorado (WEINBERG, GOULD, 2017).

A etapa de aquisição corresponde à fase em que as habilidades psicológicas são aprendidas. Vale ressaltar a necessidade de conhecimento por parte do psicólogo do esporte quanto às especificidades da modalidade e das habilidades psicológicas fundamentais para a prática dos esportes com raquete. Nesse sentido, pesquisadores descreveram a importância de construtos psicológicos como motivação, autoconfiança, regulação emocional (como administrar situações que promovam ansiedade) e estratégias de enfrentamento como fatores essenciais para o desempenho de atletas ao longo da carreira (CECE et al., 2020; LEES, 2003).

A fase de prática, como o próprio nome diz, corresponde à fase de treinamento e aprimoramento das habilidades adquiridas nas etapas anteriores. Tem-se como objetivo a automatização dessas habilidades por meio do treinamento mental, a integração dessas habilidades em situações de desempenho e a aplicação dessas habilidades em situações de competição. Essa fase ocorre durante a temporada competitiva, portanto muitas dessas intervenções podem ser associadas ao desenvolvimento de habilidades táticas e técnicas, como a assimilação do que está sendo transmitido pelo treinador. Podemos usar como exemplo um jogador de tênis que precisa aprender ou desenvolver a técnica de saque. Nesse caso, poderia ser treinada a técnica de visualização, em que o atleta reproduz mentalmente o movimento técnico, o que o ajudará a se concentrar na tarefa motora, como a coordenação entre braços e pernas, a empunhadura da raquete, a posição e o direcionamento da bola, e estímulos do ambiente, como a antecipação da posição do adversário.

Nesse cenário, é importante imaginar os movimentos em tempo real e não em câmera lenta. Também é importante que a visualização contemple cenários reais, como em uma situação de jogo. Por fim, é importante imaginar o sucesso na tarefa motora, uma vez que esse pode ser o primeiro passo para o sucesso em uma situação real. A mesma técnica pode ser aplicada ao treinamento tático. Nesse caso, os atletas devem repetir mentalmente os esquemas táticos, seu papel nesses esquemas, e isso poderá ajudá-los a memorizar os movimentos mais rapidamente.

A última etapa do treinamento de habilidades psicológicas corresponde à fase de reavaliação. Após o período de competição, é importante recuperar-se psicologicamente de todos os esforços realizados para aquisição e o desenvolvimento das habilidades psicológicas nas fases anteriores. Essa etapa também se caracteriza como um momento de avaliação do período competitivo, do comportamento e desempenho individual e grupal. É uma etapa de transição que promove o restabelecimento da força psicológica para, então, iniciar um novo ciclo de treinamento. As intervenções realizadas podem ser baseadas em técnicas de relaxamento, avaliação de resultados e técnicas lúdicas.

Acredita-se, portanto, que a periodização da preparação psicológica se desenvolve a partir do vínculo direto com a preparação em outras habilidades. Nesse sentido, é importante que os profissionais envolvidos no contexto esportivo, como atletas, treinadores, preparadores físicos, fisioterapeutas, entre outros, sejam sensíveis à necessidade emergente da interdisciplinaridade na preparação esportiva. Obviamente que as possibilidades de técnicas a serem implementadas em um processo de periodização de treinamento de habilidades psicológicas não se restringem às apresentadas neste capítulo. Nessa direção, para os leitores interessados em aprofundar o conhecimento no tema, sugere-se a leitura das seguintes referências: Blumenstein e Orbach (2020); Cece et al. (2020); Grobbelaar (2018); e Miçooğullari e Ekmekçi (2017).

ESPORTE DE PARTICIPAÇÃO

Durante o desenvolvimento da psicologia do esporte no Brasil, a área esteve predominantemente associada ao esporte de rendimento e à formação de atletas. Isso trouxe certa visibilidade à área devido à divulgação midiática dos grandes eventos esportivos e à veiculação da imagem do psicólogo do esporte como um profissional que oferece contribuições para a melhora do rendimento esportivo e o desenvolvimento de atletas campeões. Como consequência, criou-se um senso comum de que a psicologia do esporte serviria apenas a esse fim, ignorando as outras dimensões do esporte e o grande número de pessoas (muito mais expressivo do que aquele ligado ao esporte de alto rendimento) que podem se beneficiar da intervenção de natureza psicológica para engajamento e manutenção do esporte ao longo da vida.

Nessa direção, destaca-se o esporte de participação, que é praticado de modo recreativo e com finalidade de bem-estar e inclusão social dos sujeitos envolvidos com a prática. Contempla questões inerentes à atividade humana em relação ao lazer, tornando o esporte no tempo livre uma diversão e entretenimento, permitindo que o sujeito utilize os espaços públicos e deixe de ocupar a posição de espectador passivo. Nessa expressão do esporte, valoriza-se a diversão e a multiplicidade, diminuindo a comparação entre os praticantes. A pluralidade é fundamental, e para tanto é importante adaptar a modalidade esportiva para que se torne inclusiva e acessível, principalmente para grupos minoritários, como pessoas da terceira idade, pessoas com deficiência, entre outros (DIECKERT, 1984; MARQUES et al., 2007; MARQUES et al., 2008).

Ter acesso ao esporte e ao lazer é direito do cidadão e está incluído nas políticas públicas intersetoriais. É dever do Estado garantir e disseminar a oferta de aproximação a essas atividades (AMARAL, PEREIRA, 2009). Praticar esporte na dimensão participação está intrinsecamente associado ao bem-estar social e à qualidade de vida. Desse modo, caracteriza-se como uma ferramenta importante para os indivíduos, visto ser fundamental para o desenvolvimento social. A partir das diretrizes advindas das políticas públicas, o planejamento para a prática esportiva recreativa deve contemplar a possibilidade de escolha da modalidade, de forma que a participação seja espontânea, incentivando a criatividade, a prática prazerosa e a inclusão. A oferta da modalidade esportiva, como os esportes de raquete, deve estar pautada em um planejamento sob a ótica interdisciplinar, englobando as manifestações culturais do esporte, como aspectos físicos, cognitivos, relacionais e turísticos. Nessa direção, a organização do programa deve reparar diferenças sociais que são fundamentadas historicamente e prejudicam os processos educacionais e de socialização cultural (ALMEIDA, GUTIERREZ, 2004; PINHO et al., 2011).

O esporte de participação é marcado pelo não profissionalismo, e suas características principais são socialização, prazer, manutenção ou restabelecimento da saúde, relaxamento e busca por equilíbrio psicofísico. Vale ressaltar que a competição e a busca por superação, tanto em relação ao oponente como a seus próprios limites, são aspectos inerentes à prática esportiva e, também, compõem essa dimensão. Dessa forma, a organização do esporte recreativo pode gerar rivalidade, aproximando-se do esporte de alto rendimento, ou seja, mantendo de forma rígida as regras do jogo, como também pode dar enfoque à realização e prazer, promovendo o ressignificado, e, assim, adequar a prática esportiva às necessidades e limitações, não necessariamente excluindo a competição, mas conduzindo-a para a diversão e desvinculando-a da rivalidade (ALMEIDA, GUTIERREZ, 2004; MARQUES et al., 2008).

No Brasil, é cada vez maior o número de praticantes de esportes de raquete, e modalidades como o *badminton*, por exemplo, vêm sendo adaptadas para a disseminação da modalidade, como a possibilidade de prática em espaços abertos, o que contribui para a popularização do esporte. Vale ressaltar a influência de Organizações da Sociedade Civil (OSC) e de instituições privadas que visam fomentar a diversidade esportiva oferecendo oportunidade de acesso a espaços físicos e materiais esportivos que, de outra forma, não estariam acessíveis a populações economicamente desfavorecidas, devido aos altos custos envolvidos na prática dessas modalidades.

Nesse sentido, será compartilhada uma experiência dos autores de uma observação de recreação de *badminton* em uma instituição privada, que oferece a prática dessa modalidade em diferentes unidades na cidade de São Paulo. Podia-se observar, inicialmente, a reunião de muitos praticantes originários de comunidades asiáticas. Comunicando-se por meio de seu idioma de origem, eles compartilhavam um espaço lúdico, descontraído e o prazer de praticar a atividade, que, possivelmente, proporcionava lembranças de seu país de origem, heranças culturais e laços sociais. Ao mesmo tempo, era possível observar que esse espaço era compartilhado com muitos indivíduos de diferentes regiões do Brasil, que tinham em comum o prazer pelo jogo. Nesse "caldeirão cultural", era possível observar inúmeras expressões de troca de experiências, como interpretações do jogo, discussões em relação à pontuação, comentários sobre um lance realizado, ou mesmo a curiosidade de um adolescente, que perguntava a outro jovem como se pronuncia o nome de algum movimento técnico na língua materna dos companheiros estrangeiros.

De fato, o que se apresentava naquela prática de *badminton* eram trocas culturais entre aqueles agentes do jogo, bem como um enriquecimento mútuo entre eles, muito maior (ao olhar dos autores) do que a prática do esporte em si. Esse exemplo visou demonstrar a potencialidade dos esportes de raquete, em sua expressão de participação, como um contexto fértil para a inserção social de indivíduos e grupos sociais, e para o bem-estar social de seus praticantes. Dessa forma, o esporte representa uma ótima oportunidade de intervenção psicológica que possa ter como fim a promoção de saúde mental de seus praticantes. Afinal, conforme indicado pela literatura, a participação em programas dessa natureza promove o sentimento de pertencimento ao grupo, o que é indicador importante para o aumento da autoestima (LANDERS, ARENT, 2007).

A prática esportiva vem sendo cada vez mais valorizada socialmente, uma vez que suas potencialidades não se restringem à saúde física, mas se estendem também à saúde mental, podendo reduzir sintomas de ansiedade e depressão na população (LANDERS, ARENT, 2007). Portanto, o esporte pode ser considerado uma ferramenta de prevenção, a qual pode ser empregada para a promoção de um funcionamento saudável nas diferentes faixas etárias (NAKANO et al., 2020). O esporte também é uma estratégia eficiente a ser incluída no tratamento de transtornos relacionados ao estresse e à responsividade desadaptativa em relação à exposição a eventos estressores. Nesse sentido, o exercício físico ou a prática esportiva estimulam a resistência do sujeito, possibilitando que haja mudanças na avaliação do evento estressor e, portanto, uma percepção mais positiva desses eventos, o que promove a saúde mental por meio da redução da reatividade. Outro aspecto relevante para o bem-estar dos indivíduos é o fortalecimento da autoestima, característica fundamental para a manutenção da estabilidade emocional e a adaptação às demandas cotidianas (LANDERS, ARENT, 2007).

Com base no exposto, no esporte de participação ou recreativo, a atuação do psicólogo deve buscar compreender o comportamento recreativo de acordo com as faixas etárias, as classes socioeconômicas, considerando os diferentes motivos para a escolha e a prática da modalidade esportiva, os interesses e atitudes dos praticantes (RUBIO, 1999). Essa busca de compreensão sobre os motivadores para o início da prática esportiva é eficiente para evitar o abandono e, assim, conciliar a atividade com a satisfação. Dessa forma, os contextos de esporte de participação se beneficiam pela presença do psicólogo do esporte. O profissional pode buscar compreender a motivação dos sujeitos, refletindo sobre possíveis estratégias que incentivem a manutenção da atividade por longos períodos. Nesse ambiente, há a possibilidade de realizar um acompanhamento multidisciplinar, atuando em conjunto com educadores físicos e outros profissionais das ciências do esporte, somando percepções e conhecimentos que beneficiam os diferentes perfis de praticantes (VIANA-MEIRELES et al., 2015).

ESPORTE-EDUCAÇÃO

Nessa dimensão, o esporte também é uma ferramenta que abrange questões culturais, econômicas e políticas, e tem como intuito possibilitar, por meio do corpo, um processo de ensino crítico-reflexivo. No ambiente educacional, não há a negação de questões técnicas no treinamento ou desenvolvimento, nem do condicionamento físico, mas o enfoque recai sobre a promoção de um espaço que permita e incentive a experimentação corporal e, também, reflexões críticas (ARAÚJO et al., 2020).

Desse modo, o esporte, quando pautado no desenvolvimento positivo, ou seja, concentrado na valorização dos interesses e qualidades do sujeito para potencializar o bem-estar e o sucesso futuro, tem como objetivo promover comportamentos e atitudes positivas, competências, valores e habilidades para a vida (como respeito, liderança, controle emocional, disciplina, trabalho em equipe) (PEIXOTO et al., 2019). Tais aspectos são desenvolvidos por meio da prática esportiva e podem ser transferidos para os demais contextos que circundam a vida do indivíduo (GOULD, CARSON, 2008; HOLT, 2016; WEISS et al., 2014). A modalidade de raquete, com suas diferentes expressões, pode contribuir diretamente na aprendizagem e transferência dessas habilidades, não somente no nível físico mas também no cognitivo e no psicológico, influenciando nas várias dimensões da vida dessas crianças e adolescentes.

A proposta de desenvolvimento positivo dos jovens (DPJ) por meio do esporte visa reunir estratégias que facilitem a transição saudável da juventude para a vida adulta. Para que ocorra de tal forma, as estratégias são direcionadas para a estruturação de ambientes esportivos a fim de que possam promover vivências positivas e, com isso, contribuir para o desenvolvimento das crianças e adolescentes submetidos a essas atividades. Na escola e em ambientes de educação não formal, crianças e adolescentes estabelecem relações, descobrem e aprimoram suas potencialidades, além de desenvolver novos domínios comportamentais. Esses domínios são conceituados como 5C's do DPJ: competência, confiança, conexão, caráter e cuidado. Nesse modelo, a competência é definida como uma visão positiva das próprias ações e habilidades em diferentes esferas da vida, por exemplo: esportiva, acadêmica e social. A confiança refere-se à percepção de autoestima e autoeficácia global. A conexão diz respeito ao estabelecimento de vínculos positivos com pessoas (professores, colegas de classe) e instituições (escola, família e comunidade, por exemplo). O caráter representa o respeito às regras sociais e culturais, uma compreensão do que é adequado ou não adequado socialmente. Por fim, o conceito de cuidado/compaixão refere-se a um sentimento de simpatia e empatia pelos outros. Quando o ambiente propicia esse desenvolvimento, há a possibilidade de praticá-los nos diferentes contextos, contribuindo de forma benéfica para o "convívio social". Essa contribuição é o que pode ser chamado de sexto C, compreendido como resultado do desenvol vimento positivo dos 5C's (LERNER, 2011; LERNER et al., 2005).

Estudos atuais apontam que algumas características do esporte potencializam o desenvolvimento positivo dos jovens, sendo elas: as normas de conduta social, o sentimento de pertencimento ao grupo e a iniciativa e tomada de decisões. Essa ferramenta, aliada à estrutura educacional, que promove um clima emocionalmente positivo e seguro, são agentes que favorecem os recursos aos comportamentos referentes aos 5C's (LARSON, 2000; MILISTETD et al., 2020; PEIXOTO et al., 2019).

É importante ressaltar que o esporte adquiriu *status* sociocultural, portanto exerce influência no desenvolvimento dos indivíduos. Considerando a pluralidade do fenômeno, é possível explorar os múltiplos significados, os quais se conectam e se sobrepõem: educação, socialização, lazer, profissão, representação, saúde e estética. Esses significados estão associados pela ampliação e fortalecimento de redes relacionais e integração social. Em relação ao sentido educacional, altamente associado à socialização pelo fato das constantes trocas relacionais, o esporte demonstra ser um espaço de contínua educação formal e informal, englobando, também, processos de coeducação (MACHADO et al., 2015).

No ambiente escolar, a prática esportiva é adaptada às características que correspondem aos objetivos desse ambiente em específico. Nesse caso, o esporte de raquete deve ser apresentado de forma lúdica, visando à integralidade da criança e do adolescente, de forma que o aprendizado seja contínuo e generalizado para outras dimensões da vida. Tal proposta é organizada intencionalmente pelo professor, por meio de atividades e jogos que promovem a possibilidade de experimentar e experienciar o corpo e seus movimentos. Ao ofertar o esporte de raquete e incluir materiais alternativos para a prática (como tábuas, bolas de meia, bastões), além de materiais adaptados à faixa etária dos alunos, há a possibilidade de explorar novas vivências, demonstrando aos alunos que eles podem praticar as habilidades características de tal modalidade e, assim, desmistificar a percepção de que se trata de um esporte elitizado e, por isso, destinado a poucas pessoas (CÔRREA et al., 2019). O psicólogo, nesse contexto, deve compreender os processos educacionais de ensino e aprendizagem e, também, de socialização, os quais são inerentes ao esporte, que refletem diretamente no processo de desenvolvimento e formação da criança e do adolescente (RUBIO, 1999).

Portanto, é importante que as atividades esportivas não estejam apenas voltadas para a busca de novos atletas. O intuito deve ser também o de incluir na cultura esportiva a possibilidade de aprender sobre a modalidade, aproveitar a prática, processos que se dão por meio do ensino adequado, da vivência, aprendizagem e treinamento, o que contribui para a permanência no contexto esportivo em diferentes funções (torcedor, atlética, oficial, árbitro). Na escola, deve haver um planejamento organizado e adequado para as aulas e treinamentos, mas também a promoção dos valores e modos de comportamento que são advindos da cultura esportiva. O conteúdo e a prática da modalidade devem fazer sentido para os alunos e transpassar questões motoras, visando um processo de ensino que inclua também aspectos históricos e culturais sobre o esporte de raquete, além de apresentar questões éticas, a influência das divulgações feitas pela mídia, empatia pelo próximo, respeito e diversos conhecimentos que fazem parte do esporte e contribuem de forma positiva para a educação e a socialização do sujeito (MACHADO et al., 2015).

CONSIDERAÇÕES FINAIS

Este capítulo teve como principal objetivo apresentar e discutir possíveis contribuições da psicologia do esporte e atuações do psicólogo nas diferentes manifestações dos esportes de raquete. Para tanto, destacaram-se as diferentes expressões sociais dessa família de jogos (formação, rendimento, participação e educação). Vale destacar que a escolha dos temas e das possíveis intervenções do profissional da psicologia apresentadas em cada uma das expressões sociais teve caráter didático, não sendo a proposta restringir a atuação nesse contexto. Nesse sentido, compreende-se que há uma sobreposição entre os objetivos de cada uma dessas expressões, pois não é possível ignorar o caráter educacional dos esportes de participação, de formação ou mesmo de alto rendimento, haja vista as experiências de educação não formal que ocorrem nesse contexto e que contribuem para a formação integral dos indivíduos que as vivenciam. Dessa forma, intervenções realizadas no esporte de alto rendimento ou de participação podem ter como fim o desenvolvimento positivo de seus praticantes, bem como a transferência de tais habilidades para contextos além do esporte.

Buscou-se, ao longo do capítulo, apresentar o esporte como um fenômeno social e um campo fértil para processos de socialização, educação, enriquecimento cultural e um meio de promoção de saúde mental. Independentemente da fase de desenvolvimento do participante ou expressão social do esporte, esforços devem ser realizados para que as pessoas estabeleçam relações positivas com a prática esportiva a fim de colher os benefícios dessas atividades por longo período. Por fim, ressalta-se a potencialidade da atuação profissional e das pesquisas em psicologia no esporte de participação e educação. Essas áreas representam campos extensos de atuação, com possibilidade de contribuição para uma parcela muito significativa da população.

REFERÊNCIAS

Almeida M, Gutierrez G. Políticas públicas de lazer e qualidade de vida. In: Vilarta R (org). Qualidade de vida e políticas públicas. IPES Editorial; 2004.

Amaral SCF, Pereira APC. Reflexões sobre a produção em políticas públicas de educação física, esporte e lazer. Revista Brasileira de Ciências do Esporte. 2009;31(1):41-56.

Araújo SN, Rocha LO, Coelho MC, Bossle F. A pedagogia crítica da educação física escolar: relatos de uma experiência docente com o badminton. Caderno de Educação Física e Esporte. 2020;18(2):1-7.

Blumenstein B, Orbach I. Periodization of psychological preparation within the training process. International Journal of Sport and Exercise Psychology. 2020;18(1):13-23.

Brasil. Lei n. 13.155. Brasília, DF, 2015. Disponível em:http://www.planalto.gov.br/ccivil_03/_Ato2015-2018/2015/Lei/L13155.htm#art38.

Cece V, Guillet-Descas E, Martinent, G. Mental training program in racket sports: a systematic review. International Journal of Racket Sports Science. 2020;2(1):55-71.

Coimbra DR, Gomes S, Carvalho F, Ferreira R, Guillen F, Miranda R, Bara Filho M. O papel da psicologia do esporte para atletas e treinadores. Revista Brasileira de Ciência e Movimento. 2008;16:1-21.

Corrêa MML, Freitas TCR, Silva SAD. O ensino dos esportes de raquete no ambiente escolar. Caderno de Educação Física e Esporte. 2019;17(1):309-16.

Côté J, Baker J, Abernethy B. Practice and play in the development of sport expertise. In: Tenenbaum G, Ecklund RC (eds.). Handbook of sport psychology. Hoboken, NJ: Wiley; 2007. p.184-202.

Côté J, Hay J. Children's involvement in sport: a developmental perspective. In: Silva JM, Stevens DE (eds.). Psychological foundations of sport. Boston: Allyn and Bacon; 2002. p.484-502.

Coté J, Horton S, Macdonald D, Wilkes S. The benefits of sampling sports during childhood. Physical & Health Education Journal. 2009;74;(4):1-11.

Côté J, Vierimaa M. The developmental model of sport participation: 15 years after its first conceptualization. Science & Sports. 2014;29(S):63-S69.

Dias MH, Teixeira MAP. Psicologia do esporte e jovens tenistas: relato de uma experiência. Psico. 2006;37(2).

Dieckert J. Peculiaridade e autonomia do esporte de lazer. In: Dieckert J (org.). Esporte de lazer: tarefa e chance para todos. Rio de Janeiro: Ao Livro Técnico; 1984. p.1-12.

Gould D, Carson HJ. Life skills development through sport: current status and future directions. International Review of Sport and Exercise Psychology. 2008;1(1):58-78.

Grobbelaar HW. Effects of a psychological skills training programme for underserved rugby union players. South African Journal for Research in Sport, Physical Education and Recreation. 2018;40(1):39-53.

Holt NL. Positive youth development through sport. 2.ed. Abingdon: Routledge; 2016.

Jayanthi N, Pinkham C, Dugas L, Patrick B, Labella C. Sports specialization in young athletes: evidence-based recommendations. Sports Health. 2013;5(3):251-7.

Kröger C, Roth K. Escola da bola: um ABC para iniciantes nos jogos esportivos. Barueri: Phorte; 2002.

Landers DM, Arent SM. Physical activity and mental health. In: Tenenbaum G, Eklund RC (eds.). Handbook of sport psychology. 3.ed. New Jersey: John Wiley & Sons; 2007. p.469-91.

Larson RW. Toward a psychology of positive youth development. American Psychologist. 2000;55(1):170-83.

Lees A. Science and the major racket sports: a review. Journal of Sports Sciences. 2003;21(9):707-32.

Lerner RM. The positive youth development perspective: theoretical and empirical bases of strenghts-based approach to adolescente development. In: Snyder CR, Lopez SJ (eds.). Oxford handbook of positive psychology. 2.ed. New York: Oxford University Press; 2011. p.149-64.

Lerner R, Lerner J, Almerigi J, Theokas C, Phelps E, Gestsdottir S, et al. Positive youth development, participation in community youth development programs, and community contributions of fifth-grade adolescents findings from the first wave of the 4-h study of positive youth development. Journal of Early Adolescence. 2005;25:17-71.

Machado GV, Galatti LR, Paes RR. Pedagogy of sport and social projects: dialogues about educational practice. Movimento. 2015;21(4):405-18.

Marques RFR, Almeida MAB, Gutierrez GL. Esporte: um fenômeno heterogêneo: estudo sobre o esporte e suas manifestações na sociedade contemporânea. Movimento. 2007;13(3).

Marques RFR, Gutierrez GL, Almeida MAB. O esporte contemporâneo e o modelo de concepção das formas de manifestação do esporte. Conexões. 2008;6(2)42-61.

Martin L. Is Socioeconomic status a contributing factor to tennis players' success?. Journal of Medicine and Science in Tennis. 2015;20:116-21.

Miçooğullari BO, Ekmekçi R. Evaluation of a psychological skill training program on mental toughness and psychological well-being for professional soccer players. Universal Journal of Educational Research. 2017;5(12)2312-9.

Milistetd M, Ciampolini V, Palheta CE, Anello J. Cadernos do treinador: desenvolvimento positivo de jovens. São Paulo: Câmara Brasileira do Livro; 2020.

Myer G, Jayanthi N, Difiori J, Faigenbaum A, Kiefer A, Logerstedt D, et al. Sports specialization, part II: Alternative solutions to early sport specialization in youth athletes. Sports Health. 2015;8(1):65-73.

Nakano TC, Silva GM, Peixoto EP. Psicologia do esporte: uma retomada histórica dos interesses de pesquisa nos cenários nacional e internacional. In: Nakano TC, Peixoto EM (org.). Psicologia positiva aplicada ao esporte e ao exercício físico. São Paulo: Vetor; 2020. p.11-26.

Peixoto EM, Cordeiro EDA, Correia FML, Bueno MH. Desenvolvimento positivo de jovens através do esporte: explorando o modelo dos 4 C's. In: Peixoto EM, Nakano TC (org.). Psicologia do esporte e desenvolvimento humano. Maringá: Viseu; 2019. p.65-87.

Peixoto EM, Nakano TC, Balbinotti MAA. Evolução e abrangência da psicologia do esporte no Brasil. In: Silva AMB, Enumo SRF (org.). O atleta e a música: relações psicofisiológicas para o sucesso. Curitiba: Appris; 2016. p.17-39.

Pinho ST, Cárdenas RN, Freire IA. Espaço público de esporte e lazer da cidade de Porto Velho. In: Anais Seminário Nacional Educa. 2011. v.1, n.1, p.1-7.

Rubio K. A psicologia do esporte: histórico e áreas de atuação e pesquisa. Psicologia: Ciência e Profissão. 1999;19(3):60-9.

Rubio K. Da psicologia do esporte que temos à psicologia do esporte que queremos. Revista Brasileira de Psicologia do Esporte. 2007;1(1):1-13.

Triani FS, Barros GS, Puggian C, Novikoff C. Epistemologia das dimensões sociais do esporte. Fiep Bulletin. 2017.

United States Olympic Commitee. Quality coaching framework. Human Kinetics; 2017.

Viana-Meireles LG, Bomfim ZAC, Conde EFQ, Oliva AD. Reflexões sobre o trabalho do psicólogo do esporte em uma academia de ginástica. Motrivivência. 2015;27(46):171-84.

Weinber RW, Gould D. Fundamentos da psicologia do esporte e do exercício. 6.ed. Porto Alegre: Artmed; 2017. p.604.

Weiss M, Bolter N, Kipp L. Assessing impact of physical activity-based youth development programs: validation of the life skills transfer survey (LSTS). Research Quarterly for Exercise and Sport 2014;85(3):263 78.

9

O que dizem os estudos sobre a síndrome de *burnout* em esportes de raquete?

Daniel Alvarez Pires

INTRODUÇÃO

O ambiente esportivo permite a atletas, treinadores e pesquisadores o contato com todas as dimensões do treinamento relacionadas ao desempenho: físico, técnico, tático e psicológico. Sobre o último fator mencionado é possível perceber, entre os atletas, uma diversidade de situações que acontecem durante os treinamentos e as competições, tais como a solidão, a cobrança de pais e treinadores, além da escassez de momentos de lazer e contato com a família, os quais contrastam com o excesso de horas de treinos, viagens e competições. Essas situações mostram a importância de os atletas possuírem controle emocional para conseguir lidar com os próprios sentimentos, adequando-os para a situação, e assim atingir suas metas.

Esse controle se faz necessário porque o esportista vivencia com muita intensidade emoções e sentimentos, tais como a ansiedade, o estresse e o medo. No entanto, quando essas emoções se tornam crônicas, o atleta pode experimentar uma síndrome denominada *burnout*, implicando prejuízos de ordem tanto física quanto psicossocial. Dentre os mais variados assuntos abordados na psicologia do esporte, a síndrome de *burnout* tem atraído a atenção de estudiosos, resultando na publicação de artigos na literatura nacional (PIRES et al., 2012) e internacional (ISOARD-GAUTHEUR et al., 2016).

Alguns estudos já encontraram indicativos de *burnout* em atletas de países como Austrália (CRESSWELL, EKLUND, 2005) e Inglaterra (HILL et al., 2010a). Seguindo essa linha de raciocínio, é provável que a síndrome também aconteça com atletas brasileiros, sem que os profissionais envolvidos percebam sua manifestação, causas e consequências.

Uma das preocupações contemporâneas consiste nos instrumentos de mensuração de *burnout* em atletas. A maioria dos estudos sobre a síndrome utilizou o *athlete burnout questionnaire* (ABQ), instrumento validado por Readeke e Smith (2001). A versão do ABQ para o idioma português foi validada no Brasil, originando o questionário de *burnout* para atletas (QBA) (PIRES et al., 2006). Apesar de sua contribuição relevante para os estudos sobre *burnout*, o instrumento apresenta uma limitação ao não possuir critérios de definição (pontos de corte) para a classificação do diagnóstico de *burnout* (GUSTAFSSON et al., 2017). Portanto, a perspectiva adequada para a diagnóstico da síndrome consiste em um procedimento multifatorial, com o uso de instrumento psicométrico, escuta e observação das interações do atleta com o contexto esportivo.

As investigações sobre o *burnout* no esporte se justificam por três motivos: (1) o impacto da síndrome no desempenho atlético; (2) a necessidade de manutenção da saúde e qualidade de vida dos profissionais esportivos; e (3) a necessidade de entender melhor a síndrome, suas consequências e formas de prevenção (PIRES et al., 2012). Consequentemente, a relevância dos estudos envolve a formulação de estratégias de prevenção, identificação e enfrentamento (*coping*) do *burnout*, seja para reduzir a possibilidade de queda de desempenho, seja para evitar doenças, ausência a treinos e competições ou o abandono da carreira esportiva. A seguir, será abordada a contextualização histórica da síndrome de *burnout*.

BURNOUT NO ESPORTE: CARACTERIZAÇÃO DO TERMO E PERCURSO HISTÓRICO

A síndrome de *burnout* é um objeto de estudo comum à psicologia do trabalho e à psicologia do esporte. Para Maslach e Jackson (1981), trata-se de uma síndrome psicológica de exaustão emocional, despersonalização e reduzida realização profissional que pode ocorrer em indivíduos que trabalham com pessoas em alguma capacidade. De acordo com essas definições, o *burnout* é uma síndrome, ou seja, um conjunto de sintomas, e está fundamentado em três dimensões: (1) a exaustão emocional, caracterizada por sentimentos de extrema fadiga. Representa a dimensão de estresse individual do *burnout*; (2) a despersonalização, caracterizada por atitudes e sentimentos negativos em relação ao trabalho, sendo ilustrada por um comportamento impessoal, desligado e descuidado. Representa a dimensão referente ao contexto interpessoal do *burnout*; e, finalmente, (3) a reduzida satisfação profissional, que reflete avaliações negativas sobre si mesmo, particularmente com referência à habilidade de obter sucesso no trabalho. Representa a dimensão de autoavaliação do *burnout*. A tradução mais compreendida do *burnout* é esgotamento. No entanto, devido ao fato de o *burnout* ter se firmado como um termo internacionalmente reconhecido na literatura, optou-se pela manutenção da nomenclatura original.

Ao se deparar com situações estressantes de maneira crônica, o atleta pode desenvolver um estado de esgotamento, o qual tende a interferir negativamente no desempenho. Para Smith (1986), o *burnout* é caracterizado pela saturação psicológica, emocional e, por vezes, física de uma atividade esportiva anteriormente agradável e desejada. Complementando o conceito anterior, Raedeke e Smith (2001) se referem ao *burnout* como uma resposta psicofisiológica de esgotamento exibida como resultado de esforços frequentes que visam satisfazer as demandas excessivas de treinamento e competição.

A partir da década de 1990 os atletas passaram a receber maior atenção nos estudos sobre *burnout*. Essa mudança gerou uma divergência na fundamentação teórica envolvendo as investigações de treinadores e atletas. Estudos com treinadores estão mais alinhados com a literatura da psicologia do trabalho, visto que suas tarefas de treinamento, ensino, relacionamento interpessoal e liderança se assemelham às observadas nas profissões de ajuda. Por outro lado, os atletas não possuem características inerentes às profissões de ajuda, como a necessidade de promover avanços de ordem biopsicossocial em outras pessoas, motivo que torna inapropriado o estudo da síndrome a partir do paradigma clássico da psicologia geral. Por isso, o *burnout* entre os atletas é interpretado principalmente como um processo psicológico individual (GOODGER et al., 2007).

Nas décadas seguintes, estudos desenvolveram a adaptação conceitual das dimensões da síndrome de *burnout* para o contexto esportivo (RAEDEKE, 1997; RAEDEKE, SMITH, 2001). Nesse sentido, a exaustão emocional, associada com tensão psicológica e fisiológica (LEE, ASHFORTH, 1990), foi denominada, no esporte, exaustão física e emocional, que está associada às intensas demandas dos treinos e competições (RAEDEKE, SMITH, 2001). Sabe-se que tais demandas advindas da rotina atlética interferem no bem-estar físico, psicológico e social dos esportistas, portanto reações como ansiedade, tensão e estresse, além de cansaço físico e psicológico, representam essa dimensão de *burnout*.

A dimensão realização pessoal foi primeiramente descrita como sentimentos de competência e conquista de sucesso no trabalho com pessoas (MASLACH, JACKSON, 1981). Assim, diferentemente das duas outras dimensões, a realização pessoal possui conotação positiva. Por essa razão, Lee e Ashforth (1990) intitularam-na "reduzida realização pessoal", designação que a torna diretamente relacionada à síndrome de *burnout*. No esporte, o termo mais empregado é "reduzido senso de realização esportiva", interpretado, fundamentalmente, como insatisfação relacionada à habilidade e destreza esportiva (RAEDEKE, SMITH, 2001). Exemplos dessa dimensão são a falta de progressos no desempenho atlético e percepções de falta de sucesso e falta de talento (GOULD et al., 1996b).

A despersonalização é associada à estafa psicológica e à fuga como método de enfrentamento (LEE, ASHFORTH, 1990); ou seja, um sujeito decide se manter afastado e indiferente em relação às pessoas para as quais ele exerce sua profissão, por exemplo, pacientes ou clientes, na tentativa de não sofrer de modo mais intenso as consequências do *burnout*. No campo esportivo, entretanto, o melhor termo encontrado para definir tal dimensão foi "desvalorização esportiva", uma vez que Raedeke (1997) associou a despersonalização a uma atitude negativa e indiferente diante de algo importante em determinado domínio. Assim, quando o atleta para de se preocupar com seu rendimento e com seu envolvimento no meio esportivo, tem início um processo similar ao que ocorre na despersonalização, porém em relação ao desempenho esportivo, e não mais em relação a outras pessoas. Entre as principais manifestações dessa dimensão estão falta de interesse, falta de desejo e falta de preocupação em relação ao esporte (SILVA, 1990).

No século XXI, uma das linhas de investigação do *burnout* no esporte consistiu em identificar as variáveis emocionais e motivacionais que influenciam o aparecimento e o desenvolvimento da síndrome. Fatores como a percepção de ausência de suporte social e a ausência de reforços positivos podem contribuir para o surgimento do *burnout* (THOMAS et al., 2020). Essa constatação reforçou a preocupação com os aspectos motivacionais no que se refere à prevenção e ao controle do *burnout* em atletas e treinadores. Tais profissionais passaram a ser considerados indivíduos propensos à aquisição dessa síndrome, pois vivenciam constantes relações interpessoais, sejam elas com os membros de suas equipes técnicas, equipe de arbitragem, dirigentes, imprensa, amigos e familiares. Juntamente com essas relações, são percebidos sentimentos de cobranças, críticas, cansaço e estresse (PIRES et al., 2005).

Foram desenvolvidos modelos voltados para a compreensão da síndrome no contexto esportivo em virtude de os atletas não se enquadrarem no modelo teórico de *burnout* proposto pela psicologia do trabalho. Três dos principais modelos descritos na literatura aparecerão comentados a seguir.

MODELOS TEÓRICOS

Conhecer os modelos teóricos existentes no meio esportivo parece ser o primeiro passo para a compreensão da síndrome e posterior análise de seus efeitos. Os três modelos teóricos descritos a seguir abordam o *burnout* a partir de diferentes perspectivas. O modelo psicofisiológico analisa o *burnout* como uma resposta negativa do atleta às demandas do treinamento esportivo. O modelo da perspectiva social enfatiza as deficiências do sistema esportivo que originam a síndrome. Por último, o modelo cognitivo-afetivo propõe a ocorrência de *burnout* baseado no estresse e na avaliação cognitiva de cada situação.

O modelo psicofisiológico, denominado modelo de resposta negativa ao estresse de treinamento (SILVA, 1990), considera que o estresse gerado pelas cargas de treino pode ocasionar dois efeitos: o positivo, que proporciona o incremento da condição física e técnica do atleta; e o negativo, que pode conduzir o esportista a uma série de adaptações indesejáveis, começando pela estafa, progredindo para a síndrome de *overtraining* (ocasionada pelo descompasso entre as cargas de treino e a recuperação) e culminando no *burnout*, que pode ter como principal consequência o abandono esportivo, conhecido como *dropout*. Os processos são considerados dentro de um contínuo de adaptações negativas sofridas pelo atleta, na seguinte ordem: primeiramente, o estresse negativo, ou distresse; depois, o *overtraining*; e, por último, o *burnout*. A Figura 1 representa o contínuo de adaptações negativas.

Apesar de representar um contínuo de adaptações negativas em relação ao estresse gerado pelo treinamento esportivo, essa abordagem apresenta fragilidade ao afirmar que o *burnout* é obrigatoriamente uma consequência do *overtraining*. Em virtude do perfil multidimensional do *burnout*, é possível que sua manifestação ocorra sem que o *overtraining* tenha sido diagnosticado. Tal situação pode ser ilustrada quando o indivíduo não se sente realizado e passa a ter sentimentos negativos em relação ao esporte, mesmo sem apresentar sintomas de exaustão e sobretreinamento. Portanto, torna-se mais adequado considerar que *burnout* e *overtraining* apresentam semelhanças (ambos são originados pelo estresse), porém se diferenciam pelo aparecimento do mecanismo cognitivo de interpretação subjetiva do atleta, percebido no contexto do *burnout*.

Contrastando com o modelo psicofisiológico, o modelo da perspectiva social afirma que o *burnout* surge à luz de uma estrutura social que reduz a identidade, a dimensão do "eu" do atleta, à modalidade esportiva praticada por ele (COAKLEY, 1992). Nesse contexto, a síndrome é consequência da organização social, que promove o ingresso de crianças e adolescentes em um modelo de envolvimento em esporte infantojuvenil altamente competitivo. Como a experiência

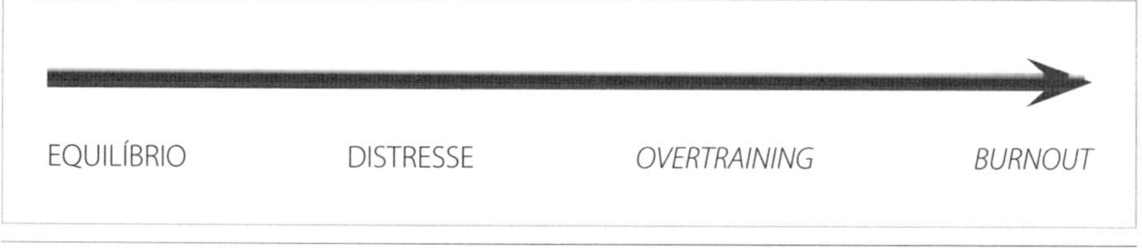

Figura 1 Contínuo de adaptações negativas sofridas pelo atleta.

Fonte: adaptada de Silva (1990).

de vida do jovem atleta se resume quase que totalmente a sua vida esportiva, utiliza-se o termo "identidade unidimensional" para caracterizar esse contexto no qual o indivíduo vive em função do esporte competitivo, e cujo círculo de amizades também está restrito a esse meio. Tal realidade leva à baixa autonomia do atleta, uma vez que este fica dependente das decisões de seus pais, treinadores e dirigentes, que exercem maior protagonismo na estrutura organizacional do esporte. Nesse sentido, o *burnout* se manifesta no abandono do esporte após intenso investimento de esforço. Portanto, somente com a aquisição de novas vivências o esportista tem a possibilidade de prevenção ou reversão do quadro de *burnout*. Trata-se de um modelo que explica com clareza a síndrome na perspectiva social, porém apresenta duas fragilidades: a) procura compreender a manifestação de *burnout* somente em jovens atletas; e b) não leva em consideração as interações entre as perspectivas psicofisiológica e social.

Por fim, o modelo cognitivo-afetivo considera o *burnout* uma reação ao estresse crônico (SMITH, 1986). Conforme seu ponto de vista, a síndrome possui componentes físicos, mentais e comportamentais, apresentando como característica mais marcante a saturação psicológica, emocional e, por vezes, física de uma atividade anteriormente agradável e procurada. Nesse modelo, a ocorrência da síndrome é percebida como um processo composto por quatro estágios: demandas situacionais; avaliação cognitiva; respostas fisiológicas; e respostas comportamentais. O primeiro estágio do processo de *burnout* se desenvolve quando um esportista se depara com uma demanda situacional, como a cobrança por resultados ou as elevadas cargas de treinamento. O segundo estágio (avaliação cognitiva) aparece quando o indivíduo avalia o contexto e determina se possui ou não recursos necessários para lidar com as demandas da situação. Caso o esportista avalie que as demandas estão acima dos recursos, então ele passa a apresentar respostas fisiológicas como tensão, insônia, fadiga e exaustão, que caracterizam o terceiro estágio. O quarto estágio é a resposta comportamental do atleta, que consiste nos comportamentos da tarefa e nas estratégias de *coping* para a situação (GOULD, WHITLEY, 2009).

A principal crítica a esse modelo diz respeito à conceituação da síndrome como componente crônico do estresse, pois se discute a ocorrência de *burnout* em jovens atletas que não possuem longos anos de treinamento e competições. No entanto, dentre os modelos teóricos comentados, o cognitivo-afetivo (SMITH, 1986) se apresenta como o mais apropriado para servir de referencial teórico para a compreensão do *burnout*, pois o considera uma síndrome originada a partir do estresse, bem como ressalta a percepção e a avaliação cognitiva dos profissionais do esporte em relação à síndrome.

BURNOUT EM ATLETAS: CAUSAS E CONSEQUÊNCIAS

Os atletas estão sujeitos à manifestação do *burnout* em virtude de apresentarem diversas relações interpessoais no contexto laboral, receberem pressão dos familiares, comissão técnica, torcida e mídia por resultados positivos, e de estarem submetidos a um intenso fluxo de treinamentos e competições. Consequentemente, resta-lhes pouco tempo para a recuperação física e psicológica, bem como para a participação em outros contextos sociais fora do esporte. Esses fatores podem levar o atleta a se sentir exausto e frustrado em relação a sua participação esportiva (que antes era motivo de satisfação e realização) e culminar no abandono da modalidade. A seguir, serão abordadas as causas e as consequências (sintomas), bem como serão apresentadas possibilidades de prevenção e controle da síndrome.

As causas do *burnout* em atletas estão relacionadas principalmente às dificuldades de relacionamento com o treinador, altas demandas competitivas, monotonia dos treinamentos, falta de habilidades esportivas, decepção das expectativas iniciais com os resultados finais obtidos, interesses financeiros dos pais, ausência ou reduzida vida pessoal fora do esporte, falta de apoio de familiares e amigos, excessivas demandas de energia e tempo, sentimento de isolamento em relação à equipe técnica e, finalmente, carência de reforços positivos pelos resultados conseguidos (GARCÉS DE LOS FAYOS, MEDINA, 2002). Por exemplo, um estudo realizado com escolares que jogavam golfe indicou que as causas de *burnout* citadas com maior frequência foram o excesso de treinos e jogos, a ausência de alegria e satisfação e, por último, o excesso de cobrança de bom desempenho oriunda de si próprio, do treinador e dos pais (COHN, 1990).

Na visão dos treinadores de tênis, os principais fatores que contribuem para o *burnout* em atletas são os treinamentos sem controle e mal elaborados; o excesso de jogos ou a não participação em partidas; a pressão por parte dos pais, patrocinadores, dos dirigentes ou do próprio atleta; rotina estressante; falta de companhia nas viagens e falta de vida social (CHIMINAZZO, MONTAGNER, 2009). Esses achados apontam para a possibilidade de manifestação de *burnout* em jovens atletas, reforçando a perspectiva social da síndrome (COAKLEY, 1992; 2009). Em uma perspectiva complementar, o perfeccionismo (busca pelas metas mais elevadas) pode precipitar um padrão de vulnerabilidade nos atletas, aumentando a suscetibilidade de falhas, podendo levá-los ao estresse e à fragilidade psicológica (HILL et al., 2010b).

Por outro lado, as consequências da síndrome atingem a dimensão física, gerando redução dos níveis de energia e aumento da suscetibilidade tanto a doenças quanto a distúrbios do sono; a dimensão comportamental, originando sentimentos de depressão, abandono e raiva (SMITH, 1986); e a dimensão cognitiva, provocando percepções de sobrecarga, abandono e baixa realização, juntamente com o tédio (FENDER, 1989). Os impactos do *burnout* nas referidas dimensões podem ser prejudiciais tanto ao desempenho quanto à saúde mental dos atletas e demais profissionais esportivos. Em relação à saúde mental, evidências sugerem uma relação direta entre o *burnout* e a severidade dos sintomas depressivos em atletas universitários (KAMIMURA et al., 2020). Esses registros reforçam a concepção tridimensional da síndrome de *burnout* no esporte, alicerçada na exaustão física e emocional, reduzido senso de realização esportiva e desvalorização esportiva (RAEDEKE, SMITH, 2001).

Outros sintomas de atletas que se percebem com *burnout* são: menores índices de foco no treino, motivação extrínseca, interpretação positiva e estratégias de *coping*, além de maiores índices de desmotivação e desejo de abandono esportivo (GOULD et al., 1996a). Ao descreverem um atleta considerado esgotado, os treinadores apontaram principalmente para os comprometimentos fisiológicos, como sinais de cansaço, sono, fadiga e lesões, entre outros. As respostas comportamentais com atitudes e reações negativas também apareceram em evidência, exemplificadas especialmente pelos relatos sobre o não desenvolvimento do potencial atlético e o desejo de parar de jogar (CHIMINAZZO, MONTAGNER, 2009).

BURNOUT EM ATLETAS: ESPORTES DE RAQUETE

Em relação às modalidades de raquete, o tênis de quadra e o tênis de mesa se destacam quanto ao número de investigações. Também há registro de estudo de mensuração da síndrome entre atletas de *squash* (KUMAR, SAINI, 2017) e *badminton* (LIN et al., 2017). Em um desses estudos, a incidência da síndrome em jovens tenistas de quadra de ambos os sexos foi mensurada com base na percepção dos treinadores. Os resultados indicaram que 81% dos técnicos já tiveram atletas que apresentaram sinais de esgotamento (CHIMINAZZO, MONTAGNER, 2009).

No âmbito das categorias da base do tênis de quadra, estudo envolvendo atletas das categorias sub-14, sub-16 e sub-18 evidenciou indicadores mais elevados das três dimensões de *burnout* entre os pertencentes ao sub-18, refletindo as dificuldades envolvendo a transição do circuito júnior para o circuito profissional (CASAGRANDE et al., 2018). Portanto, treinadores (em particular) e comissões técnicas (em geral) devem estar atentos para que as exigências do contexto esportivo na transição para a profissionalização da carreira atlética não produzam impactos negativos no desenvolvimento esportivo e na saúde mental dos jovens tenistas.

Ainda no contexto do tênis de quadra, Gould et al. (1996a) compararam 30 atletas da categoria júnior que apresentavam *burnout* com 32 tenistas-controle. Alguns dos resultados com diferenças significativas apontaram, para os tenistas com *burnout*, menores índices de foco no treino, motivação externa, interpretação positiva e estratégias de *coping*, além de maiores índices de desmotivação e desejo de abandono esportivo. Em pesquisa complementar, os mesmos autores (GOULD et al., 1996b) diagnosticaram sintomas mentais e físicos do *burnout* em 10 tenistas. Encontravam-se entre os sintomas psicológicos os seguintes itens: baixa motivação/energia, sentimentos e afetividade negativos, sentimentos de isolamento, problemas de concentração, instabilidade emocional e, contraditoriamente, motivação para competir, porém não necessariamente para treinar. Quanto aos sintomas físicos, foram mencionadas lesões, doenças, fadiga e cansaço.

Conforme apontado no parágrafo anterior, atletas com estratégias de *coping* reduzidas ou ineficazes podem apresentar maior predisposição ao *burnout* (MADIGAN et al., 2020). Diante da relevância do *coping* para a prevenção e controle do *burnout*, torna-se oportuno analisar essa variável em atletas de esportes de raquete. No Brasil, Lima et al. (2004) desenvolveram um estudo com os objetivos de identificar as estratégias não sistemáticas de *coping* em situações críticas de jogo e de analisar a eficiência destas durante quatro competições de níveis nacional e internacional ao longo de aproximadamente dez meses. Para os autores, as estratégias não sistemáticas se caracterizam pela ausência de treinamento regular. Os resultados das análises de cinco atletas da seleção feminina de tênis de mesa apresentaram maior frequência de utilização de técnicas motoras (como simulação de golpe após o erro ou procedimentos de autocorreção), seguidas de técnicas combinadas (junção das técnicas motoras e cognitivas, exemplificadas pelo saltito da atleta ao mesmo tempo que realiza uma autofala para se automotivar) e de técnicas cognitivas (como concentração e imaginação). Apesar de ocorrerem em menor número, as técnicas cognitivas de controle do estresse se mostraram mais eficientes que as demais no que se refere ao sucesso nos dois pontos subsequentes ao emprego da estratégia.

Complementando o estudo anterior, Martinent e Decret (2015) observaram que jovens atletas de tênis de mesa com perfil de *coping* orientado para a tarefa (ou seja, com foco na solução dos problemas) foram caracterizados pelo melhor ajuste psicológico (altas pontuações de recuperação e baixas pontuações de estresse e *burnout*). Em contraste, os atletas do perfil de *coping* orientado para a distração e o desprendimento foram caracterizados pelo pior ajuste psicológico (altas pontuações de estresse e *burnout* e baixas pontuações de recuperação). Em uma perspectiva prática, o profissional de psicologia do esporte pode ser útil para o reconhecimento dos perfis de *coping* adotados pelos atletas de esportes de raquete, bem como pelo treinamento das estratégias de *coping* voltadas para a tarefa, que se mostram mais eficazes no ambiente esportivo, pois proporcionam o enfrentamento direto das situações de estresse, dos pensamentos e dos sentimentos resultantes desses momentos.

No âmbito da melhora do desempenho, Lazarus (2000) comenta que o tipo adequado de *coping* durante as competições pode levar o atleta a se motivar, adquirindo foco e concentração para apresentar seu padrão máximo de rendimento. Isso pode ser ilustrado quando, em um jogo de tênis, um atleta perde o primeiro *set* e consegue reverter tal adversidade, conquistando a vitória nos *sets* seguintes e vencendo a partida.

Seguindo no contexto do tênis de mesa, outro estudo analisou a relação dos perfis de raiva de atletas com o *burnout* e o *coping* (GONZÁLEZ-GARCÍA, MARTINENT, 2020). Os atletas pertencentes aos perfis de raiva elevada e raiva sobrecarregada apresentaram níveis mais elevados dos sintomas de *burnout*, bem como reduzidos indicadores das estratégias adaptativas (*coping*) e maior risco de abandono da prática esportiva (*dropout*). Em contraste, atletas pertencentes ao perfil de raiva reduzida apresentaram níveis mais reduzidos dos sintomas de *burnout* e elevados indicadores de estratégias adaptativas. Diante da constatação de que o perfil de raiva percebida pelo atleta pode interferir na manifestação dos sintomas de *burnout*, os autores sugerem que seria interessante desenvolver intervenções comprovadas pela psicologia do esporte e projetadas para ajudar esses atletas a modificar seu perfil de raiva disfuncional (caso dos atletas com perfis de raiva elevada e sobrecarregada), a fim de maximizar seu ajuste psicológico às demandas relacionadas ao tênis de mesa.

Em uma perspectiva longitudinal, as dimensões de *burnout* podem ser percebidas de maneira diferenciada, de acordo com o transcorrer da temporada. Estudo com jovens atletas de tênis de mesa constatou que os indicadores da dimensão reduzido senso de realização esportiva observados antes de um período de competições importantes podem auxiliar na previsão dos indicadores das outras duas dimensões (exaustão física e emocional e desvalorização esportiva) ao longo do período de elevadas demandas físicas, psicológicas e sociais. É possível que os atletas que manifestaram reduzido senso de realização esportiva no momento inicial do estudo fossem menos propensos ao empenho máximo durante as futuras sessões de treinamento e competições, levando-os a serem identificados com reduzida exaustão física e emocional (MARTINENT et al., 2020). Portanto, treinadores e comissões técnicas devem estar atentos aos comportamentos dos atletas, pois a manifestação isolada de uma das dimensões pode estar associada a um efeito na percepção das demais dimensões no futuro, especialmente na chegada dos períodos competitivos, caracterizados por acúmulo de agentes estressores.

Ainda no contexto do tênis de mesa, González-García e Martinent (2019) constataram que atletas com maior carga horária semanal (acima de 10 horas) de treinamentos apresentaram indicadores mais elevados da dimensão exaustão física e emocional em comparação com atletas de reduzida carga horária semanal (abaixo de 5 horas). Na perspectiva prática dos esportes de raquete, torna-se oportuno refletir que a elevação da carga horária semanal de treinamentos, embora seja um fator relevante para o incremento das habilidades técnicas e táticas, pode intervir de modo indesejado na percepção de esgotamento, resultando na perda de motivação e concentração do atleta. Portanto, o planejamento dos treinos é um processo desafiador para a comissão técnica, pois elementos de diversas naturezas (física, técnica, tática, psicológica) devem ser levados em consideração.

PREVENÇÃO E CONTROLE DA SÍNDROME DE *BURNOUT*

Percebendo o *burnout* como uma síndrome manifestada por atletas de esportes de raquete, princípios básicos a serem aplicados na perspectiva social e em programas de prevenção e controle têm sido discutidos. No âmbito social, faz-se necessária uma transformação do cenário esportivo atual a partir de medidas como a redução do número de competições das categorias de base e a promoção de autonomia aos jovens atletas. Tais medidas permitem que os jovens atletas participem de outros contextos sociais, como eventos culturais e convívio com os amigos, bem como reduzam o sentimento de dependência em relação aos pais e treinadores (COAKLEY, 2009).

Na prevenção, são necessárias medidas como estruturação racional do treinamento, aplicação de treinamento psicológico e aumento da idade mínima para participação em competições profissionais. No âmbito do controle, faz-se necessário avaliar os impactos da síndrome na vida pessoal, esportiva e familiar-social dos atletas, assim como sincronizar o relacionamento do psicólogo do esporte com os sujeitos afetados (GARCÉS DE LOS FAYOS, MEDINA, 2002). Complementando tais medidas de controle, Pires et al. (2012) sugerem o emprego do descanso, de reestruturação dos objetivos, da intervenção psicológica e das estratégias adequadas de *coping* para um tratamento eficaz do *burnout*. As estratégias de *coping* podem ser determinantes para a prevenção ou para o surgimento da síndrome. Observa-se que o emprego de estratégias de *coping* insuficientes ou inadequadas está associado à percepção da síndrome de *burnout*. Nesse sentido, é preciso que os atletas saibam lidar com as demandas do estresse no esporte, a fim de evitar o aparecimento da síndrome e sua principal consequência: o desejo de abandono esportivo (VIEIRA et al., 2013). A recuperação completa do *burnout* representa um processo complexo que pode durar vários meses ou anos (LEMYRE et al., 2007).

Outra possibilidade de prevenção e controle do *burnout* é a técnica de *mindfulness*, também chamada de atenção plena, caracterizada pela consciência no propósito e no momento presente. A atenção plena está relacionada de modo negativo às três dimensões de *burnout* (GUSTAFSSON et al., 2015). Metanálise das intervenções baseadas na atenção plena reforça essa relação inversa (LI et al., 2019).

Concluindo, o *burnout* em atletas se origina de modo mais marcante a partir da incompatibilidade de seus planos e metas iniciais na modalidade esportiva com as demandas crônicas de cunho social, psicológico e fisiológico do próprio esporte, podendo ocasionar, como uma das características mais relevantes, o abandono precoce da modalidade pelo esportista.

REFERÊNCIAS

Casagrande P, Coimbra D, Andrade A. Burnout in elite tennis players of different junior categories. Revista Brasileira de Medicina do Esporte. 2018;24(2):121-4.

Chiminazzo JGC, Montagner PC. Síndrome de burnout e esporte: a visão dos técnicos de tênis de campo. Revista da Educação Física/UEM. 2009;20(2):217-23.

Coakley JJ. Burnout among adolescent athletes: a personal failure or social problem? Sociology of Sport Journal. 1992;9(3):271-85.

Coakley JJ. From the outside in: burnout as an organizational issue. Journal of Intercollegiate Sport. 2009;2:35-41.

Cohn PJ. An exploratory study on sources of stress and athlete burnout in youth golf. The Sport Psychologist. 1990;4(2):95-106.

Cresswell SL, Eklund RC. Changes in athlete burnout and motivation over a 12-week league tournament. Medicine and Science in Sports and Exercise. 2005;37(11):1957-66.

Fender LK. Athlete burnout: potential for research and intervention strategies. The Sport Psychologist. 1989;3(1):63-71.

Garcés de los Fayos EJ, Medina G. Principios básicos a aplicar en el desarrollo de programas de intervención y prevención en deportistas con el síndrome de burnout: propuestas desde una perspectiva transnacional. Revista de Psicología del Deporte. 2002;11(2):259-67.

González-García H, Martinent G. Influence of sport-practice-hours on burnout and coping in table tennis players. International Journal of Racket Sports Science. 2019;1(2):15-23.

González-García H, Martinent G. Perceived anger profiles in table tennis players: relationship with burnout and coping. Psychology of Sport and Exercise. 2020;50:101743.

Goodger K, Gorely T, Lavallee D, Harwood C. Burnout in sport: a systematic review. The Sport Psychologist. 2007;21:127-51.

Gould D, Tuffey S, Udry E, Loehr J. Burnout in competitive junior tennis players: I. A quantitative psychological assessment. The Sport Psychologist. 1996a;10(4);322-40.

Gould D, Tuffey S, Udry E, Loehr J. Burnout in competitive junior tennis players: II. Qualitative content analysis and case studies. The Sport Psychologist. 1996b;10(4):341-66.

Gould D, Whitley MA. Sources and consequences of athletic burnout among college athletes. Journal of Intercollegiate Sport. 2009;25(1):16-30.

Gustafsson H, Defreese H, Madigan D. Athlete burnout: review and recommendations. Current Opinion in Psychology. 2017;16:109-13.

Gustafsson H, Davis P, Skoog T, Kenttä G, Haberl P. Mindfulness and Its relationship with perceived stress, affect, and burnout in elite junior athletes. Journal of Clinical Sport Psychology. 2015;9:263-81.

Hill AP, Hall HK, Appleton PR, Murray JJ. Perfectionism and burnout in canoe polo and kayak slalom athletes: the mediating influence of validation and growth-seeking. The Sport Psychologist. 2010a;24:16-34.

Hill AP, Hall HK, Appleton PR. Perfectionism and athlete burnout in junior elite athletes: the mediating role of coping tendencies. Anxiety, Stress & Coping. 2010b;23(4):415-30.

Isoard-Gautheur S, Guillet-Descas E, Gustafsson H. Athlete burnout and the risk of dropout among young elite handball players. The Sport Psychologist. 2016;30:123-30.

Kamimura A, Kawata Y, Raedeke TD, Hirosawa M. Association of athlete burnout with depression among Japanese university athletes. Juntendo Medical Journal. 2020;66(3):221-32.

Kumar S, Saini A. A survey on burnout amongst squash players. International Journal of Physical Education, Sports and Health. 2017;4(3):516-20.

Lazarus RS. How emotions influence performance in competitive sports. The Sport Psychologist. 2000;14:229-52.

Lee RT, Ashforth BE. On the meaning of Maslach's three dimensions of burnout. Journal of Applied Psychology. 1990;75(6):743-7.

Lemyre PN, Roberts GC, Stray-Gundersen J. Motivation, overtraining, and burnout: can self-determined motivation predict overtraining and burnout in elite athletes? European Journal of Sport Sciences. 2007;7(2):115-26.

Li C, Zhu Y, Zhang M, Gustafsson H, Chen T. Mindfulness and athlete burnout: a systematic review and meta-analysis. International Journal of Environmental Research and Public Health. 2019;16(3):449.

Lima FV, Samulski DM, Vilani LH. Estratégias não sistemáticas de "coping" em situações críticas de jogo no tênis de mesa. Revista Brasileira de Educação Física e Esporte. 2004;18(4):363-75.

Lin C, Wu C, Chen J, Lai B, Lee S, Tan WP. The relationship between perceived stress, athletic burnout and leisure participation amongst badminton players. Journal of Management and Marketing Review. 2017;2(4):7-12.

Madigan D, Rumbold JL, Gerber M, Nicholls AR. Coping tendencies and changes in athlete burnout over time. Psychology of Sport and Exercise. 2020;48:101666.

Martinent G, Decret J. Coping profiles of young athletes in their everyday life: a three-wave two--month study. European Journal of Sports Sciences. 2015;15(8):736-47.

Martinent G, Louvet B, Decret J. Longitudinal trajectories of athlete burnout among young table tennis players: a 3-wave study. Journal of Sport and Health Science. 2020;9(4):367-75.

Maslach C, Jackson SE. The measurement of experienced burnout. Journal of Occupational Behaviour. 1981;2:99-113.

Pires DA, Brandão MR, Machado AA. A síndrome de burnout no esporte. Motriz. 2005;11(3).147-53.

Pires DA, Brandão MR, Silva CB. Validação do questionário de burnout para atletas. Revista da Educação Física/UEM. 2006;17(1):27-36.

Pires DA, Costa VT, Samulski DM. Prevenção e controle do estresse, overtraining e burnout no esporte. Revista Avances de la Psicología del Deporte en Iberoamérica. 2012;1(1)41-55.

Pires DA, Santiago ML de M, Samulski DM, Costa VT da. A síndrome de burnout no esporte brasileiro. Revista da Educação Física/UEM. 2012;23(1):131-9.

Smith RE. Toward a cognitive-affective model of athletic burnout. Journal of Sport Psychology. 1986;8:36-50.

Vieira LF, Carruzo NM, Aizava PVS, Rigoni PAG. Análise da síndrome de "burnout" e das estratégias de "coping" em atletas brasileiros de vôlei de praia. Revista Brasileira de Educação Física e Esporte. 2013;27(2):269-76.

Raedeke T. Is athlete burnout more than just stress? A sport commitment perspective. Journal of Sport and Exercise Psychology. 1997;19(4):396-417.

Raedeke T, Smith A. Development and preliminary validation of an athlete burnout measure. Journal of Sport and Exercise Psychology. 2001;23(4):281-306.

Silva JM. An analysis of the training stress syndrome in competitive athletics. Applied Sport Psychology. 1990;2:5-20.

Smith RE. Toward a cognitive-affective model of athletic burnout. Journal of Sport Psychology. 1986;8:36-50.

Thomas C, Gastin PB, Abbott G, Main LC. Impact of the talent development environment on the well-being and burnout of Caribbean youth track and field athletes. European Journal of Sport Science. 2020.

10

Esportes de raquete e lazer

Sérgio Stucchi

INTRODUÇÃO

A formação de professores de educação física contempla o esporte como uma das ferramentas curriculares utilizadas para a aplicação dos fundamentos educacionais do movimento humano. Esportes coletivos e individuais têm, em seus conteúdos pedagógicos, elementos que buscam mostrar ao futuro professor ou técnico esportivo a identidade, importância, viabilidade e as necessidades de abordagem para cada uma das modalidades, nas diferentes organizações sociais, para seu uso adequado. Nesse mesmo processo de formação, os estudos do lazer vêm demonstrar uma dimensão de grande abrangência no oferecimento e na demanda de esportes, e que muitas vezes não é entendida em sua essência.

Pela sociologia do esporte e psicologia social, temos, de um lado, as organizações que reúnem as pessoas para o trabalho profissional, trabalho escolar, obrigações familiares, políticas e religiosas e, de outro lado, as opções de tempo livre dessas obrigações. Então, encontramos os clubes sociais recreativos, as praças públicas, academias de esporte, lugares eminentemente voltados para atividades de lazer. Não seria necessário aplicar uma pesquisa que demonstrasse os números de participantes nos esportes de lazer, em comparação ao esporte de participação obrigatória, ou trabalho. Basta olhar para a sociedade e perceber a grande massa participante. Aqui recai minha abordagem quando anuncio os esportes de raquete e o lazer (PARKER, 1978).

O MEU CASO

Tive a oportunidade de aprender o jogo de tênis aos 9 anos, em um clube social recreativo, apenas observando os que sabiam jogar, como aconteceu com a maioria dos garotos daquele grupo. O tênis de mesa fez parte de minhas experiências, assim como de grande parte das pessoas. Optei pela carreira de professor de educação física por influência de meus pais, pois ambos foram professores na mesma área. Nessa experiência como docente participante de escolas de formação de professores, especificamente na região de Campinas-SP, a disciplina de esporte de raquete surgiu no ano de 1986 na faculdade de Educação Física da Unicamp, como matéria eletiva semestral, com carga horária de 30 horas/aulas, aberta para a universidade, versando sobre o jogo de tênis de campo. Em seguida, como resultado de conveniência na escolha de contrato de trabalho, passei a oferecer a mesma matéria na faculdade de Educação Física da PUC de Campinas, por meio de disciplina obrigatória anual, com carga horária de 60 horas, também com o jogo de tênis de campo como conteúdo. Depois de alguns anos de experiências com o conteúdo específico sobre o jogo de tênis de campo, a disciplina de ambas as universidades se ampliou em uma reforma curricular, passando a versar sobre outras modalidades de raquete, na mesma carga horária. Além do jogo de tênis de campo, as modalidades tênis de mesa e *badminton* passaram a compor o conteúdo das disciplinas.

Por meio dessas disciplinas, muitos alunos do curso de graduação de ambas as universidades puderam passar por estágios que resultaram na disseminação do conhecimento e na aplicação desses esportes de raquete na sociedade.

A CULTURA DAS RAQUETES

Sendo o esporte uma manifestação cultural, deve ser entendido como resultado de um processo de desenvolvimento social que ocorre diferentemente nas diversas regiões do mundo, em função da história de cada lugar. Para nós, dois fatores são de grande importância: nossa localização geográfica, hemisfério sul, apresentando um clima que sugere mais atividades físicas ao ar livre durante grande parte do ano, não exigindo adaptações de atividades esportivas em locais fechados. Assim, algumas modalidades de esporte não foram favorecidas como em outros países. É o caso do tênis de mesa e do *badminton*. Outro fator relevante foi, e ainda é, o interesse das classes dominantes. Quando da formação da sociedade, na colonização do nosso espaço, feita por imigrantes europeus, colonizadores trouxeram suas práticas físicas voltadas para a caça, a luta e os jogos de raquete. Nesse contexto, as modalidades que têm sua origem no antigo "jogo de palma" permaneceram nos ambientes da elite por muito tempo (PASEO DE GRACIA, 1982).

ESPORTE DE LAZER

Quando olhamos para a sociedade pela ótica das ciências do esporte, em cada fase do desenvolvimento social, vemos que esse fenômeno segue à margem das relações pessoais e institucionais. Nem sempre entendido em seus verdadeiros significados, é certo que, ao longo de todas as etapas, o esporte esteve presente como ferramenta de conquista, muitas vezes utilizado como exercício, outras vezes como ginástica e também como disputa. Sabemos de sua história na aproximação dos deuses; no combate ao oponente nas conquistas de territórios geográficos; na formação do cidadão sadio e cívico; na manutenção das qualidades físicas para a produção industrial; na retomada da saúde na presença de algum desequilíbrio físico ou mental; como mercadoria no mundo dos negócios financeiros e também como descanso, divertimento e desenvolvimento.

Para a etapa que estamos vivendo agora, nossas reflexões deverão seguir por áreas do conhecimento ligadas ao esporte, para encaminhamentos de forma ajustada a novas realidades e novos comportamentos.

A evolução técnica e as descobertas conduziram as ciências da saúde para patamares elevadíssimos no tocante a diagnosticar e tratar as patologias com muita eficácia. Nessa mesma grande área científica, as pesquisas em motricidade foram importantes, permitindo a compreensão do movimento humano esportivo pelos olhares mais da biologia e das ciências exatas, por onde caminha o esporte de alto rendimento, e pouco pelo olhar do humanismo e das ciências sociais, por onde caminha o esporte de lazer. Com base nessa hipótese, nos confortamos com a possibilidade de confirmar a importância dos estudos acadêmicos como responsáveis por essa condução e transformação que nasce no senso comum e se ajusta às novas vertentes científicas.

Estimular o movimento do corpo, pensar em seus significados, entender e aceitar as relações entre o indivíduo e as instituições, são diretrizes da educação física que se apoiam nos preceitos das ciências das humanidades e carecem de mais atençao para essa compreensão. Nesse requisito, é necessário que o processo educativo desenvolva consciências críticas e criativas para que essa nova realidade seja alcançada e o fenômeno passe a ser compreendido no contexto da "alta modernidade".

Estou me referindo aqui ao conceito de "sensibilidade" presente no processo educativo e necessário para essa reflexão, especificamente no tocante aos elementos que compõem os pré-requisitos da aprendizagem. Os órgãos sensoriais de participação, reconhecimento e domínio sugerem ajustes no acompanhamento aos fenômenos que estão no ambiente. O sujeito da aprendizagem está constantemente exposto às mensagens do ambiente em que vive e, hoje, com sobrecarga de informações. Dessa forma, os lugares percebidos pelo corpo e as imagens captadas pela visão com a sonoridade característica influenciam sobremaneira o armazenamento de informações para o estabelecimento da cultura corporal. Portanto, a diversidade de imagens, situações e experiências esportivas positivas para manutenção da qualidade, respeitando as diferentes configurações que esse fenômeno demonstra, pode ser mais bem aproveitada pedagogicamente. O grande desafio está na maneira como o movimento e seu resultado são ensinados para que haja compreensão de seus significados nas experiências que resultam em prazer do momento, sustentabilidade para as fases do ciclo vital e a certeza de sua manutenção ao longo da vida. Para isso serve a educação (RANCIÈRE, 2005).

O ensino esportivo apresenta grandes dificuldades de readequações de seus conteúdos em razão do descompromisso das partes que formam a infraestrutura para seu funcionamento de desenvolvimento, ou seja, as instituições que se valem dos conteúdos culturais de maneira direta e indireta, como a escola, a família e os gestores da educação informal, os quais não equilibram os valores do esporte para todas as suas vertentes.

Por mais ágeis que possam parecer os estudos dos especialistas sobre as necessidades educativas do esporte, atualmente se tem a impressão de que as modificações do conhecimento empírico, do senso comum, apresentam maior velocidade de resultados nos comportamentos renovados, não permitindo que fiquem estabelecidos usos e costumes, como se concebe o conceito de cultura esportiva. O lugar-comum parece estar sempre à frente das estruturas de educação formal, e, já tendo vencido a concorrência com a não formal, o mesmo ocorre com os valores do corpo humano para o esporte (DUMAZEDIER, 1980).

Em quase todas as situações pelas quais nos relacionamos com o mundo à nossa volta, nos é ensinado ainda que devemos reproduzir o que nos é ensinado. Enquanto muitos comportamentos se ajustaram às novas formas de organização, as regras das modalidades esportivas se mantêm inalteradas e arcaicas, como o antigo espírito de combate ao oponente nas conquistas de território. Porém, pelas palavras-chave que os organizadores deste coletivo de textos sugeriram para esta proposta de reflexão, vamos considerar duas dimensões já anunciadas: trabalho obrigatório e atividades do tempo livre.

UM MODELO EM DISCUSSÃO

Especificando um pouco mais a ideia de esporte, chegamos às atividades físicas que contêm as modalidades esportivas individuais, esportes de raquete, de acordo com o modelo institucional estabelecido. O que conhecemos passou por um processo de padronização para que fosse compreendido e utilizado de forma universal. Ou seja, em qualquer idioma ou em qualquer lugar do mundo, as modalidades esportivas passaram a ser entendidas dentro da mesma linguagem, com os mesmos padrões de movimentos do corpo e seus códigos de conduta em respeito às obrigatoriedades das ações no jogo. Esses padrões de comportamento foram estabelecidos convenientemente com a finalidade de permitir a participação dos sujeitos e posteriormente utilizados como medidores de resultado e rendimento, chegando a alcançar processos seletivos que culminam com a manutenção do vencedor do jogo ou a exclusão do perdedor. Assim, todo processo de ensino e aprendizagem das modalidades subordinou-se ao mesmo modelo. Desde então, buscaram-se as melhores formas de preparar e submeter incansavelmente o sujeito aos desafios para ultrapassar índices preestabelecidos relativos ao tempo, aos tentos, às metas, aos números, às distâncias e às alturas. As modalidades esportivas foram obrigadas a ajustar-se aos tipos de organização em seus diferentes estágios econômicos e sociais de cultura e desenvolvimento educacional.

A cultura esportiva, que na essência tem seu uso na forma espontânea, mostra grandes diferenças em razão de influências dos grupos de educação não formal. Isso se deve à especificidade histórica de cada lugar em que a prática esportiva se situa junto às outras necessidades consideradas básicas. A economia mais socializada de alguns países permite que o tempo livre, associado aos espaços esportivos, seja explorado em sua plenitude com autonomia, enquanto, em outros países, os espaços esportivos são construídos e apenas disponibilizados, supondo que a população saiba o que fazer para seu desenvolvimento.

Levando em consideração as fases do "ciclo vital" para a educação na infância, na fase adulta e na fase da terceira idade, podemos notar que esse processo inicial passa por experiências com modalidades esportivas de forma pulverizada, supondo sua eficácia para o crescimento do corpo no desenvolvimento de suas funções orgânicas (PARKER, 1978).

Isso ocorre ainda sem nenhuma intenção de benefícios para as outras fases da vida. Na forma como o "esporte de lazer" deveria servir de modelo sustentável nas relações pessoais futuras, quando das escolhas dos conteúdos culturais para os períodos livres na organização da vida do adulto em suas obrigações e na vida do idoso com seu tempo livre pleno (STUCCHI, 2009).

PLANEJAMENTO CONSCIENTE

Até quando prevaleceu a era industrial do tempo cronometrado, os períodos livres resumiam-se em "fim do dia", "fim de semana", "fim do ano" (férias) e "fim do período profissional" (aposentadoria). A transformação dos meios de produção associada à velocidade do acesso às informações provocou grandes mudanças no planejamento das organizações e em seus períodos de produção. Na fase adulta dos sujeitos, hoje, com as novas relações de trabalho, obtém-se mais autonomia no planejamento desses períodos, permitindo, desde que educado para tanto, mais chances do conteúdo cultural físico e esportivo sadio e de pouco risco ocupar espaços e presença como resultado do que foi adquirido na escola. O adulto tinha de se afastar das práticas esportivas por força das circunstâncias profissionais, com o tempo de trabalho profissional ocupando grande parte de suas tarefas diárias. Se essas escolhas forem conscientes e coerentes com os limites estabelecidos pela educação física para cada fase do ciclo vital, certamente se poderá chegar à terceira fase com disposição mental e física para que o esporte se mantenha presente nas escolhas dos conteúdos do lazer.

Muitas modalidades de esporte são excelentes ferramentas de crescimento e desenvolvimento, contudo sofrem redução de continuidade na segunda e terceira fases, descaracterizando a prática esportiva como cultura do adulto e inexistindo na fase idosa, ficando o idoso apenas como espectador passivo. As organizações esportivas têm grandes limitações para essa continuidade, e isso se deve à demanda que é reprimida. Por isso tais organizações não oferecem adequadamente as modalidades esportivas que se mantêm seletivas e excludentes e que apresentam alto grau de risco para a saúde física e mental. Há necessidade de trabalho intenso em sua reorganização inicial, procurando eliminar o desinteresse e o abandono por parte de seus adeptos devido às experiências desastrosas provocadas pela aprendizagem estereotipada e aos acidentes que deveriam ser previstos, resultado da ação reprodutivista do professor.

ESPORTES E SUSTENTABILIDADE

Olhando para as diferentes práticas esportivas que conhecemos e ultrapassando a visão de mero consumidor para chegar a um olhar mais crítico sobre elas, podemos dizer que algumas modalidades foram pouco utilizadas para estímulos de aprendizagem motora e, consequentemente, também não foram utilizadas pela economia de mercado. É o caso dos esportes de raquete.

Uma das vantagens do esporte individual está representada na seguinte comparação: no jogo de "interação motora de oposição indireta", que exige organização coletiva e desperta com mais facilidade os instintos do ser humano enquanto grupo, provoca maior número de frustrações quanto ao resultado da estratégia. No jogo de "interação motora de oposição direta", caso dos esportes de raquete, o jogo exige elaboração mental mais intensa, promove maior satisfação quanto ao resultado das tarefas e também em uma frequência maior e mais intensa (PARLEBÁS, 1987).

Ainda nesse exemplo, a "relação do participante com o meio físico", nos espaços das modalidades coletivas de interação motora que utilizam o mesmo espaço, produz maior número de situações de alto risco de lesões corporais, devido ao descontrole das situações de disputa, das emoções e da flexibilidade das regras, enquanto as modalidades que têm espaços separados entre seus participantes reduzem sobremaneira o risco de choque corporal e lesões, exigindo maior comprometimento do sujeito na ação consigo mesmo em cumprimento a um código de conduta comportamental. Essa diferença é determinante para a continuidade da prática esportiva na manutenção da integridade física e mental no ciclo vital anteriormente anunciado. Observações empíricas demonstram que os sujeitos que chegam à fase da terceira idade, lazer pleno de direito, com algum trauma resultado do esporte de alto rendimento optam pelos esportes de raquete como alternativa de manutenção da vida ativa. Aqueles que se mantêm ativos como resultado de uma vida coerente quanto às atividades físicas nas fases vitais relatam o gosto pela prática do esporte com muita satisfação.

No caso de algumas modalidades de raquete, hoje mais presentes nas opções da prática esportiva de forma indireta e passiva e de demanda razoável na fase infantil, mesmo que propagadas com grandes ídolos, nunca perderam as características de atividades de lazer para dar lugar a atividades mercadológicas. Desviar a atenção dos valores do esporte do tempo livre para atividade obrigatória, dando parecer segundo o qual o importante é o alto rendimento, o espetáculo e o prêmio como resultados do empenho exaustivo dos sujeitos, reféns de investimentos do negócio, pode ser muito rendoso, porém arriscado. Mesmo com essa premissa, pactuamos com Bento (1995) no reafirmar do conceito de "rendimento" como valores a serem incluídos nos preceitos educacionais da educação física.

> O homem não é um mero consumidor, um passivista, mas sim uma essência atuante, um ativista, que tem que se comprovar, documentar e desenvolver como personalidade nas suas ações. E o traço mais marcante da ação humana é que ela tende para sua melhoria e aprimoramento, ou seja, é uma ação de rendimento no sentido lato do termo. Na sociedade de consumidores e de comunicação de massa, cada vez mais informatizada e inundada de informações passivas e substitutos de vivências, a atividade pessoal tem um significado educativo e antropológico dramático para o desenvolvimento da personalidade. Sobretudo quando encerra possibilidades de ação e exigências que ultrapassam a rotina do dia a dia e motivam os indivíduos para um empenhamento consciente e persistente no domínio das respectivas barreiras e dificuldades. Sem adoção pessoal de desafios e exigências não há rendimento verdadeiro, nem desenvolvimento profundo da personalidade (BENTO, 1995, p.192).

De maneira conformista, sabemos que o elemento de motivação mercadológica considera a demanda de seu grande público pelo espetáculo esportivo, principal fator de investimento. Atualmente, se a proposta relativa à modalidade de esporte apresenta grande chance de aparição na mídia como espetáculo de alta competição, projetando sucesso à possibilidade de venda do produto patrocinador, certamente essa empreitada terá mais garantia de início como tentativa de inclusão na cultura esportiva (forma indireta). Contudo, se essa expectativa de inclusão fosse representada pelo aumento da demanda para a prática da modalidade em seus valores adquiridos no processo educativo, demanda pelos benefícios que traz em todas as áreas das organizações sociais (forma direta), atingiríamos um equilíbrio no atual estágio de nossa organização esportiva geral.

Para melhor situar o esporte como um dos conteúdos do lazer, diferente do espetáculo, vamos buscar em Stucchi (2009) um quadro que colabora para a conceituação dessa condição para melhor entendê-la por meio da proposta descrita, em ordem sequencial educativa.

1. Esportes de lazer são atividades corporais que, numa primeira fase, é iniciada pela educação não formal, família, e reforçada pelo desenvolvimento motor da educação física formal da escola.
2. Na fase da educação escolar, recebe amplitude cultural através da compreensão do significado das modalidades esportivas apresentadas pela organização social, através de suas várias formas de oferecimento e possibilidade de escolha consciente.
3. Sua continuidade está na dependência de políticas públicas e privadas responsáveis por seu oferecimento em programas que possibilite acesso de toda população.
4. Para que haja continuidade nessa dimensão de prática, sem pausas provocadas por descaminhos, sua administração deverá controlar os espaços, equipamentos e programas adequados aos tempos livres, com orientação para assegurar a integridade física do usuário, a fim de garantir continuidade e sustentabilidade pelo equilíbrio entre as passagens das fases do ciclo vital - infantil - adulta - idosa (STUCCHI, 2009, p.28).

CONCLUSÃO

Todas as modalidades esportivas são ferramentas da educação física, como recursos programáticos na promoção do desenvolvimento humano. Contudo, no estabelecimento das regras de conduta para seu enquadramento institucional ou quando personifica procedimentos de participação no jogo da modalidade, o resultado disso depende de um processo de "educação permanente" para que o significado do lazer seja anunciado, entendido e conquistado ao longo da vida. Neste atual momento, as modalidades de raquete apresentam boas chances de estabelecer autonomia de escolhas para a qualidade de vida e sua sustentabilidade (GELPI, 1983).

REFERÊNCIAS

Bento J. O. O outro lado do desporto. Porto: Campo das Letras; 1995.

Dumazedier J. Valores e conteúdos culturais do lazer. São Paulo: Biblioteca Científica Sesc; 1980 (Série Lazer).

Gelpi E. Lazer e educação permanente. São Paulo, 1983 (Série Lazer).

Parker S. Sociologia do lazer. Rio de Janeiro: Zahar; 1978.

Parlebás P. Perspectivas para una educación física moderna. Andalucía: Unisport; 1987.

Paseo de Gracia. Enciclopedia mundial del tenis. Barcelona: Ediciones Oceano; 1982.

Rancière J. A partilha do sensível: estética e política. São Paulo: Editora 34; 2005.

Stucchi S. Esporte de lazer: uma nova concepção pela educação. Licere – Revista do Programa de Pós-Graduação Interdisciplinar em Estudos do Lazer. 2009;12(4).

11

Esportes de raquete adaptados

Aline Miranda Strapasson
Marta Cristina Lopes

Esportes de raquete adaptados (ERAd) são modalidades esportivas para pessoas com deficiência (PD) que utilizam raquete para rebater bolas/petecas com ou sem rede divisória. As adaptações nos locais, equipamentos, materiais e/ou regras promovem a participação plena desses praticantes.

Este capítulo tem a intenção de auxiliar o leitor no entendimento das deficiências, cuidados e estratégias básicas de ensino-aprendizagem dos ERAd; apresentar possibilidades de práticas, bem como desmistificar o trabalho com esse público.

O INÍCIO DO PARADESPORTO

O desenvolvimento do esporte para deficientes está relacionado a fatos marcantes da história da humanidade. As primeiras competições esportivas de PD aconteceram em 1870, para deficientes auditivos, e em 1907, para deficientes visuais, mas foram as duas Guerras Mundiais que determinaram a introdução efetiva do esporte para PD.

Na Primeira Guerra Mundial, foi essencial o uso de exercícios terapêuticos e atividades recreativas no auxílio da restauração das funções dos soldados feridos (ADAMS et al., 1985), mas foi a partir da Segunda Guerra Mundial que o esporte adaptado se fortaleceu, pois a sociedade sentiu a necessidade de reabilitar os milhares de sobreviventes que lotavam os hospitais locais (RODRIGUES, 2006).

Então, o esporte adaptado ganhou importância na Inglaterra, no ano de 1944, no Hospital de Stoke Mandeville, idealizado pelo Dr. Ludwig Guttmann (médico neurologista) com os objetivos de motivar e diminuir o tédio da vida desocupada do deficiente (ROSADAS, 1989; FREITAS, CIDADE, 2000). Guttmann acabou conseguindo muito mais: estimulou o mundo inteiro a organizar jogos para deficientes, mostrando que as PD também poderiam praticar atividades físicas e esportivas (ROSADAS, 1989).

As primeiras modalidades foram o arco e flecha, o tênis de mesa e o lançamento de dardo e, concomitantemente, nos EUA, Benjamin Lipton iniciou um trabalho com o basquete em cadeira de rodas (FREITAS, CIDADE, 2000). Assim, o interesse pelo esporte adaptado aumentou de tal maneira que incluiu não só os veteranos de guerra, mas civis incapacitados por deficiências físicas decorrentes de outras causas.

Os primeiros jogos para as PD ocorreram em Stoke Mandeville em 1948, coincidindo com os Jogos Olímpicos de Londres. Em 1952, tiveram início os Jogos Internacionais de Stoke Mandeville, cuja nona edição, realizada em Roma, em 1960, é considerada como os primeiros Jogos Paralímpicos. Guttmann foi reconhecido e denominado mundialmente o pai do esporte paralímpico (PARSONS, WINCKLER, 2012).

DESENVOLVIMENTO DOS ERAd

Ao longo deste capítulo, sugeriremos um caminho para o desenvolvimento dos ERAd para as PD, seguindo a estrutura apresentada na Figura 1.

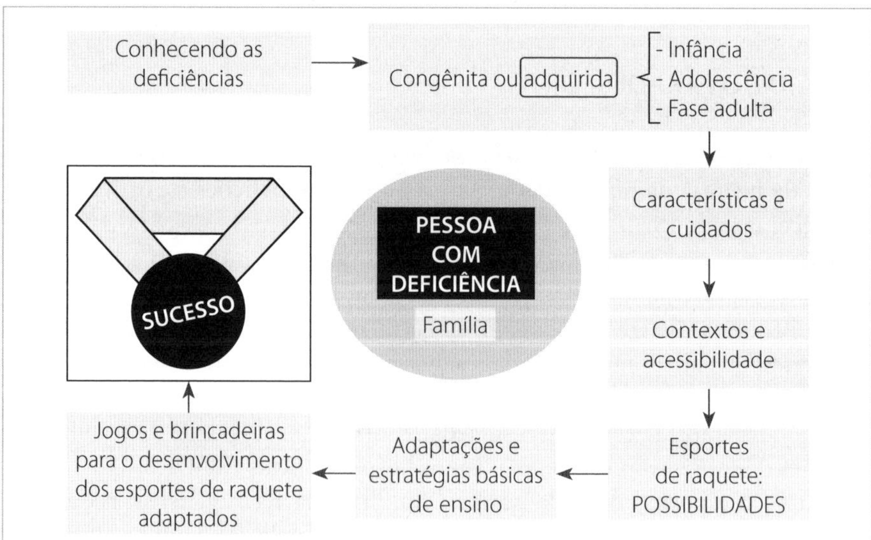

Figura 1 Caminho para o desenvolvimento dos ERAd.
Fonte: elaborada pelas autoras.

Conhecendo as deficiências

A deficiência é uma condição associada a diversas causas que podem acometer o indivíduo em fases diferentes da vida, ou seja, uma pessoa pode nascer com alguma disfunção, adquiri-la na hora do nascimento ou ao longo de sua existência.

Conhecer as deficiências é essencial na quebra de paradigmas para tornar a sociedade mais justa e igualitária. Dessa forma, apresentaremos, sucintamente, as principais características das deficiências (físicas, intelectuais e sensoriais) e suas possibilidades nas aulas de educação física (EF) e esportes.

Começamos com uma das anomalias congênitas mais comuns da espinha bífida, denominada mielomeningocele. Esse problema é decorrente de uma má-formação da coluna vertebral, ocasionando um espaçamento entre as vértebras. Em virtude disso, o tecido medular passa pela abertura da coluna vertebral formando um cisto saliente na região correspondente, que pode ser: cervical (manifestação rara), torácica, lombar e sacral (ADAMS et al., 1985; PLESE, CIQUINI JÚNIOR, 1996).

As consequências da mielomeningocele, abaixo da região prejudicada, são comprometimentos das funções motoras, sensitivas e autonômicas. Frequentemente, a hidrocefalia e a deficiência intelectual estão associadas a essa condição (CHANG, 2004; GAÍVA et al., 2011).

Já as lesões medulares, geralmente, são traumáticas e associadas com fraturas da coluna. Na lesão medular (LM), a ruptura parcial ou total da medula provoca muitas transformações no organismo por interromper ou diminuir a conexão entre o encéfalo e o sistema nervoso periférico e autonômico, podendo levar a consequências semelhantes às da mielomeningocele (CHANG, 2004; STORCH et al., 2005; GORGATTI, BÖHME, 2008).

Normalmente, uma pessoa com mielomeningocele pode praticar atividades esportivas da mesma maneira que uma pessoa com LM. Entretanto, os graus variáveis de comprometimento intelectual associados à mielomeningocele podem trazer dificuldades para compreender as regras, entender o processo de tomada de decisões e/ou resultar em problemas de percepção que afetam a *performance* (CHANG, 2004).

Outra deficiência física é a paralisia cerebral (PC), que é uma lesão ou má-formação do cérebro em período de desenvolvimento, apresentando como principal sequela uma perturbação do controle da postura e do movimento associados com o tônus postural anormal (BOBATH, 1979; LIMA, DUARTE, 2003). As diferentes formas de PC relacionam-se com os segmentos corporais afetados, que exteriorizam as áreas cerebrais comprometidas. Consideram-se então as formas: a) monoplegia: comprometimento de um membro; b) hemiplegia: comprometimento de um lado do corpo; c) triplegia: três membros afetados; d) diplegia: comprometimento dos quatro membros, sendo os inferiores mais afetados; e) quadriplegia: quatro membros afetados (DIAMENT, CYPEL, 1996; MATTOS, 2008).

Os problemas de controle motor e de coordenação motora resultam em dificuldades na prática esportiva, por exemplo: controlar raquetes, bastões, tacos e outros equipamentos esportivos; apanhar e arremessar; problemas de percepção; correr em velocidade, entre outros. Essas dificuldades podem ser amenizadas com a prática regular de esportes (CHANG, 2004).

Quanto à amputação, esta pode ser: a) congênita: devido à má-formação gestacional, a criança nasce sem um ou mais membros; b) adquirida: a perda de um ou mais membros pode ser decorrente de tumores, doenças vasculares, infecções graves, acidentes, deformidades, entre outras (CARVALHO, 2003).

De acordo com Adams et al. (1985), apesar dos comprometimentos no equilíbrio devido à falta de um ou mais membros, as pessoas amputadas podem praticar esportes utilizando ou não prótese(s), muleta(s) e/ou cadeira de rodas.

Em relação à deficiência intelectual (DI), esta caracteriza-se por limitações significativas tanto no funcionamento intelectual (aprendizado, raciocínio, solução de problemas) quanto no comportamento adaptativo, que abrange as habilidades conceituais,[1] sociais[2] e práticas[3] do dia a dia (AAIDD, 2010). Cabe citar que 95% das pessoas com síndrome de Down (SD) apresentam DI; as outras 5% evidenciam um desenvolvimento mais lento, mas considerado dentro da normalidade (DEÁ et al., 2009). Para os autores supramencionados, a SD é a mais comum e conhecida das síndromes relacionadas a alterações cromossômicas (trissomia 21).

Os graus de comprometimento da DI variam entre leve, moderado, severo e grave. Além das características já citadas, a pessoa pode apresentar falta de atenção; hiperatividade; falta de noção de perigo; falta de censura; dificuldades de coordenação motora, esquema corporal, noção de espaço e tempo, entre outros (ROSADAS, PEDRINELLI, 2002). Diante desse quadro, as práticas esportivas podem minimizar essas características.

Dando continuidade nas deficiências abordadas, de acordo com o último Manual de Saúde Mental (DSM-V), o transtorno do espectro autista (TEA) faz

1 Habilidades conceituais (acadêmicas): linguagem e alfabetização; conceitos de dinheiro, tempo e número; autodireção (AAIDD, 2010).

2 Habilidades sociais: habilidades interpessoais, responsabilidade social, autoestima, credulidade, ingenuidade (cautela), resolução de problemas sociais e capacidade de seguir regras/obedecer às leis e evitar ser vitimado (AAIDD, 2010).

3 Habilidades práticas: atividades da vida diária (cuidados pessoais), habilidades ocupacionais, saúde, viagens/transporte, horários/rotinas, segurança, uso de dinheiro, uso do telefone (AAIDD, 2010).

parte dos transtornos globais de desenvolvimento, que inclui o autismo, o transtorno desintegrativo da infância e as síndromes de Asperger e Rett (ARAÚJO, LOTUFO NETO, 2014). O TEA tem origem precoce e caracteriza-se por déficits na comunicação, interação e reciprocidade social.

Além dessa tríade, também é possível observar a presença de: DI na maioria dos casos (BRENTANI et al., 2013); padrões repetitivos de comportamentos; resistência a mudanças na rotina diária; agressividade (APA, 2013); dificuldades para prestar e/ou manter a atenção (SILVA, MULICK, 2009); prejuízos motores (HAYWOOD, GETCHELL, 2016). A prática esportiva também consegue amenizar várias dessas características (LOURENÇO et al., 2015), sendo as atividades individuais com maior probabilidade de sucesso (HOUSTON-WILSON, 2017).

As deficiências sensoriais caracterizam-se por comprometimentos relacionados à visão e/ou audição. A deficiência visual (DV) define-se por uma limitação sensorial que pode anular ou reduzir a capacidade de ver (FREITAS, CIDADE, 1997). A falta de visão geralmente atrasa e/ou interfere no desenvolvimento das habilidades motoras; no equilíbrio; na postura; na amplitude da coluna cervical, restringindo ou limitando seus movimentos (LIEBERMAN, 2017). Esses problemas dificultam, mas não impedem a prática dos esportes de raquete para essa população.

Já a deficiência auditiva (DA) é compreendida como a perda total ou parcial da capacidade de condução e identificação das ondas sonoras (LIMA, DUARTE, 2003), incapacitando ou dificultando o processo de ouvir, bem como de aprender a falar, mesmo com o uso de aparelhos auditivos (WINNICK, 2004). Grande parte das pessoas surdas[4] também apresenta comprometimento de equilíbrio, causado pela redução da função dos canais semicirculares (ADAMS et al., 1985).

A surdez em si não implica restrições à prática esportiva (FRANCO, 2019), e os surdos podem praticar todos os esportes (CHANG, 2004). Porém, a desvantagem relacionada à dificuldade de comunicação faz dos esportes individuais uma excelente opção de prática.

Deficiências e cuidados na EF e esportes

Em se tratando de segurança nas aulas de EF e esportes, devemos levar em consideração os cuidados que devem ser adotados de forma a não superproteger as PD, para não limitar suas potencialidades.

Uma preocupação nos casos de mielomeningocele e LM é a falta de sensibilidade, pois os calçados, as órteses ou o assento da cadeira de rodas (CR) podem

4 Surdez: "surdo" é a expressão adotada pela comunidade surda (DIEHL, 2006), em vez do termo "deficiente auditivo".

causar pressão localizada excessiva, levando a lesões de pele e escaras.[5] É importante que o professor observe e oriente os alunos a cuidar da pele e dos objetos que geram pressão e/ou atrito, bem como mudar de posição com frequência, utilizando os membros superiores para levantar de suas cadeiras, auxiliando a circulação sanguínea local (CHANG, 2004).

Outro detalhe importante é a utilização de cintos e faixas para fixação da pessoa na CR, evitando quedas e auxiliando na estabilização do tronco e dos membros inferiores (WINNICK, 2004; MATTOS, 2008). Em razão da perda de massa óssea, do desequilíbrio muscular e da flexibilidade diminuída, é preciso ter cuidado ao alongar o aluno e fazer suas transferências, pois eles são mais suscetíveis a fraturas e a distensões musculares.

O controle da temperatura corporal também é um problema nas pessoas com mielomeningocele e LM. Dessa maneira, os professores devem tomar precauções para aquecer (mantas térmicas) ou resfriar (borrifador de água) o corpo de seus alunos, evitando possíveis problemas com a hipo ou hipertermia (SOUZA, 1994; CHANG, 2004).

Para os alunos com PC, deve-se evitar fazer atividades próximas a paredes e bancos, pois eles podem apresentar dificuldades de equilíbrio que ocasionam, frequentemente, quedas durante as aulas.

As pessoas com amputação de membro(s) inferior(es), geralmente, utilizam prótese(s), apresentando maior risco de lesões de pele e do tecido subcutâneo devido à sustentação do peso e ao atrito (pele/prótese). Durante a fase de desenvolvimento, as crianças e adolescentes com amputação podem passar por alguma(s) cirurgia(s) em virtude do crescimento de espículas ósseas[6] (CARVALHO, 2003).

Quanto à SD, é importante que o professor de EF conheça outras características da síndrome, que podem implicar diretamente a prática das atividades. De acordo com Chang (2004) e Deá et al. (2008), a frouxidão ligamentar generalizada e a diminuição do tônus muscular podem acarretar problemas como luxações. Embora qualquer articulação do corpo possa ser afetada, a instabilidade da articulação atlantoaxial[7] é a responsável pelas consequências mais preocupantes (podendo levar a óbito). É necessário cuidados com a prática de qual-

5 Escaras ou úlceras de pressão são regiões necrosadas de pele e tecido subcutâneo, provocadas por pressão prolongada (SISCÃO et al., 2007; GORGATTI, BÖHME, 2008).

6 Espícula óssea consiste na formação gradativa de esporões ou ossos pontiagudos que se desenvolvem na extremidade do osso (LIMA et al., 2009).

7 Instabilidade atlantoaxial: trata-se de um aumento da distância entre a primeira e a segunda vértebras cervicais (C1 e C2 – atlas e áxis) devido a alterações anatômicas, hipotonia dos músculos e dos ligamentos (SCHWARTZMAN et al., 1999).

quer atividade esportiva que exija estresse excessivo sobre a cabeça ou pescoço (por exemplo, rolamento), pois esse problema atinge de 15 a 20% dessas pessoas (PUESCHEL, 1995; SCHWARTZMAN et al.,1999; CHANG, 2004).

Quando se fala em TEA, cabe considerar que o ambiente da EF e dos esportes pode ser caótico devido às mudanças constantes que uma aula exige. De acordo com Marqueze e Ravazzi (2011), para prevenir crises de agressividade, uma das recomendações é que o professor evite mudanças de horários e duração das aulas. Outra informação relevante é que as pessoas com TEA podem ter uma sensibilidade reduzida à dor, e uma sensibilidade maior ao som, toque e/ou luz. Os protetores auriculares, durante a prática esportiva, podem auxiliar no alívio do estresse (HOUSTON-WILSON, 2017).

Em relação à segurança do aluno com DV, é importante familiarizá-lo com o ambiente da aula (espaço físico, percurso, inclinações do terreno e diferenças de piso), remover todos os obstáculos que possam provocar acidentes durante as atividades (GORGATTI et al., 2008) e evitar ruídos externos para que o aluno consiga se posicionar e ouvir o som da "bola".

Contextos e acessibilidade

Os ERAd podem ser praticados pelas PD em vários contextos, visando a saúde, lazer e/ou rendimento. Sua vertente escolar não precisa de grandes adaptações e é uma ferramenta para a socialização e a descoberta de novos talentos. Geralmente, os primeiros contatos das PD com o esporte adaptado são em clínicas e hospitais de reabilitação, como ferramenta auxiliar de tratamento.

Apesar da evolução dos esportes adaptados e paralímpicos ao longo dos anos, muitos profissionais ainda têm dúvidas em relação aos espaços para a prática esportiva. Alguns professores acabam adaptando suas aulas para conseguir atender o aluno com deficiência, mas é importante pensar em estruturas físicas para garantir o acesso digno das PD a clubes, academias, escolas, praças esportivas, entre outros.

Também é importante ressaltar que a melhoria da acessibilidade do transporte público é um fator primordial para o aumento de PD praticando atividades físicas e esportivas.

Esportes de raquete e suas possibilidades

Além das modalidades paralímpicas de raquete (*parabadminton*, tênis de mesa paralímpico e tênis em cadeira de rodas), existem muitas outras possibilidades de esportes de raquete que contemplam vários tipos de deficiência.

Apresentamos aqui alguns exemplos de modalidades que já possuem adaptações, com o objetivo de divulgar e não de limitar, pois muito pode ser feito para auxiliar na construção de novas possibilidades (Quadro 1).

Quadro 1 Deficiências e alguns ERAd

Física	Intelectual	Visual	Surdez
Parabadminton	*Badminton*	–	Os surdos podem praticar qualquer esporte de raquete com pequenas adaptações, por exemplo: substituição de marcações sonoras por luzes, bandeiras e gestos
Tênis em cadeira de rodas	Tênis	*Blind tennis*/tênis para cegos	
Tênis de mesa	Tênis de mesa	*Showdown*	
Polybat	*Polybat*	*Polybat*	
Takkyu volley	*Takkyu volley*	*Takkyu volley*	
Pelota basca	Pelota basca	–	
Raquetebol	–	Raquetebol	

Fonte: elaborado pelas autoras.

Blind tennis/tênis para cegos

O *blind tennis* ou *soundball*, como também é conhecido, é a adaptação do tênis convencional para permitir que as pessoas com DV pratiquem a modalidade. É disputado em uma quadra menor que a do tênis, dividida por uma rede mais baixa, com raquetes júnior e bolas maiores que o convencional, macias e audíveis. As linhas da quadra são em alto-relevo para que o atleta se localize no espaço com maior facilidade. A modalidade dispõe de quatro classes esportivas (B1 a B4). A bola pode quicar duas vezes antes de ser rebatida (exceto na classe B4), e o voleio (rebatida sem quique) não é permitido. Pode ser jogado individualmente ou em duplas, seguindo a contagem do tênis (MOWLING et al., 2017).

Pelota basca

A pelota basca é um esporte de raquete no qual a bola é rebatida contra uma parede, disputado entre duas ou quatro pessoas. A versão adaptada é jogada na especialidade "paleta goma". A quadra, denominada *frontón*, tem 30 m de comprimento e 10 m de largura, com as paredes de 10 m de altura. Oficialmente, existem duas classes para PD, sendo uma para usuários de cadeira de rodas (UCR) e outra para DI. No jogo para UCR, a bola pode quicar até duas vezes no chão. A partida tem duração de 25 pontos (FGDA, [s.d.]; GUIL, 2015; EEPF, 2019).

Polybat

Esta modalidade foi criada para pessoas com PC. É jogada em uma mesa com as dimensões do tênis de mesa, sem rede divisória. Nas laterais existem bordas de 10 cm de altura para que a bola não saia pelos lados. Durante o contato com a bola, a raquete retangular deve estar apoiada na mesa e a bolinha deve ser rebatida nas bordas laterais, com o objetivo de que, após o toque, ela saia da mesa na área do adversário. Cada jogador saca duas vezes em séries alternadas, e o oponente deve permitir que a bola toque a borda lateral antes de rebatê-la. O jogo é disputado em melhor de cinco *sets* de 11 pontos, sem vantagem. O *polybat* tem quatro classes esportivas para deficientes e pode ser disputado individualmente ou em duplas (STRAPASSON, 2005; WILLIAMSON, [s.d.]).

Raquetebol

A modalidade é praticada em uma quadra de aproximadamente 12,20 × 6,10 m, fechada por quatro paredes, três delas medindo 6,10 m de altura e a parede traseira medindo 3,70 m no mínimo. Assim como na pelota basca, utiliza a rebatida contra a parede. As partidas são disputadas em melhor de três jogos, sendo que os dois primeiros vão a 15 pontos e o desempate vai a 11 pontos. Existem versões para DF, DV e surdos. As principais adaptações são:

1. Para UCR são permitidos dois quiques da bola antes de rebater.
2. Para DV, no retorno de todas as bolas, o jogador pode fazer várias tentativas de rebater até: tocar a bola; a bola parar de quicar; e/ou a bola passar pela linha curta depois de ter tocado a parede traseira (USAR, 2015).

Showdown

É uma modalidade para pessoas com DV, semelhante ao *polybat*. É disputado por dois jogadores em uma mesa retangular (3,66 × 1,22 m) com os cantos arredondados. A mesa possui bordas laterais de 14 cm de altura e é dividida ao meio por uma placa protetora de 42 cm de altura, colocada sobre as bordas laterais, permitindo que a bola passe por baixo. Na parte central das extremidades da mesa localizam-se os gols/caçapas (30 × 10 cm). Joga-se com uma raquete e uma bola audível, de plástico. O objetivo é rebater a bola de maneira que ela role e caia na caçapa do oponente. Cada gol vale dois pontos. Cada atleta fará dois saques em séries alternadas. As partidas são disputadas em melhor de três *sets* até 11 pontos (IBSF, 2018).

Takkyu volley (TKV)

É um esporte coletivo no qual os jogadores jogam sentados em cadeiras dispostas ao redor da mesa de tênis de mesa, sendo seis de cada equipe, separados por uma rede divisória elevada a 5,7 cm, permitindo que a bola passe rolando por baixo. A raquete é retangular e não tem cabo. A bola é audível e mais pesada do que a bola de tênis de mesa. O objetivo é fazer a bola ultrapassar a área da equipe adversária e saia da mesa. O saque é rotativo, como no vôlei. São permitidos até três toques na bola antes de devolver ao time adversário, e cada jogador só pode tocar uma vez na bola. O jogo é dividido em três *sets* de 15 pontos (JTVF, 2019).

Adaptações e estratégias básicas para o ensino dos esportes de raquete

Partimos do pressuposto de que as PD têm condições de aprender as modalidades de raquete mediante adaptações (nos locais, equipamentos, materiais e/ou regras). Na figura a seguir, apontamos algumas sugestões.

Além das adaptações sugeridas na Figura 2, Adams et al. (1985) sugerem fixadores para prender a raquete na mão do aluno que não tem condições de segurá-la e uma raquete de tênis de mesa com dois cabos para o aluno com DV. A prancheta tátil com o formato da quadra também é uma sugestão para auxiliar o aluno com DV no entendimento das regras, do posicionamento e da tática de jogo (MOWLING et al., 2017).

Figura 2 Principais adaptações.

D.: deficiência; CR: cadeiras de rodas; LIBRAS: Língua Brasileira de Sinais.

Fonte: elaborada pelas autoras.

Para o desenvolvimento das aulas, o professor deve ter em mente alguns princípios que regem o envolvimento do aluno com deficiência nas práticas de raquete, por exemplo: instruções e estratégias de ensino adequadas. Lieberman (2002) cita algumas técnicas de instrução para as PD:

- Explicar de forma clara e objetiva o que se espera que o aluno faça.
- Demonstrar o que se espera que o aluno realize.
- Dar assistência física ou guiar o movimento do aluno conforme a ação esperada.
- Permitir que o aluno com deficiência toque o corpo do professor/colega para que perceber como o movimento é executado.

Para os alunos com TEA, Schliemann (2013) apresenta algumas dicas para facilitar o ensino dos esportes:

- Suporte visual: a) uso de imagens em forma de cartões e/ou painéis como sistema de comunicação; b) uso do alerta visual para facilitar a compreensão e dar significado à delimitação de tempo de prática; c) uso da demarcação do espaço para a realização das atividades, minimizando distrações.
- Preleção: apresentação antecipada do conteúdo da aula para familiarizar o aluno com as atividades que ocorrerão.
- Tempo de espera: estabelecer um intervalo entre as atividades para que o aluno tenha tempo de assimilar a mudança.

Em se tratando do aluno surdo, o professor que não domina a Língua Brasileira de Sinais (LIBRAS) deve estar sempre de frente para o aluno, para que, além da leitura labial, ele possa visualizar os gestos explicativos e as demonstrações.

Outra estratégia utilizada para o ensino da EF e dos esportes para as PD é o auxílio do colega tutor, que ajuda o aluno com deficiência, facilitando o ensino-aprendizagem e as vivências das práticas esportivas.

O processo de adaptação do aluno com deficiência pode ser mais lento, demandando paciência do professor e ciência de que as atividades deverão ser repetidas com maior frequência do que no esporte convencional.

Jogos e brincadeiras no desenvolvimento dos ERAd

As habilidades motoras fundamentais/básicas são comuns à iniciação paradesportiva de todas as modalidades. Por isso elas não devem ser negligenciadas durante o processo de formação.

O rebater é uma habilidade motora especializada que tem características diferentes de um esporte de raquete para outro. Segundo Copelli (2010), cada um possui seu ambiente de jogo, com bolas e raquetes próprias, bem como regulamentação específica, fazendo com que sejam únicos.

No paradesporto é necessário atenção ao fato de que uma mesma lesão/deficiência pode apresentar sequelas diferentes. Por isso é possível que alguns alunos precisem fazer movimentos adaptados.

Um dos meios de intervenção no processo de ensino dos esportes são os jogos e brincadeiras, tornando o aprendizado uma atividade prazerosa e eficiente (PAES, 2002). A iniciação esportiva por meio dos jogos e brincadeiras, além de ser uma ferramenta para ensinar a técnica e a tática, também é um coadjuvante no desenvolvimento das habilidades socioemocionais.

A seguir serão apresentadas sugestões de atividades para o desenvolvimento dos ERAd, lembrando que as deficiências podem ser congênitas ou adquiridas ao longo da vida. Portanto, sabendo que o aluno de iniciação pode ser criança, adolescente ou adulto, o professor deve adequar as atividades de acordo com a faixa etária.

- **Deslocamentos/propulsão em cadeira de rodas.**
  - Objetivo: reconhecer o espaço do jogo e as possibilidades de movimentação.
  - Jogos/brincadeiras: pega-pega e suas variações; espelho (imitar a movimentação do colega); pega-rabinho; *jo ken pô*; sol e lua, entre outros.
- **Lançar e receber.**
  - Objetivo: explorar as habilidades motoras manipulativas com o intuito de preparar o aluno para rebater.
  - Jogos/brincadeiras: passe em duplas aumentando a distância; alerta; câmbio/vôlei adaptado; jogo dos dez passes, entre outros.
- **Rebater.**
  - Objetivo: apropriar-se dos implementos esportivos e explorar suas possibilidades.
  - Jogos/brincadeiras: tiro ao alvo (acertar um alvo rebatendo); rebater bolas/petecas penduradas; jogo das dez rebatidas, entre outros.
  - Progressão: começar rebatendo com a mão e inserir a raquete na medida em que o aluno estiver tendo êxito.
- **Minijogos.**
  - Objetivo: introduzir as regras da(s) modalidade(s) em espaço reduzido com adaptação do(s) implemento(s) conforme a necessidade.

Cabe aos profissionais envolvidos propiciar condições facilitadoras de êxito, eliminando e/ou minimizando as possibilidades de fracasso e frustração que, de maneira bem concreta, já fazem parte da vida diária da maioria das PD.

Envolvendo a família

A família pode contribuir ou dificultar que um indivíduo alcance níveis altos e sadios de aceitação e reconhecimento, mesmo que a deficiência represente um fenômeno individual (RODRIGUES, 2010).

A aprendizagem pode ser retardada quando a família superprotege e/ou quando priva o filho com deficiência de realizar atividades corriqueiras.

Cabe a nós, professores, estimular o envolvimento da família junto com o desenvolvimento das aulas, sugerindo aos familiares atividades de interação em casa e auxiliando nas dúvidas que podem surgir. Quando a família não está envolvida nesse processo, dificilmente esse aluno permanecerá nas práticas esportivas. Talvez por desconhecer os esportes adaptados e os profissionais envolvidos, surge o medo de lesões, de *bullying* e até a vergonha de expor a deficiência.

Envolver a família nesse processo pode contribuir para a permanência do aluno nas práticas esportivas e na formação plena do indivíduo.

PERSPECTIVAS PARA O FUTURO

A inserção da disciplina de EF adaptada[8] nos currículos dos cursos de graduação em EF, bem como o aumento das pesquisas científicas na área, contribuíram para ampliar o número de profissionais nesse universo.

Ao longo dos anos, muitos foram os progressos na inserção das PD no esporte. Os ERAd vêm para somar em todos os contextos, oferecendo muitas opções e possibilidades.

A realização dos Jogos Paralímpicos no Brasil (Rio 2016), a transmissão do evento e o êxito da equipe brasileira nas Paralimpíadas favoreceram a visibilidade do esporte adaptado para as PD.

Para maximizar a participação de profissionais na área dos ERAd, mais ações de capacitação devem ser fomentadas, mas ainda há muito a ser feito.

Esperamos que, futuramente, os espaços públicos sejam todos acessíveis para que o deficiente tenha a garantia do direito de interagir com seus pares, como toda a sociedade.

8 No Brasil, o marco que pode ser considerado o início da formação profissional em EF adaptada é o ano de 1987, com a publicação do Currículo Mínimo de EF e da Resolução n. 3/87 do Conselho Federal de Educação Física (Confef), que trata da reestruturação dos cursos de graduação em EF (MAUERBERG-DE-CASTRO, 2005).

REFERÊNCIAS

Adams RC, Daniel NA, Mc Cubbin JA, Rullman L. Jogos, esportes e exercícios para o deficiente físico. 3.ed. São Paulo: Manole; 1985.

American Association on Intellectual and Developmental Disabilities (AAIDD). Definition of intellectual disability. Disponível em: https://www.aaidd.org/intellectual-disability/definition; acessado em: 16 de julho de 2020.

American Psychiatric Association (APA). DSM-V: Diagnostic and statistical manual of mental disorders. 5.ed. Washington: British Library Cataloguing; 2013.

Araújo A, Lotufo Neto F. A nova classificação americana para transtornos mentais: o DSM-V. Rev Bras Ter Comport Cogn. 2014 abril;16(1):67-82.

Bobath K. A deficiência motora em pacientes com paralisia cerebral. São Paulo: Manole; 1979.

Brentani H, Paula CS de, Bordini D, Rolim D, Sato F, Portolese J, et al. Autism spectrum disorders: an overview on diagnosis and treatment. Revista Brasileira de Psiquiatria. 2013;35:62-72.

Carvalho JA. Amputações de membros inferiores: em busca da plena reabilitação. 2.ed. Barueri: Manole; 2003.

Chang FM. Atletas fisicamente comprometidos. In: Sullivan JA, Anderson SJ. Cuidados com o jovem atleta: enfoque interdisciplinar na iniciação e no treinamento esportivo. Barueri: Manole, 2004; p.148-61.

Copelli VN. Introdução dos esportes de raquete nas aulas de educação física escolar: uma visão segundo a cultura corporal do movimento [TCC]. Campinas, Unicamp; 2010.

Deá VS, Baldin AD, Deá VB. Informações gerais sobre a síndrome de Down. In: Déa VS, Duarte E. Síndrome de Down: informações, caminhos e histórias de amor. Porto Alegre: Phorte; 2009. p.23-42.

Diament A, Cypel S. Neurologia infantil. 3.ed. São Paulo: Atheneu; 1996.

Diehl RM. Jogando com as diferenças: jogos para crianças e jovens com deficiências. São Paulo: Phorte; 2006.

Federación de Pelota Vasca de Euskadi (EEPF). Reglamento de juego. 2019. Disponível em: http://www.euskalpilota.org/doc/documentosGeneral/Cambio%20de%20reglamento.%202019.pdf; acessado em: 31 de julho de 2020.

Federación Guipuzcoana de Deporte Adaptado (FGDA). Normas de pelota vasca adaptada. Disponível em: http://www.gkef-fgda.org/images/PDF/deportes/DEPORTIVOS/Reglamento-pelota-adaptada.pdf; acessado em: 31 de julho de 2020.

Franco MAR di. Surdolimpíadas (deaflympics): histórias e memórias dos esportes surdos no Brasil (1993-2017) [tese]. Porto Alegre, UFRGS; 2019.

Freitas PS de, Cidade REA. Noções sobre educação física e esporte para pessoas portadoras de deficiência: uma abordagem para professores de 1º e 2º graus. Uberlândia: Gráfica Breda; 1997.

Gaíva MAM, Corrêa ER, Santo EAR do. Perfil clínico-epidemiológico de crianças e adolescentes que vivem e convivem com espinha bífida. Rev Bras de Crescimento e Desenv Humano. 2011;21(1):99-110.

Gorgatti M, Böhme MT. Atividade física e lesão medular. In: Gorgatti M, Costa RF da. Atividade física adaptada: qualidade de vida para pessoas com necessidades especiais. 2.ed. Barueri: Manole; 2008. p.148-84.

Gorgatti M, Teixeira L, Vanícola MC. Deficiência visual. In: Teixeira L. Atividade física adaptada e saúde. São Paulo: Phorte; 2008. p.399-412.

Guil. Pelota basca. 2015. Disponível em: https://atomo.blogspot.com/2015/10/pelota-basca.html; acessado em: 31 de julho de 2020.

Hayhood KM, Getchell N. Desenvolvimento motor ao longo da vida. 6.ed. Porto Alegre: Artmed; 2016.

Houston-Wilson C. Autism spectrum and social communication disorders. In: Winnick JP, Porreta DL. Adapted physical education and sport. 6.ed. Champaign, IL: Human Kinetics; 2017. Chapter 10. p.375-408.

International Blind Sports Federation (IBSF). Showdown Rules 2018-2021. Version: Rev. 1, 2018. Disponível em: https://www.ibsasport.org/sports/files/777-Rules-IBSA-Showdown-Rules-2018--2021-Rev-1.pdf; acessado em: 27 de julho de 2020.

Japan Takkyu Volley Federation (JTVF). Let's play takkyu volley? Thirty country training programme on inclusive development through disability-inclusive sports (TCTP). Bangkok, Thailand, July, 2019. Disponível em: http://www.apcdfoundation.org/?q=system/files/Takkyu%20Volley%20Manual.pdf; acessado em: 24 de julho de 2020.

Lieberman L. Strategies for inclusion: a handbook for physical educators. Champaign: Human Kinetics; 2002.

Lieberman L. Visual impairments. In: Winnick J, Porretta D. Adapted physical education and sport. 6.ed. Champaign, IL: Human Kinetics; 2017. p.446-79.

Lima ST, Duarte E. Atividade física para pessoas com necessidades especiais. Rio de Janeiro: Guanabara Koogan; 2003.

Lima E, Borges D, Amaral P, Moura EW de. Fisioterapia: aspectos clínicos e práticos da reabilitação. 2.ed. São Paulo: Artmed; 2009.

Lourenço CCV, Esteves MDL, Corredeira RMN, Seabra AFT e. Avaliação dos efeitos de intervenção de atividade física em indivíduos com transtorno do espectro do autismo. Rev Bras Ed Esp. 2015 abril-jun;21(2):319-28.

Marqueze L, Ravazzi L. Inclusão de autista nas aulas de educação física. In: Anais do VII Encontro da Associação Brasileira de Pesquisadores em Educação Especial. Londrina, 2011 nov. p.1945-56.

Mattos E. Atividade física nos distúrbios neurológicos e musculares. In: Gorgatti M, Costa R. Atividade física adaptada: qualidade de vida para pessoas com necessidades especiais. 2.ed. Barueri: Manole; 2008. p.221-51.

Mauerberg-deCastro E. Atividade física adaptada. São Paulo: Tecmedd; 2005.

Mowling CM. Fittipaldi-Wert J, Favoretto L. Soundball: teaching tennis to students with visual impairments. Strategies – A Journal for Physical and Sport Educators. 2017;30(4):3-10.

Paes RR. A pedagogia do esporte e os jogos coletivos. In: Rose Jr., D (org.). Esporte e atividade física na infância e na adolescência: uma abordagem multidisciplinar. Porto Alegre: Artmed; 2002.

Parsons A, Winckler C. Esporte e a pessoa com deficiência: contexto histórico. In: Mello MT, Winckler C. Esporte paralímpico. São Paulo: Atheneu; 2012. p.3-14.

Plese JPP, Ciquini Júnior O. Disrafismo espinal. In: Diament A, Cypel S. Neurologia infantil. 3.ed. São Paulo: Atheneu; 1996. p.681-96.

Pueschel SM. Questões médicas. In: Pueschel SM. Síndrome de Down: guia para pais e educadores. 2.ed. Campinas: Papirus; 1995, p.85-98.

Rodrigues D (org). Atividade motora adaptada: a alegria do corpo. São Paulo: Artes Médicas; 2006.

Rodrigues DAG. A relação entre especialização precoce e o abandono prematuro da natação em Uberlândia, MG. Revista Digital. 2010 jan;(140), ano 14.

Rosadas SC de. Atividade física e jogos esportivos para o deficiente. Eu posso. Vocês duvidam? Rio de Janeiro: Atheneu; 1989.

Rosadas SC de, Pedrinelli VJ. Metodologia aplicada ao deficiente intelectual. In: Brasil. Ministério da Educação. Curso de capacitação de professores multiplicadores em educação física adaptada. Brasília: MEC; 2002.

Schliemann AL. Esporte e autismo: estratégias de ensino para inclusão esportiva de crianças com transtorno do espectro autista [TCC]. Campinas, Unicamp; 2013.

Schwartzman JS (org.). Síndrome de Down. São Paulo: Mackenzie: Memnon; 1999.

Silva M, Mulick JA. Diagnosticando o transtorno autista: aspectos fundamentais e considerações práticas. Psicologia Ciência e Profissão. 2009;29(1):116-31.

Siscão MP, Pereira C, Arnal RLC, Foss MDA, Marino LHC. Trauma raquimedular: caracterização em hospital público. Arquivos de Ciência e Saúde. 2007 jul-set;14(3):145-7.

Souza PA de. O esporte na paraplegia e tetraplegia. Rio de Janeiro: Guanabara Koogan; 1994.

Storch M, Kőnig D, Bűltermann D, Blum A, Vogt S, Baumstark M, et al. Lipid profile in spinal cord--injured women with different injury levels. Preventive Medicine. 2005 mar;40(3):321-5.

Strapasson AM. Proposta de ensino de polybat para pessoas com paralisia cerebral [dissertação]. Campinas, Unicamp; 2005.

Williamson D. Polybat. Nottingham Trent University. Disponível em: https://www.ntu.ac.uk/c/adapted-sports/the-adapted-games/polybat; acessado em: 24 de julho de 2020.

Winnick J. Educação física e esportes adaptados. Barueri: Manole; 2004.

USA Racquetball (USAR). Official rules and regulation of racquetball. 2015. Disponível em: https://www.teamusa.org/usa-racquetball/rules; acessado em: 29 de julho de 2020.

12

Esportes de raquete e a *Special Olympics*

Maria Teresa Krähenbühl Leitão

A *Special Olympics* é um movimento global, criado em 1968, por Eunice Kennedy Shriver, que "libera o espírito humano todos os dias em todo o mundo por meio do poder transformador e da alegria do esporte" (SPECIAL OLYMPICS, 2020c).

Tem como missão oferecer treinamento e oportunidades de competição de alta qualidade durante todo o ano a pessoas com deficiência intelectual (DI) em mais de 32 esportes individuais e coletivos tipo olímpicos.

Já em meados dos anos 1960, Eunice e seus familiares começaram a dar oportunidade às pessoas com deficiência intelectual dos EUA de participar de acampamentos de verão em atividades esportivas nos jardins de sua residência, chamados de Camp Shriver. Em julho de 1968, então, foi lançada oficialmente a *Special Olympics International* (SOI), durante a realização da primeira competição internacional com a participação de mil atletas, no estádio de Soldier Field, em Chicago.

Esse movimento cresceu e fortaleceu-se mundo afora. Está presente em mais de duzentos programas acreditados, atendendo mais de 6 milhões de pessoas com DI.

Apesar de ter como base os treinamentos e as competições esportivas, o trabalho da SOI vai muito além das ações esportivas. É a segunda maior organização humanitária do mundo, e o maior e mais importante evento da SOI são os Jogos Mundiais de Verão e de Inverno, que acontecem com uma periodicidade de quatro anos e uma diferença de dois anos entre eles.

A SOI designa como "atleta" qualquer pessoa com DI que tenha sido cadastrada e treinada na metodologia própria, que oferece oportunidade de participação para atletas acima de 8 anos de todos os níveis de habilidades, não havendo índices técnicos ou *rankings* para determinar o avanço a outros níveis de competição.

Chamado de *divisioning*, esse processo, em todos os esportes e eventos, divide os atletas em grupos (mesmo em esportes individuais) de no mínimo três e no máximo oito atletas em cada grupo, baseando-se no gênero, na faixa etária e no nível de habilidade. Este último é o critério mais importante, dando a todos uma chance real de ganhar.

Geralmente a diferença de rendimento entre os atletas na mesma divisão fica em torno de 15%, e isso promove uma competição mais justa e equitativa para todos e cada atleta. Seja da divisão/grupo mais rápida ou da mais lenta, todos são valorizados e reconhecidos igualmente.

Em todas as divisões, todos os atletas recebem a premiação de acordo com sua classificação final no grupo, ou seja, medalhas de ouro, prata e bronze para os três primeiros colocados e, para os que obtiveram do quarto ao oitavo lugar, tem uma fita específica com a colocação, chamada de *4th-8th place ribbon*. Essa ideia de agrupamentos em níveis de habilidades similares é a base para a competição na SOI.

"Todos os atletas têm a mesma chance de participar, se apresentar e serem reconhecidos por fazer o melhor por seus companheiros de equipe, família, amigos e fãs" (SPECIAL OLYMPICS, 2020c).

E a SOI vai muito além do esporte. Por meio dos pilares de ação que foram desenvolvidos com o passar dos anos: esportes, saúde, educação e construção da comunidade, impulsiona mudanças sociais que possibilitam a plena participação social de pessoas com DI, "enfrentando a inatividade, o estigma, o isolamento e a injustiça que as pessoas com deficiência intelectual (DI) enfrentam" (SPECIAL OLYMPICS, 2020c).

Além da divisão em grupos e por nível de habilidade, a SOI difere de outras organizações esportivas para pessoas com deficiência, pois:

A. Não há cobrança de taxa para participar dos treinamentos e das competições.
B. Não há uma classificação funcional. Para ser elegível, o atleta precisa ter um laudo atestando a DI ou transtorno do desenvolvimento.
C. A SOI tem provas adaptadas e/ou de habilidades individuais em todos os esportes para pessoas com um nível mais baixo de habilidade motora.
D. Tem "Esportes Unificados" quando, na mesma equipe, há atletas (pessoas com DI) e parceiros unificados (pessoas sem DI) treinando e competindo juntos, criando uma cultura inclusiva.
E. Tem o programa "Atletas Jovens", para crianças de 2 a 7 anos, participando de atividades motoras básicas e lúdicas.
F. Tem o programa de treinamento em atividade motora (MATP) para atletas de maior comprometimento motor que, por qualquer razão, não conseguem participar nem mesmo das habilidades individuais.

G. Tem "Escolas Unificadas" que ajudam a fomentar a inclusão por meio de atividades inclusivas e/ou esporte unificado e ações para toda a comunidade escolar.
H. O "*Fit 5*" procura enfatizar a promoção da boa condição física, aliada à orientação sobre alimentação saudável e hidratação adequada.
I. A SOI tem o programa "Atletas Saudáveis", que são avaliações (*screenings*) em sete disciplinas da área da saúde, como audição, visão, nutrição, dentre outras.
J. Tem o programa "Atletas Líderes", quando os atletas são os agentes protagonistas nas atividades para benefício de todos os demais.
K. Tem a "Rede de Apoio Familiar", que também envolve as famílias em inúmeras ações, fóruns, debates, dentre outros, que possam fortalecer os laços familiares.
L. "Parcerias com Federações Esportivas Internacionais", igualmente importantes no suporte às regras da SOI (SPECIAL OLYMPICS, 2020a; SPECIAL OLYMPICS, 2020e).

Muito embora todos os esportes e iniciativas sejam voltados para as pessoas com DI e transtorno no desenvolvimento, podemos ter atletas com DI e outra deficiência (p. ex., deficiência física – DF), e, em algum esporte, pode haver provas que atendam pessoas com DF apenas.

Dentre todos os esportes da SOI, os três de raquete são: *badminton*, tênis e tênis de mesa (SPECIAL OLYMPICS, 2020d).

A SOI também oferece capacitação para técnicos e assistentes técnicos em todos os esportes, o que ajuda a proporcionar um treino de qualidade aos atletas e parceiros unificados.

No Brasil, a SOI está presente desde o início dos anos 1990, quando foi acreditada como Olimpíadas Especiais Brasil.

BADMINTON

O *badminton* é um esporte praticado em todo o mundo por milhões de pessoas de diversas idades. Explora mudanças de velocidade, tempo de reação, força muscular, resistência e é muito divertido. Esse esporte olímpico oferece benefícios a todos os que pegam uma raquete e uma peteca para jogar na quadra.

Estabelecida na *Special Olympics* desde 1995, a presença desse esporte é mantida mediante parceria com a Badminton World Federation. Assim como em todos os esportes, caso haja discordância entre as regras da BWF e as da SOI, as regras desta última prevalecem, conforme estabelece o Artigo 1 (SPECIAL OLYMPICS, 2020f).

Quanto aos diferenciais do *badminton* da SOI, a *Special Olympics* promoveu modificações nas regras para atletas em cadeira de rodas. Essas modificações permitem aos atletas sacar com um movimento por cima da cabeça (saque tipo tênis) de qualquer um dos lados, esquerdo ou direito, da área de serviço. Adicionalmente, a área de serviço é encurtada para a metade da distância para eles/elas (SPECIAL OLYMPICS, 2020b).

Sobre os números, de acordo com o censo de 2011, cerca de 82 mil atletas competiram nos eventos de *badminton* da *Special Olympics*, em 63 programas da SOI participando nos eventos desse esporte.

Eventos competitivos de *badminton* da SOI

1. **Habilidades individuais (provas para atletas com baixo nível de habilidade motora):** não é oferecida essa categoria em jogos/eventos internacionais. Para aferir o nível de habilidade motora para cada esporte da SOI, são feitas provas específicas como as descritas a seguir ou as provas do jogo em si, como explicado sobre o *divisioning*.
   A. **Lançamento com a mão:** um "alimentador" (geralmente o técnico) segura cinco petecas ao mesmo tempo e as arremessa, uma de cada vez, para o atleta, por cima da rede (como um dardo seria lançado). O atleta tenta acertar a peteca com sua raquete e recebe um ponto cada vez que acerta a peteca.
   B. **Lançamento com a raquete (para golpes acima da cabeça):** o alimentador (geralmente o técnico) segura cinco petecas e lança uma de cada vez para o alto, para o atleta, usando um movimento de baixo para cima. O atleta recebe um ponto se acertar a peteca. Quer o atleta erre ou acerte a peteca, outra é imediatamente lançada e a contagem continua.
   C. **"*Ups*" (rebatida da peteca para cima):** a peteca é repetidamente rebatida para o ar pelo atleta, sem que a peteca caia no chão. Um ponto é concedido para cada acerto em um período de 30 segundos. Se a peteca atingir o solo, outra peteca é dada e a contagem continua.
   D. **Golpe de *forehand* (com a mão dominante na raquete e a palma da mão para a frente):** o atleta fica no centro da quadra com o alimentador (técnico) posicionado no lado oposto da rede. O alimentador, usando um saque por baixo, lança a peteca para o lado de *forehand* do atleta. O atleta tem cinco tentativas e recebe um ponto para cada golpe de *forehand* bem-sucedido que passa por cima da rede e acerta a quadra dentro das linhas demarcatórias.

E. **Golpe de *backhand* (com a mão dominante na raquete e as costas da mão para a frente):** lançado e pontuado da mesma forma que o golpe de *forehand*, mas o alimentador (técnico) lança a peteca no lado do *backhand* do atleta.

F. **Serviço (ou saque):** o atleta tem cinco tentativas para sacar de qualquer lado da área de serviço. Se não puder executar o saque por baixo, o saque por cima pode ser usado e um ponto é recebido para cada saque que cai na área de saque correta na quadra adversária. Zero ponto é dado para qualquer serviço fora da área de serviço.

Pontuação final: a pontuação final é determinada pela soma de todas as pontuações para cada uma das seis provas da competição de habilidades individuais.

2. Simples (1 × 1).
3. Duplas (2 × 2).
4. Duplas mistas (1 masculino / 1 feminino).
5. Duplas unificadas (1 atleta / 1 parceiro(a) unificado(a)).
6. Duplas mistas unificadas (1 atleta masculino / 1 parceira unificada feminino; 1 atleta feminina / 1 parceiro unificado masculino).

Contagem: melhor de três *games*. Para jogos de simples feminino, a primeira a ganhar onze pontos ganha. Ao empatar em 10 × 10, a primeira atleta que chegou a dez tem o direito de escolher "*to set*" ou "*not to set*", o que quer dizer: vai a treze, e quem fizer treze pontos primeiro ganha o *game*, e joga-se a onze, respectivamente.

Para jogos masculinos e demais, a primeira pessoa a ganhar quinze pontos ganha. Ao empatar em 14 × 14, o atleta que chegou a catorze primeiro tem o direito de escolher "*to set*" ou "*not to set*", o que quer dizer: vai a dezessete, e quem fizer dezessete pontos primeiro ganha o *game*, e joga-se a quinze apenas, respectivamente.

Geralmente, em uma mesma competição de *badminton*, os atletas podem participar de duas provas, uma simples e uma dupla, e nunca de duas duplas (SPECIAL OLYMPICS, 2020b).

TÊNIS

O tênis é um esporte popular jogado em todos os níveis de habilidade e por jogadores de todas as idades. O atleta tem como objetivo passar a bola para o lado adversário da rede, golpeando-a com uma raquete de tênis. Esse esporte enfatiza valores como espírito esportivo e respeito pelos outros competidores. O tênis não é apenas divertido de jogar, mas é uma atividade esportiva para toda a vida, fácil de praticar e de aprender (BRECHBÜHL, 1982).

Estabelecido na *Special Olympics* em 1987 como demonstração e em 1991 como esporte oficial, a presença desse esporte é mantida mediante parceria com a International Tennis Federation (ITF). Assim como em todos os esportes, caso haja discordância entre as regras da ITF e as da SOI, as regras desta última prevalecem, conforme estabelece o Artigo 1.

Diferenciais do tênis da *Special Olympics*: é conduzido de acordo com o *play and stay* e usa o International Tennis Number (ITN) para avaliação do nível dos atletas da ITF, mas as regras da *Special Olympics* apresentam algumas modificações, como o uso de *sets* curtos (*shorts sets*) e *NO AD* (quando está empatado em 40 × 40 não há disputa de vantagem/desvantagem) para controlar a duração das partidas.

Há mais ou menos sete anos, a *Special Olympics* tem usado o *play and stay* (tamanhos de quadras diferentes e bolas de compressão também diferentes para cada um dos seis níveis de competição) (SPECIAL OLYMPICS, 2020h).

Sobre os números, de acordo com o censo de 2019, cerca de 42 mil atletas competiram em tênis e 141 programas organizaram competições de tênis. Desde 2004, a participação no tênis aumentou mais de 237%. O tênis é jogado mais frequentemente nos EUA e na Europa, e na América Latina. Essa modalidade é jogada por todos os vinte países participantes da SOI, com um total de 5.500 atletas.

Importante ressaltar o aumento significativo da participação feminina nos últimos anos e o fato de que o tênis foi o primeiro esporte a ter um vídeo promocional sendo atrelado aos Jogos Mundiais (JM). Foi o segundo esporte a ter um torneio mundial invitacional (cada país recebe um convite para participar, não com distribuição de cotas como nos JM), que aconteceu em Santo Domingo, República Dominicana, com a participação de 240 atletas de 42 países, de todas as regiões onde a SOI atua. É o primeiro esporte individual a oferecer competição por equipe unificada (equipe de quatro competidores, dois atletas com DI e dois parceiros unificados sem DI).

Além disso, a parceria com a ITF tem rendido muitas conquistas, como a inserção de um conteúdo da SOI no *site* acadêmico dessa federação, que se chama ITF Academy.

Eventos competitivos de tênis da SOI

1. **Habilidades individuais:** provas para atletas com baixo nível de habilidade motora; essa categoria não é oferecida em jogos/eventos internacionais.

Figura 1 Imagem do curso na página *web* da ITF Academy.
Fonte: International Tennis Federation, 2020.

Usam-se as duas áreas de serviço da quadra de tênis e a bola vermelha ou amarela com ponto vermelho, que é 75% mais lenta do que a bola regular. As provas são:

A. **Voleio de *forehand* (com a mão dominante na raquete e a palma da mão para a frente):** o atleta fica próximo à rede com o alimentador (técnico) posicionado no lado oposto da quadra. O alimentador, usando a raquete, lança cinco bolas, uma de cada vez, para o lado de *forehand* do atleta, que deve rebatê-la de voleio, ou seja, sem a bola quicar no chão antes de ser rebatida. O atleta tem cinco tentativas e recebe cinco pontos para cada golpe de *forehand* bem-sucedido que passa por cima da rede e acerta a área de serviço dentro das linhas demarcatórias.

B. **Voleio de *backhand* (com a mão dominante na raquete e as costas da mão para a frente):** o atleta fica próximo à rede com o alimentador (técnico) posicionado no lado oposto da quadra. O alimentador, usando a raquete, lança cinco bolas, uma de cada vez, para o lado de *backhand* do atleta, que deve rebatê-la de voleio, ou seja, sem a bola quicar no chão antes de ser rebatida. O atleta tem cinco tentativas e recebe cinco pontos para cada golpe de *backhand* bem-sucedido que passa por cima da rede e acerta a área de serviço dentro das linhas demarcatórias.

C. **Fundo de *forehand*:** o atleta se posiciona em cima ou pouco atrás da linha de serviço. O alimentador, usando a raquete, lança cinco bolas, uma de cada vez, para o lado de *forehand* do atleta, que deve rebatê-la de *forehand*, ou seja, após a bola quicar no chão antes de ser rebatida. O atleta tem cinco tentativas e recebe cinco pontos para cada golpe de *forehand* bem-sucedido que passa por cima da rede e acerta a área de serviço dentro das linhas demarcatórias.

D. **Fundo de *backhand*:** o atleta se posiciona em cima ou pouco atrás da linha de serviço. O alimentador, usando a raquete, lança cinco bolas, uma de cada vez, para o lado de *backhand* do atleta, que deve rebatê-la de *backhand*, ou seja, após a bola quicar no chão antes de ser rebatida. O atleta tem cinco tentativas e recebe cinco pontos para cada golpe de *backhand* bem-sucedido que passa por cima da rede e acerta a área de serviço dentro das linhas demarcatórias.

E. **Fundo alternado de *forehand* e de *backhand*:** o atleta se posiciona em cima ou pouco atrás da linha de serviço. O alimentador, usando a raquete, lança dez bolas, uma de cada vez, para o lado de *forehand* do atleta, que deve rebatê-la de *forehand*, ou seja, após a bola quicar no chão antes de ser rebatida. O atleta volta ao centro da quadra e o alimentador lança outra bola, agora lado de *backhand* do atleta, que deve rebatê-la de *backhand*, ou seja, após a bola quicar no chão antes de ser rebatida. O atleta tem dez tentativas e recebe cinco pontos para cada golpe bem-sucedido que passa por cima da rede e acerta a área de serviço dentro das linhas demarcatórias.

F. **Serviço (saque) do lado direito:** o atleta se posiciona em cima ou pouco atrás da linha de serviço do lado direito da quadra (lado de iguais). O atleta tem cinco tentativas, devendo sacar (servir) para a área de saque do lado de iguais da quadra adversária também, ou seja, na diagonal. Para cada saque (serviço) bem-sucedido, o atleta ganha dez pontos.

G. **Serviço (saque) do lado esquerdo:** o atleta se posiciona em cima ou pouco atrás da linha de serviço do lado esquerdo da quadra (lado de vantagem). O atleta tem cinco tentativas, devendo sacar (servir) para a área de saque do lado de vantagem da quadra adversária também, ou seja, na diagonal. Para cada saque (serviço) bem-sucedido, o atleta ganha dez pontos.

Pontuação final: a pontuação final é determinada pela soma de todas as pontuações para cada uma das sete provas da competição de habilidades individuais.

2. Simples (1 × 1).
3. Duplas (2 × 2).
4. Duplas mistas (1 masculino /1 feminino).
5. Duplas unificadas (1 atleta /1 parceiro(a) unificado(a)).
6. Duplas mistas unificadas (1 atleta masculino /1 parceira unificada feminino; 1 atleta feminina / 1 parceiro unificado masculino).
7. Equipe Unificada® [2 atletas e 2 parceiros(as) unificado(as)].

O tênis da SOI compreende as provas descritas acima e também os níveis. Exceto no nível 1 (prova de habilidades individuais), os atletas podem estar em um dos cinco níveis de jogo oferecidos. Além disso, em uma mesma competição, os atletas podem participar de duas provas, uma simples e uma dupla, e nunca em duas duplas, desde que dentro do seu nível.

Em todos os casos (exceto nível 1), para saber o nível de habilidade de cada atleta/parceiro unificado, são feitas as avaliações do International Tennis Number (ITN), o que vai orientar o técnico a saber em qual nível cada atleta deve ser inscrito. Exemplo de inscrição de um atleta para um evento: João Silveira (SO Ur): simples M e dupla M (com Pedro Castro), nível 4 (ITN 9 e total de pontos 121). A partir de todos os registros, de cada um dos participantes, o organizador (delegado técnico) vai criar as divisões/grupos para o evento.

Os níveis são:

A. **Nível 2 (somente são oferecidas localmente ou até jogos estaduais):** quadra de 42" (áreas de serviço apenas); bola: vermelha ou amarela com ponto vermelho, que é 75% mais lenta que a bola regular; ITN: geralmente atletas têm ITN 10.1. Contagem: melhor de três *sets* (quatro *games*) curtos. O primeiro jogador/equipe que ganha quatro *games* por uma diferença de dois *games* vence o *set*. Caso haja empate em três *games* a três *games*, vai a cinco *games*, e, caso haja empate em quatro *games* a quatro *games*, vai jogar um *tie break* de sete pontos (desde que haja diferença de dois pontos para um atleta/equipe). O primeiro jogador/equipe que ganha dois *sets* vence a partida. Em um empate de um *set* para cada atleta/equipe, joga-se um *tie break* até dez pontos (desde que haja diferença de dois pontos para um atleta/equipe) a fim de determinar o ganhador.

B. **Nível 3:** quadra de 60" (ou 18,28 m); bola: laranja ou amarela com ponto laranja, que é 50% mais lenta que a bola regular; ITN: geralmente os atletas têm ITN 10. Contagem: melhor de três *sets* (quatro *games*) curtos. O primeiro jogador/equipe que ganha quatro *games* por uma diferença de dois *games* vence o *set*. Caso haja empate em três *games* a três *games*, vai a cinco *games*, e, caso haja empate em quatro *games* a quatro *games*, vai jogar um *tie break* de sete pontos (desde que haja diferença de dois pontos para um atleta/equipe). O primeiro jogador/equipe que ganha dois *sets* vence a partida. Em um empate de um *set* para cada atleta/equipe, joga-se um *tie break* até dez pontos (desde que haja diferença de dois pontos para um atleta/equipe).

C. **Nível 4:** quadra de 78" (quadra regular); bola: verde ou amarela com ponto verde, que é 25% mais lenta que a bola regular; ITN: geralmente os atletas têm ITN 9. Contagem: melhor de três *sets* (quatro *games*) curtos. O primeiro jogador/equipe que ganha quatro *games* por uma diferença de dois *games* vence o *set*. Caso haja empate em três *games* a três *games*, vai a cinco *games*, e, caso haja empate em quatro *games* a quatro *games*, vai jogar um *tie break* de sete pontos (desde que haja diferença de dois pontos para um atleta/equipe). O primeiro jogador/equipe que ganha dois *sets* vence a partida. Em um empate de um *set* para cada atleta/equipe, joga-se um *tie break* até dez pontos (desde que haja diferença de dois pontos para um atleta/equipe).

D. **Nível 5:** quadra de 78" (quadra regular); bola: amarela (regular); ITN: geralmente os atletas têm ITN 8 ou 7. Contagem: melhor de três *sets* (seis *games*). O primeiro jogador/equipe que ganha seis *games* por uma diferença de dois *games* vence o *set*. Caso haja empate em cinco *games* a cinco *games*, vai a sete *games*, e, caso haja empate em seis *games* a seis *games*, vai jogar um *tie break* de sete pontos (desde que haja diferença de dois pontos para um atleta/equipe). O primeiro jogador/equipe que ganha dois *sets* vence a partida. Em um empate de um *set* para cada atleta/equipe, joga-se um *tie break* até dez pontos (desde que haja diferença de dois pontos para um atleta/equipe) a fim de determinar o ganhador.

8. **Nível 6:** quadra de 78" (quadra regular); bola: amarela (regular); ITN: geralmente os atletas têm ITN 6, 5, 4 ou mais (apesar de ser raríssimo na SOI existirem atletas com ITN mais altos do que quatro). Contagem: melhor de três *sets* (seis *games*). O primeiro jogador/equipe que ganha seis *games* por uma diferença de dois *games* vence o *set*. Caso haja empate em cinco *games* a cinco *games*, vai a sete *games*, e, caso haja empate em seis *games* a seis *games*, vai jogar um *tie break* de sete pontos (desde que haja diferença de dois pontos para um atleta/equipe). O primeiro jogador/equipe que ganha dois *sets* vence a partida. Em um empate de um *set* para cada atleta/equipe, joga-se um *tie break* até dez pontos (desde que haja diferença de dois pontos para um atleta/equipe) a fim de determinar o ganhador.

Em todos os níveis, de 2 até 6, os *games* **são contados de forma tradicional, ou seja, zero,** 15, 30, 40 e *game*. Quando há empate em 40 × 40 (*deuce*), utilizamos a regra do *NO AD* (já descrita anteriormente).

Figura 2 Atleta de OEB celebrando sua vitória.

Fonte: arquivo pessoal da autora.

TÊNIS DE MESA

O tênis de mesa é um esporte rápido que requer excelente coordenação óculo-manual. Todo atleta tem como objetivo passar a bola para o lado adversário da mesa por cima da rede, golpeando-a com uma raquete de tênis de mesa. Os atletas da *Special Olympics* desenvolvem os elementos essenciais de força e habilidade para que possam jogar tênis de mesa.

Estabelecida na *Special Olympics* em 1987, a presença desse esporte é mantida mediante parceria com a International Table Tennis Federation (ITTF). Assim como em todos os esportes, caso haja discordância entre as regras da ITTF e as da SOI, as regras desta última prevalecem, conforme estabelece o Artigo 1.

Diferenciais do tênis de mesa da *Special Olympics*: o tênis de mesa da *Special Olympics* modifica as regras da competição para atletas em cadeira de rodas. Uma almofada de qualquer tamanho e marca, de qualquer combinação de espuma de borracha, pode ser usada, e a cadeira de rodas não precisa ter apoio para as costas. Além disso, a mesa não deve ter qualquer barreira física que possa de alguma forma impedir o movimento normal e legal da cadeira de rodas do competidor.

Os jogadores em cadeira de rodas podem tocar a superfície de jogo com a mão livre durante o jogo, sem perder o ponto; no entanto, eles não podem usar a mão livre sobre a mesa como apoio ao golpear a bola. Os pés ou apoios para os pés do competidor em cadeira de rodas não podem tocar o chão durante o jogo.

Sobre os números, de acordo com o censo de 2011, cerca de 152 mil atletas da *Special Olympics* competiram em eventos de tênis de mesa em 105 programas que organizaram competições. Nos últimos anos, o número de atletas competindo em tênis de mesa quase triplicou. Esse esporte é também comumente referido como pingue-pongue.

O tênis de mesa está incluído nos Jogos Olímpicos desde 1988 (SPECIAL OLYMPICS, 2020g).

Eventos competitivos de tênis de mesa da SOI

A. **Serviço (saque) no alvo:** o atleta deve sacar cinco bolas do lado direito da mesa e cinco do lado esquerdo. A bola que quica na área de serviço correta recebe um ponto para cada acerto.

B. **Quique na raquete:** usando a raquete, deve rebater a bola para o alto (no ar), tantas vezes quanto possível em sequência, durante 30 segundos. Se o atleta perde o controle da bola, o árbitro ou voluntário dá a ele ou ela outra bola, e a sequência continua. Cada atleta tem duas rodadas de 30 segundos. A pontuação mais alta entre as duas rodadas é a que vai ser computada.

C. **Golpe de devolução:** o atleta fica em pé de um lado da mesa com o árbitro/voluntário, que está atuando como *feeder* ou alimentador, no lado oposto da mesa. O alimentador lança, com sua raquete, a bola para o lado do *forehand* do atleta. Este ganha um ponto se rebate com a raquete, por cima da rede, para o lado da mesa do adversário, desde que a bola quique na mesa. Se a bola toca na rede e retorna para a mesa do atleta, nenhum ponto é contado. O atleta recebe cinco bolas, uma de cada vez, e, a cada devolução considerada boa, o atleta ganha cinco pontos. O máximo de pontos possível é de **25.**

Essas provas são para atletas com baixa habilidade (conforme explicação acima) que não conseguem nem mesmo participar das provas de habilidades individuais.

1. **Habilidades individuais:** provas para atletas com baixo nível de habilidade motora. Não é oferecida essa categoria em jogos/eventos internacionais. As provas são:
   A. **Rebatida para o alto (ar) com a mão:** o atleta usa uma ou ambas as mãos para rebater a bola para o alto (no ar), consecutivamente, por um período de 30 segundos. O atleta pode pegar ou dar um tapa na bola e recebe um ponto cada vez que a bola atinge sua mão. Se o atleta perder o controle da bola, receberá outra bola e continuará a contagem.
   B. **Quique com a raquete:** o atleta marca um ponto para cada vez que usa a raquete para rebater a bola para o alto (no ar), consecutivamente, ao longo de 30 segundos. Se o atleta perder o controle da bola, entregam-lhe outra bola e continua a contagem.
   C. **Voleio de *forehand*:** o atleta fica em seu lado direito da mesa com um alimentador (geralmente um técnico) do outro lado. Usando um total de cinco bolas, o alimentador joga uma bola de cada vez para o lado do *forehand* do atleta. O atleta marca um ponto por rebater a bola de volta para o lado da mesa do alimentador. A bola deve quicar na mesa para contar como um ponto. Porém, o atleta marca cinco pontos por acertar a área de serviço do alimentador, ou seja, devolução cruzada.
   D. **Voleio de *backhand*:** o atleta fica em seu lado esquerdo da mesa com um alimentador (geralmente um técnico) do outro lado. Usando um total

de cinco bolas, o alimentador joga uma bola de cada vez para o lado do *backhand* do atleta. O atleta marca um ponto por rebater a bola de volta para o lado da mesa do alimentador. A bola deve quicar na mesa para contar como um ponto. Porém, o atleta marca cinco pontos por acertar a área de serviço do alimentador, ou seja, devolução cruzada.

E. **Serviço (saque):** o atleta deve servir (sacar) cinco bolas do lado direito da mesa e cinco bolas para o lado esquerdo da mesa, sempre na diagonal. Cada bola que quica na mesa, na área correta de saque, vai contar um ponto para o atleta.

Pontuação final: a pontuação final de um jogador é determinada pela soma das pontuações alcançadas em cada uma das cinco provas de habilidades individuais.

2. Simples (1 × 1).
3. Duplas (2 × 2).
4. Duplas mistas (1 masculino / 1 feminino).
5. Competição em cadeira de rodas.
6. Duplas Unificadas® (1 atleta / 1 parceiro(a) unificado(a)).
7. Duplas mistas unificadas® (1 atleta masculino / 1 parceira unificada feminino; 1 atleta feminina / 1 parceiro unificado masculino).

Contagem: uma partida consiste em uma melhor de *games* ímpares (geralmente três, mas pode variar), e o *game* é ganho pelo atleta/equipe que primeiro fizer onze pontos. A menos que haja empate em dez pontos, e, neste caso, o ganhador será o atleta/equipe que tiver dois pontos a mais que o adversário.

Figura 3 Atleta da OEB realizando uma jogada no tênis de mesa.
Fonte: Special Olympics, 2020g.

CONSIDERAÇÕES FINAIS

Os esportes de raquete trazem inúmeros benefícios não só para as pessoas sem deficiência, mas para todos os que os praticam.

Ao considerar um trabalho de qualquer um dos esportes de raquete citados anteriormente para as pessoas com deficiência intelectual, o profissional deve estar preparado para entender as especificidades de cada um de seus alunos, levando em consideração suas características físicas, técnicas, psicológicas, comportamentais e cognitivas em função do esporte, não apenas em função das dificuldades que possam ser apresentadas, além de conhecer o esporte com o qual vai trabalhar e todas as regras e a metodologia da *Special Olympics*.

Alves et al. (2013) afirmam que todas as pessoas com deficiência (física, intelectual, auditiva, visual e múltipla), salvo restrições raras, são capazes de participar de atividades esportivas (competitivas ou não) e de lazer. Nesse sentido, os efeitos positivos para a saúde, tanto em termos físicos quanto mentais, além do bem-estar e melhora na qualidade de vida, são inestimáveis.

É possível, ainda, haver a reversão do estigma e da exclusão, pois as pessoas são vistas como hábeis e capazes de participar, tanto quanto as demais.

Enfim, a prática competitiva nessas diferentes modalidades e categorias também permite que os atletas mostrem que essa é uma atividade possível para qualquer pessoa e que pode ser uma ferramenta de inclusão, de uma participação mais ativa na sociedade, de satisfação pessoal, de reconhecimento das potencialidades e de respeito entre os pares, ou seja, os esportes de raquete da *Special Olympics* ajudam a fomentar a transformação social.

REFERÊNCIAS

Alves MLT, Mollar TH, Duarte E. Educação física escolar: atividades inclusivas. São Paulo: Phorte; 2013.

Brechbühl J. La maîtrise du tennis. Lausanne: Payot; 1982.

International Tennis Federation. ITF Academy. Disponível em: https://www.itf-academy.com/; acessado em: julho de 2020.

Special Olympics. Article One. Disponível em: https://media.specialolympics.org/resources/sports-essentials/general/Sports-Essentials-Article-I-2020-Rules-v2.pdf?_ga=2.59228461.1842344401.1594646654-224556727.1593642276; acessado em: julho de 2020a.

Special Olympics. Badminton Disponível em: https://media.specialolympics.org/resources/sports-essentials/sport-rules/Sports-Essentials-Badminton-Rules; acessado em: julho de 2020b.

Special Olympics. Our work. Disponível em: https://www.specialolympics.org/our-work; acessado em: julho de 2020c.

Special Olympics. Sports. Disponível em: https://www.specialolympics.org/our-work/sports; acessado em: novembro de 2020d.

Special Olympics. Sports essentials. Disponível em: https://resources.specialolympics.org/sports--essentials; acessado em: julho de 2020e.

Special Olympics. Sports rules. Disponível em: https://media.specialolympics.org/resources/sports-essentials/general/Sports-Essentials-Article-I-2020-Rules-v2.pdf?_ga=2.59228461.1842344401.1594646654-224556727.1593642276; acessado em: novembro de 2020f.

Special Olympics. Table tennis sport rules. Disponível em: https://media.specialolympics.org/resources/sports-essentials/sport-rules/Sports-Essentials-Table-Tennis-Rules-2020.pdf?_ga=2.28119093.805960440.1597423539-224556727.1593642276; acessado em: novembro de 2020g.

Special Olympics. Tennis. Disponível em: https://www.specialolympics.org/our-work/sports/tennis; acessado em: julho de 2020h.

13

Aspectos fisiológicos nos esportes de raquete

Taisa Belli
Alessandro Moura Zagatto

INTRODUÇÃO

Os principais esportes de raquete incluem o tênis de mesa, o tênis, o *badminton* e o *squash*. Nesses esportes, dois ou quatro jogadores disputam uma partida rebatendo uma bola/peteca com uma raquete com o propósito de dificultar a devolução adversária em uma área delimitada de jogo. Suas partidas são disputadas em uma área dividida por uma rede ou em uma área comum com uma parede de rebote. As características específicas das regras, materiais e áreas de jogo fornecem as particularidades de cada um desses esportes (LEES, 2003; REILLY, 2005).

Os esportes de raquete têm como característica comum a intermitência de esforço, com uma duração muito curta de esforço e com uma pausa um pouco mais prolongada. Além disso, suas partidas são caracterizadas por uma longa duração. O sistema anaeróbio alático (ATP-CP) é o principal mecanismo de ressíntese de energia durante os períodos de esforço, sendo suplementado pelo sistema anaeróbio lático (glicólise anaeróbia) somente em disputa de pontos com grande número de troca de bolas, que aumentam a duração do *rally*. Já o sistema aeróbio é a principal fonte de energia durante a partida como um todo, além de ser responsável pela energia para ressíntese do sistema ATP-CP durante os momentos de pausa entre os *rallies* (FAUDE et al., 2007; GIRARD et al., 2007; KOVACS, 2007; ZAGATTO et al., 2010; MILIONI et al., 2018; ZAGATTO et al., 2018).

Este capítulo tem por objetivo caracterizar e discutir os aspectos fisiológicos dos principais esportes de raquete, tendo por base as características temporais das partidas e focando as demandas energéticas e metabólicas envolvidas nessas modalidades esportivas, bem como as características fisiológicas de seus atletas.

CARACTERÍSTICAS TEMPORAIS DAS PARTIDAS NOS ESPORTES DE RAQUETE

Os *rallies* disputados durante partidas entre jogadores de nível internacional nos esportes de raquete duram em média 3,3 segundos para o tênis de mesa (LEITE et al., 2017), 5,5 a 9,5 segundos para o *badminton* (CABELLO MANRIQUE, GONZALEZ-BADILLO, 2003; FAUDE et al., 2007; CHIMINAZZO et al., 2018), 7,5 segundos para o tênis (MENDEZ-VILLANUEVA et al., 2007) e 18,6 segundos para o *squash* (GIRARD et al., 2007). Na maior parte desses esportes, a razão entre o esforço (i.e., duração do *rally*) e a pausa (i.e., duração das pausas entre os *rallies*) se estabelece entre 0,2 e 0,5, com tempos de pausas médios de 18,6 segundos para o tênis de mesa (LEITE et al., 2017), 11,4-25 para o *badminton* (CABELLO MANRIQUE, GONZALEZ-BADILLO, 2003; FAUDE et al., 2007; CHIMINAZZO et al., 2018) e 16,2 para o tênis (MENDEZ-VILLANUEVA et al., 2007). No entanto, especificamente para o squash, esse índice ocorre em média a 2,4, ou seja, o tempo médio de *rally* (18,6 segundos) no *squash* é 2,4 vezes maior do que o tempo de pausa entre os *rallies* (8 segundos) (GIRARD et al., 2007). Esse fator ocorre principalmente pela dinâmica do jogo. O mesmo é executado em uma quadra fechada por todos os lados, fato que dificulta a finalização do ponto e aumenta a demanda fisiológica do esporte.

Estudos reportaram que o tempo total das partidas varia de 20 a 70 minutos para o tênis de mesa (LEITE et al., 2017), de 22 a 45 minutos para o *badminton* (CABELLO MANRIQUE e GONZALEZ-BADILLO, 2003; FAUDE et al., 2007; CHIMINAZZO et al., 2018) e de 20 a 30 minutos para o *squash* (GIRARD et al., 2007). Já as partidas de tênis apresentam duração maior, variando de 85,4 a 160 minutos (MENDEZ-VILLANUEVA et al., 2007).

Cabe destacar que tais características temporais das partidas podem ser influenciadas pelo nível dos atletas. Nesse sentido, embora tenham sido reportados tempos médios de *rally* similares em jogadores nacionais de *badminton* (FONTES et al., 2014) e tênis de mesa (ZAGATTO et al., 2010) àqueles reportados para jogadores de nível internacional para cada modalidade, foi observado um tempo médio de pausa menor entre os *rallies* para os mesatenistas de nível nacional (8,1 segundos) (ZAGATTO et al., 2010) em comparação àqueles de nível internacional (18,6 segundos) (LEITE et al., 2017). Tais diferenças acarretam maior razão esforço e pausa e maior tempo efetivo de jogo (i.e., somatória dos tempos de *rallies* dividida pelo tempo total da partida) para os mesatenistas nacionais (0,5 e 44%, respectivamente) comparados aos mesatenistas de nível internacional (0,2 e 15%, respectivamente).

Além disso, no tênis de mesa, a fase da competição modifica essa relação esforço e pausa. Nas semi e finais, o atleta permanece um tempo maior na pausa, resultando em uma diminuição da relação esforço e pausa. Essa maior pausa parece ocorrer devido ao maior tempo de planejamento do próximo *rally* ou mesmo para diminuir o ritmo do jogo em um momento em que o adversário está mais agressivo (LEITE et al., 2017). Já no *badminton*, as durações tanto dos *rallies* como das pausas apresentam-se maiores na fase de *playoff*, comparada à fase de grupos na competição, o que acarreta também maior tempo total de jogo (CHIMINAZZO et al., 2018).

Ainda, o estilo de jogo pode influenciar também as características temporais das partidas nos esportes de raquete. Estudos têm reportado que o estilo de jogo de tenistas tem grande impacto na duração dos *rallies*, com *rallies* mais curtos sendo observados em tenistas atacantes comparados a jogadores de quadra-toda, e *rallies* mais longos sendo observados em tenistas de fundo de quadra (KOVACS, 2007).

Esses parâmetros temporais são importantes e devem ser considerados no planejamento do treinamento dos esportes de raquete, pois podem alterar a demanda energética para o jogo, assim como o sistema metabólico. Assim, o planejamento do treinamento que respeite tais características temporais de duração do *rally* e da pausa, assim como a razão esforço e pausa, mimetizando os aspectos que ocorrem durante o jogo e potencializando o desempenho esportivo. Destacamos aqui os trabalhos de Belli et al. (2019), Kolman et al. (2017) e Vergauwen et al. (1998), nos quais foram desenvolvidos testes específicos baseados nas características temporais de partidas de tênis de mesa e tênis. Esses testes se apresentam como ferramentas interessantes na avaliação da eficácia do golpe de atletas ao longo da periodização, por mimetizarem os *rallies* e pausas que ocorrem durante o jogo.

DEMANDAS ENERGÉTICAS E METABÓLICAS DOS ESPORTES DE RAQUETE

Como relatado no tópico anterior, devido à sua característica temporal (durações do *rally*, da pausa e do jogo), os esportes de raquete, de modo geral, apresentam o metabolismo aeróbio como principal sistema energético, mas com o sistema anaeróbio alático (ATP-CP) sendo o mais predominante durante os períodos de esforços (*rally*). Apesar da predominância do sistema anaeróbio alático durante os pontos, como os esportes de raquete apresentam característica intermitente, o sistema aeróbio também desempenha um papel importante na ressíntese da fosfocreatina utilizada nos esforços e possibilita a realização de repetidos esforços em alta intensidade. Assim, este capítulo apresentará, de modo geral, as demandas energéticas e respostas fisiológicas que ocorrem em condições de treino e jogo nas principais modalidades de raquete.

Consumo de oxigênio

A mensuração do consumo de oxigênio ($\dot{V}O_2$) no exercício é um importante indicador da demanda energética no esporte. No entanto, nos esportes de raquete, a mensuração da demanda energética e metabólica só é possível com a utilização de equipamentos portáteis que possuem sistema de telemetria, e essas demandas mudam rapidamente em relação à sobrecarga (FAUDE et al., 2007; SPERLICH et al., 2011).

No tênis de mesa, os estudos que fizeram essa análise são restritos. Como iniciativa, Sperlich et al. (2011) analisaram a resposta do $\dot{V}O_2$ em atletas jovens de elite durante o treinamento e durante a competição. Esses autores encontraram um valor de $\dot{V}O_2$ médio entre 20 e 25 mL · kg^{-1} · min^{-1}, e valores pico variando até 45 mL · kg^{-1} · min^{-1} em alguns momentos do jogo, indicando que a demanda metabólica total no tênis de mesa é relativamente baixa. Valores similares foram observados em tenistas adultos ranqueados, com valor de $\dot{V}O_2$ médio de 29 mL · kg^{-1} · min^{-1} e valor mais alto de 47,8 mL · kg^{-1} · min^{-1} alcançado na partida como um todo (SMEKAL et al., 2003). De modo similar, Milioni et al. (2018) reportaram um valor pico de consumo de oxigênio em jogo simulado de tênis de mesa correspondente a 41 mL · kg^{-1} · min^{-1}, enquanto o $\dot{V}O_2$ médio correspondeu a 29,5 mL · kg^{-1} · min^{-1}. Esses valores encontrados no tênis de mesa e no tênis são inferiores aos mensurados nos demais esportes de raquete em situação de treinamento ou jogo, com uma média de $\dot{V}O_2$ entre 46,0 e 57,4 mL · kg^{-1} · min^{-1} em jogadores de *badminton* (FAUDE et al., 2007; PHOMSOUPHA, LAFFAYE, 2015) e de 54,4 mL · kg^{-1} · min^{-1} em atletas de *squash* (GIRARD et al., 2007).

Jogadores mais experientes, como tenistas seniores, também apresentam valores relativamente baixos (25,6 mL · kg^{-1} · min^{-1}) (FERRAUTI et al., 2001). Além disso, essa resposta do $\dot{V}O_2$ nos esportes de raquete parece estar associada ao estilo de jogo, com jogadores com característica mais ofensiva no tênis apresentando um valor de $\dot{V}O_2$ médio (27,5 mL · kg^{-1} · min^{-1}) inferior a jogadores defensivos (30,8 mL · kg^{-1} · min^{-1}), principalmente pelo fato do aumento da duração do ponto (SMEKAL et al., 2001). No trabalho de Milioni et al. (2018), em que o $\dot{V}O_2$ foi mensurado em mesatenistas ofensivos e *all-round*,[1] os atletas de *all-round* tiveram $\dot{V}O_{2max}$ superior aos atletas ofensivos (48,1 ± 5,83 *vs.* 42,9 ± 4,2 mL · kg^{-1} · min^{-1}), mas os valores médios mensurados durante o jogo não foram diferentes. Ainda, valores médios de $\dot{V}O_2$ mais baixos (36,4 mL · kg^{-1} · min^{-1}) foram obser-

1 Jogadores ofensivos são aqueles que jogam visando a pontos vencedores (ou seja, concluir um *rally* por meio de uma bola que quica na mesa adversária e não é golpeada ou mesmo alcançada por seu adversário), enquanto os jogadores *all-round* normalmente utilizam golpes menos ofensivos, visando a um erro de seu adversário (Milioni et al., 2018).

vados em atletas do sexo feminino comparado aos valores acima reportados em atletas masculinos durante partidas de *badminton* (FAUDE et al., 2007).

Frequência cardíaca

Apesar de o $\dot{V}O_2$ ser um parâmetro relevante para a determinação da demanda fisiológica nos esportes de raquete, o uso da máscara e o equipamento podem dificultar a visão e ser um fator estressante complementar. Por isso, em muitos trabalhos essa demanda é determinada de maneira indireta pela resposta da frequência cardíaca no jogo.

No tênis de mesa, Sperlich et al. (2011) relataram que, tanto no treinamento quanto durante a competição, a frequência cardíaca média observada varia entre 60 e 65% da frequência cardíaca pico em jovens mesatenistas, e que pode atingir valores próximos a 82% da frequência cardíaca máxima (FCmax) em jogadores mais experientes na modalidade (ZAGATTO et al., 2010). No tênis, esses valores são similares aos descritos para jogadores experientes de tênis de mesa, com valores médios de frequência cardíaca variando entre 145 e 160 bpm, que reflete valores entre 75 e 82% da FCmax (SMEAKAL et al., 2001). No entanto, no *squash* a demanda energética parece ser muito mais alta, como reportado acima para o $\dot{V}O_2$, que também reflete na frequência cardíaca (177 bpm, 92% da FCmax) (GIRARD et al., 2007). Demanda energética mais alta também é reportada nas partidas de *badminton*, com valores de frequência cardíaca variando entre 170 e 180 bpm (90% da FCmax) (PHOMSOUPHA, LAFFAYE, 2015).

No entanto, é importante frisar que a estimativa da demanda energética utilizando a frequência cardíaca pode induzir a valores incorretos devido ao fato de a frequência cardíaca ser também afetada por estresse psicobiológico (BARON et al., 1992) e pela perda de fluidos (NOAKES, 1993).

Lactato sanguíneo

Assim, um dos parâmetros mais utilizados para a caracterização fisiológica de uma modalidade esportiva é a resposta da concentração de lactato, um metabólito resultante da degradação da glicose e/ou glicogênio pelo sistema glicolítico. Desse modo, quanto maiores forem os valores de lactato no jogo, maior foi a atividade do sistema anaeróbio lático (glicolítico).

No tênis de mesa, a produção de lactato durante o jogo é relativamente baixa, com valores médios próximos a 1,1 a 1,8 mmol/L durante a competição, atingindo valores pico próximos a 2,2 mmol/L, o que pode ser assumido como valores um pouco superiores ao mensurado no repouso e próximos ao limiar aeróbio (ZAGATTO et al., 2010; SPERLICH et al., 2011; MILIONI et al., 2018). No tênis, a concentração de lactato também é similar ao tênis de mesa, com valores médios por volta de 2 mmol/L em jogadores ranqueados adultos durante as partidas (SMEAKAL et al., 2003).

Como as concentrações de lactato no tênis e no tênis de mesa são relativamente baixas (~2 mmol/L), e com base nos resultados mencionados acima de consumo de oxigênio e frequência cardíaca, é possível assumir uma predominância energética aeróbia nesses esportes, com baixa contribuição glicolítica. No entanto, para o *badminton* e para o *squash*, essa afirmação deve ser interpretada com cautela, pois a resposta do lactato pode atingir valores médios de duas a quatro vezes maiores durante o jogo do que o observado no tênis e tênis de mesa (4 mmol/L e 8,3 mmol/L, respectivamente, para *badminton* e *squash*), apresentando um componente glicolítico significativo (GIRARD et al., 2007; PHOMSOUPHA, LAFFAYE, 2015).

Vale mencionar que o estilo de jogo pode influenciar as concentrações de lactato observadas em partidas de tênis. Valores médios mais altos (3,8 mM) foram observados em jogadores de fundo de quadra (MENDEZ-VILLANUEVA et al., 2007a), provavelmente ocasionados por *rallies* mais longos disputados por esses atletas (KOVACS, 2007). Assim, para esses jogadores, as partidas apresentam maior componente glicolítico.

Alguns trabalhos encontrados na literatura tentaram mostrar a associação entre parâmetros fisiológicos e desempenho no tênis de mesa, no entanto nem o limiar anaeróbio nem o $\dot{V}O_{2max}$ mostraram ser bons preditores do desempenho em torneio simulado (ZAGATTO et al., 2014). Por outro lado, Zagatto et al. (2016) reportaram altas correlações entre a contribuição aeróbia no jogo com a duração do *rally* (r = 0,80) e com o número de troca de bolas no *rally* (r = 0,77), enquanto a capacidade anaeróbia mostrou boa correlação com a taxa de troca de bolas (r = 0,58), um indicador de intensidade de jogo. Esses achados mostraram que uma boa capacidade aeróbia é importante para suportar uma maior duração da atividade no jogo, enquanto uma maior capacidade anaeróbia possibilita jogar de forma mais intensa. De modo similar, Milioni et al. (2018) mostraram, investigando o efeito do estilo de jogo, resultados em que essa relação entre sistema oxidativo com duração do *rally* e o número de rebatidas nos *rallies* só ocorre para jogadores *all-round*, enquanto a troca de bola possui alta correlação com o sistema de fosfagênio e a capacidade anaeróbia apenas para os jogadores ofensivos. Esses achados refletem, efetivamente, as diferentes demandas para cada estilo de jogo, o que faz com que o planejamento do treinamento seja específico também ao estilo de jogo do atleta.

CARACTERÍSTICAS FISIOLÓGICAS DOS JOGADORES DE ESPORTES DE RAQUETE

Capacidade cardiorrespiratória

Na análise da condição física aeróbia de um atleta, o consumo máximo de oxigênio ($\dot{V}O_{2max}$) é o índice mais clássico e representa uma integração entre parâmetros pulmonar, cardíaco e muscular. Desse modo, quanto mais alto esse índice, maior a capacidade cardiorrespiratória do atleta.

No tênis de mesa, o $\dot{V}O_{2max}$ de um atleta está por volta dos 40 a 50 mL · kg^{-1} · min^{-1}. No entanto, devido à dificuldade em mensurar esse índice em teste específico para os esportes de raquete, grande parte dos trabalhos mensurou o $\dot{V}O_{2max}$ em teste em ciclo ergômetro ou esteira ergométrica. E os mesatenistas parecem apresentar a menor capacidade cardiorrespiratória dessa classe de esportes (ZAGATTO et al., 2011; ZAGATTO et al., 2014; ZAGATTO et al., 2016). Jogadores de tênis e *badminton* apresentam valores de $\dot{V}O_{2max}$ próximos aos 60 mL · kg^{-1} · min^{-1} (CARLSON et al., 1985; SMEKALl et al., 2001; GIRARD et al., 2006; PHOMSOUPHA, LAFFAYE, 2015), enquanto jogadores de *squash* apresentam valores ainda superiores (aproximadamente 64 mL · kg^{-1} · min^{-1}) (GIRARD et al., 2005).

Certamente, esses valores superiores de $\dot{V}O_{2max}$ comparados aos mesatenistas ocorrem por adaptações decorrentes da característica do jogo, mas, em grande parte, decorrem também à maior atenção à demanda física dada pelos treinadores, uma vez que no tênis de mesa grande parte do treinamento é realizada na mesa, havendo pouca ênfase a treinamento físico.

Maiores valores de $\dot{V}O_{2max}$ estão associados ainda com uma melhor colocação no *ranking* da Associação Profissional de Tênis (ATP) (BANZER et al., 2009). Nesse contexto, Kovacs (2007), em um trabalho de revisão, salienta que tenistas competitivos de alto rendimento devam ter um $\dot{V}O_{2max}$ maior do que 50 mL · kg^{-1} · min^{-1}, o que parece ser o recomendado também para os demais esportes de raquete. Ainda, apesar de o jogo de tênis de mesa ter duração significativamente menor que o jogo de tênis, em uma competição os atletas realizam várias partidas no mesmo dia, tornando o metabolismo aeróbio extremamente importante para a recuperação entre um jogo e outro.

Além do $\dot{V}O_{2max}$, vários trabalhos mensuraram a aptidão física de atletas por meio do limiar anaeróbio, que parece ser um índice mais sensível do que o $\dot{V}O_{2max}$ na avaliação de atletas altamente treinados. Para essa finalidade, há diversos testes que determinam esse fenômeno fisiológico por meio de resposta lactacidêmica ou mesmo de procedimentos não invasivos, como o teste de velocidade crítica. Como o limiar anaeróbio é reportado em intensidade, a comparação entre atletas de tênis de mesa, tênis e outros torna-se um pouco mais completa do que o $\dot{V}O_{2max}$, pois são reportados testes em esteira, ciclo ergômetro, teste específico com a utilização de lançamento de bolas (frequência como intensidade), ou mesmo simulações de movimentos realizados na quadra.

Como um panorama geral, o metabolismo aeróbio é importante para a recuperação após cada ponto e entre cada jogo, sendo necessária maior atenção nesse índice pelo treinador e preparador físico, principalmente no tênis de mesa em que os atletas apresentam valores extremamente baixos de capacidade cardiorrespiratória.

Índices anaeróbios

O metabolismo anaeróbio é a principal fonte de energia durante os esforços nos esportes de raquete, e tanto as vias anaeróbias aláticas como as láticas podem ter um papel decisivo para o desempenho desses atletas. O teste de Wingate, uma avaliação de 30-s em cicloergômetro, é amplamente utilizado nos esportes como um todo para estimar a potência anaeróbia dos músculos das pernas. Uma variação desse teste consiste ainda no uso do ergômetro de braço para estimar a potência anaeróbia de membros superiores.

Em jogadores de nível nacional de tênis de mesa, foram observados valores médios de potência pico de 7,95 a 11,6 W/kg e de potência média de 6,5 a 9,1 W/kg por meio do teste de Wingate em cicloergômetro (BENCKE et al., 2002; ZAGATTO et al., 2004; KONDRIČ et al., 2007). Além disso, valores médios de potência pico e de potência média de 5,7 e 4,1 W/kg foram reportados por meio da aplicação do teste de Wingate em ergômetro de braço nesses atletas (ZAGATTO et al., 2004). Valores similares de potência pico (9,3 a 10,6 W/kg) e potência média (8,3 W/kg) foram observados em tenistas de elite adolescentes por meio do teste em cicloergômetro (KOVACS et al., 2007; ZIEMANN et al., 2011).

Já a capacidade anaeróbia pode ser estimada pelo teste de máximo déficit acumulado de oxigênio (MAOD). Apesar de os estudos serem escassos nesse sentido nos esportes de raquete, Zagatto e Gobatto (2012) adaptaram esse teste para mesatenistas por meio do uso do robô lançador de bolas e encontraram valores (4,2 L; 71,6 mL/kg) similares àqueles observados em homens moderadamente ativos (DE POLI et al., 2016), porém menores do que os encontrados em atletas de esportes com alta demanda anaeróbia (GASTIN, LAWSON, 1994; MOORE, MURPHY, 2003).

Interessantemente, o MAOD mostrou-se correlacionado com a frequência de golpes em uma partida simulada de tênis de mesa, evidenciando que maior capacidade anaeróbia permite que os *rallies* sejam disputados em uma intensidade maior pelos mesatenistas (ZAGATTO et al., 2016).

De modo geral, apesar de apenas serem encontrados estudos que relacionaram a capacidade anaeróbia com parâmetros de jogo no tênis de mesa, seria completamente viável extrapolar esses achados para os outros esportes. Portanto, assim como o parâmetro aeróbio exerce um importante papel na recuperação entre cada *rally* e possibilita realizar repetidos *rallies* em alta intensidade, o metabolismo anaeróbio é o determinante nos momentos de esforço, requerendo grande ênfase no treinamento, principalmente o metabolismo anaeróbio alático.

CONSIDERAÇÕES FINAIS

Com base nas características dos esportes de raquete mencionadas acima, os jogadores necessitam de um razoável condicionamento aeróbio, principalmente os mesatenistas que possuem baixa capacidade cardiorrespiratória. Além disso, ficou evidenciada a importância do metabolismo anaeróbio alático no tênis de mesa e no tênis, e a importante contribuição do metabolismo anaeróbio lático para o *badminton* e o *squash*.

No passado, várias estratégias foram propostas para melhorar parâmetros relacionados aos componentes aeróbio e anaeróbio, de vários esportes, incluindo métodos de treinamento em diferentes domínios (STOGGL, SPERLICH, 2014). De um ponto de vista prático, três domínios principais auxiliam na prescrição da intensidade de exercício:

1. Baixa intensidade correspondente a um lactato sanguíneo < 2 mmol/L ou < 1° limiar ventilatório (VT_1) ou baseado na percepção subjetiva de esforço < "moderadamente forte" equivalente a < 13 na escala de Borg (BORG, 1970).
2. Exercício na "intensidade de limiar" com concentração de lactato 2 a 4 mmol/L, > VT_1 e < VT_2, percepção de esforço "forte" equivalente a 14 a 16 na escala de Borg.
3. Exercício de alta intensidade (ou seja, concentração de lactato > 4 mmol/L, > VT_2, percepção subjetiva de esforço > "muito forte" equivalente a > 17 na escala de Borg).

Nessa perspectiva, exercício envolvendo esforços de alta intensidade parece ser interessante para melhorar ambos os componentes (BURGOMASTER et al., 2008) e possibilitar adaptações aeróbias e anaeróbias (MACINNIS et al., 2016). Os exercícios de alta intensidade são frequentemente prescritos em intensidades correspondentes a 75 a 170% do $\dot{V}O_{2max}$ (WENGER, BELL, 1986; LAURSEN, JENKINS,

2002; HELGERUD et al., 2007) ou 90 a 100% da frequência cardíaca pico (HELGERUD et al., 2007) ou 80 a 175% da potência máxima (LAURSEN, JENKINS, 2002).

Na perspectiva prática, os intervalos devem durar poucos segundos a minutos, incluindo várias repetições (LAURSEN, JENKINS, 2002; GIBALA et al., 2006; HELGERUD et al., 2007) com recuperações passivas ou ativas entre os esforços (BILLAT et al., 2000; BILLAT, 2001) e de modo específico ao esporte (KINDERMANN et al., 1998; CHAMARI et al., 2005; MCMILLAN et al., 2005; IMPELLIZZERI et al., 2006; HILLl-HAAS et al., 2009; OWEN et al., 2012).

Dessa maneira, tanto quanto o perfil metabólico e as características específicas dos jogadores, as questões temporais dos esportes de raquete devem ser consideradas no planejamento do treinamento, respeitando a especificidade técnica e fisiológica de cada modalidade.

Neste capítulo, caracterizamos e discutimos os aspectos fisiológicos relacionados aos principais esportes de raquete, e a partir disso apresentamos uma possível aplicação de tal conhecimento para o treinamento desses jogadores. Esperamos que esse conteúdo possa colaborar com a prática diária dos treinadores, bem como incentivar futuras pesquisas envolvendo essa temática, visto que infelizmente ainda são poucos os estudos que tratam especificamente de estratégias de treinamento para melhora de componentes aeróbios e anaeróbios nas modalidades de raquete.

REFERÊNCIAS

Banzer W, Thiel C, Rosenhagen A, Vogt L. Tennis ranking related to exercise capacity. BMJ Case Rep. 2009.

Baron R, Petschnig R, Raberger G, Smekal G, Kastner P. Catecholamine excretion and heart rate as factors of psychophysical stress in table tennis. Int J Sports Med. 1992;13(7):501-5.

Belli T, Misuta MS, Moura PPR de, Tavares T dos S, Ribeiro RA, Santos YYS dos, et al. Reproducibility and validity of a stroke effectiveness test in table tennis based on the temporal game structure. Front Psychol. 2019;10:427.

Bencke J, Damsgaard R, Saekmose A, Jørgensen P, Klausen K. Anaerobic power and muscle strength characteristics of 11 years old elite and non-elite boys and girls from gymnastics, team handball, tennis and swimming. Scand J Med Sci Sports. 2002 Jun;12(3):171-8.

Billat LV. Interval training for performance: a scientific and empirical practice: special recommendations for middle- and long-distance running. Part I: aerobic interval training. Sports Medicine. 2001;31(1):13-31.

Billat VL, Slawinski J, Bocquet V, Demarle A, Lafitte L, Chassaing P, et al. Intermittent runs at the velocity associated with maximal oxygen uptake enables subjects to remain at maximal oxygen uptake for a longer time than intense but submaximal runs. Eur J Appl Physiol Occup Physiol. 2000 Fev;81(3):188-96.

Borg G. Perceived exertion as an indicator of somatic stress. Scand J Rehabil Med. 1970;2(2):92-8.

Burgomaster KA, Howarth KR, Phillips SM, Rakobowchuk M, MacDonald MJ, Mcgee SL, et al. Similar metabolic adaptations during exercise after low volume sprint interval and traditional endurance training in humans. J Physiol. 2008 Jan 1;586(1):151-60.

Cabello Manrique D, Gonzalez-Badillo JJ. Analysis of the characteristics of competitive badminton. British Journal of Sports Medicine. 2003 Fev;37(1):62-6.

Carlson J, Tyrell J, Naughton G, Laussen S, Portier B. Physiological responses during badminton games by elite Australian players. Badminton Sitelines. 1985;13:17-20.

Chamari K, Hachana Y, Kaouech F, Jeddi R, Moussa-Chamari I, Wisløff U. Endurance training and testing with the ball in young elite soccer players. Br J Sports Med. 2005 Jan;39(1):24-8.

Chiminazzo JGC, Barreira J, Luz LS, Saraiva WC, Cayres JT. Technical and timing characteristics of badminton men's single: comparison between groups and play-offs stages in 2016 Rio Olympic Games. International Journal of Performance Analysis in Sport. 2018;18(2):245-54.

de Poli R de AB, Miyagi WE, Nakamura FY, Zagatto AM. Caffeine improved time to exhaustion, but did not change alternative maximal accumulated oxygen deficit estimated during a single supramaximal running bout. Int J Sport Nutr Exerc Metab. 2016;26(6):549-57.

Faude O, Meyer T, Rosenberger F, Fries M, Huber G, Kindermann W. Physiological characteristics of badminton match play. European Journal of Applied Physiology and Occupational Physiology. 2007 Jul;100(4):479-85.

Ferrauti A, Bergeron MF, Pluim BM, Weber K. Physiological responses in tennis and running with similar oxygen uptake. Eur J Appl Physiol Occup Physiol. 2001 Jul;85(1-2):27-33.

Fontes TT, Dobránszky I de A, Chiminazzo JGC, Morais AM de. Análise da quantificação das ações motoras e da estrutura temporal no badminton. Revista Brasileira de Prescrição e Fisiologia do Exercício. 2014;8(50):782-6.

Gastin PB, Lawson DL. Influence of training status on maximal accumulated oxygen deficit during all-out cycle exercise. Eur J Appl Physiol Occup Physiol. 1994;69(4):321-30.

Gibala MJ, Little JP, Essen MV, Wilkin GP, Burgomaster KA, Safdas A, et al. Short-term sprint interval versus traditional endurance training: similar initial adaptations in human skeletal muscle and exercise performance. J Physiol. 2006 Set 15;575(Pt.3):901-11.

Girard O, Chevalier R, Habrard M, Sciberras P, Hot P, Millet GP. Game analysis and energy requirements of elite squash. J Strength Cond Res. 2007 Ago;21(3):909-14.

Girard O, Chevalier R, Leveque F, Micallef JP, Millet GP. Specific incremental field test for aerobic fitness in tennis. Br J Sports Med. 2006 Set;40(9):791-6.

Girard O, Aciberras P, Habrard M, Hot P, Chevalier R, Millet GP. Specific incremental test in elite squash players. British Journal of Sports Medicine. 2005 Dez;39(12):921-6.

Helgerud J, Høydal K, Karlsen T, Berg P, Bjerkaas M, Simonsen T, et al. Aerobic high-intensity intervals improve VO2max more than moderate training. Med Sci Sports Exerc. 2007 Abril;39(4):665-71.

Hill-Haas SV, Coutts AJ, Rowsell GJ, Dawson BT. Generic versus small-sided game training in soccer. Int J Sports Med. 2009 Set;30(9):636-42.

Impellizzeri FM, Marcora SM, Castagna C, Reilly T, Sassi A, Laia FM, et al. Physiological and performance effects of generic versus specific aerobic training in soccer players. Int J Sports Med. 2006 Jun;27(6):483-92.

Kindermann W, Coen B, Urhausen A. Leistungsphysiologische Massnahmen im Fußball und Handball. Deutsche Zeitschrift fuer Sportmedizin. 1998;49(Sonderheft 1):56-60.

Kolman N, Huijigen B, Kramer T, Elferink-Gemser M, Visscher C. The Dutch technical-tactical tennis test (D4T) for talent identification and development: psychometric characteristics. J Hum Kinet. 2017 Jan 1;55:127-38.

Kondrič M, Milić R, Furjan-Mandić G. Physiological anaerobic characteristics of Slovenian elite table tennis players. Acta Universitatis Palackianae Olomucensis. Gymnica. 2007;37(3):69-78.

Kovacs MS. Tennis physiology: training the competitive athlete. Sports Med. 2007;37(3):189-98.

Kovacs MS, Pritchett R, Wickwire PJ, Green JM, Bishop P. Physical performance changes after unsupervised training during the autumn/spring semester break in competitive tennis players. Br J Sports Med. 2007 Nov;41(11):705-10; discussion 710.

Laursen PB, Jenkins DG. The scientific basis for high-intensity interval training: optimising training programmes and maximising performance in highly trained endurance athletes. Sports Medicine. 2002;32(1):53-73.

Lees A. Science and the major racket sports: a review. J Sports Sci. 2003 Set;21(9):707-32.

Leite JV, Barbieri FA, Miyagi W, de Souza Malta E, Zagatto AM. Influence of game evolution and the phase of competition on temporal game structure in high-level table tennis tournaments. J Hum Kinet. 2017 Jan 1;55:55-63.

Macinnis MJ, Zacharewicz E, Martin BJ, Haikalis ME, Skelly LE, Tarnopolsky MA, et al. Superior mitochondrial adaptations in human skeletal muscle after interval compared to continuous single--leg cycling matched for total work. J Physiol. 2016 Jul 11.

McMillan K, Helgerud J, Mcdonald R, Hoff J. Physiological adaptations to soccer specific endurance training in professional youth soccer players. Br J Sports Med. 2005 Maio;39(5):273-7.

Mendez-Villanueva A, Fernandez-Fernandez J, Bishop D, Fernandez-Garcia B, Terrados N. Activity patterns, blood lactate concentrations and ratings of perceived exertion during a professional singles tennis tournament. Br J Sports Med. 2007a Maio;41(5):296-300; discussion 300.

Mendez-Villanueva A, Fernandez-Fernandez J, Bishop D, Fernandez-Garcia B, Terrados N. Activity patterns, blood lactate concentrations and ratings of perceived exertion during a professional singles tennis tournament. British Journal of Sports Medicine. 2007b Maio;41(5):296-300; discussion 300.

Milioni F, Leite JV de M, Beneke R, Poli RAB de, Papoti M, Zagatto AM. Table tennis playing styles require specific energy systems demands. PLoS One. 2018;13(7):e0199985.

Moore A, Murphy A. Development of an anaerobic capacity test for field sport athletes. Journal of Science and Medicine in Sport. 2003 Set;6(3):275-84.

Noakes TD. Fluid replacement during exercise. Exerc Sport Sci Rev. 1993;21:297-330.

Owen AL, Wong DP, Paul D, Dellal A. Effects of a periodized small-sided game training intervention on physical performance in elite professional soccer. J Strength Cond Res. 2012 Out;26(10):2748-54.

Phomsoupha M, Laffaye G. The science of badminton: game characteristics, anthropometry, physiology, visual fitness and biomechanics. Sports Med. 2015 Abril;45(4):473-95.

Reilly T. The racquet sports. In: Reilly T, Secher N, Snell P, Williams C (eds.). Physiology of sports: Taylor & Francis e-Library, 2005.

Smekal G, Duvillar SPV, Pokan R, Tschan H, Baron R, Hofmann P, et al. Changes in blood lactate and respiratory gas exchange measures in sports with discontinuous load profiles. Eur J Appl Physiol. 2003 Jun;89(5):489-95.

Smekal G, Duvillard SPV, Rihacek C, Pokan R, Hofmann P, Baron R, et al. A physiological profile of tennis match play. Med Sci Sports Exerc. 2001 Jun;33(6):999-1005.

Sperlich B, Koehler K, Holmberg H, Zinner C, Merte, J. Table tennis: cardiorespiratory and metabolic analysis of match and exercise in elite junior national players. Int J Sports Physiol Perform. 2011 Jun;6(2):234-42.

Stoggl T, Sperlich B. Polarized training has greater impact on key endurance variables than threshold, high intensity, or high volume training. Front Physiol. 2014;5:33.

Vergauwen L, Spaepen AJ, Lefevre J, Hespel P. Evaluation of stroke performance in tennis. Med Sci Sports Exerc. 1998 Ago;30(8):1281-8.

Wenger HA, Bell GJ. The interactions of intensity, frequency and duration of exercise training in altering cardiorespiratory fitness. Sports Medicine. 1986 Set-Out;3(5):346-56.

Zagatto AM, Gobatto CA. Relationship between anaerobic parameters provided from MAOD and critical power model in specific table tennis test. International Journal of Sports Medicine. 2012 Ago;33(8):613-20.

Zagatto AM, Kondric M, Knechtle B, Nikolaidis PT, Sperlich B. Energetic demand and physical conditioning of table tennis players: a study review. J Sports Sci. 2018 Abril;36(7):724-31.

Zagatto AM, Leite JV de M, Papoti M, Beneke R. Energetics of table tennis and table tennis-specific exercise testing. Int J Sports Physiol Perform. 2016 Nov;11(8):1012-7.

Zagatto A, Miranda MF, Gobatto CA. Critical power concept adapted for the specific table tennis test: comparisons between exhaustion criteria, mathematical modeling, and correlation with gas exchange parameters. Int J Sports Med. 2011 Jul;32(7):503-10.

Zagatto AM, Morel EA, Gobatto CA. Physiological responses and characteristics of table tennis matches determined in official tournaments. J Strength Cond Res. 2010 Abril;24(4):942-9.

Zagatto AM, Papoti M, Caputo F, Mendes O de C, Denadai BS, Baldissera V, et al. Comparison between the use of saliva and blood for the minimum lactate determination in arm ergometer and cycle ergometer in table tennis players. Revista Brasileira de Medicina do Esporte. 2004;10(6):481-6.

Zagatto AM, Papoti M, Reis IGM dos, Beck WR, Gobatto CA. Analysis of cardiopulmonary and metabolic variables measured during laboratory and sport-specific incremental tests for table tennis performance prediction. Science and Sports. 2014 Abril;29(2):62-70.

Ziemann E, Sledziewska E, Grywacz T, Gibson AL, Wierzba TH. Body composition and physical capacity of elite adolescent female tennis players. Georgian Med News. 2011 Jul-Ago;(196-7);19-27.

14

Preparação esportiva nos esportes de raquete

João Guilherme Cren Chiminazzo
João Marcelo de Queiroz Miranda

INTRODUÇÃO

Independentemente do nível de habilidade e da modalidade escolhida, a prática dos esportes de raquete passa pelo desenvolvimento de variados aspectos, entre eles: as preparações física, técnica e tática. É a preparação esportiva que vai ajudá-lo a suportar uma partida mais longa, um *rally* mais intenso, que vai levá-lo a ter melhoras em uma técnica, a praticar determinada tática e/ou que vai desenvolver capacidades físicas específicas. Tais alicerces não se fazem importantes apenas no contexto do alto rendimento. De maneira geral, para manter uma qualidade de vida saudável com a prática esportiva escolhida, todos podem investir no aprimoramento destas variáveis.

No presente capítulo, abordaremos o conceito e os princípios gerais do treinamento esportivo, bem como suas inter-relações com os componentes técnico, tático e físico. Discorreremos sobre a importância da caracterização dos esportes de raquete (modelação de jogo) e suas aplicações. E fecharemos o texto discutindo o processo de avaliação, planejamento, execução e monitoramento/controle da preparação esportiva.

CONCEITO E PRINCÍPIOS GERAIS DO TREINAMENTO ESPORTIVO

O treinamento refere-se a um processo que conduz a pessoa por um aperfeiçoamento em determinada área. No caso dos esportes, esse aprimoramento está direcionado a melhorias no desempenho esportivo, o que pode acontecer independentemente do nível de desempenho do praticante. Bompa (1983) descreve que o treinamento esportivo consiste na execução progressiva e sistemática de exercícios com o objetivo de melhorar o rendimento esportivo, englobando os aspectos técnicos, táticos e físicos. Para Weineck (1999), o desenvolvimento harmônico desses aspectos é imprescindível na garantia de um bom desempenho nos esportes, sendo o processo de treinamento esportivo algo multifatorial e complexo. É importante ressaltar também que áreas como medicina, nutrição, fisioterapia, entre outras, podem auxiliar na condução e otimização desse processo.

Matveev (1996) chama a atenção para o treinamento esportivo enquanto fenômeno pedagógico em que as atividades devem ser organizadas pedagogicamente na facilitação do processo de aperfeiçoamento do desempenho esportivo. Os objetivos, os personagens, os locais e demais particularidades dessa prática têm de ser olhados, criteriosa e cuidadosamente, nesse cenário. Nota-se a necessidade da análise ampla, considerando o ser humano como um todo, sujeito e produto de um ambiente, porém serão as ações pontuais/específicas que atingirão os objetivos esportivos previamente estabelecidos dentro de cada contexto.

Ao falar de preparação técnica, estamos falando do treinamento das habilidades motoras específicas, ou seja, dos movimentos que a pessoa precisa realizar para determinada prática esportiva, os quais também são conhecidos como fundamentos ou gestos técnicos (DANTAS, 2014). A realização dessa habilidade específica sempre busca a máxima eficiência do movimento, com o menor gasto energético e, nos contextos em que o tempo for um fator determinante, no menor tempo possível (GUTHRIE, 1952). Os fundamentos específicos do tênis, por exemplo, são: saque, *forehand, backhand, smash* e voleios (direita e esquerda).

Sobre a preparação tática, consiste na organização das razões que orientam a ação, ou seja, a preparação então se destina ao desenvolvimento dos sistemas complexos (tanto ofensivo quanto defensivo) por intermédio das estratégias de ação. Dantas (2014) define a preparação tática como o conjunto de procedimentos que assegura ao atleta ou a sua equipe a utilização dos elementos técnicos mais adequados para cada situação. Para Weineck (1999), a preparação tática envolve atividades com a participação do adversário. Nos esportes de raquete, por exemplo, pode-se adotar a tática de explorar os pontos fracos do adversário para que este cometa um erro ao tentar devolver a bola ou a peteca para o espaço adversário.

Olhando agora para a preparação física, ela se refere à prática sistemática de exercícios que visam à melhora da aptidão física, por exemplo: força, velocidade, agilidade, coordenação, entre outras. Nos esportes de raquete é imprescindível que seus praticantes tenham uma ótima velocidade de deslocamento para conseguirem chegar a todos os objetos e efetuar os golpes. Ou, ainda, terem uma boa resistência para suportar uma partida completa sem haver queda de desempenho.

Portanto, o desenvolvimento harmônico e multilateral desses três componentes, uma vez controlados ao longo do processo de preparação e de forma que o aumento da carga de um desses elementos não prejudique o desenvolvimento do outro, contribuirá para o aprimoramento integral do praticante de esportes de raquete (Figura 1).

E o processo de preparação esportiva não está reservado somente para aqueles que estão ou almejam o alto rendimento, mas sim para qualquer jogador ou jogadora que tenha como objetivo simplesmente praticar um esporte. Independentemente do contexto (iniciação ou alto rendimento) ou da idade, a preparação esportiva terá como função tanto a melhora do desempenho no jogo quanto a oferta de uma prática segura e sem risco de lesões. Assim, é importante que esses três aspectos sejam considerados, respeitando as características e individualidades de cada contexto. Por exemplo, no caso dos esportes de raquete, a preparação esportiva dará suporte para que o praticante utilize uma raquete para rebater inúmeras vezes um objeto, com segurança, sem sobrecarregar suas estruturas corporais, minimizando os possíveis efeitos deletérios dessa prática repetitiva.

O sistema de preparação esportiva envolve todo o complexo conjunto de fatores que levam à concretização dos objetivos da atividade esportiva. Deve contemplar os sistemas de competição (oficiais ou não oficiais), o sistema de treino e o sistema de fatores complementares, o qual envolve todos aqueles aspectos extracompetição e extratreino, como a nutrição e a fisioterapia, por exemplo (ZAKHAROV, 2003).

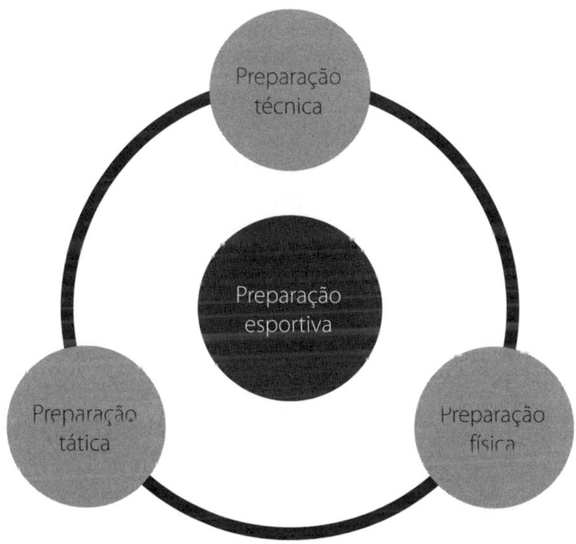

Figura 1 Componentes da preparação esportiva.

Fonte: elaborada pelos autores.

CARACTERIZAÇÃO DO JOGO OU MODELO DE JOGO

O primeiro passo no processo de preparação esportiva é compreender a prática da modalidade, ou seja, como o jogo de fato acontece. As informações e as características do jogo devem servir de referência para o processo de preparação. Alguns autores entendem esse fenômeno como modelo de jogo (GARGANTA, 2001). Sabendo como o jogo acontece, seus aspectos constitutivos e suas especificidades, o profissional que atua em determinada modalidade esportiva terá ferramentas para organizar e sistematizar as atividades com qualidade, contribuindo para a melhora do desempenho esportivo do praticante. Podemos, por exemplo, quantificar durante uma partida de tênis qual golpe é executado com maior frequência. Verificar qual é o tempo médio de *rally* em uma partida de *badminton*, ou, ainda, a intensidade do jogo em uma partida de *squash* e a densidade do jogo no tênis de mesa. Essas e outras variáveis devem ser compreendidas a partir da realidade do jogo para que possam fundamentar as ações em uma preparação esportiva. Em outras palavras, partimos das demandas do jogo para conduzir o processo de preparação esportiva.

De maneira geral, os esportes de raquete correspondem às modalidades esportivas que utilizam uma raquete, sendo as clássicas: tênis, *badminton*, tênis de mesa e *squash*. Lees (2003) conceitua os esportes de raquete como jogos com raquete disputados em duas ou quatro pessoas e que têm como objetivo rebater um objeto (peteca ou bola) em direção à quadra adversária (sobre a rede ou contra a parede), de maneira que o adversário não o alcance ou não consiga devolvê-lo com sucesso (GONZÁLEZ et al., 2017). Outra característica diz respeito à área de jogo. Todas as modalidades de raquete demandam uma área específica de jogo e um obstáculo que o objeto deve transpor. Dessa forma, podemos dizer que raquete, objeto (peteca ou bola), espaço e obstáculo são componentes invariantes dos esportes de raquete, os quais, juntamente com as regras das modalidades, resultarão na prática do jogo. Cabe sublinhar também que a principal habilidade motora básica praticada nos esportes de raquete é o "rebater".

As regras das modalidades são igualmente relevantes na busca de compreensão dos jogos de raquete. Muitas informações dos jogos são pautadas nas regras. Por exemplo, ter conhecimento: de quando é considerado o término de uma partida, ou de como ocorre o intervalo de descanso entre os *games* e *sets* no tênis, ou sobre a pausa de um minuto no 11º ponto nas partidas de *badminton* etc., é algo essencial, pois são regras importantes, que formatam o jogo.

O reconhecimento das ações motoras executadas durante um jogo também ajuda a entender sua dinâmica. Por exemplo, sabe-se que os jogos de esportes de raquete possuem uma característica intermitente, com estímulos de alta intensidade e de curta duração (LEES, 2003). Assim, seria interessante conhecer o volume, a intensidade e a densidade dos jogos de qualquer modalidade. Compreender tais conceitos e extrair essas variáveis de uma partida subsidiará o processo de estruturação da preparação esportiva. Quantificar as exigências do jogo permite uma abordagem específica nos programas de treinamento, otimizando a preparação do atleta/praticante (REID et al., 2016).

SISTEMA DE TREINO: COMPONENTES DAS CARGAS DE TREINO *VERSUS* CARGAS DE JOGO

Conforme visto até aqui, é no processo de treino que ocorre o aperfeiçoamento do desempenho esportivo. Porém, este deve estar pautado nas exigências e demandas do jogo.

A soma de todo o trabalho executado em uma partida recebe o nome de carga de jogo. Já os estímulos que são ofertados durante os processos de treino são conhecidos como cargas de treino. Tais cargas referem-se a todos os componentes da preparação esportiva (física, técnica e tática). Na ciência do esporte, a aplicação das cargas de treino está orientada em uma série de pressupostos e princípios que auxiliam no delineamento do processo organizado e pedagógico do treinamento. Assim, temos os seguintes princípios: sobrecarga, especificidade, individualidade biológica, continuidade, adaptação e interdependência volume/intensidade (DANTAS, 2014).

Nesse sentido, a oferta dos estímulos deve ser contínua (princípio da continuidade) e crescente (princípio da sobrecarga), para que rompa com a homeostase, provocando a adaptação do corpo (princípio da adaptação), restabelecendo o equilíbrio corporal. Essa dinâmica de estresse/estímulo e readaptação/recuperação fará a *performance* esportiva melhorar. Além disso, os estímulos devem ser específicos, respeitando as características da modalidade praticada (princípio da especificidade) e aplicados sob medida para cada indivíduo (princípio da individualidade biológica). Pensando em um planejamento de treino, a relação entre volume e intensidade da carga também deverá variar ao longo do processo, mesmo sendo interdependentes.

Sendo respeitados todos esses princípios do treinamento, o aluno/atleta estará muito bem orientado no processo de preparação para a prática esportiva. E vale ressaltar que os princípios devem ser aplicados no trabalho de todos os componentes dos treinos, ou seja, em relação aos aspectos físicos, técnicos e táticos.

Os exercícios são como ferramentas que ajudarão a atingir um estado ótimo de desempenho esportivo. Eles podem ser caracterizados como exercícios gerais, os quais não possuem nenhum componente característico do jogo, por exemplo, a corrida para praticantes dos esportes de raquete. E também existem os exercícios específicos, que são aqueles que possuem estrutura parcial ou totalmente semelhante à estrutura do movimento do jogo – por exemplo, os exercícios dos golpes da base (*forehand* e *backhand*) no tênis.

Toda a base metodológica do treino esportivo, em busca da melhora do desempenho, pode ser construída a partir de meios e de métodos pedagógicos de preparação, os quais pretendem contribuir para o aperfeiçoamento das habilidades e capacidades de desempenho até um estado ótimo, permitindo também o equilíbrio entre os sistemas biológico, social e psicológico.

Constitui os chamados meios de treino tudo o que diz respeito à maneira de treinar, aos recursos, às ferramentas e aos implementos utilizados para o desenvolvimento de um conteúdo de treino. Na prática, os meios de treino são os exercícios e atividades aplicados ao treino, como corrida, saltos, exercícios com pesos, entre outros.

Em complemento, tudo aquilo que compreende a forma como as ferramentas de treinamento são utilizadas, a partir de um planejamento que objetiva elevar os níveis de conhecimento, as habilidades, capacidades e hábitos dos atletas, chama-se método. Em outras palavras, a maneira como se utiliza o meio para alcançar os resultados desejados na preparação é o que acaba sendo chamado de método. Por exemplo, a partir do meio de treinamento corrida, temos o método de treinamento contínuo, o método intervalado, o método por repetição, entre outros.

Sabendo que a carga de treino corresponde a um estímulo adicional em relação ao nível habitual da pessoa, ou seja, é o estresse que provocará adaptações positivas no organismo, diferentes componentes dessa carga precisam ser considerados no planejamento de treino. Exemplo: volume, intensidade, densidade etc.

As cargas de treino, tanto interna quanto externa, podem variar de acordo com o período do planejamento em que o praticante/atleta se encontra, mas sempre tendo como principal referência as demandas do jogo. Roschel et al. (2011) definem a carga interna como a alteração dos parâmetros fisiológicos decorrente de determinada dose de treino (carga externa). Os parâmetros mais comuns para controlar a carga interna são: $\dot{V}O_{2max}$, lactato, frequência cardíaca e percepção subjetiva de esforço. Já sobre a carga externa (dose de treino), diz respeito às variáveis consideradas para a prescrição do treino, independentemente das respostas que serão geradas. O controle da carga externa pode ser realizado pelo volume (número de séries, distâncias percorridas, tempo de atividade) e pela intensidade (velocidade, percentual de carga, frequência de golpe por *game*) de treinamento, por exemplo.

Existem várias maneiras de mensurar o volume de uma partida em esportes de raquete. É possível fazê-lo, por exemplo, por meio do total da distância percorrida, do tempo total de jogo, do total de golpes executados, da quantidade de *rallies* ocorridos. Já a intensidade pode ser quantificada por meio da frequência cardíaca, do limiar anaeróbio, da frequência de golpes por *rally*, da frequência de golpes por minuto etc. Em relação à densidade de jogo, esta corresponde à relação esforço e pausa durante a partida. Podemos exemplificar com a relação entre a duração do *rally* e o tempo de pausa entre os *rallies*.

Com a manipulação dessas três variáveis nas modalidades de esportes de raquete já é possível elaborar treinos e montar um planejamento eficiente para a melhora do desempenho esportivo.

APLICAÇÃO DOS CONCEITOS JUNTO AO SISTEMA DE TREINO

Para entender como todo esse arcabouço teórico pode ser aplicado na prática, vamos entender como o volume, a intensidade e a densidade podem ser usados no processo do treinamento esportivo. Adotaremos alguns exemplos em diferentes contextos dos esportes de raquete.

No aspecto temporal, sabe-se que uma partida de *badminton* é disputada em melhor de três *games* de 21 pontos, ou seja, uma partida tem horário para começar, mas não para terminar. O que já foi avaliado é que as partidas, em sua duração, podem variar de 40 minutos (ABIÁN-VICÉN et al., 2012) a 90 minutos (CHIMINAZZO et al., 2018). Essa informação é um dado importante no que diz respeito ao volume de uma partida de *badminton*. Como em todos os esportes de raquete, o jogo de *badminton* está pautado em estímulos de alta intensidade e de curta duração, também conhecidos por *rallies*, e intercalados com momentos de pausa, o que caracteriza uma modalidade intermitente. Então, não basta sabermos apenas o tempo total de jogo, mas sim como são caracterizados esses estímulos, ou seja, qual é a média de duração dos *rallies*, por exemplo. Há estudos que trazem esses dados, nos quais a média de duração dos *rallies* é de até 10 segundos e a média do tempo de pausa entre os *rallies* é de aproximadamente 30 segundos (CHIMINAZZO et al., 2018; PHOMSOUPHA, LAFFAYE, 2015).

Com tais informações já é possível planejar os treinos com estímulos semelhantes, atendendo às demandas específicas, tanto no aspecto técnico e tático quanto no aspecto físico.

Indo mais além, o tempo de duração dos *rallies* não é uniforme, ou seja, a duração pode variar de alguns segundos (maior frequência), de acordo com Chiminazzo et al. (2018), até *rallies* superiores a 40 segundos (menor frequência). Atendendo ao princípio da especificidade, essa informação é relevante, pois o atleta/praticante deverá estar apto a suportar tanto *rallies* curtos quanto *rallies* longos. Ainda, é interessante destacar que, do total do tempo de jogo no *badminton*, apenas 30% é de tempo efetivo de jogo, o restante é tempo em que o atleta não está em disputa do ponto (PHOMSOUPHA, LAFFAYE, 2015). Ou seja, quando você planejar seus treinamentos, você precisará levar em consideração as informações extraídas do jogo, como as discorridas acima, e respeitar os conceitos teóricos abordados neste capítulo.

Saindo do *badminton* e analisando o tênis, muitos já ouviram a seguinte pergunta: "Por que o tenista precisa correr mil metros contínuos em treinos, sendo que no jogo ele nunca vai correr isso?". O volume de jogo pode ser caracterizado por meio da distância total percorrida, e, nesse sentido, estudos apontam que um tenista de alto nível percorre de 1 a 3,4 km por partida (KILIT et al., 2018). Entretanto, é necessário ter conhecimento de como ocorre esse deslocamento. Sabendo que o jogo é intermitente, ou seja, os estímulos estão intercalados com pausas, em cada ponto no tênis, o atleta de alto nível percorre de 8 a 12 m (CUI et al., 2017; WHITESIDE et al., 2016). Além disso, Miranda (2011) mostra que o tenista se recupera entre os *rallies* durante um intervalo de 15 a 25 segundos. Diante de tais informações, percebe-se que aquele questionamento inicial tem razão de ser levantado, pois os estímulos determinantes (*rallies*) são mais curtos e, dessa forma, o treinamento deveria respeitar tal demanda e ser programado de maneira que o tenista tivesse condições de enfrentar essa exigência do jogo.

Todas essas informações conduzem a outra associação, imprescindível para a compreensão do jogo: as exigências metabólicas para a modalidade.

Ainda sobre o volume de jogo, quantos golpes são executados em uma partida de *badminton*? A quantidade de golpes também é uma variável de volume. Em um estudo com o *badminton* brasileiro, na categoria sub-19 foi contabilizada uma média de 265 golpes na categoria masculina e de 192 golpes na categoria feminina (FONTES et al., 2014). Já em um estudo realizado com a categoria simples masculina dos Jogos Olímpicos, foi apontada uma média de 806 golpes por jogo (CHIMINAZZO et al., 2018). Nota-se que são volumes diferentes, pois se trata de contextos diferenciados. Mais uma vez é importante destacar a necessidade de conhecer o jogo nos diferentes ambientes, caso contrário corre-se o risco de cometer erros nas cargas de treino, comprometendo o desempenho, seja pela falta de estímulos ou pelo excesso de carga, que pode até ocasionar lesões (ECKARD et al., 2018).

Quanto à intensidade do jogo, existem diversas maneiras de identificá-la. Por exemplo, por meio de variáveis fisiológicas ou por intermédio de informações referentes às ações do jogo. Baseando-se nas ações do jogo, a intensidade sempre vai modular com outra variável, sendo a mais frequente delas o tempo. Assim, um exemplo da intensidade de jogo seria a quantidade de golpes que um jogador executa por segundo. No *badminton* de alto nível para homens, estudos recentes apontam intensidades de 1,07 golpe/segundo (ABIÁN et al., 2014), chegando a 1,1 golpe/segundo (CHIMINAZZO et al., 2018). Essa informação mostra-se valiosa, uma vez que, nos treinamentos, quando o técnico quiser trabalhar no formato de uma pré-temporada, por exemplo, com exercícios menos intensos, ele pode programar uma intensidade de jogo menor do que essa (de 0,8 ou até 0,7 golpe/segundo, p. ex.) e depois, já próximo da competição, caso o técnico queira trabalhar exatamente da mesma forma como acontece no jogo, ele pode aumentar essa intensidade, aproximando-se das características do jogo. Dessa forma, estará respeitando os princípios do treinamento e terá uma distribuição coerente das cargas ao longo das diferentes fases do treinamento.

Finalmente, outra variável, que vamos abordar, é a densidade de jogo. Essa é uma variável bem interessante nas modalidades de raquete, pois, em se tratando de modalidades intermitentes, podemos entender qual é a relação entre o esforço e a pausa. A densidade do jogo de tênis varia entre 1:2 e 1:3, ou seja, para cada 1 período de esforço recuperam-se 2 ou até 3 vezes mais (KILIT et al., 2016; KILIT, ARSLAN, 2017; TORRES-LUQUE et al., 2014). Ao planejar um treino técnico baseado no método intervalado, por exemplo, podem ser elaborados estímulos e pausas respeitando-se a densidade do jogo, caso se esteja em uma fase de competição. Já em uma fase de preparação, em que o objetivo é ter treinos mais volumosos, pode-se aumentar a densidade do jogo de forma que o atleta/praticante tenha mais tempo para se recuperar dos estímulos e, com isso, ir ajustando os processos de adaptação orgânica (princípio da adaptação) de forma gradual. O estudo de Miranda (2018) utilizou a densidade como estratégia para progressão da carga de treinamento ao longo de nove semanas de periodização em tenistas adolescentes.

Convém lembrar que essas referências do jogo podem variar de acordo com diferentes contextos, por exemplo: categorias, sexo, provas (simples e duplas), o que deve ser levado em consideração no momento da elaboração dos treinos. Não é aconselhado cruzar informações de contextos diferentes, isto é, a quantidade de golpes executados na elite internacional adulta, por exemplo, não poderá servir de referência para o treinamento de atletas juvenis nacionais.

Infelizmente, a compreensão das características das modalidades de raquete ainda carece de muita pesquisa científica, já que pouco se sabe ainda a respeito das particularidades nos diferentes contextos.

PROCESSOS DE TREINAMENTO

O treinamento esportivo deve ser visto como um processo, ou seja, uma ação contínua, encadeada e prolongada que visa a um objetivo final. Assim, os treinos não podem acontecer de forma isolada. Deve haver uma relação entre eles, com foco no objetivo final. Nesse processo, algumas ações são fundamentais e devem ser destacadas: **avaliação, planejamento, execução** e **monitoramento/controle**.

A primeira etapa consiste na **avaliação**. Nessa fase, pretende-se verificar o nível dos componentes do desempenho esportivo ou estado de condicionamento do praticante/atleta. É uma fase de aplicação de testes para diagnóstico, que direcionará todo o planejamento futuro, além de atender ao princípio da individualidade biológica, pois se considera o praticante/atleta de forma individualizada. A avaliação ajudará a identificar também possíveis deficiências no praticante/atleta em qualquer componente do treino. Se eu tenho um praticante/atleta de *squash* e quero melhorar seu desempenho esportivo, eu preciso pensar em avaliar os componentes técnicos, físicos e táticos. Porém, não devemos nos esquecer de utilizar sempre os testes com evidências de validações científicas, ou seja, testes que já foram analisados quanto à validade, objetividade e fidedignidade. A validade diz respeito ao grau em que o teste mede aquilo que está se propondo a medir. A objetividade corresponde ao grau de concordância dos resultados do teste entre diferentes avaliadores. E, por fim, a fidedignidade confirma o grau de consistência dos resultados de um teste em diferentes testagens (MARINS, GIANNICHI, 2003; PITANGA, 2005). Na prática, certifique-se de que o teste esteja validado. Assim, essas três características já terão sido testadas e você poderá usá-lo tranquilamente.

Ao aplicar um teste, é preciso que se saiba interpretar seus resultados, ou seja, determinar a importância ou o valor da informação coletada. Com base nos testes, você indicará se os objetivos estão ou não sendo atingidos, se o sistema de treino está sendo satisfatório, fará comparação com algum padrão (escalas, médias, desvios padrões, percentuais etc.), entre outros. Seguindo essas orientações, tome cuidado, por exemplo, para não utilizar valores de referência de atletas adultos profissionais para classificar crianças e adolescentes amadores.

Realizada a avaliação, o passo seguinte diz respeito ao **planejamento**. Nessa fase, os objetivos são determinados e os meios, ações e/ou estratégias são definidos para que os objetivos sejam alcançados. Vamos imaginar que um mesatenista tenha feito uma avaliação técnica, e se percebeu que existe uma falha em sua execução do *drive* de direita. Então, na fase de planejamento, podem ser estruturadas estratégias de ações para corrigir essa falha. Ou, ainda, considerando um praticante/atleta que, ao fazer os testes físicos, tem detectada a necessidade de melhora em sua potência aeróbia. É no momento da elaboração de um planejamento que será delineada a forma de trabalho de modo que os treinos físicos melhorem sua potência aeróbia, ou seja, pode-se dizer quais meios e métodos de treinamento serão escolhidos para atingir esse objetivo.

O planejamento dos treinos deverá ser executado sempre previamente pelo profissional responsável e deve considerar o seguinte: análise e conhecimento do sistema de competição, sistema de fatores complementares, exigências físicas, técnicas e táticas, definição das metas individuais etc. Assim, chegar-se-á à definição e ao registro da periodização com suas respectivas fases do treinamento.

A fase de **execução** do sistema de treinamento consiste em realizar o treino da melhor forma possível, sempre em consonância com o objetivo proposto. É a fase em que se coloca em ação o que foi planejado na etapa anterior. É crucial que seja feito um relatório da sessão de treino, sendo este um documento padronizado no qual se registra o treino executado com as devidas cargas e qualquer ocorrência que possa ter havido. Depois de vários meses, dificilmente você se lembrará de algo que tenha acontecido em determinado treino, por isso o registro é importante. O Quadro 1 traz um exemplo de registro de controle das sessões de treinamento.

Quadro 1 Registro de controle da sessão de treinamento

Nome do atleta	Data do treino	Nº da sessão	Objetivo
Meio de treinamento		Método de treinamento	
	Exercícios		

Fonte: elaborado pelos autores.

O **monitoramento/controle** do treino está relacionado ao acompanhamento do processo de forma segura, garantindo o melhor rendimento do atleta ao longo dessa prática e prevenindo lesões. O monitoramento da carga de treino pode ser um indicador de que o praticante/atleta está progredindo de forma segura e adequada. É possível monitorar a carga externa (volume, intensidade e densidade, p. ex.) e a carga interna dos treinos (valor atribuído pelo praticante/atleta para sua percepção subjetiva em relação à carga de treino da sessão). E durante um processo de recuperação do praticante/atleta é igualmente possível realizar um monitoramento (percepção subjetiva de recuperação) para que se acompanhe o caso sistematicamente, aplicando as devidas cargas de treino sem prejudicar o desenvolvimento esportivo.

Este capítulo não pretendeu esgotar o conteúdo da preparação esportiva para os esportes de raquete. Estamos falando de algo complexo e multifatorial que, portanto, requer maiores aprofundamentos e estudos. Entretanto, alguns pontos indispensáveis na construção de um processo de preparação, independentemente da modalidade de raquete escolhida, foram abordados. Voltamos a sinalizar que avanços científicos são necessários na busca de mais informações consistentes, para que as decisões na formulação de uma preparação esportiva sejam pautadas em dados precisos e seguros.

REFERÊNCIAS

Abián P, Castanedo A, Feng XQ, Sampedro J, Abián-Vicén J. Notational comparison of men's singles badminton matches between Olympic Games in Beijing and London. International Journal of Performance Analysis in Sport. 2014 Abril 14(1):42-53.

Abián-Vicén J, Coso JD, González-Millán C, Salinero J, Abián P. Analysis of dehydration and strength in elite badminton players. PlosOne. 2012;7(5).

Bompa TO. Theory and methodology of training. Toronto: Kendall/Hunt; 1983.

Chiminazzo JGC, Barreira J, Luz LSM, Saraiva WC, Cayres JT. Technical and timing characteristics of badminton men's single: comparison between groups and play-offs stages in 2016 Rio Olympic Games. International Journal of Performance Analysis in Sport. 2018;18(2):245-54.

Cui Y, Gómez M, Gonçalves B, Liu H, Sampaio J. Effects of experience and relative quality in tennis match performance during four Grand Slams. International Journal of Performance Analysis in Sport. 2017;17(5):783-801.

Dantas EHM. A prática da preparação física. 6.ed. São Paulo: Roca; 2014.

Eckard TG, Padua DA, Hearn DW, Pexa BS, Frank BS. The relationship between training load and injury in athletes: a systematic review. Sports Medicine. 2018 Ago 26;48(8):1929-61.

Fontes TT, Chiminazzo JGC, Dobránszky I de A, Moraes AM. Análise da quantificação das ações motoras e da estrutura temporal no badminton. Revista Brasileira de Prescrição e Fisiologia do Exercício. 2014;8(50):782-6.

Garganta JA. análise da performance nos jogos desportivos: revisão acerca da análise do jogo. Revista Portuguesa de Ciências do Desporto. 2001;1(1):57-64.

González FJ, Darido SC, Oliveira A. Esportes de marca e com rede divisória ou muro/parede de rebote: badminton, peteca, tênis de campo, tênis de mesa, voleibol, atletismo. 2.ed. Maringá: Eduem; 2017. v.2

Guthrie ER. The psychology of learning. New York: Harper & Ron; 1952.

Kilit B, Arslan E. Physiological responses and time-motion characteristics of young tennis players: comparison of serve vs. return games and winners vs. losers matches. International Journal of Performance Analysis in Sport. 2017;17(5):684-94.

Kilit B, Arslan E, Soylu Y. Time-motion characteristics, notational analysis and physiological demands of tennis match play: a review. Acta Kinesiologica. 2018;12:5-12.

Kilit B, Şenel O, Arslan E, Can S. Physiological responses and match characteristics in professional tennis players during a one-hour simulated tennis match. Journal of Human Kinetics. 2016;50(2):83-92.

Lees A. Science and the major racket sports: a review. Journal of Sports Sciences. 2003 Set 1;21(9):707-32.

Marins JCB, Giannichi RS. Avaliação e prescrição de atividade física: guia prático. 3.ed. Rio de Janeiro: Shape; 2003.

Matveev LP. Preparação desportiva. São Paulo: FMU; 1996.

Miranda JMQ. O jogo de tênis e suas implicações energéticas. Science in Health. 2011;2(3):177-80.

Miranda JMQ. Efeito de nove semanas de treinamento periodizado linear e ondulatório no rendimento esportivo de tenistas adolescentes. São Paulo, 2018.

Phomsoupha M, Laffaye G. The science of badminton: game characteristics, anthropometry, physiology, visual fitness and biomechanics. Sports Med. 2015 Abril;45(4):473-95.

Pitanga FJG. Testes, medidas e avaliação em educação física e esportes. 4.ed. São Paulo: Phorte; 2005.

Reid M, Morgan S, Whiteside D. Matchplay characteristics of Grand Slam tennis: implications for training and conditioning. Journal of Sports Sciences. 2016 Out 24;34(19):1791-8.

Roschel H, Tricoli V, Ugrinowitsch C. Treinamento físico: considerações práticas e científicas. Revista Brasileira de Educação Física e Esporte. 2011;25:53-65.

Torres-Luque G, Sánchez-Pay A, Fernández-García AI, Palao JM. Características de la estructura temporal en tenis: una revisión. Journal of Sport and Health Research. 2014;6(2):117-28.

Weineck J. Treinamento ideal. São Paulo: Manole; 1999.

Whiteside D, Bane M, Reid M. Differentiating top-ranked male tennis players from lower-ranked players using hawk-eye data: an investigation of the 2012-2014 Australian open tournaments. 33rd International Conference on Biomechanics in Sports, 2016.

Zakharov AA. Ciência do treinamento desportivo. 2.ed. Rio de Janeiro: Grupo Palestra Editora; 2003.

15

Análise notacional nos esportes de raquete

João Guilherme Cren Chiminazzo
Ludgero Braga Neto

Você já imaginou a quantidade de informações provenientes de uma partida de tênis? E de um jogo de *badminton*, que é considerado o esporte de raquete mais rápido do mundo? Quais demandas de uma partida são importantes para que os treinadores planejem futuras sessões de treinos? Será que os treinadores conseguem observar e memorizar todos os eventos de uma partida? Imagine a tentativa de associar os eventos que ocorrem durante uma partida com o resultado final. Por exemplo, você já parou para pensar o que determina a vitória em uma partida de tênis? Alguns dizem que, para vencer, basta colocar o primeiro saque em jogo. Outros alertam que diminuir a quantidade de erros não forçados garante a vitória. Mas será somente isso? Ou talvez outras variáveis sejam determinantes? Revelaremos agora um dado que é certo: as partidas dos esportes de raquete têm horário para começar, mas não para terminar, sendo vitorioso aquele que ganha o último ponto.

O atleta tem de estar preparado para enfrentar as demandas do jogo. E quais são essas demandas? Quais são as características do jogo? Ao longo deste capítulo, vamos entender o que é a análise notacional, e daremos alguns exemplos de como é possível utilizar essa ferramenta nos esportes de raquete.

É notório que, atualmente, treinadores, atletas e cientistas do esporte estão cada vez mais engajados em entender os padrões de jogo, os eventos que ocorrem durante a partida e suas possíveis relações. Com tais informações, buscam melhorar o desempenho do atleta, bem como identificar variáveis que possam ser treinadas em busca da vitória de uma partida. Essa busca da compreensão do jogo, cada vez mais intensa, levou cientistas do esporte a desenvolver diferentes métodos de análise de jogo, entre eles a análise notacional. A análise notacional (HUGHES, FRANKS, 1997) tem como objetivo entender como o jogo se comporta com base no registro dos eventos, das ações, dos comportamentos, de tudo o que acontece no jogo, podendo ser utilizada em diversos contextos, tais como técnico, tático, físico e psicológico. Essas informações são importantes, pois subsidiarão atletas e comissões técnicas no processo de organização dos conteúdos e no planejamento das cargas de treino em busca do melhor desempenho.

Uma das funções do treinador é observar, analisar e planejar o treino em busca da melhor *performance* para o atleta (MILISTETD et al., 2017), porém estudos comprovam que os treinadores possuem uma capacidade limitada de lembrar as ações observadas durante uma partida (FRANKS, MILLER, 1986, 1991; LAIRD, WATERS, 2008), devido à quantidade e complexidade de informações presentes nos jogos. Tal limitação pode ainda ser potencializada por suas crenças ou outros motivos, resultando em uma interpretação errada dos jogos. A análise notacional pode suprir a referida dificuldade dos treinadores, auxiliando na identificação e análise de padrões e eventos em busca de melhores desempenhos esportivos. Ao trabalhar com a análise notacional, os treinadores podem ter informações mais precisas do jogo e, com isso, conseguem fazer uma interpretação mais apurada, fornecendo um *feedback* para os atletas em prol do sucesso de suas ações futuras (*feedforward*). Entretanto, cabe ao analista fazer com que os dados da análise notacional sejam imediatos, relevantes, claros, concisos e possíveis de serem utilizados prontamente pelos membros da comissão técnica.

Apesar de a análise notacional ser muito explorada nos eventos competitivos, hoje em dia muitos atletas e equipes também utilizam essa ferramenta para análise de treinos. Os cientistas do esporte também analisam as modalidades esportivas de forma geral. Um exemplo da utilização desse método para a compreensão das modalidades de raquete é o estudo que comparou o diâmetro de duas bolas do tênis de mesa (TAKEUCHI et al., 2002). Esse estudo identificou que a bola de 40 mm, quando comparada à bola de 38 mm, proporcionou um aumento de 10 a 32% dos golpes durante um *rally*, tornando o jogo mais atraente. Isso justificaria a troca de bolas na modalidade.

No início, a análise notacional era feita toda a mão (SANDERSON, WAY, 1977), e, consequentemente, a análise era morosa, além de contar com a possibilidade de perda de dados. Entretanto, atualmente a análise notacional pode ser feita por meio de *softwares* e programas de computadores, posteriormente ao jogo ou, em muitos casos, *on-line*, o que torna o acesso imediato aos dados por parte da comissão técnica, além de permitir uma excelente capacidade de armazenamento e análise das informações. A análise notacional computadorizada tem-se mostrado uma ferramenta bastante sofisticada e de grande utilidade para os esportes de raquete (LEES, 2019). Com o tempo, a tendência é que esse tipo de análise passe de um método descritivo para um método preditivo, ou seja, por meio da identificação das características do jogo venha a ser possível identificar também padrões de jogo. Com isso, equipes e atletas saberão, de acordo com um evento, qual será o evento futuro, por modelagem estatística, tanto para esportes de ponto como para esportes de tempo (MCGARRY, 2009).

Apesar de a análise notacional estar ganhando território nos esportes de raquete nas últimas décadas, alguns desafios ainda permanecem. Por exemplo, há necessidade de definir qual(quais) o(s) indicador(es) de desempenho de cada modalidade identificado(s) como chave para o sucesso esportivo; e inclusive definir critérios para a observação de eventos que apresentam certo grau de subjetividade na coleta, ou seja, eventos dependentes da interpretação do analista. Nesse sentido, é importante destacar que a análise notacional pode trabalhar tanto com dados quantitativos quanto com dados qualitativos.

Para Hughes (1998), a análise notacional possui cinco objetivos: análise de movimentos, análise técnica, análise tática, compilação estatística e fins educacionais para atletas e treinadores. No corpo deste capítulo, vamos discorrer sobre cada um dos objetivos da análise notacional, exemplificando o que existe na literatura sobre as modalidades de raquete. A intenção não é esgotar todo o conteúdo, até porque as possibilidades são infinitas, mas sim mostrar como é possível entender, aplicar e/ou utilizar a análise notacional nos esportes de raquete.

A análise de movimento ajuda a compreender os movimentos dos praticantes de esportes de raquete durante um jogo, tanto no aspecto do deslocamento quanto nas características temporais. No aspecto de deslocamento, as variáveis mais estudadas nos esportes de raquete são: distância percorrida, velocidade de deslocamento, acelerações e desacelerações e mudanças de direções. Quanto às questões temporais, o tempo efetivo de jogo (durante o ponto) e o tempo de descanso (intervalo entre os pontos) são os dois momentos característicos das modalidades de raquete, já que se trata de modalidades intermitentes. Essas variáveis, tanto de deslocamento quanto temporais, podem ser analisadas em diferentes contextos por exemplo, vinculadas à pontuação (PEREIRA et al., 2017), aos momentos do campeonato (CHIMINAZZO et al., 2018), à condição de perdedor e de vencedor (KILIT, ARSLAN, 2017), ao estilo de jogador (MILIONI et al., 2018), às condições climáticas (KOVACS, 2006; MORANTE, BROTHERHOOD, 2007), ao nível de jogador (SINDALL et al., 2013), ao jogo simples ou de duplas (PÉREZ-TURPIN et al., 2020), aos gêneros (HELLER, 2010), às superfícies de jogo (MARTIN et al., 2011), entre outros. Valldecabres et al. (2020) estudaram o comportamento dos deslocamentos realizados pelos jogadores durante uma partida de *badminton*. Essas informações impactam, como já falado, diretamente nos treinamentos dos atletas porque, com a caracterização do jogo, atletas e treinadores passam a conhecer as demandas que deverão estar aptos a suportar.

Dois pontos merecem destaque. O primeiro deles diz respeito à constante evolução dos jogos. Pesquisas que utilizaram a análise notacional já demonstraram que as características do jogo se alteraram quando as regras foram alteradas. Esse fato foi observado no *badminton* (CHEN, CHEN, 2011), no *squash* (MURRAY et al., 2016) e no tênis de mesa (ĐJOKIĆ et al., 2019). Ainda nessa questão, Fitzpatrick et al. (2018) defendem que as alterações nas regras do jogo dos esportes de raquete para crianças, tais como tamanho de quadra, altura da rede, pressão da bola são essenciais para facilitar o processo de aprendizagem. Larson e Guggenheimer (2013) identificaram que a adaptação das bolas e do tamanho de quadra proporcionaram um aumento do controle, da velocidade e do sucesso nos golpes do tênis com crianças. Certamente as demandas do jogo mudam com o passar do tempo. No *badminton*, por exemplo, estudos apontam que houve um aumento na duração do jogo, no tempo de *rally* e no tempo de descanso, nas partidas de simples de *badminton* (ABIÁN et al., 2014; IIZUKA et al., 2020). O segundo ponto que necessita de destaque refere-se à análise notacional nos diferentes níveis de prática. A maioria dos estudos é realizada com atletas profissionais, ou seja, no alto nível mundial. Porém, pouco se sabe sobre as informações daqueles que praticam no nível nacional, estadual ou até regional. Existem poucos estudos nas categorias mais jovens, por exemplo, com o sub-11, sub-13, sub-15, sub-17 e sub-19 no *badminton* e com o sub-12, sub-14 e sub-16 no caso do tênis. Vale lembrar o que já sublinhamos neste capítulo: o reconhecimento das demandas dos jogos nessas categorias ajudaria na compreensão de seus processos de treinamento, respeitando os contextos de prática de cada indivíduo. Os diferentes contextos e faixas etárias podem nos trazer diversificadas situações e condições. Seria interessante, por exemplo, saber a quantidade de golpes executados nas categorias do tênis em diferentes níveis competitivos, para que possamos extrair informações reais para embasar a elaboração de treinamentos, sempre atendendo a seus princípios.

Outro objetivo da análise notacional é trabalhar com as informações técnicas. Compreendem-se como técnica os movimentos realizados pelos praticantes com o objetivo de obter melhor rendimento esportivo com o mínimo de gasto energético. Ao identificar a quantidade de golpes realizados durante as partidas, a frequência e os momentos em que eles ocorrem, estamos explorando dados técnicos. Por exemplo, nas partidas de simples masculina de *badminton*, um atleta executa aproximadamente oitocentos golpes, sendo que os mais frequentes são os golpes de rede (CHIMINAZZO et al., 2018). Sobre a frequência com que os golpes acontecem, em uma partida de tênis de mesa, a frequência com que um atleta executa um golpe é de 1,09 golpe/segundo (MILIONI et al., 2018). Tal informação pode tornar o treino mais ou menos intenso, alterando apenas essa variável. A técnica também pode estar relacionada ao *rally*. Sabe-se que no tênis de mesa um atleta executa uma média de 4,2 golpes por *rally* (MILIONI et al., 2018).

Os estudos com análise notacional também podem ser específicos para determinada técnica. Como exemplo, citamos os estudos com o saque no tênis (GRAMBOW et al., 2020; MAQUIRRIAIN et al., 2016; MARTÍNEZ-GALLEGO et al., 2020; MEFFERT et al., 2018). Um dos fundamentos mais estudados nos esportes de raquete é o saque. No tênis, sabe-se que o percentual de primeiro saque e de pontos ganhos com o primeiro e o segundo saques impactam diretamente no resultado da partida (FILIPČIČ et al., 2008). A velocidade e o alto percentual de acertos do primeiro saque são pontos de destaque no saque, pois colocam o oponente em pressão. Entretanto, a precisão e a velocidade do saque diminuem ao longo da partida e após treinamentos intensos em quadras rápidas (MARTIN et al., 2016). E a fadiga pode afetar o desempenho da técnica ao longo da partida em diferentes modalidades de raquete. Temos o exemplo do saque no tênis (ROTA et al., 2014) e do *smash* no *badminton* (RUSDIANA et al., 2020).

Ainda sobre os estudos com o saque, Grambow et al. (2020), ao estudarem os torneios de duas semanas (*Grand Slams*), identificaram que o desempenho do saque foi melhor na segunda semana de competição, sendo que os atletas ganharam mais *games* quando estavam sacando, ganharam mais pontos com o primeiro e o segundo saques, fizeram mais *aces* e cometeram menos duplas faltas. Em comparação entre os gêneros no tênis, foi observado que os homens, competindo os *Grand Slams*, sacam e executam os golpes de base em uma intensidade mais alta do que as mulheres, que, por sua vez, executam a devolução mais dentro da quadra, com ponto de contato mais baixo e trajetória da bola mais plana do que os homens (KOVALCHIK, REID, 2017; REID et al., 2016).

Há estudos que compararam as variáveis técnicas entre as categorias profissional e júnior (sub-18), identificando que na categoria profissional os golpes são mais potentes e precisos, além de haver maior vantagem na execução do saque (FILIPČIČ et al., 2017; KOVALCHIK, REID, 2017). Vê-se então a relevância da diferenciação de cargas de treinamento entre essas categorias e a execução de um período de adaptação para a transição (de júnior para profissional).

Ainda no tocante à análise técnica, a análise notacional, fazendo uso da filmagem, permite que os treinamentos sejam analisados por membros da comissão técnica para possíveis ajustes em relação à perfeição do gesto técnico e para prevenção de lesões. Existem ações dos esportes de raquete que acontecem a uma velocidade muito alta. Um *smash* no *badminton* pode chegar a 400 km/h, e o saque no tênis pode chegar a 263 km/h. Assim, utilizar o recurso da filmagem para a análise da técnica parece uma excelente alternativa.

Já em relação à tática, essa é a maior área de interesse da análise notacional, em que se busca entender as relações entre as ações, bem como encontrar quais ações são determinantes do sucesso, ainda que os estudos com essa temática sejam prematuros. Treinadores, atletas e cientistas procuram por uma fórmula para a vitória, tentando correlacionar variáveis observadas na partida com o resultado do jogo. São comuns os estudos correlacionando variáveis técnicas com resultados de pontos e/ou partidas. Exemplificamos com o aproveitamento de saque no tênis (KILIT, ARSLAN, 2017). Kolman et al. (2018) defendem que as habilidades técnicas são importantes para o desempenho tático, ressaltando que, quanto melhor for a qualidade técnica, melhor será o desempenho tático.

Entendemos que a tática corresponde às ações técnicas que dão funcionalidade ao jogo por meio dos componentes antecipatórios e das tomadas de decisão, ou seja, aciona-se a faceta cognitiva. A tomada de decisão é a realização de uma ação em resposta a um problema e depende da leitura dos eventos observados no jogo e da lógica da modalidade. Assim, um atleta de tênis de mesa que busca rebater a bolinha por cima da rede para ela cair dentro da mesa adversária terá de dificultar a rebatida do adversário para conseguir ganhar o ponto. Essa é a lógica dos esportes de raquete, e, para obter sucesso, o atleta terá de tomar decisões a respeito "do que fazer", "quando fazer" e "como fazer" durante a partida. Sobre a antecipação, consiste em prever a ação futura com base em indícios observados ao longo do jogo. Kolman et al. (2018), em um estudo de revisão sobre tênis, identificaram que as habilidades táticas mantêm fortes relações com a tomada de decisão e com as habilidades antecipatórias. Atletas experientes tomam as melhores decisões (MASTERS et al., 2008) e são mais rápidos e precisos nos processos antecipatórios dos golpes de seus adversários (KOLMAN et al., 2018).

A análise notacional também pode ser utilizada para entender a estratégia de jogo de tênis pautada nas zonas defensivas e ofensivas da quadra. Neste caso, a análise pode ser utilizada para quantificar os eventos diante de dois contextos de jogo: ofensivo e defensivo. Martínez-Gallego et al. (2018) descreveram que tenistas masculinos que ganham o ponto utilizam estratégias mais ofensivas e permanecem mais tempo na zona ofensiva (tamanho da quadra mais um recuo de 1,5 m), quando comparados com aqueles que perdem o ponto. Os achados sugerem ainda que tenistas que estão perdendo o ponto não possuem vantagem em jogar na zona ofensiva, pois são dominados pelo oponente e forçados a se deslocar rapidamente. Os autores indicam que, assim que começar um ponto, os tenistas devem tomar a iniciativa de estarem na zona ofensiva, forçando o oponente a jogar na zona defensiva e com isso aumentar a chance de vitória.

Ao olhar para o desempenho tático de um golpe, a análise notacional também faz sua contribuição. O *forehand* de dentro para fora (*inside out*) no tênis mostra-se de grande utilidade na função tática do jogo. Além de ser um dos três golpes vencedores mais executados na partida de tênis, consegue afastar o oponente do centro da quadra, sendo consideravelmente utilizado nos contra-ataques, possui um grande poder para mudança de ritmo de jogo e é determinante para a vitória (MARTIN-LORENTE et al., 2017). Já no padel, uma modalidade de esporte de raquete pouco conhecida no Brasil porém muito praticada na Europa, Ramón-Llin et al. (2019) pontuaram que a devolução de saque deve ser treinada a partir de uma perspectiva tática para evitar que o sacador, que já possui vantagem nos pontos curtos, ganhe a jogada rapidamente. Os autores sugerem que a devolução seja um *lob*, independentemente da direção, ou golpes mais baixos direcionados ao sacador.

Alguns estudos concentram-se na compreensão da tática aplicada nos esportes de raquete a partir da situação (vantajosa ou desvantajosa), a qual determinará a seleção dos golpes, baseando-se no movimento ou posicionamento dos atletas. Por exemplo, fazendo a análise do deslocamento dos atletas no *badminton* (VALLDECABRES et al., 2020) ou a análise dos golpes em diferentes locais da quadra no *squash* (VUČKOVIĆ et al., 2014). Esses estudos querem entender os fenômenos que ocorrem em diferentes locais da quadra, a fim de definir padrões táticos dos jogadores.

Ainda na perspectiva de análise notacional no contexto tático, outro tema estudado nos esportes de raquete é como se termina o *rally*, podendo ser por meio de um ponto vencedor, um erro forçado ou um erro não forçado. A vitória está relacionada à maior quantidade de pontos vencedores e menor quantidade de erros não forçados e a derrota à maior quantidade de erros não forçados e à menor quantidade de pontos vencedores (BARREIRA et al., 2019; BRODY, 2006; CHIMINAZZO et al., 2017). Indo além do que a literatura disponibilizava, Barreira e Chiminazzo (2020) buscaram entender um pouco mais a ocorrência dos pontos vencedores e dos erros não forçados nas partidas de *badminton*. Os referidos autores alertam que treinadores e atletas prestem atenção à colocação do *ranking* de seus adversários, já que melhores posições no *ranking* executam mais pontos vencedores.

O quarto objetivo da análise notacional, sobre o qual iremos discorrer neste capítulo, vincula-se à análise estatística por meio de um banco de dados. Com a análise notacional computadorizada, potencializaram-se suas funcionalidades. As coletas ficaram mais práticas e rápidas, a capacidade de armazenamento maior e oportunizaram-se análises mais robustas (HUGHES et al., 2008). Hoje em dia, é possível utilizar ferramentas acessíveis para essas análises, tais como câmeras, aplicativos e *softwares* poderosos. Entretanto, salientamos que a capacidade de compreensão, de fazer inter-relação entre as variáveis observadas e a qualidade das interpretações dos resultados farão a diferença. Como exemplo dessa análise sofisticada, citamos o estudo de Kovalchik e Reid (2018) com o tênis. Os autores descreveram a taxonomia dos golpes para o tênis de elite, baseando-se em um modelo de *clustering* de dados funcionais e múltiplos estágios. Para a compreensão dos golpes, os autores consideraram não somente o tipo, a velocidade e o local de saída (onde o golpe foi desferido) e o local de chegada (onde a bola tocou a quadra), mas também a altura com que a bola passou da rede, o ângulo de entrada da bola e o ângulo de saída da bola. Esse tipo de análise permite maior apropriação do desempenho do jogador de elite, caracterizando seu estilo de jogo e proporcionando aos treinadores organizar uma prática mais representativa.

Por fim, abordaremos o quinto objetivo da análise notacional, a qual assume também uma função educacional, subsidiando treinadores e atletas/equipes no processo da melhora de desempenho. Os treinadores usufruem das vantagens da análise notacional enquanto instrumento educacional com maior frequência na fase de preparação/treinamento de seus atletas, pois nesse momento é possível realizar intervenções técnicas e/ou táticas com abrangência e detalhamento.

Além dos jogos, as contingências dos treinos também podem ser observadas, compiladas e analisadas para que os treinadores retornem a seus atletas/equipes informações úteis e pertinentes (*feedback*) em seu processo de aperfeiçoamento. *Feedbacks* apresentados de forma objetiva, no momento e na quantidade corretos, têm grande efeito na aprendizagem e no desempenho das habilidades de atletas ou equipes (MASON et al., 2020; NICHOLLS et al., 2019). Atualmente, com a vasta oferta de recursos tecnológicos, é comum que treinadores utilizem aplicativos de celulares para a filmagem e análises de seus atletas. Na finalidade de obter um histórico da evolução e de elaborar uma análise de seu desempenho, armazenam-se as informações, organizando-se assim um rico banco de dados.

Compreender os fatores técnicos, táticos, temporais e de movimento de cada indivíduo dentro de uma perspectiva longitudinal contribui para a identificação de perfis de desempenho, pontuando claramente os pontos fortes e fracos de cada perfil (HUGHES et al., 2008).

Vimos então a relevância do uso da análise notacional nos esportes de raquete. Pontuamos também que há um campo enorme a ser explorado, por exemplo, nas modalidades menos tradicionais de raquete, nas categorias de base e nos diferentes níveis de prática. Lembramos que as demandas dos jogos são diferentes, fator que deve ser levado em consideração no planejamento dos treinos. Afinal, elaborar treinamentos tendo como referência demandas de contextos diferentes daqueles em que você está inserido pode acarretar sérias consequências, chegando até ao surgimento de lesões por sobrecarga (ECKARD et al., 2018).

Convém abordar ainda a necessidade de critérios ao determinar os indicadores de *performance* para cada modalidade dos esportes de raquete, bem como devemos sinalizar a necessidade de realizar estudos longitudinais para o acompanhamento de tais critérios nas diferentes fases de desenvolvimento do atleta, principalmente na transição para o profissional (FABER et al., 2016).

Finalmente, deixamos aqui o lembrete de que a análise notacional não é ferramenta exclusiva do esporte profissional de alto rendimento. E até mesmo recorrendo aos recursos tecnológicos de fácil acesso, tais como aplicativos e *softwares* gratuitos (Lince, Kinovea etc.), é possível construir estudos bastante enriquecedores ao desenvolvimento de nossos atletas nos demais níveis da prática esportiva.

Deixaremos a seguir algumas dicas para suas análises notacionais:

- Tenha claro qual variável ou variáveis pretende analisar.
- Estabeleça os critérios de conceito dessa variável (ou variáveis) para não ter problemas nas coletas posteriores, muito menos nas coletas com mais de um avaliador.
- Verifique a precisão e a reprodutibilidade das variáveis analisadas. Caso contrário, os resultados estarão comprometidos.
- Entenda qual é o significado da variável estudada no desempenho do atleta ou da equipe.
- Utilize a análise notacional para a análise dos eventos antes e durante os jogos, podendo fazê-la *on-line* ou posteriormente ao jogo.
- Para a observação e o registro dos dados, utilize recursos práticos e de fácil acesso.
- Aperfeiçoe cada vez mais esse processo na medida em que for avançando nas análises, aumentando o número de variáveis observadas para compreender novos aspectos da *performance*.
- Escolha os procedimentos estatísticos corretos para evitar possíveis erros nas análises.
- Por último, saiba interpretar as informações consistentemente e de forma que facilite sua aplicabilidade, e atenda aos anseios de melhorar o desempenho do atleta ou da equipe.

REFERÊNCIAS

Abián P, Castanedo A, Feng XQ, Sampedro J, Abian-Vicen J. Notational comparison of men's singles badminton matches between Olympic Games in Beijing and London. International Journal of Performance Analysis in Sport. 2014;14(1):42-53.

Barreira J, Chiminazzo JGC. Who, how and when to perform winner points and unforced errors in badminton matches? An analysis of men's single matches in the 2016 Olympic Games. International Journal of Performance Analysis in Sport. 2020;20(4).

Barreira J, Chiminazzo JGC, Cabello-Manrique D. Probability of winning a badminton game: the relationship between unforced errors and winner points. In: Kondric M, Cabello-Manrique D (eds.). Science and racket sports VI. Bangkok: Mahidol University; Badminton World Federation, International Table Tennis Federation; 2019. p.141-7.

Brody H. Unforced errors and error reduction in tennis. British Journal of Sports Medicine. 2006;40:397-400.

Chen H, Chen WTC. Physiological and notational comparison of new and old scoring systems of singles matches in men's badminton. Asian Journal of Physical Education & Recreation. 2011;17(1):6-17.

Chiminazzo JGC, Barreira J, Luz LSM, Saraiva WC, Cayres JT. Technical and timing characteristics of badminton men's single: comparison between groups and play-offs stages in 2016 Rio Olympic Games. International Journal of Performance Analysis in Sport. 2018;18(2):245-54.

Chiminazzo JGC, Ferreira R, Castanho GKF, Barreira J, Fernandes PT. Errar menos para ganhar mais: uma análise no badminton. Revista Brasileira Ciência e Movimento. 2017;25(2):115-21.

Đjokić Z, Straub G, Lanzoni IM, Katsikadelis M, Munivrana G. Effects of rule changes on performance efficacy: differences between winners and losers table tennis players. Facta Universitatis. Series: Physical Education and Sport; 2019.

Eckard TG, Padua DA, Hearn DW, Pexa BS, Frank BS. The relationship between training load and injury in athletes: a systematic review. Sports Medicine. 2018 Ago 26;48(8):1929-61.

Faber IR, Bustin PMJ, Oosterveld FGJ, Elferink-Gemser MT, Sanden MWGN. Assessing personal talent determinants in young racquet sport players: a systematic review. Journal of Sports Sciences. 2016;34(5):395-410.

Filipčič A, Leskosek B, Filipčič T. Split-step timing of professional and junior tennis players. Journal of Human Kinetics. 2017;55(1):97-105.

Filipčič A, Leskošek B, Munivrana G, Ochiana G Filipčič T. Differences in movement speed before and after a split-step between professional and junior tennis players. Journal of Human Kinetics. 2017;55(1):117-25.

Filipčič T, Filipčič A, Berendijaš T. Comparison of game characteristics of male and female tennis players at Roland Garros 2005. Acta Univ Palacki Olomuc, Gymn. 2008;38(3):21-8.

Fitzpatrick A, Davids K, Stone JA. Effects of scaling task constraints on emergent behaviours in children's racquet sports performance. Human Movement Science. 2018;58.

Franks IM, Miller G. Eyewitness testimony in sport. J Sport Behav. 1986;9:38-45.

Franks IM, Miller G. Training coaches to observe and remember. Journal of Sports Sciences. 1991;9(3):285-97.

Grambow R, O'Shannessy C, Born P, Meffert D, Vogt T. Serve efficiency development at Wimbledon between 2002 and 2015: a longitudinal approach to impact tomorrow's tennis practice. Human Movement. 2020;21(1):65-72.

Heller J. Physiological profiles of elite badminton players: aspects of age and gender. British Journal of Sports Medicine. 2010;44(Suppl.I):2010-1.

Hughes M. The application of notational analysis to racket sports. In: Science and racket sports II. London: E & FN Spon; 1998. p.211-20.

Hughes M, Franks IM. Notational analysis in sport. London: E & FN Spon; 1997.

Hughes M, Hughes T, Behan H. The evolution of computerised notational analysis through the example of racket sports. The Korean Journal of Measurement and Evaluation in Physical Education and Sport Science. 2008;10(3):1-39.

Iizuka T, Hirano K, Atomi T, Shimizu M, Atomi Y. Changes in duration and intensity of the world's top-level badminton matches: a consideration of the increased acute injuries among elite women's singles players. Sports. 2020;8(19):1-9.

Kilit B, Arslan E. Physiological responses and time-motion characteristics of young tennis players: comparison of serve vs. return games and winners vs. losers matches. International Journal of Performance Analysis in Sport. 2017;17(5):684-94.

Kolman NS, Kramer T, Elferink-Gemser MT, Hujigen BCH, Visscher C. Technical and tactical skills related to performance levels in tennis: a systematic review. Journal of Sports Sciences. 2018;00(00):1-14.

Kovacs MS. Hydration and temperature in tennis: a practical review. Journal of Sports Science and Medicine. 2006;5(1):1-9.

Kovalchik SA, Reid M. Comparing matchplay characteristics and physical demands of junior and professional tennis athletes in the era of big data. Journal of Sports Science and Medicine. 2017;16:489-97.

Kovalchik S, Reid M. A shot taxonomy in the era of tracking data in professional tennis. Journal of Sports Sciences. 2018;36(18):2096-104.

Laird P, Waters L. Eyewitness recollection of sport coaches. International Journal of Performance Analysis in Sport. 2008;8(1):76-84.

Larson EJ, Guggenheimer JD. The effects of scaling tennis equipment on the forehand groundstroke performance of children. Journal of Sports Science and Medicine. 2013;12(2):323-31.

Lees A. The evolution of racket sport science: a personal reflection. German Journal of Exercise and Sport Research. 2019;49(3):213-20.

Maquirriain J, Baglione R, Cardey M. Male professional tennis players maintain constant serve speed and accuracy over long matches on grass courts. European Journal of Sport Science. 2016;16(7):845-9.

Martin C, Bideau B, Delamarche P, Kulpa R. Influence of a prolonged tennis match play on serve biomechanics. PLoS ONE. 2016;11(8):1-14.

Martin C, Thevenet D, Zouhal H, Mornet Y, Delès R, Crestel T, et al. Effects of playing surface (hard and clay courts) on heart rate and blood lactate during tennis matches played by high-level players. Journal of Strength and Conditioning Research. 2011;25(1):163-70.

Martínez-Gallego R, Guzmán JF, Crespo M, Ramón-Llin J, Vučković G. Technical, tactical and movement analysis of men's professional tennis on hard courts. The Journal of Sports Medicine and Physical Fitness. 2018;59(1).

Martínez-Gallego R, Crespo M, Ramón-Llin J, Guzmán FJ. Men's doubles professional tennis on hard courts: Game structure and point ending characteristics. Journal of Human Sport and Exercise. 2020;15(3):633-42.

Martin-Lorente ESJ, Crespo M. The inside out forehand as a tactical pattern in men's professional tennis. International Journal of Performance Analysis in Sport. 2017;17(4):429-41.

Mason RJ, Farrow D, Hattie JAC. Sports coaches' knowledge and beliefs about the provision, reception, and evaluation of verbal feedback. Frontiers in Psychology. 2020;11.

Masters RSW, Poolton JM, Maxell JP, Raab M. Implicit motor learning and complex decision making in time-constrained environments. Journal of Motor Behavior. 2008;40(1):71-9.

McGarry T. Applied and theoretical perspectives of performance analysis in sport: scientific issues and challenges. International Journal of Performance Analysis in Sport. 2009;9(1).

Meffert D, O'Shannessy C, Born P, Grambow R, Vogt T. Tennis serve performances at break points: approaching practice patterns for coaching. European Journal of Sport Science. 2018;18(8):1151-7.

Milioni F, Leite JV de M, Beneke R, Poli RAB de, Papoti M, Zagatto AM. Table tennis playing styles require specific energy systems demands. PLoS ONE. 2018;13(7).

Milistetd M, Galatti LR, Collet C, Tozetto AVB, Nascimento JV do. Sports coach education: guidelines for the systematization of pedagogical practices in bachelor program in physical education. Journal of Physical Education. 2017;28(1).

Morante SM, Brotherhood JR. Air temperature and physiological and subjective responses during competitive singles tennis. British Journal of Sports Medicine. 2007;41(11):773-8.

Murray S, James N, Hughes MD, Perš J, Mandelic R, Vučković G. Effects of rule changes on physical demands and shot characteristics of elite-standard men's squash and implications for training. Journal of Sports Sciences. 2016;34(23).

Nicholls SB, Scott BN, James N, Bryant E, Wells J. The implementation of performance analysis and feedback within Olympic sport: the performance analyst's perspective. International Journal of Sports Science & Coaching. 2019;14(1).

Pereira TJC, Nakamura FY, Jesus MT de, Vieira CLR, Misuta MS, Barros ML de, et al. Analysis of the distances covered and technical actions performed by professional tennis players during official matches. Journal of Sports Sciences. 2017;35(4):361-8.

Pérez-Turpin JA, Elvira-Aranda C, Cabello-Manrique D, Gomis-Gomis MJ, Suárez-Llorca C, Andreu-Cabrera E. Notational comparison analysis of outdoor badminton men's single and double matches. Journal of Human Kinetics. 2020;71(1):267-73.

Ramón-Llin J, Guzmán JF, Llana S, Martínez-Gallego R, James N, Vučković G. The effect of the return of serve on the server pair's movement parameters and rally outcome in padel using cluster analysis. Frontiers in Psychology. 2019;10(1194).

Reid M, Morgan S, Whiteside D. Matchplay characteristics of Grand Slam tennis: implications for training and conditioning. Journal of Sports Sciences. 2016;34(19).

Rota S, Morel B, Saboul D, Rogowski I, Hautier C. Influence of fatigue on upper limb muscle activity and performance in tennis. Journal of Electromyography and Kinesiology. 2014;24(1):90-7.

Rusdiana A, Subarjah H, Imanudin I, Kusdinar Y, Syahid AM, Kurniawan T. Effect of fatigue on biomechanical variable changes in overhead badminton jump smash. Ann Appl Sport Sci. 2020;8.

Sanderson FH, Way KIM. The development of an objective method of game analysis in squash rackets. British Journal of Sports Medicine. 1977;11(188).

Sindall P, Lenton JP, Tolfrey K, Cooper RA, Oyster M, Goosey-Tolfrey VL, Wheelchair tennis match-play demands: effect of player rank and result. International Journal of Sports Physiology and Performance. 2013;8(1).

Takeuchi T, Kobayashi Y, Hiruta S, Yuza N. The effect of the 40 mm diameter ball on table tennis rallies by elite players. In: Table tennis sciences. Lausanne: International Table Tennis Federation; 2002. p.267-77.

Valldecabres R, Casal CA, Chiminazzo JGC, Benito AM de. Players' on-court movements and contextual variables in Badminton World Championship. Frontiers in Psychology. 2020 Jul 10;11.

Vučković G, James N, Hughes M, Murray S, Milanović Z, Perš J, et al. A new method for assessing squash tactics using 15 court areas for ball locations. Human Movement Science. 2014;34(1):81-90.

16

Esportes de raquete e biomecânica

Guanis de Barros Vilela Junior

INTRODUÇÃO

A biomecânica é uma ampla área de investigação científica que abrange, por exemplo, pesquisas com insetos e seus exoesqueletos, cujos resultados possibilitaram a construção de exoesqueletos robóticos que auxiliam soldados a realizar marchas maiores, carregando cargas maiores e também evitam que idosos caiam. Outro exemplo notório são os estudos relativos à biomecânica do voo das aves que contribuíram para os projetos de aviões mais seguros e eficientes com a adoção de asas *winglets*, cujas extremidades se apresentam inclinadas para cima.

A biomecânica que estuda o corpo humano tem sido crucial para o desenvolvimento e aprimoramento de instrumentos de diagnósticos por imagem na cardiologia, na nefrologia, na pneumologia, na oftalmologia, na neurologia, na ortopedia, dentre outras áreas afins, especialmente com o recente advento da utilização dos métodos da inteligência artificial (IA). Quando aplicada ao estudo do movimento humano, quer no ambiente laboral, na reabilitação ou nos esportes, a biomecânica tem construído conhecimentos que ajudam na eficiência dos processos inerentes a cada uma dessas áreas.

O objetivo deste capítulo é discutir a biomecânica dos esportes com raquetes, seus princípios básicos e mostrar como ela pode auxiliar na melhoria e eficiência desses esportes que utilizam diferentes tipos de raquetes, tais como o *badmin ton*; o tênis; o tênis de mesa; o *squash*; o frescobol, dentre outros.

Inicialmente discorreremos sobre os princípios básicos da biomecânica com base nas leis de Newton, dos tipos de alavancas envolvidas, dos fundamentos cinemáticos e cinéticos aplicados aos esportes com raquetes.

AS LEIS DE NEWTON E OS ESPORTES COM RAQUETES

As três leis de Newton estão sempre presentes nos movimentos corporais e em todos os esportes, uma vez que são leis universais da mecânica clássica.

A **primeira lei de Newton**, conhecida como **princípio da inércia** garante que toda massa (o corpo ou segmento corporal de uma atleta, a raquete, a bola etc.) apresenta tendência a permanecer em seu estado, de repouso ou movimento, a menos que uma força externa resultante atue sobre ela.

Alguns exemplos aplicados aos esportes com raquetes:

1. Quando a bola de tênis é golpeada pela raquete, ela possui uma velocidade que "tende" a se manter. Entretanto, à medida que se desloca, forças externas como a resistência do ar, seu peso (força gravitacional) e o empuxo (força de sustentação) que atuam sobre a bola reduzem sua velocidade.
2. Um atleta de *badminton*, ao executar um *smash*, "tende" a manter o movimento curvilíneo da raquete, mesmo após a perda de contato da raquete com a peteca. É evidente que, na finalização do *smash*, o atleta freia o movimento da raquete, exercendo forças com a musculatura do braço, antebraço e cintura escapular.

A **segunda lei de Newton**, conhecida como **princípio fundamental da dinâmica**, garante que, quanto maior a força resultante que atua sobre uma massa (o corpo ou segmento corporal de uma atleta, a raquete, a bola etc), maior será sua aceleração (ou deformação), ou seja: $\boldsymbol{F_r} = \boldsymbol{m} \cdot \boldsymbol{a}$, em que $\boldsymbol{m}$ é a massa (kg), $\boldsymbol{a}$ a aceleração (m/s^2) e $\boldsymbol{F_r}$ a força resultante medida em Newtons.

Alguns exemplos aplicados aos esportes com raquetes:

1. No tênis de mesa, quanto maior a resultante que atua sobre a bola, maior serão a deformação e a aceleração da mesma. Claro que tal fato aumenta a complexidade da execução dessa tarefa, pois, quanto maior a aceleração que atuar sobre a bola, maior será sua velocidade e, portanto, mais difícil o controle neuromotor do movimento.
2. Ao conquistar o *Grand Slam*, um atleta lançou sua raquete verticalmente para cima. Quanto maior a força resultante exercida pelo atleta nesse gesto, maior a altura atingida pela raquete.

A chamada parametrização de variáveis biomecânicas envolvidas nos ajustes dos movimentos é dependente da capacidade de controle neuromotor do sujeito. Por exemplo, a força aplicada sobre a raquete exige do jogador habilidoso uma elevada capacidade de ajustes finos durante o contato da bola ou peteca. Tal contato dura frações de segundo, mas é nessa finalização que o atleta, ao realizar uma pequena pronação/supinação do antebraço, pode ter sucesso em um lance, produzindo um efeito rotacional na bola/peteca (efeito Magnus), capaz de surpreender o adversário.

Essa capacidade de ajuste dos movimentos envolvidos é fruto da prática sistemática e com grande variabilidade de situações inerentes aos esportes com raquete. Ou seja, para que a aprendizagem motora e o controle neuromotor sejam aprimorados em qualquer esporte, é necessário que o atleta vivencie o mais amplo e diferente repertório de situações presentes no jogo, para conseguir realizar tais movimentos com elevada eficiência (alta precisão, menor tempo de execução e menor dispêndio de energia). Vale esclarecer que falar em eficiência biomecânica do gesto esportivo exige a compreensão de seu controle neuromotor, uma vez que a melhoria do rendimento técnico pressupõe uma fina sintonia entre aspectos biomecânicos e a capacidade funcional do sistema nervoso central (SNC). Hoje a ciência do movimento humano tem claro que biomecânica e controle neuromotor são indissociáveis. Em uma metáfora: é bastante improvável que um campeão olímpico de levantamento de peso seja eficiente no tênis de mesa e vice-versa. Ou seja, ambos os atletas (o levantador e o mesatenista) desenvolveram, ao longo de anos, adaptações biomecânicas e neurais altamente especializadas e diferentes para esses esportes (VILELA JUNIOR et al., 2020).

Para sintetizar o que está escrito nos parágrafos acima, podemos escrever uma equação que mostra como a habilidade (H) é proporcional às variáveis biomecânicas dentre outras:

$$H \sim F \cdot V \cdot CN \cdot M$$

Onde: H é a habilidade do atleta; F são as forças que ele é capaz de aplicar e controlar sobre a raquete; V é a velocidade de execução dos movimentos de seus segmentos corporais e da raquete; CN é o controle neuromotor que o atleta exerce durante todo o gesto esportivo e M são os aspectos motivacionais que também são determinantes do sucesso (este último não faz parte do escopo deste capítulo).

A **terceira lei de Newton** é conhecida como **lei da ação e reação**, que afirma que, quando um corpo A exerce uma força chamada *ação* sobre um corpo B, este exerce sobre o corpo A uma força (*reação*) de mesma intensidade, mesma direção e sentido contrário. É importante destacar que as forças de ação e reação não se anulam, uma vez que são exercidas em corpos diferentes. Vejamos alguns exemplos nos esportes com raquetes.

1. A peteca do *badminton*, ao ser golpeada pela raquete com uma força (ação), exerce uma força igual e contrária sobre esta.

2. Durante um salto para alcançar a bola, o tenista exerce uma força de contato sobre o piso e este exerce uma força de reação de mesma intensidade e sentido contrário sobre os pés do atleta.

ALAVANCAS MECÂNICAS E ANATÔMICAS NOS ESPORTES DE RAQUETE

As alavancas mecânicas e anatômicas são cruciais para uma boa *performance* nos esportes com raquetes. A diferença entre as mecânicas e as anatômicas se refere ao fato de que estas estão localizadas dentro do corpo do atleta, onde seus ossos, articulações e forças musculares, ligamentares, compressivas e tensivas, são elementos constituintes desse tipo de alavanca. Por sua vez, as alavancas mecânicas são aquelas das quais o acessório (raquete) é elemento constituinte. A diferença entre ambas está no fato de que as anatômicas, como o próprio nome já deixa claro, são alavancas internas, fruto, principalmente, das forças exercidas pelos músculos que exercem forças nas inserções (com tendões ou fáscias) nos ossos do aparelho locomotor. Um conceito importante no estudo das alavancas é a chamada "vantagem mecânica", que pode ser obtida pela razão entre o *braço* da força e o braço da resistência, onde *braço* de uma alavanca é a menor distância entre o eixo de rotação (articulação o apoio) e a linha de ação da força ou resistência considerada.

Tipos de alavancas mecânicas e anatômicas

1. **Alavanca interfixa:** é aquela cujo eixo de rotação, por exemplo, uma articulação, está localizado entre a **força de resistência** e a **força de potência** (aqui essa força de potência será compreendida como a força que vence uma resistência). Um exemplo de alavanca interfixa anatômica bastante utilizada nos esportes com raquetes é formado pelo músculo peitoral maior, cujas fibras têm origem na borda anterior da clavícula, esterno e cartilagens das seis primeiras costelas e inserção na borda externa da goteira bicipital (seu tendão é plano) do úmero. Nesse exemplo, o complexo articular do ombro (eixo) está localizado entre as fibras musculares do peitoral que se tensionam em sua origem e a resistência oferecida pelo peso do braço, antebraço, mão e raquete. Nas alavancas anatômicas é importante observar a posição da articulação em relação à origem e inserção do músculo considerado e da resistência oferecida, seja em situação estática ou dinâmica.

Outro exemplo de alavanca anatômica interfixa está presente na manutenção da cabeça ereta. Nesta, o eixo é a articulação craniocervical, que está localizada entre a resistência oferecida pelo peso da cabeça e a ação posterior da nunca, especialmente do esplênio da cabeça.

Esse tipo de alavanca pode privilegiar tanto a velocidade quanto a força, uma vez que, dinamicamente, pode variar o tamanho dos braços da força e da resistência, ou seja, da menor distância entre a linha de ação da força considerada e a articulação ou eixo de rotação considerado.

2. **Alavanca inter-resistente:** é aquela cuja resistência está localizada entre o eixo de rotação considerado (ou articulação) e a força exercida. Um exemplo clássico desse tipo de alavanca nos esportes é a realização de saltos. Um sujeito na posição ortostática (de pé) ao saltar terá o anteropé como eixo de rotação. A resistência será seu peso corporal atuando sobre o complexo articular do tornozelo, especialmente na articulação talocrural entre a tíbia e o tálus. A força será exercida principalmente pelo gastrocnêmio por meio do tendão de Aquiles. Observe que entre toda a resistência oferecida pelo peso corporal está localizada entre as forças resultantes que atuam no calcâneo (por meio do tendão de Aquiles) e o eixo de rotação durante o salto (o anteropé). Como o braço da resistência é menor que o braço da força exercida pelo tendão de Aquiles, sua vantagem mecânica será maior que 1,0, portanto se trata de uma alavanca que privilegia o ganho de força. Nada mais óbvio para um sujeito que queira realizar um salto (ou seja, vencer temporariamente a força gravitacional). Essas são alavancas mais raras que as outras no corpo humano.

3. **Alavanca interpotente:** é aquela cuja força está localizada entre o eixo de rotação (ou articulação) e a resistência. Trata-se do tipo de alavanca mais comum no corpo humano, e privilegia movimentos velozes. Um exemplo presente em todos os esportes com raquetes é a flexão/extensão do cotovelo, na qual as forças exercidas pelos flexores do cotovelo (bíceps braquial, braquiorradial, braquial) e extensores do cotovelo (tríceps braquial e ancôneo) estão localizadas entre a articulação e a resistência (peso do antebraço, mãos e raquete). Tal fato possibilita movimentos muito velozes com a raquete, podendo, por exemplo, imprimir altas velocidade à bola ou peteca. A musculatura do complexo articular do ombro exerce a mesma função que o cotovelo, ou seja, forças geradas na rotação do quadril e tronco, que são transferidas para os músculos que se inserem no braço, antebraço e mão e daí para a raquete.

Outro exemplo, extremamente comum em todos os esportes, ocorre durante a extensão do joelho. Nela a força exercida pelo tendão patelar sobre a tuberosidade tibial está localizada entre o eixo (articulação do joelho) e a resistência oferecida pelo peso da perna e pé. Esse tipo de alavanca é fundamental para a execução de movimentos com velocidade elevadas, deslocamentos, saques, *forehands, backhands, smashs, lunges*, dentre outros.

No próximo item serão apresentadas características cinemáticas dos esportes com raquetes; vale ressaltar que um exemplo utilizado para o tênis apresenta grande similaridade dos grupamentos musculares envolvidos utilizados no *badminton* e no *squash*; mas será que cinematicamente ocorre o mesmo? É o que veremos a seguir.

CINEMÁTICA DOS ESPORTES DE RAQUETE

A cinemática estuda os movimentos sem se preocupar com suas causas e efeitos, a partir das variáveis de espaço, velocidade e aceleração (lineares e angulares) em função de seu tempo de execução. A relevância da investigação cinemática nos esportes com raquetes se deve principalmente ao aprimoramento da técnica utilizada no gesto locomotor realizado; o movimento habilidoso (ou altamente técnico), fruto de uma boa fundamentação teórica e de muita prática, é um indicativo da eficiência do movimento realizado, ou seja, com o menor dispêndio de energia, no menor tempo, alta margem de acertos e que minimize as chances de lesões nos jogadores. O uso de implementos como raquetes aumenta os braços das alavancas envolvidas nos esportes que as utilizam, desenvolvendo elevadas forças, torques, velocidades e acelerações. Conhecer e compreender tais variáveis nos esportes com raquetes pode auxiliar os profissionais da área (atletas, preparadores físicos, treinadores, biomecânicos, professores, ortopedistas, dentre outros) a melhorar o exercício de seus ofícios.

Alguns conceitos cinemáticos fundamentais

- **Espaço percorrido linear (ΔS) e angular (Δj):** em que ΔS é a distância percorrida por um objeto; pelo corpo do sujeito (ou segmento corporal) em determinado intervalo de tempo, medido linearmente, ou seja, em metros no Sistema Internacional (SI). Trata-se da variação entre a posição final e inicial de um ponto anatômico de interesse, da raquete ou da bola/peteca. Quando tais movimentos são medidos em relação aos ângulos realizados em relação a um ponto de referência (usualmente em biomecânica, um complexo articular), trata-se do espaço percorrido angular $\Delta\phi$ medido em radianos no SI, e também da diferença entre a posição final e inicial.
- **Velocidade média:** é a razão entre o espaço percorrido por um corpo qualquer e o tempo gasto para percorrê-lo. É medida, no Sistema Internacional (SI), em m/s (linear) e rad/s (angular), entretanto é comum encontrarmos velocidades expressas em km/h; milhas/h; pés/s; graus/s, dentre outros. Quando considerado um intervalo de tempo muito pequeno (tempo infini-

tesimal), diz-se que a velocidade é a primeira derivada da posição em função do tempo (mais esse nível de detalhamento não será abordado neste livro).

- **Aceleração:** é a medida da variação da velocidade de um corpo em um intervalo de tempo. Medida em m/s^2 (linear) e rad/s^2 (angular). Quando fruto da atração gravitacional do planeta terra, trata-se da aceleração da gravidade ***g***, cujo valor numérico é de aproximadamente 9,82 m/s^2 na maior parte das cidades do mundo.

Todas essas variáveis cinemáticas são grandezas vetoriais, ou seja, para compreendermos integralmente a posição, velocidade e aceleração de um corpo; segmento corporal ou implemento (bola, peteca, raquete etc.), é necessário que saibamos, além de seu valor numérico, sua direção (ângulo da grandeza vetorial com a horizontal) e seu sentido (ou seja, para onde esse vetor aponta, 1º, 2º, 3º ou 4º quadrante; ou para cima ou para baixo (no caso da direção vertical) ou para a direita ou esquerda (no caso da direção horizontal). Por exemplo: a afirmação: "uma bola foi lançada com velocidade de 4 m/s em um lance no *squash*" não nos permite compreender como ela foi lançada. Verticalmente? Para cima ou para baixo? Horizontalmente? Para a direita ou a esquerda? Ou com inclinação de quantos graus ou radianos? Para qual quadrante? A rigor, existem inúmeras possibilidades para compreendermos tal afirmação, ou seja, existem infinitos possíveis vetores nas coordenadas espaciais X, Y, Z que compõem o espaço tridimensional, para que fique claro e preciso para onde a bola foi lançada.

As acelerações merecem atenção especial, uma vez que nos movimentos curvilíneos ou rotacionais, que são executados ao redor de uma articulação ou ponto de apoio, a aceleração pode (e usualmente é) decomposta em suas componentes nos eixos X, Y e Z. Assim, podemos representar a soma vetorial das componentes vetoriais $\boldsymbol{a_x}$, $\boldsymbol{a_y}$, $\boldsymbol{a_z}$ que é igual a aceleração resultante $\boldsymbol{a}$.

$$a = a_x + a_y + a_z$$

Tal equação representa, portanto, uma soma de vetores cujo valor modular ou numérico pode ser calculado pela equação:

$$a = \text{raiz}\ [(a_x)^2 + (a_y)^2 + (a_z)^2]$$

Apesar de extremamente simples, tais conceitos são comumente confundidos na área da saúde e do treinamento esportivo; como consequência dessa falta de rigor, não é raro encontrar explicações para o movimento humano que *a priori* estão erradas. Em tempos de redes sociais e *blogs*, é comum conceitos básicos da biomecânica serem erroneamente definidos; exemplos: divulgar como sinônimos *força* e *torque*; *velocidade* e *aceleração*; ou se referir a *impulso* como a capacidade de exercer força para um salto qualquer. Vejamos mais detalhadamente: *força* é um agente físico capaz de acelerar e/ou deformar uma massa qualquer. Um exemplo é a grande deformação que a bola de tênis sofre ao ser golpeada em um saque. Ao sofrer essa deformação, armazena energia potencial elástica, que será rapidamente convertida em energia cinética, e esta é projetada em alta velocidade para o adversário. Sendo mais explícito, a bola só sofreu essa deformação e se projetou em alta velocidade porque uma força foi aplicada sobre ela.

Por sua vez, *torque* se refere à tendência rotacional (ou rotação) que uma massa possui em relação a um eixo rotacional qualquer, sendo diretamente proporcional à força e à menor distância que a separa do eixo de rotação (em biomecânica, usualmente, uma articulação). Sendo assim, a unidade de torque é no SI, N.m (Newton metro), sendo altamente dependente do braço de alavanca. Por exemplo, durante um saque, a otimização entre os ângulos articulares do ombro, cotovelo, punho e alinhamento vertical da raquete são decisivos para um bom saque, pois, biomecanicamente, uma grande alavanca (tronco, braço, antebraço, mão e raquete) é constituída e portanto um elevado torque transferirá grande quantidade de energia para a bola.

Quanto ao conceito de *impulso*, trata-se de uma questão semântica e conceitual, pois tal termo é utilizado, inclusive erroneamente, na biomecânica como *o ato de impulsionar o corpo, segmento corporal ou a raquete para cima.* A rigor, trata-se de um erro, pois, biomecanicamente, *impulso* se refere à área em um gráfico da força em função do tempo (isso é a mesma coisa que calcularmos a integral da força em função do tempo). Enquanto grandeza vetorial que é, geramos *impulso* com nosso corpo em todas as direções e sentidos. O mesmo acontece com as raquetes do frescobol, do tênis de mesa, do tênis, do *badminton* etc. Em outras palavras: *impulso*, em biomecânica, é a medida da variação da velocidade que o corpo (segmento corporal, raquete e bola/peteca) sofre, que alguns autores também chamam de *variação da quantidade de movimento* (SEARS, ZEMANSKY, 1978).

A partir de agora veremos alguns exemplos de estudos cinemáticos em diferentes esportes com raquetes e em diferentes fundamentos, para que possamos compreender como esse conhecimento pode ajudar atletas, treinadores, dentre outros em uma prática mais fundamentada em estudos científicos.

Estudos de Abrams et al. (2014) sobre a biomecânica das costas, ombros e cotovelos em três diferentes tipos de saques no tênis (*flat, kick* e *slice*) com atletas de alto nível mostram que não existem diferenças significantes na máxima extensão das costas entre tais saques. O mesmo acontece em relação aos ângulos de rotação interna e externa das costas e também para a rotação máxima do ombro. Entretanto, nesse estudo foram encontradas diferenças significantes para a velocidade angular na rotação interna do ombro entre o saque *flat* (2.368 graus/s) e o saque *slice* (1.907 graus/s). Outros estudos elucidam e corroboram tais achados. Por exemplo, Elliott (1988; 1995) mostrou que as velocidades de várias articulações em diferentes tipos de saques aumentam progressivamente do joelho, quadril, ombro, cotovelo e punho, cujo efeito somatório produz a máxima velocidade da raquete. Esse autor mostrou que a rotação interna do ombro gera aproximadamente 50% da velocidade da raquete. Geralmente, quanto maior a velocidade da raquete no instante do impacto, maior será a velocidade da bola após esse instante. Claro que vários aspectos influenciam nessa velocidade. Alguns deles: tipo de raquete; massa da raquete; condições do encordoamento; localização do centro de gravidade da raquete; condições da bola; a densidade e velocidade do ar em relação à bola, dentre outros.

Os valores da velocidade após o impacto no tênis variam muito dadas as infinitas situações de jogo. Segundo Adrian (1989), jogadores medianos de universidades americanas conseguem velocidades de 30,5 m/s, ao passo que jogadores de alto nível realizam saques com velocidades superiores a 45 m/s. É evidente que não bastam velocidades elevadas da bola no tênis ou da peteca no *badminton*; é preciso que sua direção e sentido sejam ajustados adequadamente para que uma jogada seja bem-sucedida. No *badminton*, as características do jogo são mais complexas, pois se trata do único esporte com raquetes no qual a trajetória da peteca não necessariamente é parabólica, uma vez que é muito influenciada pelas forças de sustentação dinâmica (diferenças de pressão entre lados opostos da raquete) e pelo atrito do ar. Isso faz com que a velocidade da peteca possa ser reduzida repentinamente. Portanto, o jogador tem de se posicionar de volta ao centro da quadra o mais rápido possível para que consiga ter tempo melhores chances de dar continuidade em uma sequência de lances. Os módulos da velocidade da peteca no *badminton* variam amplamente, com valores entre zero e 100 m/s, segundo reportam estudos de Gowitzke e Waddell (1979).

Cabe aqui uma breve reflexão sobre as alavancas anatômicas citadas anteriormente e sua importância no desenvolvimento das grandes velocidades envolvidas nos esportes com raquetes.

Como vimos, as alavancas interpotentes privilegiam a velocidade e são as mais comuns no aparelho locomotor humano; com o uso de implementos, como as raquetes, os braços das alavancas aumentam consideravelmente. Por exemplo, durante um saque, o uso da raquete possibilita a obtenção de velocidades tangenciais à sua trajetória, proporcionalmente maiores. Tais velocidades são consequência da ação neuromuscular de poderosos músculos biarticulares de membros inferiores e superiores. Esses músculos são, por excelência, transferidores de energia cinética, ou seja, associada e diretamente proporcional ao quadrado da velocidade.

CINÉTICA DOS ESPORTES COM RAQUETES

A cinética é uma área da biomecânica que estuda os movimentos de qualquer massa atendo-se a suas causas e efeitos, ou seja, a análise cinética busca compreender como e quais forças atuam em um corpo e como este se comporta diante dessas forças.

Alguns conceitos cinéticos fundamentais para a análise cinética

Qual o conceito de força? Quais os tipos de força usuais em biomecânica?

Força é aquilo que acelera e/ou deforma uma massa qualquer; ou seja, força é um agente físico que vence a inércia de um corpo (aumentando ou reduzindo sua velocidade) e/ou deformando-o. No Sistema Internacional (SI), toda força é medida em Newtons (N), sendo que 1,0 N é a força necessária para acelerar com 1 m/s^2 uma massa de 1,0 kg. É comum na biomecânica usar o quilograma-força (kgf) como unidade de medida de força; vale ressaltar que 1,0 kgf vale 9,82 N. Trata-se, a rigor, de um erro grotesco, bastante comum no universo do treinamento, reportar força como sinônimo de carga em quilogramas.

TIPOS DE FORÇAS EM BIOMECÂNICA

Na biomecânica do movimento humano as forças de interesse investigativo são: a gravitacional; as de contato; as tensivas e as de sustentação.

Força gravitacional ou peso: trata-se da força de atração gravitacional que a terra exerce sobre todos os corpos que estejam em seu campo gravitacional; é diretamente proporcional à massa e à aceleração gravitacional ($g = 9{,}82\ m/s^2$). É recorrente a confusão entre o conceito de peso e massa; o primeiro é uma força (medida em Newtons) e o segundo é de uma maneira simples, a quantidade de matéria que constitui uma massa qualquer, ou, a medida da inércia de um corpo. Nosso peso varia à medida que a aceleração da gravidade (g) varia, ao passo, que a nossa massa não varia. Por exemplo, seu Peso ao nível do mar na linha equatorial será menor que seu peso no polo norte, uma vez que lá a gravidade (g) é maior, mas ao mesmo tempo sua massa (kg) não se altera. Isto se deve ao fato de g depender principalmente da distância em relação ao centro da terra (SEARS, ZEMANSKY, 1978).

A aceleração da gravidade (g) é o que define se o peso da bola no tênis ou da peteca no *badminton*, serão mais leves ou não. Por exemplo, nesta perspectiva, uma mesma peteca utilizada em um jogo realizado na Cidade do México em que $g = 9{,}76\ m/s^2$ pode fazer a diferença quando comparado com um jogo realizado na cidade do Rio de Janeiro em que $g = 9{,}82\ m/s^2$. No esporte de alto rendimento, tal diferença, pode significar "aquele tempo de voo a mais da peteca que define o sucesso na jogada que define a partida".

As **forças de contato** podem ser categorizadas em dois tipos: **compressivas** e de **atrito**. As forças compressivas são perpendiculares às superfícies em contato, e os atritos se opõem ao movimento ou à tendência de movimento e são tangentes às superfícies em contato. Por exemplo, na empunhadura utilizada para segurar a raquete, temos muitas forças compressivas que o atleta exerce sobre a raquete, fruto da flexão dos dedos que a comprimem contra a palma da mão; mas temos também muitas forças de atrito, perpendiculares a cada uma das forças compressivas, opondo-se à tendência de movimento de deslizamento da palma da mão e dedos em relação à raquete. A força resultante de todas essas forças é conhecida como *grip* (ou força de agarre). Daí a importância de o material que envolve o ponto de empunhadura na raquete ser antiderrapante. Estudar a força *grip* nas diferentes situações da atividade humana em tarefas manipulativas (inclusive nos esportes com raquetes) em diferentes faixas etárias tem sido um grande desafio na biomecânica e no controle neuromotor de alta precisão na parametrização da força *grip* (VILELA JUNIOR et al., 2020).

As **forças tensivas** ou de tração são aquelas que agem em sentidos opostos sobre um corpo qualquer; na biomecânica são exercidas por músculos, tendões e ligamentos; apresentam como característica fundamental a possibilidade de mudança de direção à medida que essas estruturas exercem suas funções durante um movimento qualquer.

Por exemplo, a força exercida pela quadríceps femoral converge para sua inserção na tuberosidade tibial, passando sobre a patela, que funciona como uma roldana (ou polia), mudando sua direção para a força produzida pelo músculo possa tensionar (ou tracionar) a tíbia e a extensão do joelho acontecer. O mesmo acontece em vários músculos, tendões e ligamentos do aparelho locomotor humano.

Outro exemplo bem específico nos esportes com raquetes se refere ao nível de tensão submetido a seu encordoamento. É evidente que o tensionamento depende do estilo de jogo de cada atleta. No *badminton*, a polêmica é grande, mas Stewart (2015) recomenda que jogadores iniciantes devem utilizar raquetes com valores entre 16 e 19 lbs; jogadores de nível médio entre 18 e 20 lbs; jogadores avançados entre 20 e 22 lbs e nível internacional raquetes com 23 a 25 lbs. Devemos ressaltar que libras (lbs) é uma unidade de massa usada em alguns países, mas, como incentivamos o uso das unidades no Sistema Internacional, vale lembrar que 1 kg equivale a 2,2 lbs. Consagrado pelo uso, medir tensão (é um tipo de força) nas cordas de uma raquete em libras é um erro, tanto quanto medi-la em quilogramas (unidade de massa e não de força).

No tênis as cordas longitudinais da raquete são maiores que as horizontais. Sendo assim, é indicado que as tensões entre elas sejam diferentes para que se obtenha uma raquete "mais equilibrada". A maioria dos jogadores de alto nível usa essa estratégia, com tensões de 55 lbs nas verticais e 53 lbs nas horizontais. Portanto, o encordoamento utilizado interfere biomecanicamente no jogo, uma vez que uma raquete "mais equilibrada" possibilita melhor controle da bola, especialmente para quem joga com mais efeito, segundo Adrian (1989).

As **forças de sustentação** usuais em biomecânica são duas: **empuxo estático**, que é uma força que atua verticalmente para cima, sendo igual ao peso do fluido (no caso, o ar) deslocado pelo corpo, e **empuxo dinâmico**, que é uma força de sustentação fruto da diferença de pressão em lados opostos de um corpo. Essa diferença de pressão depende da velocidade relativa do fluxo de ar ao redor da bola ou da peteca e é decisiva nos efeitos aplicados sobre estas. O chamado princípio de Bernoulli explica que, quanto maior a velocidade do ar de um lado da bola ou peteca, menor será a pressão e vice-versa (SEARS, ZEMANSKY, 1978). Isso explica as trajetórias curvilíneas em diferentes planos, podendo aumentar ou diminuir o tempo e a velocidade de voo da bola ou peteca.

CONSIDERAÇÕES FINAIS

Foram destacados conceitos básicos da biomecânica aplicada aos esportes com raquetes sem a menor pretensão de esgotá-los; optou-se por evitar uma linguagem mais informal de modo a facilitar a compreensão dos aspectos cinemáticos e cinéticos desses esportes.

A aplicabilidade dos conceitos biomecânicos básicos apresentadas neste capítulo pode (e deve) ser aplicada no cotidiano do treinamento dos esportes com raquete. Explicar para os atletas, em situações práticas, por exemplo, como a pronação do antebraço em diferentes níveis interfere no controle da bola. Outro exemplo: também em situações práticas, como os ângulos do cotovelo e do punho são importantes na eficiência do saque. Ou como a geração de energia com a rotação do quadril e do tronco é decisiva para um potente *forehand* no tênis. Cabe aos profissionais que trabalham com esses atletas utilizar a criatividade para aplicar tais conceitos em situações práticas e lúdicas.

Não obstante, a complexidade do fenômeno do movimento humano emerge à medida que métodos biomecânicos são desenvolvidos e aprimorados com novas tecnologias disponíveis, como é o caso da inteligência artificial aplicada na análise do movimento humano.

Os esportes com raquete constituem objetos de estudo com uma vasta gama de possibilidades investigativas ainda não exploradas. Um belo desafio para pesquisadores se debruçarem nas próximas décadas.

REFERÊNCIAS

Abrams GD, Harris AHS, Andriacchi TP, Safran MR. Biomechanical analysis of three tennis serve types using a markless system. British Journal Sports Medicine. 2014;48:339-42.

Adrian M, Cooper JM. Biomechanics of human movement. Dubuque, IA: Brown; 1989.

Elliott BC. Biomechanics of the serve in tennis: A biomedical perspective. Sports Med. 1988;6:285-94.

Elliott BC, Marshall RN, Noffal G. Contributions of upper limb segment rotations during the power serve in tennis. Journal of Applied Biomechanics. 1995;11:433-42.

Gowitzke B, Waddell D. Technique of badminton stroke production: science in badminton. Racquet sports, ed. Terauds. Del Mar, CA: Academic Publishers; 1979.

Sears FW, Zemansky MW. Física. Rio de Janeiro: Livros Técnicos e Científicos; 1978. v.1.

Stewart P. Why egos and Incorrect Information about string tensions in badminton could be doing more harm than good [S.d.]. Disponível em: http://goo.gl/bZJrqr.

Vilela Junior GB, Silva VF, Silio LF. Aprendizagem motora e controle neuromotor nos esportes. Campinas: CPAQV; 2020. v.1 a 3.

17

Contribuições da biomecânica e do avanço científico-tecnológico para os esportes de raquete

Milton Shoiti Misuta
Karine Jacon Sarro
Felipe Arruda Moura

Os esportes de raquete são bastante difundidos no mundo todo, com origens distintas e variadas formas de jogar. Pode ser caracterizado como modalidade esportiva em que jogadores realizam o jogo com a utilização de um implemento (a raquete), onde existe um projétil (a bola ou a peteca) e que ocorre sobre diferentes superfícies (a quadra, o campo, a areia, a mesa). Essas modalidades de raquete podem ser jogadas nos sistemas um contra um ou dupla contra dupla, e entre as modalidades mais difundidas estão o tênis, o *badminton* e o tênis de mesa.

O esporte de raquete é foco de interesse nas mais diversas áreas da ciência. Esse interesse vai além da área da educação física, das ciências do esporte, das disciplinas tradicionalmente conhecidas como a biomecânica, pedagogia do esporte, psicologia do esporte, fisiologia e bioquímica do exercício, bem como das disciplinas de humanas que tratam do tema. Um exemplo desse interesse pode ser visto pelas publicações nas revistas do IEEE (Institute of Electrical and Electronics Engineers), inteligência artificial, computação, engenharia aplicada ao esporte, física aplicada, entre outras.

Dentro desse contexto, o desenvolvimento tecnológico que ocorreu e que envolve as modalidades de raquete contribuiu intensamente para o aprofundamento do conhecimento e, consequentemente, para o auxílio das demais áreas clássicas da educação física e das ciências do esporte. A análise objetiva da dinâmica de esportes de raquete requer o desenvolvimento de metodologias eficientes visando à identificação e ao registro de informações disponíveis durante o treino ou partida. O levantamento de dados quantitativos sobre variáveis cinemáticas,[1] por exemplo, traz informações importantes para descrever a dinâ-

1 A cinemática é um ramo da física que trata do movimento relacionando posição, velocidade, aceleração e tempo, sem referência às causas do movimento.

mica do jogo, como a distância percorrida e a variação da velocidade associadas à movimentação do jogador em uma situação específica de ataque ou defesa.

Desse modo, este capítulo aborda a contribuição dos avanços científicos relativa à obtenção de informações objetivas para o aprofundamento do conhecimento de modalidades de raquete. As áreas do conhecimento consideradas aqui serão a análise notacional, a biomecânica aplicada ao esporte e a engenharia aplicada ao esporte, dedicadas às modalidades de esportes de raquete. Ressalta-se também a fundamental importância da integração dessas três áreas, bem como de todas as áreas do conhecimento científico.

ESPORTES DE RAQUETE: QUANTIFICAÇÃO E APROFUNDAMENTO DO CONHECIMENTO

Fundamentalmente, a obtenção de dados objetivos em esporte implica o desenvolvimento de instrumentos adequados para uso em ambiente de treino e em ambiente de competição. No entanto, a obtenção desses dados é apenas uma parte dentre tantas outras de igual importância. Nesse processo, há uma inter-relação entre dado, informação, conhecimento e sabedoria. Ou seja, a partir da obtenção dos dados (p. ex., posição do jogador na quadra), chegar a informações pertinentes (distância percorrida, velocidade etc.) e, a partir das informações, construir conhecimentos acerca de determinado tema. Tais conhecimentos gerados tecerão a sabedoria em um tema específico relativo a uma modalidade ou para a modalidade como um todo. Em cada uma dessas etapas, o desenvolvimento metodológico necessita estar pautado na quantificação de dados, que reflitam a realidade da modalidade em estudo e sejam confiáveis em termos da precisão e exatidão dos dados gerados. Nesse caminho do desenvolvimento metodológico, os métodos não podem estar limitados a apenas uma área de conhecimento e/ou estar limitados a tratar apenas de aspectos técnicos e/ou táticos. Mas devem considerar a compreensão global da modalidade como um sistema interligado, ou seja, torna-se fundamental a interdisciplinaridade entre as várias áreas do conhecimento. Por fim, outro elemento essencial consiste na integração entre os envolvidos: pesquisadores, comissão técnica e, principalmente, o jogador.

ANÁLISE NOTACIONAL

A análise notacional, que basicamente consiste na anotação de eventos associados a aspectos técnicos e/ou táticos relativos a jogos em campeonatos ou em situações de treino, tem sido um dos principais instrumentos de análise e estudo das modalidades esportivas (Figura 1), principalmente em situação de competição. Esse tipo de análise tem cinco principais funções: análise do movimento, avaliação tática, avaliação técnica, desenvolvimento de banco de dados e modelagem de dados, e uso educacional para atletas e técnicos (HUGHES, 1998).

As primeiras formas de obtenção de dados em análise notacional foram realizadas manualmente por algum integrante da comissão técnica ou mesmo por pesquisadores. Com a evolução tecnológica, diversos tipos de instrumentos têm dado suporte à obtenção de dados para análise notacional. Um dos mais difundidos tem sido a filmagem durante situações de treino ou competição. Seus aspectos positivos consistem em: a) viabilizar e possibilitar a visualização de ações técnicas e táticas decorrentes do treino ou partida; b) evitar a perda de informações relativas ao jogo; c) haver a possibilidade de revisar os dados coletados; e d) corrigir eventuais equívocos de interpretação.

Em um nível mais avançado, a sequência de imagens possibilita o uso da informação temporal. Uma vez que os eventos anotados sejam associados ao tempo de jogo, possibilitam conhecer o instante exato do jogo para cada evento, o intervalo de tempo entre dois eventos de interesse, a duração de determinado evento, entre outros aspectos. Além disso, também é possível associar os eventos à posição do jogador na quadra. Nesse ponto, há a necessidade de um conhecimento mais aprofundado sobre a metodologia para a obtenção desses tipos de dados, sobre protocolos específicos que devem ser seguidos e sobre a posterior forma de

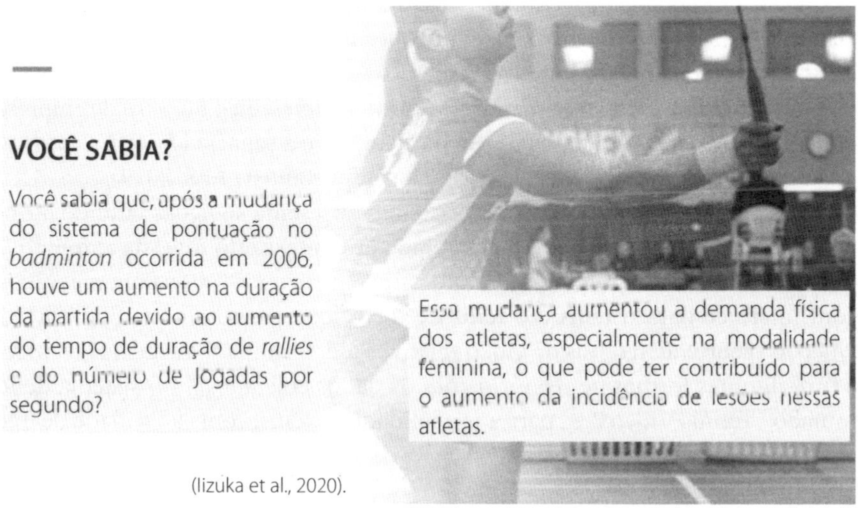

Figura 1 Mudança no sistema de pontuação e na duração da partida.
Fonte: elaborada pelos autores.

manipulação desse conjunto de dados. Esse conhecimento envolve: a) a aquisição do modelo adequado da câmera de vídeo com configurações adequadas (como controle de abertura da íris, taxa de amostragem, foco manual, entre outros); b) o posicionamento da câmera com o devido enquadramento, ou seja, escolher o local adequado que permita uma filmagem que viabilize a visualização do evento e, em consequência, a obtenção dos dados desejados; e c) ter acesso a algum tipo de programa[2] para manipular a sequência de imagens de vídeo coletadas.

Uma das principais dificuldades é a demora do processo para a obtenção dos dados: o operador deve assistir a toda a sequência de imagens, executar o avanço/recuo para buscar o evento de interesse e, assim, sucessivamente, para fazer as anotações dos eventos de todo o jogo. Mesmo em alguns dos sistemas comercialmente disponíveis para análise notacional, essas dificuldades estão presentes, e, independentemente disso, há a importância do usuário em conhecer os aspectos técnicos necessários do equipamento a ser adquirido e suas potencialidades. No entanto, visando oferecer ferramentas cada vez mais completas, os avanços científicos e tecnológicos têm convergido para o desenvolvimento de sistemas com exatidão na obtenção dos dados, com a devida avaliação da confiabilidade, e focados em serem um sistema em que a interação com o usuário seja a mais amigável possível. As soluções apresentadas com a utilização de vídeo para os sistemas comerciais e as propostas de desenvolvimento no âmbito da pesquisa nos casos de esportes de raquete consistem geralmente em: a) extrair trechos de *rally*[3] e separar dos momentos de parada de jogo (p. ex., entre um *game* e outro no tênis); b) selecionar trechos específicos organizados por *ace*, dupla falta, *winner* etc. A disponibilidade de tecnologia de computador e vídeo de baixo custo, associada a sofisticados *softwares* para análise, permitiu a comercialização de serviços de análise, oferecidos durante treinamento. À medida que a análise de notação computadorizada cresceu e amadureceu, também cresceu o número de empresas que fornecem serviço para jogadores individuais, e a capacidade de *feedback* aos jogadores tornou-se sua característica mais importante (LEES, 2019).

Nesse contexto, um conjunto de sistemas apresenta soluções visando a uma resposta rápida para o usuário, bem como apresentar certo nível de automatização. Como exemplo, podemos citar: a) o sistema proposto por Liu et al. (2009) com interface para o tênis e o tênis de mesa, que permite a manipulação do vídeo, o recorte de trechos de vídeo relativos a determinados aspectos técnicos, e traz algumas formas de relatório com os dados coletados; b) o sistema denominado "Tennis Video 2.0" para a modalidade de tênis, com capacidade de ope-

---

2 Um programa ou aplicativo comercialmente disponível que possibilite a obtenção da informação temporal do vídeo gravado.

3 *Rally*: toda a sequência de jogadas realizadas pelos jogadores em uma disputa de ponto.

ração em tempo real, possibilitando a visualização do evento desejado imediatamente após a ocorrência – esse sistema traz um módulo para a obtenção dos dados e posterior tratamento para levantamento de informações e um módulo para algumas possibilidades de análise (LAI et al., 2011); c) e o sistema proposto por Connaghan et al. (2013) visando à detecção automática no tênis, desenvolvido para detectar eventos de *rally*, tempo de duração do *rally*, primeiro e segundo serviço (certo ou errado) etc. Nesses sistemas, o desenvolvimento aponta para soluções que visam minimizar os erros oriundos das operações manuais a que estão sujeitos e a aumentar a rapidez do processo de obtenção dos dados.

Na linha de desenvolvimento metodológico, o sistema apresentado por Yan et al. (2014) visa integrar o áudio, vídeo e uma ferramenta de aprendizagem de máquina.[4] O sistema denominado *TenniVis* (POLK et al., 2014) é uma solução que apresenta equipamentos mais viáveis para o praticante amador ou até mesmo casual. Com uma filmadora simples, um conjunto de informações a partir de visualizações sobre o jogo torna-se possível nesse sistema, de fácil manipulação e sem a necessidade de um especialista para operá-lo. As informações possíveis consistem em eventos como início/fim de uma disputa de ponto, indicação de primeiro/segundo serviço, resultado do ponto (via *ace*, *winner*, erro, dupla falta, erro não forçado etc.). Embora seja um aplicativo comercial, que no momento ainda não disponha de um estudo científico com parâmetros de avaliação de sua qualidade, o sistema *SwingVision* (https://swing.tennis/) também realiza a detecção automática dos golpes realizados pelos tenistas, velocidade da bola, tipo de *spin* aplicado, local em que a bola atinge a quadra e o local de rebatida do atleta, tempo de *rally*, entre outros. As soluções apresentadas no aplicativo têm base em técnicas de inteligência artificial, e ele foi desenvolvido por especialistas da Tesla e Apple. Com uma assinatura mensal, o operador recebe instruções de posicionamento e características das câmeras e faz o *upload* dos vídeos para trabalhar com o aplicativo.

No *badminton*, o uso de um conjunto de diferentes métodos e os respectivos dispositivos (registro dos dados observacionais, manipulação do vídeo com um *software open-source* e visualização de eventos de jogo apresentado por VALLDECABRES et al., 2019) foi utilizado para estudo (VALLDECABRES et al., 2020) na categoria masculina do Campeonato Mundial de *Badminton* em Jakarta, 2015. As informações sobre as formas de movimentação dos jogadores foram tratadas a partir da divisão da quadra em doze regiões. Sobre os movimentos registrados: a) denominação como movimento longitudinal, transversal, diagonal; b) essa distância foi qualificada como curta ou larga; c) determinação da região da quadra (início e fim do movimento), bem como qualificação do movimento

4 Aprendizagem de máquina é um subcampo da inteligência artificial dedicado ao desenvolvimento de algoritmos e técnicas que visam permitir ao computador aprender.

(movimento para a esquerda/direita, para a frente/para trás) tendo como base a rede. Para essa categoria masculina, os resultados encontrados são coerentes com o nível de um campeonato mundial (a) em que o jogador esteve bem posicionado no instante da batida, e (b) as movimentações registradas tiveram correlação com a fase do jogo (*game*) e com a situação do jogo (como vantagem/desvantagem no placar, saque/recepção etc.).

No tênis de mesa, um sistema foi desenvolvido com vistas às aulas didáticas para oferecer um instrumento com retorno mais rápido para os alunos durante uma aula teórico-prática. Basicamente, os vídeos são recortados nos trechos de interesse para que cada aluno tenha seu vídeo imediatamente após sua execução na atividade (NOSU et al., 2009). O trabalho apontando o desenvolvimento metodológico envolvendo os dados coletados de forma notacional para o tênis de mesa, associados a estudos sobre análise técnico-tática (MUNIVRANA et al., 2015), está baseado na utilização de uma técnica, denominada análise de *cluster* ou análise de agrupamentos. Essa ferramenta consiste na classificação de objetos em diferentes grupos, cada um dos quais deve conter os objetos semelhantes em função de algum critério estatístico. Essa forma de classificação pode ser uma das formas de levantamento de informações que reflitam a realidade do jogo, que não é trivial. Desse modo, este trabalho pode ser um exemplo de estudo interdisciplinar entre diferentes áreas do conhecimento e, no caso, o uso de uma ferramenta que utiliza um critério estatístico adequado.

BIOMECÂNICA APLICADA AO ESPORTE

O desenvolvimento da biomecânica dentro da grande área da educação física e ciências do esporte pode ser considerado bem recente e tem ganhado importância nos últimos vinte a trinta anos. A biomecânica aplicada ao esporte busca identificar características mecânicas que podem afetar o desempenho, bem como predispor o jogador a lesões. Desse modo, há possibilidades para avaliação de técnicas associadas às habilidades do atleta. Os dados oriundos dos estudos na biomecânica podem ser obtidos a partir da cinemetria, eletromiografia, dinamometria e antropometria. Para cada uma dessas metodologias, há um conjunto de instrumentos e sobre os quais o desenvolvimento tecnológico tem possibilitado muitos avanços. Neste capítulo, o foco estará na cinemetria.

A cinemetria é uma metodologia biomecânica voltada à obtenção de variáveis cinemáticas para a descrição de movimentos. A cinemática, por sua vez, é um ramo da física que descreve o movimento relacionando posição, velocidade, aceleração e tempo, sem se preocupar com suas causas. A fotogrametria e a videogrametria envolvem os instrumentos mais conhecidos para a obtenção dessas variáveis ou medidas, e seu desenvolvimento metodológico permite obter dados com acurácia. Didaticamente, em ambos os instrumentos, a ideia consiste em extrair informações quantitativas a partir da imagem registrada.

Dentre as possibilidades de descrição de movimentos humanos, a análise cinemática por videogrametria tem um amplo espectro de aplicação a partir de informações obtidas pelas imagens de vídeo, dada a diversidade de problemas que pode abordar. Considerando a videogrametria como objeto de investigação científica, bem como cada um dos seus processos – registro, tratamento, análise e interpretação das informações –, destaca-se a necessidade do desenvolvimento de instrumentos e ferramentas de qualidade. Em função desse desenvolvimento, observa-se um aumento notável nas pesquisas aplicadas no esporte nas mais variadas modalidades e, em específico, nos esportes de raquete. Com relação ao registro, diversas metodologias têm sido relatadas na literatura para a obtenção de dados contínuos sobre a posição do atleta em função do tempo, e o uso de câmeras de vídeo para a obtenção de variáveis cinemáticas com exatidão e precisão implica um conjunto de técnicas e procedimentos associados ao desenvolvimento tecnológico e científico.

Os dados cinemáticos a serem obtidos podem ter duas dimensões (2D) – considerando o movimento em um plano – ou três dimensões (3D) – considerando o movimento no espaço tridimensional. Pode-se citar como exemplo de dado cinemático 2D a posição de um jogador em relação à quadra, como pode ser visualizado na Figura 2, a qual mostra as trajetórias de jogadores de tênis durante um *set* de jogo e resultados como distância percorrida e deslocamentos. Nesse caso, podemos didaticamente entender a quadra como um plano, que é bidimensional,[5] sobre o qual o jogador (considerado aqui como um único ponto) apresenta sua trajetória. Quanto ao dado cinemático 3D, pode-se citar como exemplo o movimento da raquete ou da bola/peteca no espaço. Nesse caso, podemos didaticamente entender o conjunto jogador, raquete e bola/peteca dentro de um volume, que é tridimensional,[6] no qual podemos realizar a descrição do movimento no espaço 3D.

Em termos didáticos, destacamos três pontos importantes para a análise cinemática: 1) o uso de apenas uma câmera possibilita a obtenção de dados 2D, enquanto a obtenção de dados 3D implica o uso de pelo menos duas câmeras

5 O sistema de referência bidimensional (2D) constitui-se de dois eixos, X e Y. Desse modo, determinado ponto (Px,y) nesse sistema pode ser representado por suas coordenadas (x,y). Esse ponto (Px,y) pode ser atribuído a um jogador como sendo a posição deste na quadra.

6 O sistema de referência tridimensional (3D) constitui-se de três eixos, X, Y e Z, sendo Z a componente vertical. Desse modo, determinado ponto (Px,y,z) nesse sistema pode ser representado por suas coordenadas (x,y,z). Esse ponto (Px,y,z) pode ser atribuído a determinado ponto da raquete ou a um ponto anatômico dos membros superiores do jogador como sendo a posição deste dentro desse volume.

filmando o mesmo objeto de interesse; 2) os dados cinemáticos a serem obtidos dependem do enquadramento adequado da cena em relação ao objeto de interesse (p. ex., enquadrar toda a quadra ou uma metade da quadra); e 3) é necessário o levantamento de um conjunto de medidas reais do local em relação a um sistema de referência (p. ex., as medidas de cada intersecção das linhas da quadra em relação a esse sistema) para que seja possível converter as medidas feitas nas imagens (em *pixels*) para medidas reais (centímetros, metros etc.).

Atualmente, é possível encontrar diferentes dispositivos e aplicativos de celular que prometem algumas análises desse tipo, como a obtenção da velocidade da bola, por exemplo. Entretanto, em muitos deles as medidas são bastante simplificadas e até mesmo estimadas, por diferentes fatores, como limitações do próprio dispositivo. Portanto, é fundamental entender quais informações de fato o aplicativo tem capacidade de oferecer, a fim de evitar o uso de um equipamento que forneça dados imprecisos.

Nesse sentido, muitos trabalhos têm o foco no desenvolvimento metodológico, possibilitando o uso de câmeras de vídeo comuns para a obtenção de dados cinemáticos sobre a movimentação do jogador na quadra. A partir de ferramentas computacionais para extração de plano de fundo da imagem e detecção de elementos, o *software* DVideo teve sua aplicação validada para jogos de tênis com valores expressivos: 100% de rastreamento automático de atletas e acurácia de 36 cm na determinação da posição dos atletas em quadra (LARA et al., 2018). O processo de obtenção das informações relativas à quadra de tênis a partir da detecção automática de linhas e a utilização de um algoritmo baseado em vetor de movimento transformado (WANG et al., 2004) é uma maneira de automatizar esse tipo de sistema.

O avanço das ferramentas computacionais também tem contribuído para a biomecânica aplicada aos esportes de raquete. No *badminton*, por exemplo, foi proposto um sistema que realiza a análise estatística sobre os tipos de golpes rea-

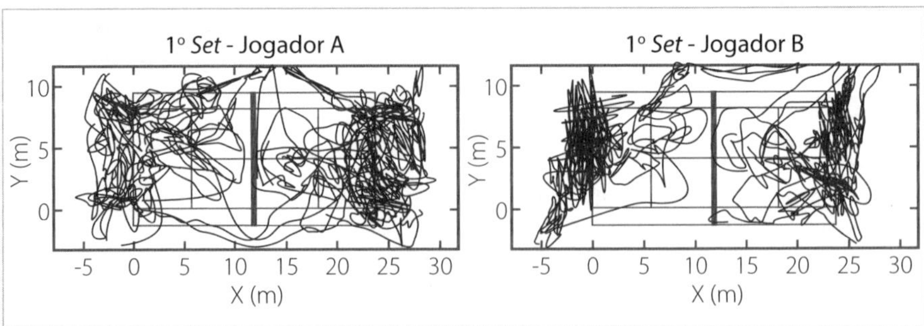

Figura 2 Exemplos de trajetórias de jogadores profissionais de tênis durante um *set* de jogo oficial.

Fonte: elaborada pelos autores.

lizados durante a partida (*drive*, *smash*, *drop* etc.) a partir do tipo de trajetória da peteca, podendo ser usado em treino ou campeonatos (CHEN, WANG, 2007). Já no tênis de mesa, foi desenvolvido um sistema inteligente para encontrar o local das ocorrências das bolas na mesa (WONG, 2008). Essa metodologia faz uso de imagens 2D, redes neurais artificiais[7] e reconhecimento de padrões.

A trajetória do jogador também pode ser obtida a partir de sua detecção em vídeos da própria programação de TV usando método baseado em técnicas avançadas de processamento de imagens, *vector machine* associado ao filtro de partículas, filtro de Kalmann, entre outros (JIANG et al., 2009; FANG et al., 2011; VIEIRA, BARROS, 2013). Nessas propostas, a ideia central está na detecção automática do jogador baseada em técnicas avançadas da área da computação visando minimizar a atuação do operador. Entre os avanços pode-se citar a identificação de ações realizadas pelos jogadores, a detecção automática das cenas de *rally* do jogo de tênis e o sucesso de automatização do processo de detecção do jogador de 77 a 94%.

Enquanto imagens do jogo permitem analisar trajetórias, deslocamentos, distâncias percorridas e velocidades (veja um exemplo na Figura 2), em situações em que as condições do ambiente são controladas é possível utilizar marcadores retrorreflexivos[8] colocados na raquete e/ou em pontos anatômicos relativos aos segmentos corporais do jogador para quantificar, a partir das coordenadas 3D desses marcadores, os movimentos da raquete e das articulações do jogador. Esse tipo de análise traz informações importantes sobre a técnica. Por exemplo, já foi demonstrada a relação entre variáveis cinemáticas articulares e da raquete e a capacidade de produzir rotação na bola no tênis (PROTHEROE, 2011), bem como o efeito da massa da raquete de tênis de mesa na cinemática e cinética dos membros superiores e tronco de atletas de nível avançado (IINO, KOJIMA, 2016).

Além da análise do jogador e da raquete, a análise cinemática da bola ou peteca também pode trazer informações relevantes para as modalidades de esportes de raquete. No trabalho de Belli et al. (2019), ela foi usada para validar um teste que visa avaliar a efetividade das rebatidas realizadas pelo jogador em situação de treinamento, considerando aspectos de tempo e dinâmica do jogo de tênis de mesa (Figura 4).

Também já é possível obter informações cinemáticas em algumas situações, como no saque no tênis, a partir de uma nova abordagem na biomecânica deno-

7 As redes neurais artificiais (RNA) podem ser entendidas como um modelo computacional (na área das ciências da computação e afins) inspirado nos neurônios humanos, de forma que seu processamento possa ser mais eficiente na resolução de tarefas em relação ao modelo computacional que está baseado no processamento sequencial.

8 Marcadores retrorreflexivos: em geral são esféricos e construídos para refletir luz de forma a ficar em destaque na imagem.

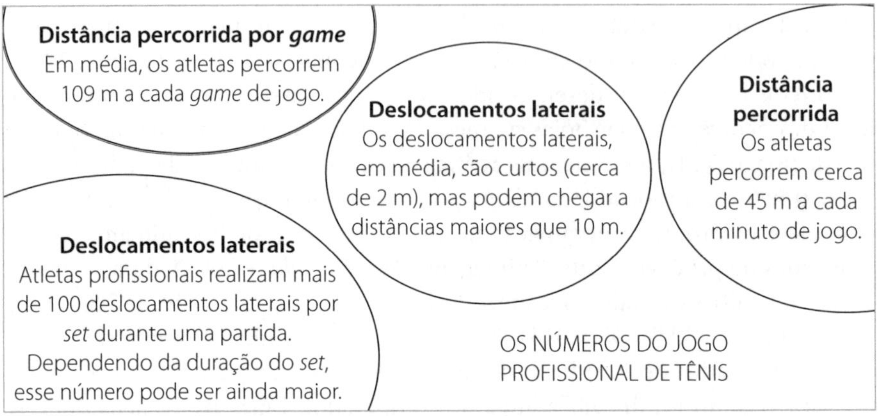

Figura 3 Exemplos de resultados obtidos a partir da posição 2D de jogadores de tênis.
Fonte: elaborada pelos autores.

minada rastreamento sem o uso de marcadores – *markerless tracking* (SHEETS et al., 2011). Esse tipo de abordagem envolve o desenvolvimento de métodos de forma a não utilizar marcadores colocados nos atletas a fim de minimizar a interferência na ação técnica. Em função da dificuldade na obtenção de dados dessa natureza devido a diversos fatores, como rotação da bola, movimento da raquete, efeito da massa da raquete, dos segmentos corporais durante a execução de determinado tipo de golpe, entre outros, os estudos de desenvolvimento metodológico são fundamentais para que futuramente a aplicação dessa metodologia seja viável e possível em situação real de competição.

ENGENHARIA APLICADA AO ESPORTE

Um dos grandes avanços vistos na área esportiva tem a contribuição da área da engenharia com inúmeras aplicações no esporte. No contexto das modalidades de raquete, pode-se citar todo o equipamento envolvido diretamente com os atletas, além dos acessórios que podem ser utilizados em ambiente de treino e em situações de competição. Há quatro itens fundamentais: a raquete, o projétil (bola ou peteca), a superfície da quadra e o calçado (LEES, 2003). O uso e a modificação de cada um desses itens sofrem as regulamentações de cada órgão associado (federações, confederações etc.). De qualquer forma, há avanços tecnológicos ao longo do tempo, como a alteração no tamanho e peso da bola no caso do tênis de mesa, os tipos de piso no tênis, os tipos de materiais utilizados nas raquetes etc. Cada um desses aspectos, bem como a interação entre raquete

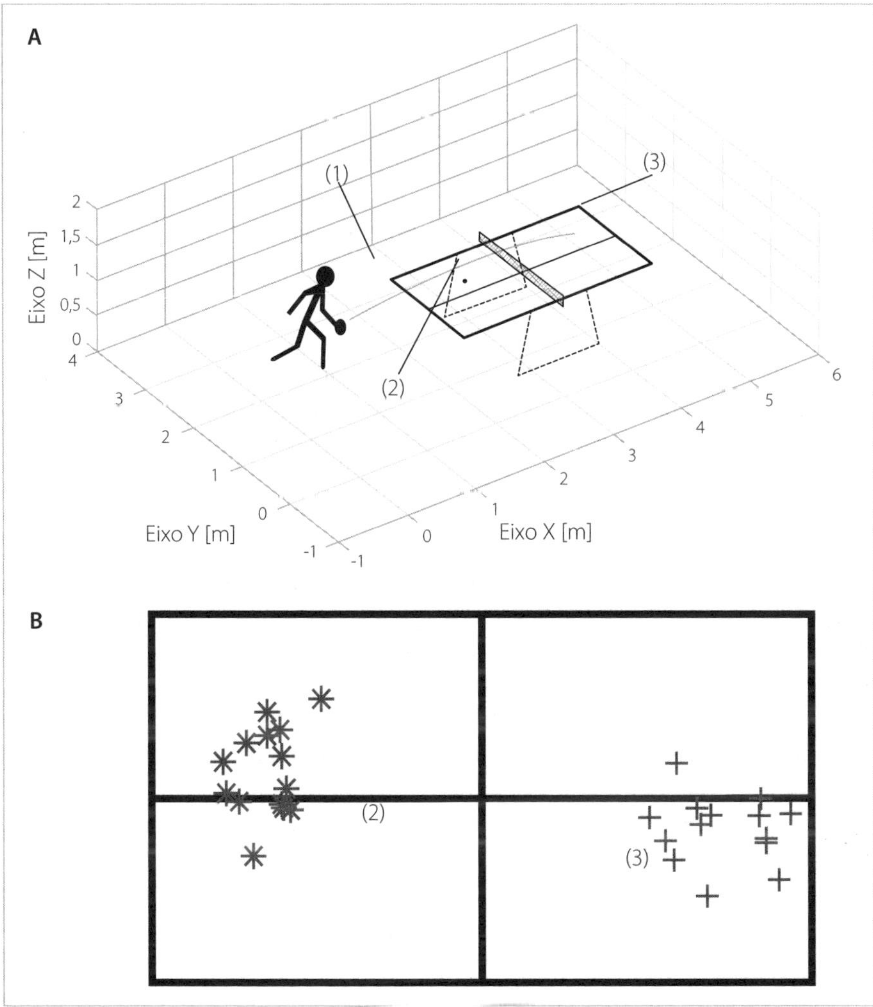

Figura 4 (A) Exemplo esquemático de uma rebatida realizada por um jogador de tênis de mesa em situação de treinamento, mostrando a trajetória 3D da bola após a rebatida (1). (B) Exemplo esquemático com a informação do local (2D) em que a bola lançada pelo robô lançador quicou na mesa (2) e o local em que a bola rebatida pelo jogador quicou na mesa (3).
Fonte: elaborada pelos autores.

e bola, bola e superfície e atleta e superfície, são de interesse da comunidade científica (LEES, 2003).

Uma boa parte do interesse das pesquisas está na raquete e na bola. A raquete é exatamente a interface entre o jogador e o projétil (bola no caso do tênis, peteca no caso do *badminton* etc.). Tanto em relação à raquete quanto à bola, sua construção, o material utilizado, a forma, entre outros aspectos, influenciam de diferentes maneiras os jogadores iniciantes e avançados. Desse modo, estudos sobre a vibração e a deflexão da raquete, bem como seu desempenho em face de diferentes fatores (coeficiente de restituição, rigidez em função do material de fabricação, momento de inércia, condições de impacto, velocidade da bola, ângulo de contato com a raquete, *spin* da bola), e o uso de sensores inerciais, apontam para um vasto campo de estudo (BANWELL et al., 2014; MANIN et al., 2012; KWAN, RASMUSSEN, 2010; YU, ZHAO, 2013; ALLEN et al., 2016).

Em termos da aplicação de dispositivos eletroeletrônicos, o sistema inercial em que podem estar em uso três dispositivos distintos (acelerômetro, giroscópio e magnetômetro) tem ganhado bastante destaque. No trabalho de STEELS et al. (2020), três sensores (dispositivo com acelerômetro e giroscópio) foram colocados (um sensor na raquete, um sensor no braço e um sensor no antebraço). O objetivo consistiu em classificar os movimentos realizados no *badminton* (*clear*, *drive*, *lob*, *net drop*, *smash*, saque curto). A metodologia proposta está baseada nos conceitos de rede neural e aprendizagem de máquina, utilizando os dados obtidos via sistema inercial. Os dois voluntários desse estudo são atletas de nível amador que jogaram por duas horas, de forma que utilizassem com frequência os golpes do *badminton* elencados para o estudo. Os resultados são bons – em torno de 80% de acerto – na classificação dos golpes realizados.

CONSIDERAÇÕES FINAIS

A contribuição do desenvolvimento científico-tecnológico para a quantificação de variáveis biomecânicas nos esportes de raquete tem evoluído a partir do desenvolvimento de instrumentos adequados para uso em ambiente de treino e em ambiente de competição. Isso permite a quantificação de dados precisos, que reflitam a realidade da modalidade em estudo e sejam confiáveis em termos de precisão e exatidão. O desenvolvimento da biomecânica aplicada ao esporte com o uso de câmeras de vídeo para a obtenção de variáveis cinemáticas, junto com um conjunto de técnicas e procedimentos associados ao desenvolvimento tecnológico e científico, tem viabilizado a obtenção de dados antes inatingíveis tanto em 2D quanto em 3D. No entanto, a análise notacional, combinada com a utilização de alguma forma de filmagem, ainda tem sido o tipo de análise mais utilizado. Os grandes avanços vistos na área esportiva com a contribuição da área da engenharia têm possibilitado o desenvolvimento de raquetes e bolas de forma a atender jogadores iniciantes e avançados.

REFERÊNCIAS

Allen T, Choppin S, Knudson D. A review of tennis racket performance parameters. Sports Engineering. 2016;19(1).

Banwell GH, Roberts JR, Halkon BJ, Rothberg SJ, Mohr S. Understanding the dynamic behaviour of a tennis racket under play conditions. Experimental Mechanics. 2014;54(4).

Belli T, Misuta MS, de Moura PPR, Tavares TS, Ribeiro RA, dos Santos YYS, et al. Reproducibility and validity of a stroke effectiveness test in table tennis based on the temporal game structure. Frontiers in Psychology. 2019 Fev;10.

Chen B, Wang Z. A statistical method for analysis of technical data of a badminton match based on 2-D seriate images. Tsinghua Science and Technology. 2007;12(5).

Connaghan D, Moran K, O'Connor NE. An automatic visual analysis system for tennis. proceedings of the Institution of Mechanical Engineers, Part P. Journal of Sports Engineering and Technology. 2013;227(4).

Fang MY, Chang CK, Yang NC, Jou IC, Kuo CM. Robust player tracking and motion trajectory refinement for broadcast tennis videos. In: Lecture Notes in Electrical Engineering 2011, Anais [...]. [S.l: s.n.].

Hughes M. The application of notational analysis to racket sports. In: Lees A, Maynard I, Hughes M, Reilly T (eds.). Science and racket sports II. London: E & FN Spon; 1998. p.211-20.

Iino Y, Kojima T. Effect of the racket mass and the rate of strokes on kinematics and kinetics in the table tennis topspin backhand. Journal of Sports Sciences. 2016;34(8).

Iizuka T, Hirano K, Atomi T, Shimizu M, Atomi Y. Changes in duration and intensity of the world's top-level badminton matches: a consideration of the increased acute injuries among elite women's singles players. Sports. 2020; 8(2):19.

Jiang YC, Lai KT, Hsieh CH, Lai M F. Player detection and tracking in broadcast tennis video. In: Lecture Notes in Computer Science (including subseries Lecture Notes in Artificial Intelligence and Lecture Notes in Bioinformatics) 2009, Anais [...]. [S.l: s.n.].

Kwan M, Rasmussen J. The importance of being elastic: deflection of a badminton racket during a stroke. Journal of Sports Sciences. 2010;28(5).

Lai JH, Chen CL, Kao CC, Chien SY. Tennis Video 2.0: a new presentation of sports videos with content separation and rendering. Journal of Visual Communication and Image Representation. 2011;22(3).

Lara JPR, Vieira CLR, Misuta MS, Moura FA, Barros RMLD. Validation of a video-based system for automatic tracking of tennis players. International Journal of Performance Analysis in Sport. 2018;18(1).

Lees A. Science and the major racket sports: a review. In: Journal of Sports Sciences 2003, Anais [...]. [S.l: s.n.].

Lees A. The evolution of racket sport science: a personal reflection. German Journal of Exercise and Sport Research. 2019.

Liu C, Huang Q, Jiang S, Xing L, Ye Q, Gao W. A framework for flexible summarization of racquet sports video using multiple modalities. Computer Vision and Image Understanding. 2009;113(3).

Manin L, Poggi M, Havard N. Vibrations of table tennis racket composite wood blades: modeling and experiments. In: Procedia Engineering 2012, Anais [...]. [S.l: s.n.].

Munivrana G, Petrinović LZ, Kondrič M. Structural analysis of technical-tactical elements in table tennis and their role in different playing zones. Journal of Human Kinetics. 2015;47(1).

Nosu K, Otsuka T, Okura T, Hirai Y. An immediate feedback video production system for a table tennis class. Journal of Visualization. 2009;12(1).

Polk T, Yang J, Hu Y, Zhao Y. TenniVis: visualization for tennis match analysis. IEEE Transactions on Visualization and Computer Graphics. 2014;20(12).

Protheroe L. An investigation to determine the kinematic variables associated with the production of topspin in the tennis groundstrokes [tese]. University of Central Lancashire; 2011.

Sheets AL, Abrams GD, Corazza S, Safran MR, Andriacchi TP. Kinematics differences between the flat, kick, and slice serves measured using a markerless motion capture method. Annals of Biomedical Engineering. 2011;39(12).

Steels T, van Herbruggen B, Fontaine J, de Pessemier T, Plets D, Poorter E de. Badminton activity recognition using accelerometer data. Sensors (Switzerland). 2020;20(17):2020.

Valldecabres R, Casal CA, Chiminazzo JGC, de Benito AM. Players' on-court movements and contextual variables in Badminton World Championship. Frontiers in Psychology. 2020.

Valldecabres R, de Benito AM, Casal CA, Pablos C. Design and validity of a badminton observation tool (BOT): diseño y validación de una herramienta observacional para el bádminton (BOT). Revista Internacional de Medicina y Ciencias de la Actividad Física y del Deporte. 2019.

Vieira CLR, Barros RML. Automatic rally detection on broadcast tennis videos. Sports Technology. 2013;6(2).

Wang P, Cai R, Yang SQ. Tennis video analysis based on transformed motion vectors. Lecture Notes in Computer Science (including subseries Lecture Notes in Artificial Intelligence and Lecture Notes in Bioinformatics). 2004;3115.

Wong PKC. Developing an intelligent table tennis umpiring system: identifying the ball from the scene. In: Proceedings – 2nd Asia International Conference on Modelling and Simulation, AMS 2008, Anais [...]. [S.l: s.n.].

Yan F, Kittler J, Windridge D, Christmas W, Mikolajczyk K, Cox S, et al. Automatic annotation of tennis games: an integration of audio, vision, and learning. Image and Vision Computing. 2014;32(11).

Yu J, Zhao G. Study on badminton smash for training based on sensor. In: Lecture Notes in Electrical Engineering 2013, Anais [...]. [S.l: s.n.].

18

Esportes de raquete e análises estatísticas

Júlia Barreira

POR QUE CONHECER AS FERRAMENTAS DA ESTATÍSTICA PARA ATUAR COM OS ESPORTES DE RAQUETE?

A estatística tem recebido uma crescente atenção de pesquisadores, treinadores, atletas e gestores que atuam com esportes de raquete no mundo todo (O'DONOGHUE, 2004). Esses profissionais utilizam as ferramentas da estatística para transformar o banco de dados em informações valiosas para o treinamento e para tomar melhores decisões em relação ao desenvolvimento dos atletas. É comum as pessoas associarem a estatística aos testes de hipóteses e às análises rebuscadas utilizadas em artigos científicos. Mas essa associação acaba gerando um distanciamento de profissionais que poderiam se beneficiar de um conhecimento básico na área. Noções básicas de planejamento, coleta, organização e sumarização de dados auxiliam o dia a dia de profissionais que trabalham com os esportes de raquete e tornam o processo de extração de informações ainda mais confiável (CRESPO, 2002).

As comissões técnicas têm crescido ao redor do mundo e contado com profissionais de diferentes áreas do conhecimento que possibilitam o acompanhamento e desenvolvimento integral do atleta. Entre esses profissionais, podemos citar os treinadores, preparadores físicos, fisiologistas, nutricionistas, psicólogos e outros. Para um planejamento de forma individualizada e integrada, é necessário conhecer as características do atleta e as demandas de sua modalidade (BANGSBO et al., 2006). Nessa caracterização inicial, podemos utilizar avaliações quantitativas baseadas em instrumentos preestabelecidos como testes físicos, questionários nutricionais e psicológicos, e também avaliações mais subjetivas baseadas nas percepções e opiniões dos próprios praticantes. Esses exemplos representam parte do amplo leque de avaliações que podem ser utilizadas nos esportes de raquete e que auxiliam no planejamento e acompanhamento dos efeitos longitudinais do treinamento.

Para que os dados qualitativos e quantitativos façam a diferença na preparação e no desempenho do atleta, é necessário que sejam apresentados de forma clara e compreensiva para os profissionais envolvidos com o treinamento esportivo (BARREIRA, 2017; MCGUIGAN et al., 2013). Esse processo indica a necessidade de um conhecimento básico sobre gráficos, tabelas e medidas que permitem resumir e apresentar os principais resultados encontrados. Essas ferramentas compõem uma grande área da estatística denominada estatística descritiva (MANCUSO et al., 2018), que será explorada com mais detalhes a seguir.

A estatística também apresenta uma grande importância no campo acadêmico e nos estudos sobre os esportes de raquete. Para que o conhecimento gerado seja confiável, é necessário que os participantes do estudo sejam selecionados de forma adequada, que os instrumentos utilizados sejam validados, que os erros gerados durante a coleta dos dados sejam identificados e que o banco de dados seja tratado de forma adequada (HOPKINS, 2000; MCGUIGAN et al., 2013). Os pesquisadores podem utilizar diversos testes estatísticos para comparar grupos, caracterizar as demandas das partidas e analisar a eficiência de protocolos experimentais. Essas análises compõem outra grande área da estatística denominada inferencial, que também será explorada ao longo deste capítulo.

A partir dos exemplos apresentados, fica claro que o conhecimento sobre a estatística pode auxiliar na prática de diferentes profissionais que atuam com os esportes de raquete. A má utilização da estatística pode levar a conclusões errôneas e tomadas de decisão prejudiciais para o desempenho do atleta. Já o conhecimento básico sobre as ferramentas da estatística pode tornar esses profissionais mais autônomos e críticos em relação às análises de dados. O objetivo deste capítulo é apresentar e explorar ferramentas da estatística que podem auxiliar na coleta e utilização de dados no dia a dia do treinamento esportivo ou na interpretação e condução de estudos científicos.

BANCO DE DADOS NOS ESPORTES DE RAQUETE: QUAIS SÃO E COMO COLETAR?

Dado que o principal objetivo da estatística é transformar o banco de dados em informações, um primeiro conhecimento importante nesse processo corresponde aos tipos de dados que podem ser coletados. De maneira bastante simples, os dados podem ser classificados em qualitativos ou quantitativos. Apesar de o conhecimento do senso comum preconizar que a estatística pode ser usada somente com os dados quantitativos, existem diversas ferramentas que possibilitam explorar, resumir e analisar os dados qualitativos. Por exemplo, Barnett e Pollard (2007) investigaram os tipos de quadra mais utilizados nos principais campeonatos internacionais de tênis. Os autores analisaram as frequências das partidas nas quadras de saibro, grama e rápidas. Esses dados podem ser classificados como qualitativos nominais por representarem uma qualidade (ou atributo) do objeto estudado (BUSSAB, MORETTIN, 2011). Também podemos citar as características pessoais como nome, cidade de nascimento e profissão como dados qualitativos nominais.

Os dados qualitativos também podem ser classificados em ordinais, quando as palavras coletadas apresentam uma ordem entre si (BUSSAB, MORETTIN, 2011). Por exemplo, os questionários que utilizam a escala *Likert* são considerados instrumentos de avaliação qualitativa que permitem que o participante expresse sua opinião em relação a determinado assunto. É comum que esses questionários apresentem afirmações e que o participante assinale uma dentre as opções: discordo totalmente, discordo, não discordo nem concordo, concordo e concordo totalmente. Essas palavras apresentam uma sequência e ordem entre si, por isso são chamadas de variáveis qualitativas ordinais. Esses dados são comumente coletados por questionários que possibilitam caracterizar o perfil psicológico do atleta (PASQUALI, 2003).

Já os dados quantitativos podem ser subdivididos em discretos ou contínuos (BUSSAB, MORETTIN, 2011). Os dados discretos correspondem aos números inteiros, por exemplo, a quantidade de pontos realizados por um atleta durante a partida, a quantidade de erros não forçados cometidos em determinado jogo, entre outros. Note que não é possível realizar um ponto e meio ou cometer meio erro não forçado. Já os dados contínuos não possibilitam intervalos entre si, sendo a precisão da medida definida pela qualidade do instrumento de avaliação utilizado. Dados referentes à duração do *rally* e ao tempo de pausa são considerados contínuos. O Quadro 1 apresenta exemplos dessas quatro categorias no contexto dos esportes de raquete.

Quadro 1 Tipos de variáveis investigadas nas ciências dos esportes de raquete

	Tipo	Variável	Modalidade	Estudo
Qualitativo	Nominal	Piso da quadra	Tênis de campo	Barnett e Pollard (2007)
	Ordinal	Escala de resistência mental	Tênis de campo, tênis de mesa e *badminton*	Bastug (2018)
Quantitativo	Discreto	▪ Erros não forçados ▪ Pontos vencedores	*Badminton*	Chiminazzo et al. (2017)
	Contínuo	▪ Duração do *rally* ▪ Tempo de pausa	*Squash*	Girard et al. (2007)

Além de conhecer o tipo de dado que está sendo analisado, é importante pensar no processo de coleta e de tabulação. O processo de transformar os dados em informação começa no momento da coleta, quando os profissionais envolvidos nesse processo identificam padrões entre os indivíduos avaliados. Essas percepções iniciais são importantes e poderão ser confirmadas por futuras análises. É comum que no processo de coleta aconteçam imprevistos ou que eventos específicos chamem a atenção do avaliador. Nesse caso, é interessante que esse profissional tenha em mãos um caderno de campo para anotar todos os acontecimentos que possam interferir nos dados e, consequentemente, nas análises. Por fim, é importante que os dados sejam tabulados de forma clara e organizada para facilitar seu processo de exploração. O padrão utilizado para tabulação corresponde aos indivíduos ou elementos analisados dispostos em linhas e às características coletadas em colunas. Essa organização permite que profissionais de diferentes áreas compreendam a tabulação e possam analisar o banco de dados.

EXPLORANDO OS DADOS: CONHECENDO FERRAMENTAS DA ESTATÍSTICA DESCRITIVA

Uma vez que os dados foram coletados e tabulados, utilizamos a estatística descritiva para resumir e apresentar os principais resultados. Essa área é composta por diferentes ferramentas, como gráficos, tabelas, medidas de posição e medidas de dispersão, que possibilitam extrair informações e apresentar os resultados de maneira clara (MANCUSO et al., 2018). Dadas as diversas possibilidades, é importante ter um conhecimento básico sobre essas ferramentas para escolher aquela que mais se adéqua ao banco de dados e que facilita a compreensão dos resultados. De nada importa coletar um grande banco de dados se os resultados não forem apresentados de forma clara e se não fornecerem informações para a tomada de decisão (MCGUIGAN et al., 2013).

As variáveis qualitativas são comumente apresentadas em frequências relativas e absolutas, e representam a quantidade de vezes que determinado evento ocorreu. Por exemplo, Loffing et al. (2010) analisaram a frequência de nascimento de atletas de elite no tênis de campo nos doze meses do ano. Os meses foram agrupados em quartis (Q) correspondendo a cada trimestre. O primeiro quartil (Q1) representa os meses de janeiro, fevereiro e março; o segundo quartil (Q2) representa abril, maio e junho; o terceiro quartil representa julho, agosto e setembro (Q3); e o último quartil (Q4) representa outubro, novembro e dezembro. A Tabela 1 apresenta a frequência de nascimento dos tenistas nos quartis em função da dominância dos membros superiores.

Tabela 1 Frequência absoluta (e relativa) do nascimento de atletas de tênis de elite ao longo dos quartis em função do membro dominante

Membro dominante	01	02	03	04	Total
Destro	255 (29%)	257 (29%)	216 (24%)	161 (18%)	889 (100%)
Canhoto	30 (22%)	35 (25%)	43 (31%)	30 (22%)	138 (100%)

Fonte: adaptada de Loffing et al. (2010).

Os resultados do estudo de Loffing et al. (2010) mostraram maior frequência de atletas destros nascidos nos dois primeiros quartis do ano comparados ao terceiro e quarto trimestres. Em contrapartida, os jogadores canhotos apresentam uma distribuição mais equilibrada de nascimento ao longo dos quartis. Os autores do estudo revelaram a existência do efeito da idade relativa em jogadores de tênis destros e sugeriram uma vantagem de atletas canhotos em relação ao fenômeno analisado. O efeito da idade relativa é caracterizado pela maior frequência de atletas de elite nascidos nos primeiros meses do ano, revelando uma distorção nos critérios de detecção, seleção e promoção de talentos e a busca por praticantes com maiores vantagens físicas do ponto de vista maturacional (COBLEY et al., 2009; MUSCH, GRONDIN, 2001).

As frequências relativas e absolutas utilizadas para resumir os qualitativos também podem ser apresentadas em gráficos de barras e de *pizza*. Por exemplo, no estudo de Chiminazzo et al. (2018), os autores analisaram os golpes e as ações mais frequentes nas partidas masculinas de *badminton* nos Jogos Olímpicos. O gráfico de barras (Figura 1) foi utilizado pelos autores para apresentar os resultados encontrados. A análise da figura revela maior frequência de *net* e de *lob* por atletas de elite.

Em relação às variáveis quantitativas, existe uma diversidade de medidas e gráficos que podem ser utilizados para explorar os dados. Provavelmente a média seja a estatística mais conhecida e utilizada por profissionais que atuam nos esportes de raquete. Apesar de ser uma medida importante, sozinha ela traz poucas informações sobre o banco de dados como um todo. Por exemplo, suponha que três atletas de *squash* tenham respondido uma escala de estresse antes de disputar seis jogos oficiais. A escala varia de zero a dez, representando de forma crescente o nível de estresse dos atletas. Os resultados encontrados são apresentados na Tabela 2. A análise dos valores médios possibilita discriminar os atletas com os menores (A e B) e maiores (C) níveis de estresse, mas mascara a variabilidade apresentada pelos jogadores ao longo das partidas. Esses diferentes comportamentos podem ser identificados pelos valores mínimos e máximos,

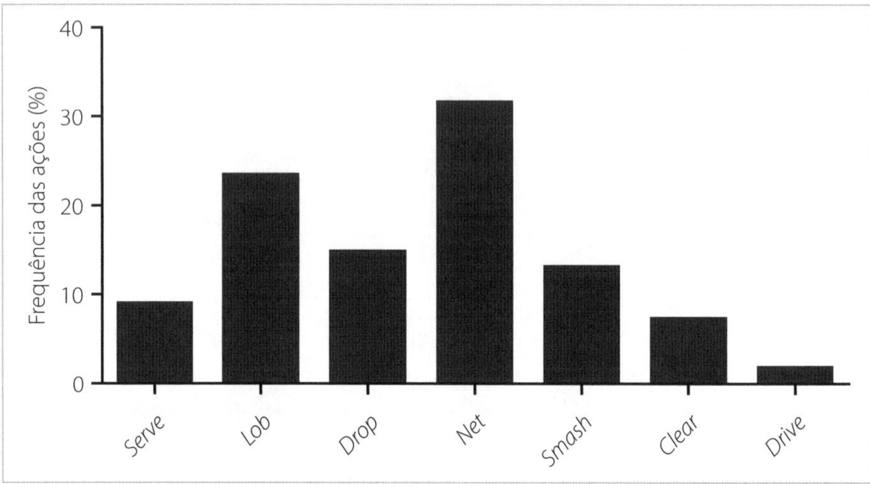

Figura 1 Frequência de ações e golpes nas partidas simples masculinas de *badminton* nos Jogos Olímpicos Rio 2016.

Fonte: adaptada de Chiminazzo et al. (2018).

mostrando um comportamento mais homogêneo do atleta A quando comparado ao B. O desvio padrão (DP) é uma medida bastante utilizada no contexto da ciência e que também representa a variabilidade dos dados. O DP corresponde a um desvio que engloba aproximadamente 68% dos dados coletados. Portanto, ao interpretar os valores da Tabela 2, notamos que o atleta A apresenta um nível de estresse entre 4,1 e 5,9 na maioria dos jogos. Em contrapartida, é esperada uma variação de 1,7 a 8,3 no nível de estresse do jogador B antes dos jogos.

Tabela 2 Comportamento do nível de estresse de três atletas de *squash* antes de seis partidas oficiais

Jogo	1	2	3	4	5	6	Média	Mínimo	Máximo	DP
Atleta A	5	6	4	5	6	4	5,0	4,0	6,0	0,9
Atleta B	5	1	10	2	7	5	5,0	1,0	10,0	3,3
Atleta C	7	8	7	6	7	7	7,0	6,0	8,0	0,6

DP: desvio padrão.

Fonte: elaborada pela autora.

ASSOCIANDO OS DADOS

O procedimento de exploração dos dados pode fornecer resultados e informações importantes para os profissionais envolvidos com os esportes de raquete. Esses resultados podem ser complementados por testes estatísticos que compõem a outra grande área da estatística, chamada de inferencial. Uma análise bastante popular e que pode fornecer informações importantes para os profissionais que atuam com os esportes de raquete é a correlação. Essa análise busca identificar a relação entre duas medidas, mas não necessariamente estabelecer uma relação de causa e efeito entre elas (LEOTTI et al., 2019). Por exemplo, diversos estudos utilizaram a correlação para analisar a relação entre o *ranking* de atletas de tênis de mesa (SINDIK, KONDRIČ, 2011), tênis de campo (REID et al., 2010) e *badminton* (BARREIRA, CHIMINAZZO, 2020) com a quantidade de ações e golpes realizados em partidas oficiais. Essa relação pode ser apresentada em gráficos de dispersão, como mostrado na Figura 2.

A Figura 2 mostra a relação entre o *ranking* dos atletas de *badminton* e a quantidade de pontos vencedores e erros não forçados realizados por partida

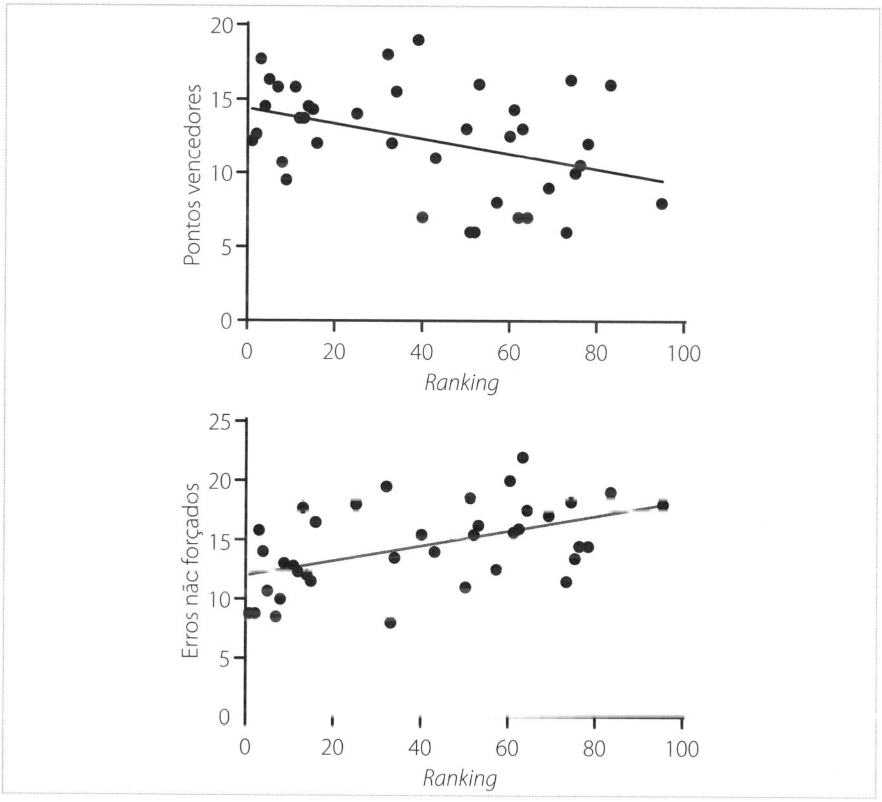

Figura 2 Relação entre o *ranking* dos atletas de *badminton* e a quantidade de pontos vencedores e erros não forçados realizados por partida nos Jogos Olímpicos Rio 2016.
Fonte: adaptada de Barreira e Chiminazzo (2020).

nos Jogos Olímpicos Rio 2016. Cada ponto no gráfico corresponde a um atleta e representa seus respectivos valores no *ranking* e no golpe analisado. O gráfico de dispersão é uma ferramenta interessante quando desejamos analisar a relação entre duas variáveis quantitativas em um grande grupo de atletas. A partir da análise, notamos uma relação inversamente proporcional entre posição no *ranking* e quantidade de pontos vencedores por partida, ou seja, quanto pior a posição do atleta, menor a quantidade de pontos vencedores realizados. Em contrapartida, vemos uma relação diretamente proporcional entre posição no *ranking* e quantidade de erros não forçados realizados, ou seja, quanto pior a posição do atleta, maior a quantidade de erros não forçados realizados. Essas análises gráficas revelam a relação existente entre o *ranking* do atleta e a quantidade de pontos vencedores e erros não forçados realizados.

O coeficiente de correlação é uma medida que pode ser utilizada junto com o gráfico de dispersão com o intuito de quantificar o grau da relação entre as duas variáveis analisadas. O coeficiente de correlação vai de zero (nenhuma relação) até um (relação perfeita entre as variáveis). Coeficientes positivos expressam a relação diretamente proporcional, e negativos, a relação inversamente proporcional. Por exemplo, nos gráficos apresentados acima (Figura 2), o coeficiente de correlação do *ranking* com os pontos vencedores é de –0,39 e com os erros não forçados é de 0,51. Em posse dessa informação, podemos concluir que o *ranking* dos atletas apresenta maior relação com os erros não forçados quando comparado aos pontos vencedores.

As comparações entre as médias também são análises da estatística inferencial frequentemente utilizadas nas pesquisas com esportes de raquete. Essas análises são utilizadas para comparar as demandas de partidas individuais ou em dupla, as características de partidas de homens e mulheres, a ocorrência de golpes em situações de vitória e derrota, entre outras. Por exemplo, Fernandez-Fernandez et al. (2013) mostraram que as partidas de *badminton* masculinas são caracterizadas por *rallies* mais longos, por maior quantidade de golpes e por descansos maiores quando comparadas com as partidas de mulheres. No tênis de campo, Johnson e McHugh (2006) mostraram maior quantidade de golpes por jogo no French Open quando comparado a Wimbledon, sendo os *topspins* as ações mais frequentes. As informações fornecidas por esses estudos são importantes para conhecer as exigências da partida e planejar treinos direcionados às características das competições alvo.

PROBABILIDADE

Uma terceira subárea da estatística pouco explorada no contexto esportivo, tanto no científico como no prático, é a probabilidade. Em relação aos esportes de raquete, quase todos os estudos estão centrados no tênis, com exceção de Schulman e Hamdan (1977), que calcularam a probabilidade de vencer um *game* e uma partida de tênis de mesa, de Percy (2009), que comparou as probabilidades de vencer um *game* no *badminton* utilizando regras antigas e novas, e de Barreira e Chiminazzo (2020), que calcularam a probabilidade de vencer um *game* de *badminton* baseado na quantidade de erros não forçados e pontos vencedores realizados pelos atletas. Dada a predominância do tênis nesses estudos, essa modalidade será mais explorada neste tópico.

Antes de serem apresentados os principais achados dos estudos sobre probabilidade nos esportes de raquete, é necessário introduzir alguns conceitos probabilísticos. Em 1933, Kolmogorov, matemático russo, desenvolveu a teoria da probabilidade com rigor matemático a partir de fundamentos axiomáticos. Segundo o primeiro e o segundo axiomas propostos pelo matemático, não existe probabilidade (P) negativa nem maior do que um, ou seja, $0 \leq P \leq 1$. Portanto, não existe a probabilidade de 120% nem de –10% de um jogador vencer uma partida. Ela pode variar apenas entre 0 e 100%.

Além disso, uma das propriedades bastante utilizadas nos estudos de probabilidade esportiva é a de que a probabilidade de um evento complementar é dada por $P(A^c) = 1 - P(A)$. Ou seja, a probabilidade de vitória (V) é um menos a probabilidade de derrota (D): $P(V) = 1 - P(D)$. Se um jogador tem a probabilidade de 60% de vencer a partida, então sua probabilidade de perder é de 100% – 60% = 40%.

Uma distribuição bastante utilizada no contexto esportivo é a binomial. De forma resumida, essa distribuição apresenta a probabilidade de um número de sucessos em uma sequência de n tentativas. Cada tentativa tem como resultado apenas duas possibilidades: sucesso ou fracasso. Além disso, na distribuição binomial, cada tentativa é independente das demais e a probabilidade de sucesso é constante em todas as tentativas.

A probabilidade de k sucessos em n tentativas e a explicação da equação são dados por:

$$\left(\frac{n}{k}\right) p^k \left(1-p\right)^{n-k}$$

Todas as combinações possíveis de *k* (sucessos) e n – k (fracassos) entre as *n* possibilidades (pontos disputados).

Probabilidade de sucesso (p) elevado ao número de tentativas com sucesso (k)

Probabilidade de fracasso (1 – p) elevada ao número de tentativas com fracasso (n – k)

Exemplificando o uso da distribuição binomial, vamos pensar na disputa de um *game* no tênis. Podemos nos perguntar: qual a probabilidade de um jogador vencer um *game* ganhando os quatro pontos sucessivamente? Neste caso, temos $n = 4$ (pontos disputados) e $k = 4$ (pontos com sucesso). Vamos considerar que a probabilidade de o jogador vencer um ponto seja de 0,5. Substituindo na equação, temos:

$$\left(\frac{4}{4}\right)0,5^{4}\left(1-0,5\right)^{4-4}=0,06$$

Ou seja, a probabilidade de o adversário desse jogador não realizar nenhum ponto durante o *game* é de apenas 6%.

Esses conceitos de probabilidade foram utilizados por Croucher (1981) ao analisar as probabilidades de um atleta vencer a final do campeonato de Wimbledon em função da vitória do primeiro *set* de jogo. O autor coletou dados de 89 finais masculinas e 83 femininas que aconteceram nos 100 primeiros campeonatos de Wimbledon. Os resultados mostram que a probabilidade de um homem vencer a final dado que ganhou o primeiro *set* é de 69%, enquanto a da mulher é de 75%. A partir desses resultados vemos a importância da vitória no primeiro *set* no resultado final da partida.

Magnus e Klaassen (1999) também analisaram partidas de Wimbledon, que aconteceram de 1992 a 1995, com o objetivo de determinar a probabilidade de vencer um ponto em função de estar sacando ou recebendo. Segundo os autores, a probabilidade de vencer um ponto quando se está sacando é de 64% para os homens e de 56% para as mulheres. Apesar da vantagem na situação de saque, vemos que ela é dependente do tipo de quadra onde a partida ocorre. A Tabela 3 apresenta a probabilidade de vencer um ponto na devolução do serviço em diferentes tipos de quadras. Vemos que, nas quadras de grama, homens e mulheres têm maior vantagem quando estão sacando. Já nas quadras de saibro, os jogadores que devolvem o serviço apresentam mais chances de vencer o ponto.

Tabela 3 Probabilidade de pontos ganhos na devolução do serviço por homens e mulheres em diferentes tipos de quadras

Superfície	Homens	Mulheres
Grama	34%	42%
Rápida	37%	44%
Saibro	40%	46%

Fonte: adaptada de Barnett et al. (2011).

Os estudos apresentados acima revelam uma predominância de investigações sobre o tênis. Para avançarmos com o conhecimento sobre probabilidade nos esportes de raquete, são necessárias mais investigações sobre *squash*, *badminton* e tênis de mesa, por exemplo. Esses novos estudos possibilitariam um melhor entendimento da dinâmica das partidas e forneceriam informações importantes para o planejamento de treinamentos direcionados às exigências e características de cada modalidade.

ONDE FAZER AS ANÁLISES? PROGRAMAS QUE PODEM SER UTILIZADOS PARA AS ANÁLISES ESTATÍSTICAS

Apesar de ser possível explorar os bancos de dados manualmente, esse processo é trabalhoso e pode demandar bastante tempo na análise de grandes bancos de dados. Por esse motivo, pesquisadores recorrem a diferentes programas e aplicativos com o objetivo de tornar as análises estatísticas mais eficientes e rápidas. Além disso, esses programas fornecem recursos gráficos que possibilitam apresentar os resultados de forma mais clara. O Quadro 2 apresenta os programas frequentemente utilizados para explorar e analisar os dados. Cada programa apresenta vantagens e desvantagens, cabendo ao pesquisador escolher aquele que melhor se adéqua às suas necessidades.

Quadro 2 Programas que podem ser utilizados para análises estatísticas

Programa	Pacote pago	Variedade de análises	Qualidade dos gráficos	Necessidade de programar
Excel	Sim	Baixa	Baixa	Não
Minitab	Sim	Média	Baixa	Não
GraphPad Prism	Sim	Média	Alta	Não
SPSS	Sim	Alta	Média	Não
R	Não	Alta	Média	Sim
MATLAB	Sim	Alta	Alta	Sim

Fonte: elaborada pela autora.

O Excel é o programa mais simples para análises estatísticas e de mais fácil acesso. Para sua instalação é necessário comprar o pacote Office. O programa possui um pacote básico de análises estatísticas que pode ser expandido com a instalação gratuita do suplemento "Ferramentas de Análise". A grande vantagem do Excel é a facilidade dos comandos e de análises. O Minitab, GraphPad Prism e SPSS também são programas frequentemente utilizados em trabalhos científicos. Todos os programas são pagos e apresentam uma boa variedade de ferramentas estatísticas. A grande vantagem desses programas é que não necessitam de programação para sua utilização.

O R é um dos pacotes mais utilizados na estatística por ser gratuito e possibilitar uma ampla variedade de análises. Entretanto, é necessário que o usuário saiba programar para utilizá-lo. Por fim, o MATLAB apresenta qualidade gráfica superior a todos os programas apresentados anteriormente, além de disponibilizar uma ampla variedade de análises estatísticas. Entre as limitações do programa estão o alto custo da sua licença e a necessidade de programar para sua utilização. É importante lembrar que as classificações e análises apresentadas acima foram feitas a partir da experiência da autora. É possível encontrar diferentes opiniões de acordo com a vivência de cada pesquisador.

CONSIDERAÇÕES FINAIS

Ao longo deste capítulo foram apresentadas diversas ferramentas estatísticas que facilitam a exploração, apresentação e visualização dos dados. Vimos que o conhecimento sobre estatística é importante para profissionais de diferentes áreas que atuam com os esportes de raquete, assim como para pesquisadores e cientistas. O conhecimento estatístico auxilia os pesquisadores em todas as etapas, da coleta à análise dos dados, permite a apresentação dos resultados de forma mais simples e clara e possibilita uma análise crítica de trabalhos produzidos por seus pares. Já os profissionais envolvidos com o treinamento esportivo podem utilizar os conhecimentos estatísticos para tornar o processo de coleta de dados e extração de informações ainda mais confiável e para se tornar mais autônomos na interpretação de resultados de estudos científicos.

REFERÊNCIAS

Bangsbo J, Mohr M, Poulsen A, Perez-Gomez J, Krustrup P. Training and testing the elite athlete. Journal of Exercise Science & Fitness. 2006;4(1):1-14.

Barnett T, O'Shaughnessy D, Bedford A. Predicting a tennis match in progress for sports multimedia. OR Insight. 2011;24(3):190-204.

Barnett T, Pollard G. How the tennis court surface affects players performance and injuries. Medicine and Science in Tennis. 2007;11(3):1-12.

Barreira J. Desenvolvimento de ferramentas para visualização dos efeitos longitudinais do treinamento [dissertação]. Campinas, Unicamp, Faculdade de Educação Física; 2017.

Barreira J, Chiminazzo JGC. Who, how and when to perform winner points and unforced errors in badminton matches? An analysis of men's single matches in the 2016 Olympic Games. International Journal of Performance Analysis in Sport. 2020;20(4):610-9.

Bastug G. Investigation of attention, concentration and mental toughness properties in tennis, table tennis, and badminton athletes. The Sport Journal. 2018;21.

Bussab W de O, Morettin PA. Estatística básica. 7.ed. São Paulo: Saraiva; 2011.

Chiminazzo JGC, Barreira J, Luz L, Saraiva W, Cayres J. Technical and timing characteristics of badminton men's single: comparison between groups and play-offs stages in 2016 Rio Olympic Games. International Journal of Performance Analysis in Sport. 2018;18(2):245-54.

Chiminazzo JGC, Ferreira R, Castanho GKF, Barreira J, Fernandes PT. Errar menos para ganhar mais: uma análise no badminton. Revista Brasileira de Ciência e Movimento. 2017;25(2):115-21.

Cobley S, Baker J, Wattie N, Mckenna J. Annual age-grouping and athlete development: a meta-analytical review of relative age effects in sport. Sports Medicine. 2009;39(3):235-56.

Crespo AA. Estatística fácil. 19.ed. São Paulo: Saraiva; 2002.

Croucher J. An analysis of the first 100 years of Wimbledon Tennis Finals. Teaching Statistics. 1981;3(3):72-5.

Fernandez-Fernandez J, de La Aleja Tellez JG, Moya-Ramon M, Cabello-Manrique D, Mendez-Villanueva A. Gender differences in game responses during badminton match play. Journal of Strength and Conditioning Research. 2013;27(9):2396-404.

Girard O, Chevalier R, Habrard M, Sciberras PL, Hot P, Millet GP. Game analysis and energy requirements of elite squash. Journal of Strength and Conditioning Research. 2007;21(3):909-14.

Hopkins W. Measures of reliability in sports medicine and science. Sports Medicine. 2000;30(1):1-15.

Johnson CD, McHugh M. Performance demands of professional male tennis players. British Journal of Sports Medicine. 2006;40(8):696-9.

Leotti VB, Borges RB, Mancuso ACB, Castro S M de J, Hirakata VN, Camey SA. Modelagem estatística: perguntas que você sempre quis fazer, mas nunca teve coragem. Clinical & Biomedical Research. 2019;39(4):356-63.

Loffing F, Schorer J, Cobley S. Relative age effects are a developmental problem in tennis: but not necessarily when you're left-handed! High Ability Studies. 2010;21(1):19-25.

Magnus J, Klaassen F. On the advantage of serving first in a tennis set: four years at Wimbledon. Journal of the Royal Statistical Society: Series D (The Statistician). 1999;48(2):247-56.

Mancuso ACB, Castro SM de J, Guimarães LSP, Leotti VB, Hirakata VN, Camey SA. Estatística descritiva: perguntas que você sempre quis fazer, mas nunca teve coragem. Clinical & Biomedical Research. 2018;38(4):414-8.

McGuigan ML, Cormack S, Gill N. Strength and power profiling of athletes: selecting tests and how to use the information for program design. Strength and Conditioning Journal. 2013;35(6):7-14.

Musch J, Grondin S. Unequal competition as an impediment to personal development: a review of the relative age effect in sport. Developmental Review. 2001;21(2):147-67.

O'Donoghue P. Match analysis in racket sports. 2004. In: Science and racket sports III. London; 2004. p.155-62.

Pasquali L. Psicometria: teoria dos testes na psicologia e na educação. Petrópolis: Vozes; 2003.

Percy D. A mathematical analysis of badminton scoring systems. Journal of the Operational Research Society. 2009;60(1):63-71.

Reid M, McMurtrie D, Crespo M. The relationship between match statistics and top 100 ranking in professional men's tennis. International Journal of Performance Analysis in Sport. 2010;10(2):131-8.

Schulman R, Hamdan MA. A probabilistic model for table tennis. Canadian Journal of Statistics. 1977;5(2):179-86.

Sindik J, Kondrič M. Correlation between the result efficiency indexes and success in table tennis. International Journal of Performance Analysis in Sport. 2011;11(2):267-83.

19

Gestão aplicada aos esportes de raquete

Geraldo Ricardo Hruschka Campestrini

INTRODUÇÃO

A abordagem sobre os pressupostos de gestão relacionada com o esporte, em qualquer âmbito, implica, primeiramente, conhecer profundamente quais são as razões de existir de uma organização esportiva que se propõe a desenvolver determinado trabalho para um propósito específico.

Assim, o estado da arte da gestão dos diferentes tipos de organização que atuam no segmento dos esportes de raquete precisa ser compreendido para que alcance uma posição de mercado desejada e planejada.

Mas, afinal, o que é gestão do esporte? O termo "gestão" configura uma palavra polissêmica, devendo ser adaptada ao ambiente em que está sendo utilizada para se identificar seu verdadeiro significado. No caso da gestão do esporte, tem-se caracterizada a interface entre gestão e esporte de maneira a abarcar um quadro teórico que fundamenta a ação do gestor do esporte, com forte envolvimento antropológico, cultural e técnico, relativamente às especificidades da modalidade, setor ou etapa de desenvolvimento, que estiverem sendo considerados (PIRES, 2007).

Para fins de análise deste capítulo, far-se-á uma abordagem sobre a visão da gestão dos esportes de raquete por sua perspectiva formal, ou seja, no âmbito do esporte institucionalizado, que é formado por entidades de prática desportiva, como academias, associações e clubes, e por entidades de administração do desporto, como ligas regionais, federações estaduais e respectiva confederação nacional de cada modalidade, dentro de uma escala hierárquica. Segue, portanto, a premissa da legislação aplicável ao desporto, a Lei n. 9.615/98, em seu Capítulo IV, que versa sobre o Sistema Nacional do Desporto (BRASIL, 1998).

O principal intuito é discorrer sobre o exercício da gestão, baseado em modelo adaptado da *performance* organizacional de entidades esportivas (WINAND et al., 2010), que compreende uma visão global sobre o segmento, conforme apresentado no Quadro 1.

Quadro 1 Modelo de análise da *performance* organizacional

	Dimensões	Subdimensões	Objetivos
OBJETIVOS ESTRATÉGICOS	Esporte	Esporte de elite	▪ Alcançar resultados esportivos ▪ Aumentar a participação de atletas em competições ▪ Melhorar os serviços de apoio aos atletas
		Esporte para todos	▪ Aumentar as atividades em prol dos associados
	Clientes[1]	Valores do esporte e serviços	▪ Fortalecer os valores do esporte perante a sociedade ▪ Melhorar a entrega de serviços oferecidos para membros
		Desenvolvimento de membros	▪ Atrair membros
OBJETIVOS OPERACIONAIS	Comunicação e imagem	Imagem	▪ Disseminar uma imagem positiva de seu esporte/entidade na mídia para atingir audiência ▪ Disseminar uma imagem positiva de seu esporte/entidade para seus membros
		Comunicação	▪ Melhorar a disseminação da mensagem para membros ou entidades filiadas ▪ Melhorar a capacidade de retorno na comunicação interna para membros
	Financeiro	Gestão de recursos financeiros	▪ Obter recursos financeiros ▪ Gerenciar as despesas e custos
		Sustentabilidade financeira	▪ Gerenciar sua capacidade de autofinanciamento ▪ Gerenciar a independência financeira sobre recursos públicos

(continua)

1 Por "Clientes", neste contexto, entende-se como qualquer pessoa que se relaciona com uma determinada organização do desporto para adquirir um serviço, com ou sem envolvimento de troca financeira. A lógica serve tanto para entes públicos como privados.

Quadro 1 Modelo de análise da *performance* organizacional *(continuação)*

Dimensões	Subdimensões	Objetivos
Organização	Habilidades da equipe de trabalho	▪ Melhorar a qualidade dos(as) colaboradores(as) remunerados(as) que atuam na área administrativa e esportiva ▪ Melhorar as habilidades dos(as) voluntários(as)
	Ambiente de trabalho	▪ Melhorar o ambiente de trabalho na sede da entidade ▪ Melhorar a atmosfera organizacional

Fonte: Winand et al., 2010.

Nesta abordagem, far-se-á uma análise dos princípios que norteiam as dimensões da gestão voltada para as organizações que atuam com o desenvolvimento dos esportes de raquete.

ASPECTO ESPORTIVO

A dimensão esportiva é o alicerce que fundamenta a lógica da abrangência da organização e que, por conseguinte, distingue-a em relação à atuação de outras.

A definição de sua perspectiva é o que determina suas características em termos de infraestrutura, escolha de materiais, quantidade de recursos humanos, horários de funcionamento, serviços de apoio multidisciplinar etc. E, portanto, de gestão.

> O esporte, aceito atualmente como um dos fenômenos socioculturais e políticos mais importantes nessa transição de séculos, não pode ser explicado por percepções de seus momentos históricos. Ele só pode ser compreendido se o situarmos num processo com interatuações culturais e contextuais, variando a cada novo momento histórico (TUBINO, 2010).

No esporte institucionalizado, tem-se a construção do trabalho pautada no eixo do esporte de desempenho. Aquelas organizações que buscam alcançar resultados esportivos, independentemente do âmbito, terão de se estruturar para potencializar a *performance* de atletas e, portanto, necessitarão de recursos que no mínimo os nivelem àqueles de seus principais competidores para poderem se manter.

Sabe-se que, quanto maior o nível da *performance* em termos territoriais, maiores serão as necessidades de investimentos e recursos para fazer frente a essas pretensões.

Quadro 2 Manifestações esportivas atuais

ESPORTE					
Formas de exercício do direito ao esporte	Esporte-educação		Esporte-lazer	Esporte de desempenho	
Divisões das formas de exercício do esporte	Esporte educacional	Esporte escolar	Esporte-lazer	Esporte de rendimento	Esporte de alto rendimento
Princípios	▪ Participação ▪ Coeducação ▪ Cooperação ▪ Corresponsabilidade ▪ Inclusão	▪ Desenvolvimento esportivo ▪ Desenvolvimento do espírito esportivo	▪ Participação ▪ Prazer ▪ Desenvolvimento esportivo	▪ Desenvolvimento esportivo ▪ Superação	

Fonte: Tubino, 2010.

Desse modo, uma entidade de prática deve trabalhar para a melhoria de seus resultados esportivos, dentro do universo de atuação e ambições predefinidas por esta. O conjunto de elevação da *performance* das entidades de prática contribui para as melhorias em resultados de âmbito estadual, continental ou mundial, conforme a escala hierárquica de evolução.

É por esse enlace hierárquico que se caracteriza o esporte institucionalizado (PIRES, 2007). Por sua vez, as entidades de administração do esporte devem atuar com vistas à ampliação da participação em competições, sendo essa uma base para o fomento e a massificação das modalidades que gerenciam dentro de seu âmbito.

Nos esportes de raquete, a lógica é a mesma. Percebe-se, entretanto, que o sucesso das organizações do segmento está diretamente ligado ao foco empregado em sua atividade-finalística.

A difícil escolha: qual o nosso propósito?

Em 1980, quando o Clube de Raquetes foi inaugurado por três grandes amigos, pretendia-se formar equipes para a disputa das principais competições estaduais. E assim foi. Em pouco tempo, o clube estava com mais de trezentos praticantes, apresentando resultados importantes e conquistando o título estadual cinco anos depois de sua fundação. Independentemente do resultado, o clube seguia fazendo um trabalho focado em sua essência, desenvolvendo com excelência os esportes de raquete. O clube cresceu e triplicou de tamanho em dez anos.

(continua)

Em 1998, apareceu uma oportunidade que parecia imperdível: um investimento da prefeitura para reforma ampla e completa do clube, tendo como contrapartida a realização de ações sociais.

Parecia perfeito. Os três sócios tinham um desejo de desenvolver ações sociais havia muito tempo. E ter a reforma no clube melhoraria, na visão deles, os serviços prestados. A reforma veio, e, de fato, foi um sucesso. Mas houve um aumento de 400% no quantitativo de atendimentos em razão do projeto social, o que afastou o grande contingente de clientes, que não tinham mais espaço ou horários para jogar.

Além disso, não havia sido prevista a contratação de assistentes sociais ou pedagogos para dar suporte às crianças do projeto social. Assim, o projeto apresentou resultados muito pouco expressivos de transformação da comunidade atendida.

Em resumo: após dois anos de implantação do projeto social, o clube, que antes vivia em uma situação confortável, passou a gerar enormes dívidas, inviabilizando sua continuidade. O clube ficou fechado por quatro anos.

No ano de 2005, um dos sócios estruturou um planejamento de reabertura do clube, com definição clara de foco e metodologia de trabalho. Os outros dois sócios voltaram para o clube em 2007. No acordo entre eles, o pacto ficou claro: "Vamos fazer aquilo que sabemos e conhecemos. Ações sociais serão sempre bem-vindas, desde que tenham clara relação com a nossa cultura organizacional".

O clube voltou a registrar conquistas e aumento de participação anos mais tarde e continua vivo e firme com seus propósitos até hoje. O resto é história...

CLIENTES

Na análise do cliente esportivo, cabe observar sua tipologia entre aqueles que consomem o esporte como fãs, sendo um espectador em eventos dentro de arenas, ginásios ou estádios, ou que acompanham sua modalidade preferida pelos meios de comunicação disponíveis, ou ainda aqueles que consomem o esporte como praticantes. Há que se considerar, também, os que são fãs e praticantes.

Nos esportes de raquete, por característica geral, tem-se um hábito de consumo e relacionamento muito ligado à prática da modalidade como principal propulsor de seu mercado. Logicamente que, na ponta da pirâmide de *performance*, tem-se como destaque a visibilidade alcançada pelo tênis, globalmente, e do tênis de mesa e do *badminton*, principalmente no continente asiático.

O tênis, aliás, é o único esporte de raquete que aparece entre os esportes mais acompanhados na mídia no Brasil, em termos de audiência geral e quantidade de eventos transmitidos (SPORT TRACK, 2018).

A característica de prática dos esportes de raquete gera uma indústria forte ligada a produtos, como materiais e equipamentos, que são indispensáveis para a participação em atividades ligadas a cada esporte, independentemente do nível e abrangência dessa prática.

Desse modo, as organizações dos esportes de raquete precisam centralizar seus esforços na melhoria contínua de serviços para a prática das respectivas modalidades, como forma de construção de uma base de clientes, de consolidação e fidelização.

Por característica, os serviços são intangíveis (não podem ser vistos, tocados, provados, ouvidos ou cheirados antes da compra); inseparáveis (não podem ser separados de seus provedores); variáveis (a qualidade depende de quem os executa e de quando, onde e como são executados); e perecíveis (não podem ser armazenados para venda ou uso posterior) (PHILIP, ARMSTRONG, 2007).

No caso das entidades de prática, passa pelo processo de atração e retenção dos clientes pela oferta de serviços contínuos de treinamento especializado na modalidade em si. E, como não há esporte sem competição, que as entidades de administração de cada modalidade desenvolvam um sistema de eventos entre aquelas de âmbito municipal, regional, estadual e/ou nacional, que permita atender os diferentes públicos.

A mola propulsora do desenvolvimento de um esporte está em seu sistema de competições. É a partir das competições que se vai despertar o interesse em praticantes e, por conseguinte, impulsionar a criação de academias, clubes ou associações de prática, que irão reter os clientes para participar de outras tantas competições, construindo-se um ciclo virtuoso nesse processo.

O melhor exemplo dessa premissa está no mercado de corridas de rua, que foi fortemente concebido pela grande oferta de provas de corrida de rua por todo o país, despertando o interesse das pessoas em fazer parte de uma comunidade e contratar assessorias esportivas (ou serviços análogos) para se preparar, periodicamente, para os eventos. Os ciclos de preparação para eventos geram o consumo de toda uma cadeia produtiva, que vai do treinamento aos materiais e equipamentos esportivos, passando pela contratação de aplicativos, suplementação, informações especializadas etc.

Outro fator importante a ser levado em conta na questão relacionada com os clientes é o fato de os esportes de raquete serem modalidades de nicho, o que restringe a amplitude e faz com que cada ação tenha o máximo de eficiência possível. Para ter eficiência, é necessário ter informação.

O uso avançado de dados permite gerar conhecimento sobre os clientes e o mercado em que estão inseridos, pautando melhor as decisões e maximizando a *performance* e a eficiência de atividades de *marketing* (MUMCU, 2017).

Com melhores informações, é possível atender, de modo mais assertivo, às necessidades das pessoas para atrair, reter e fidelizar os clientes, dentro de todos os pontos de contato que este acessa. O processo de decisão para o consumo está sintetizado pela Figura 1 (GREEN, COSTA, 2007).

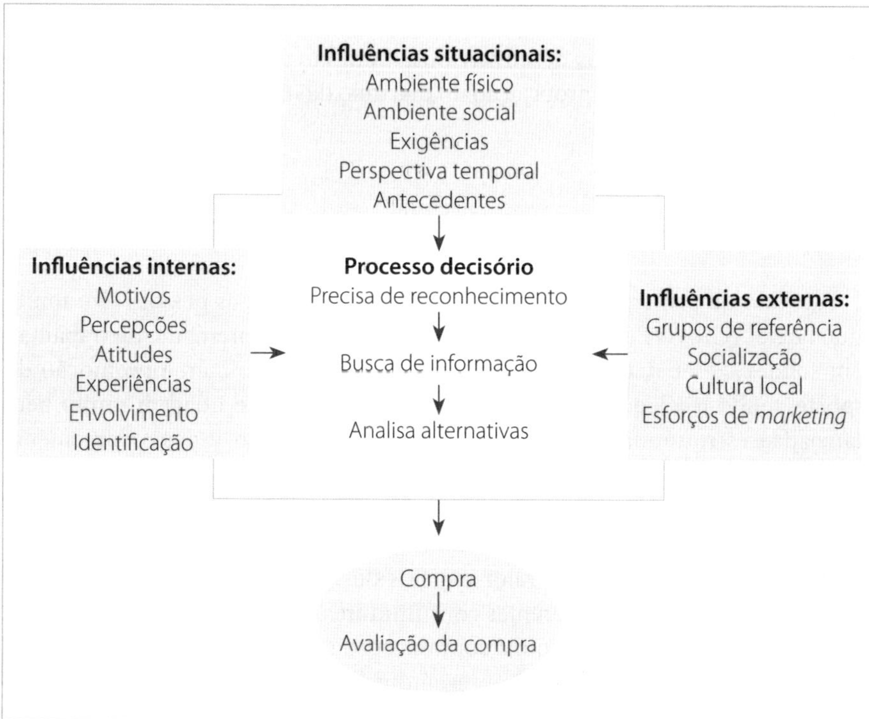

Figura 1 Processo de decisão para o consumo.
Fonte: Green, Costa, 2007.

Nesta esteira, tem-se a construção da fidelização, que tende a ser o aspecto que mais impacta a sustentabilidade de um negócio. Isso porque é muito comum observar o grande fluxo de entrada de clientes, que desaparecem quase que na mesma velocidade.

O fenômeno se deve ao desafio de gerenciar dentro de uma indústria que é bastante impactada pelo alto índice de emoção e aspectos psicológicos intrínsecos (GREEN, COSTA, 2007).

Por vezes, a entrada é motivada por um desejo pontual ou uma motivação extrínseca, como resultado esportivo pontual de um(a) atleta da modalidade, que impulsiona a procura por sua prática. Ou mesmo pelo registro dentro do sistema federativo, com subsequente saída por outros interesses.

Daí a necessidade de conhecer mais e melhor as pessoas, visando a uma customização de serviços e entregas de valor. A lealdade, para ser alcançada, precisa ser conhecida. Ou seja: o que move as pessoas em torno da modalidade e por quê?

No esporte, a fidelização deve estar acompanhada de senso de pertencimento com as ações e os projetos desenvolvidos. Com envolvimento, a tendência de ampliação de consumo e apropriação do discurso da marca se torna permanente e consistente.

COMUNICAÇÃO E IMAGEM

Partindo do princípio de que "atenção é um recurso e as pessoas têm muito pouco dele" (CRAWFORD, 2015), tem-se a necessidade premente de trabalhar, com solidez e empatia, quaisquer atividades relacionadas com a promoção do esporte, tendo a adequada comunicação e construção de imagem muito bem planejada e estruturada, para qualquer tipo de organização, independentemente de seu tamanho.

E é com base nesse ativo único, a atenção das pessoas, em um mundo com amplas possibilidades de conexão e interação, que as organizações esportivas precisam trabalhar para gerar valor e meios de atratividade para o produto ou serviço que oferecem aos diferentes consumidores.

Nesse sentido, o cuidado com a comunicação e a valorização da imagem, em qualquer organização, torna-se imprescindível para validar e facilitar o acesso entre os diferentes atores da indústria.

Para tanto, é preciso, primordialmente, definir um posicionamento de mercado e ter consistência e veracidade em sua comunicação. Não são incomuns os casos de definição de uma boa estratégia de divulgação associada a práticas totalmente destoantes daquelas que são praticadas pela organização.

Na perspectiva da construção da imagem perante diferentes públicos, deve-se adotar uma comunicação dirigida, conforme as características específicas de cada um em face dos objetivos estratégicos da organização perante cada grupo de público.

Portanto, dependendo dessas premissas, pode-se ter um tipo de diálogo com o cliente que foi atraído, visando a sua retenção e fidelização, e outro, completamente distinto, para impactar aqueles que nem sequer conhecem a organização em si, buscando uma sinergia entre tais aspectos.

Em relação à imagem, é comum observar que, quando há uma afinidade muito estreita da pessoa com a modalidade, esta a incorpora, inclusive, em seu estilo de vida. A transferência desse perfil para o consumo e relacionamento com algumas entidades esportivas tradicionais apresenta-se como um grande desafio.

Por essa reflexão, denota-se a aderência entre aquilo que a modalidade transmite em face do modo como a organização se apresenta, em termos de voz e tom, devendo buscar um posicionamento uníssono e alinhado com os valores preconizados pela própria modalidade.

A boa notícia é que, diante dos avanços tecnológicos, a comunicação e a construção de imagem de prestígio podem ser autogerenciáveis. “Tem-se, agora, a capacidade de gerar comunicação instantânea e acessível para muitas pessoas” (STOLDT et al., 2007).

Portanto, a assertividade na disseminação de uma mensagem positiva de sua própria organização, dentro de uma premissa estratégica, contribui sobremaneira para o *status* da organização e para a maneira como ela se apresenta, tanto para o público interno quanto para o público externo.

A imagem percebida por esses públicos estará diretamente vinculada à capacidade de se comunicar bem, na frequência correta, utilizando os meios adequados e de acordo com as necessidades da organização.

FINANCEIRO

O pilar financeiro é essencial para qualquer organização. Não seria diferente nas organizações esportivas em geral. A sustentabilidade econômica e a busca de financiamento, com correto gerenciamento de despesas, custos e investimentos, garantem o equilíbrio administrativo de uma entidade.

No Brasil, em relação às organizações ligadas aos esportes de raquete, percebe-se que as entidades de administração do esporte são bastante dependentes de recursos oriundos do poder público. O gerenciamento desse tipo de recurso é bastante complexo, uma vez que exerce forte pressão e, consequentemente, custos, sobre processos administrativos e burocráticos. Além de restringir algumas rubricas de custos, alinhadas com determinado projeto.

Isso não quer dizer que o gerenciamento de recursos privados deva ser flexibilizado, sem planejamento ou ser menos austero. O princípio da boa administração de recursos financeiros prevê elementos eficazes de controle e critérios bem desenhados para poder garantir o sucesso.

Quando se trata de entidades de prática de menor porte, especialmente as academias que atuam com esporte de raquete e que, muitas vezes, pertencem a um único profissional ou a alguns sócios, a gestão financeira deve garantir a clara separação entre a atividade empresarial e a vida pessoal.

Essa é a regra de ouro do empreendedorismo. E, algumas vezes, boas iniciativas, concebidas dentro de uma lógica correta, com posicionamento de mercado e com execução de excelência, falham por não observar esse princípio.

Assim, em qualquer tipo de organização, é fundamental estabelecer um orçamento “que defina a distribuição de gastos com programas e projetos em um determinado período. E que, na execução, este orçamento seja rigorosamente seguido” (HATZIDAKIS, BARROS, 2019).

A base orçamentária implica avaliar, também, a capacidade de financiamento e de autofinanciamento da organização, visando a sua sustentabilidade e à realização de investimentos. Essa análise, planejada no tempo e feita constantemente, tende a garantir não só as possibilidades de ampliação dos negócios mas, em certos casos, a necessidade de sobrevivência.

São as situações em que o mercado competitivo, de outras práticas e modalidades, ou formas de lazer, absorvem o interesse de clientes, fazendo com que uma estrutura antiga possa não mais atender as necessidades e o interesse das pessoas. Nesses casos, a renovação ou a inovação podem servir, tão somente, para a manutenção, motivo pelo qual a lógica de investimento deve ser pauta permanente na base orçamentária.

A captação de recursos é outro elemento de elevada complexidade quando se trata de sustentabilidade das organizações. Como já mencionado, a utilização de recursos públicos demanda exigências que, em certos casos, inviabiliza ou encarece sobremaneira o seu uso.

Para os casos de captação de recursos públicos, invariavelmente, tem-se a necessidade de realização de comprovação da aplicação destes por meio de prestação de contas, dentro de um processo rigoroso que combine o projeto, com a contratação isenta de produtos e serviços, e a demonstração clara de sua execução.

No caso do uso de recursos públicos, deve-se observar a capacidade de continuidade e perenidade dessas parcerias, além da capacidade de entrega de valor para os diferentes públicos impactados. Esse conceito está pautado na observação sobre a obtenção de recursos para projetos pontuais, ligados a uma ação política pontual ou a um mandato eletivo.

Uma vez que as organizações transcendem o período de um mandato (assim como o poder público), deve-se buscar parcerias que visem ampliar a longevidade dos projetos, sob pena de gerar frustração no público atendido ou má percepção da reputação da organização sobre suas atividades.

Perseguir a autonomia financeira sobre recursos públicos é um desafio que se impõe a qualquer tipo de organização, independentemente do tamanho e abrangência. Mesmo para aqueles casos de associações de esporte de raquete localizadas em cidades de menor porte e que estejam fortemente vinculadas com a prefeitura local.

Não se pretende, aqui, abominar o uso do recurso público para fins esportivos. Pelo contrário, o que se busca refletir é sobre como esse recurso ingressa na organização e colabora com ela e, por sua vez, como a organização é capaz de contribuir efetivamente com políticas públicas claramente decretadas.

ORGANIZAÇÃO

As características de organização e gestão de entidades de prática de esportes de raquete são bastante variáveis. As que necessitam de maior espaço físico, como é o caso do tênis, têm lugar nos clubes sociais tradicionais e nas academias específicas que oferecem a modalidade. Outras, além da academia específica e de clubes, como é o caso do *squash*, estruturaram-se, em certos casos, em academias de ginástica tradicionais, como uma prática por vezes ligada à atividade física. Em modalidades como o tênis de mesa, para além de academias específicas e clubes tradicionais, ganha-se amparo em associações exclusivas para a prática, muitas delas associadas a prefeituras.

Um ponto comum em algumas dessas organizações é o perfil personalíssimo que assume a idealização, a gestão e o fomento da modalidade, muitas vezes ligada a um treinador, que acaba construindo e estruturando o ambiente de prática em dada localidade e, assim, assume também atividades administrativas. São caracterizados como empreendedores ou intraempreendedores do esporte.

E essa percepção impacta, também, no desenvolvimento das atividades organizacionais. São raros os casos em que se identificam pessoas, dentro de entidades de prática dos esportes de raquete, dedicadas exclusivamente ao exercício da gestão. E isso faz toda a diferença.

Por definição, classifica-se uma organização esportiva como (FERRAND, MCCARTHY, 2009):

1. As pessoas que concebem a organização e o relacionamento entre essas pessoas.
2. As regras que governam a organização.
3. Os objetivos e os propósitos que a organização possui.
4. Os recursos que estão à disposição da organização.

As organizações esportivas, no exercício de sua gestão, precisam estabelecer aquilo que se denomina a "cadeia de valor dos serviços" (PHILIP, ARMSTRONG, 2007):

- Qualidade do serviço interno: seleção e treinamento de qualidade superior, ambiente de trabalho de alta qualidade e forte apoio àqueles que trabalham diretamente com os clientes, o que resulta em...
- Funcionários contentes e produtivos: funcionários mais satisfeitos, leais e esforçados, o que resulta em...

- Serviço de maior valor: criação e entrega de valor e de serviço mais efetivos e eficientes ao cliente, o que resulta em...
- Clientes satisfeitos e fiéis: clientes satisfeitos que permanecem fiéis, compram regularmente e dão referências a outros clientes, o que resulta em...
- Crescimento saudável da lucratividade dos serviços: desempenho superior da empresa prestadora de serviços.

Outro aspecto relevante no ambiente das organizações esportivas é associar as atividades e ações dos profissionais contratados ante a participação de dirigentes voluntários. Enquanto os primeiros devem se dedicar à parte executiva e operacional, os dirigentes estatutários precisam trabalhar institucionalmente, com uma visão estratégica e ampla.

Os pontos de conflito em organizações esportivas guardam lugar especial quando essas premissas não são observadas, causando letargia no processo decisório ou tomadas de decisão conflitantes entre si.

Começar certo

O *modus operandi* de qualquer organização muitas vezes está amparado pela forma de criação desta. Ou seja, é aquilo que se estabelece de regras e convenções do grupo que perduram por toda a existência desta, mesmo quando os membros fundadores já não fazem mais parte do processo. Em alguma medida, isso reflete diretamente na cultura organizacional.

Sabendo disso, a Federação de Esportes de Raquete, quando foi concebida, teve o cuidado de buscar delimitar diretrizes claras que pudessem ser expostas entre todos os filiados, dos novos aos mais antigos.

Os valores de transparência, decisão compartilhada e sistema de relacionamento com os membros foram exercitados com frequência. Para entrar em uma rotina, a Federação de Esportes de Raquete buscou apresentar, mensalmente, um relatório público que reforçava esses três pilares.

Assim, permitiu que, sempre que houvesse algo próximo de seu desvio, os demais filiados pudessem fazer cobrança clara, direta e objetiva sobre certas incongruências.

Quando se tem clareza sobre propostas e estas são evidenciadas periodicamente, o início tenderá a sempre balizar o futuro e reforçará as escolhas entre todos: das lideranças a serem eleitas até a conduta coerente destas.

CONSIDERAÇÕES FINAIS

Este capítulo construiu narrativas para gerar reflexões sobre as práticas de gestão das organizações de esportes de raquete. O exercício da gestão é amplo e interdependente.

Não é possível construir bases para uma organização de sucesso sem uma visão do todo. Ter em mente as cinco premissas abordadas, com avaliação constante de sua *performance*, é o que garante a excelência gerencial.

Por fim, cabe destacar as diferentes especialidades no âmbito da gestão, o que exige a formação de equipes com múltiplas visões, habilidades e conhecimentos.

REFERÊNCIAS

Brasil. Lei Pelé – Lei n. 9.615, 1998. Disponível em: http://www.planalto.gov.br/ccivil_03/leis/l9615consol.htm.

Crawford MB. The cost of paying attention. The New York Times. 2015 Mar. Disponível em: https://www.nytimes.com/2015/03/08/opinion/sunday/the-cost-of-paying-attention.html; acessado em: 2 de agosto de 2020.

Ferrand A, Mccarthy S. Marketing the sports organisation: building networks and relationships New York: Houtledge; 2009.

Green CB, Costa CA. Sport consumer behavior. In: Parks JB, Quarterman J, Thibault L. Contemporary sport management. 3. ed. Champaign: Human Kinetics; 2007. Cap.10, p.508.

Hatzidakis GS, Barros JAF. Gestão, compliance e marketing no esporte. São Paulo: CREF4/SP; 2019.

Mumcu C. Analytics in sport marketing. In: Fried G, Mumcu C. Sport analytics: a data-driven approach to sport business and management. New York: Routledge; 2017. Cap.5, p.256.

Philip K, Armstrong G. Princípios de marketing. Tradução de Cristina Yamagami. 12.ed. São Paulo: Pearson Prentice Hall; 2007.

Pires G. Agôn: gestão do desporto Livro. O jogo de Zeus. Porto: Porto Editora; 2007.

Sport Track. Hábitos de consumo em esportes no Brasil. São Paulo; 2018.

Stoldt CG, Pratt C, Dittmore SW. Public relations in the sport industry. In: Parks JB, Quartermann J, Thibault L. Contemporary sport management. 3. ed. Champaign: Human Kinetics; 2007. Cap.11, p.508.

Tubino MJG. Estudos brasileiros sobre o esporte: ênfase no esporte-educação. Maringá: Eduem; 2010.

Winand M, Zintz T, Bayle E, Robinson L. Organizational performance of Olympic sport governing bodies: dealing with measurement and priorities. Managing Leisure. 2010 Out; p.279-307.

20

Confederações em esportes de raquete

Lucas Balduino
Alaor Gaspar Pinto Azevedo
Keiko V. O. Fonseca

CONFEDERAÇÃO BRASILEIRA DE TÊNIS

Lucas Balduino

Partida empatada em 1 *set* a 1, com 5 a 4 a favor do brasileiro no terceiro *set*. Basta confirmar o serviço e garantir o *match point* para chegar ao principal título na carreira. Quantos atletas se viram nesse momento e falharam? A perna treme, a raquete fica mais pesada e o sonho evapora com a bola que vai milimetricamente para fora.

Mas o quique firme com a mão esquerda na bola em preparação ao saque, o olhar focado no oponente e a serenidade na execução dos movimentos não deixam dúvidas de que esse não é um daqueles dias em que as coisas não dão certo. É com um *ace* que o mineiro João Menezes conquista a medalha de ouro nos Jogos Pan-Americanos de Lima 2019 e entra para o seleto rol de tenistas brasileiros com grandes conquistas defendendo as cores do país.

Chegar aos títulos, às grandes conquistas, é apenas a ponta do *iceberg* de um trabalho que começa muito antes. Depende da dedicação dos atletas desde novos – a maioria dos tenistas se familiariza com a raquete de tênis ainda na infância –, dos desafios de se manterem focados no esporte durante a adolescência e da determinação de encararem a modalidade como um estilo de vida quando adultos. Menezes é a personificação desses requisitos.

É dentro dessas entrelinhas, de cada uma dessas etapas, que a Confederação Brasileira de Tênis (CBT) realiza seu trabalho, com um olhar holístico de apresentar o esporte como uma atividade lúdica e de iniciação para as crianças até 12 anos, com a organização de um calendário que favoreça o desenvolvimento dos infantojuvenis e com o incentivo para que seja possível fazer uma transição ao profissional, que apresenta novos e mais difíceis desafios. Com uma perspectiva diferente, mas não menos importante, a entidade também administra e promove o desenvolvimento do tênis em cadeira de rodas e do *beach tennis* no Brasil, duas modalidades que gradualmente mostram relevantes resultados no cenário internacional.

O Brasil é um país com 2,2 milhões de praticantes de tênis com alguma assiduidade, entre amadores, juvenis e profissionais. Dentro desse universo, 20 mil são pessoas filiadas para participar de competições que levam a chancela da entidade máxima da modalidade no país. Um dos desafios da CBT no desenvolvimento do esporte é fazer com esses dois números crescerem. Com uma base maior de apaixonados se tem uma base maior de praticantes e competidores, o que representa a maior chance de encontrar e lapidar talentos e formar novos campeões, que, consequentemente, atrairão novos fãs, em um efeito contínuo de ação e reação.

Para ser a catalisadora desse efeito, a CBT defende que o primeiro passo é organizar a estrutura que gere o esporte. Por isso, a confederação investe na adoção de modernos métodos de governança e acredita na transparência da gestão. Esse é o cartão de visitas que a entidade apresenta para ganhar a confiança de seus filiados e a credibilidade de patrocinadores, parceiros e outras instituições nacionais e internacionais de administração do esporte.

Se no Brasil conta com o reconhecimento do Comitê Olímpico do Brasil (COB), do Comitê Paralímpico Brasileiro (CPB) e do Comitê Brasileiro de Clubes (CBC), no exterior o prestígio da entidade abre as fronteiras para que os tenistas que vestem verde e amarelo tenham cada vez mais oportunidades. Atualmente, existem fortes vínculos institucionais com a Federação Portuguesa de Tênis, com a Federação Suíça de Tênis, além, é claro, da Confederação Sul-Americana de Tênis (Cosat) e da Federação Internacional de Tênis (ITF). Foi fruto de parcerias com a Federação Francesa de Tênis e com o All England Lawn Tennis Club que o Brasil entrou no radar de Roland Garros e de Wimbledon – dois dos principais torneios do mundo –, que viram no país sul-americano o terreno ideal para desenvolver competições no saibro e na grama, voltados para o público infantojuvenil e amador.

Dentro dessa ótica, a CBT integra programas de governança, como o Gestão, Ética e Transparência (GET) do COB e também o Rating Integra do Instituto Ethos. Não à toa, a entidade saltou do 33º e chegou ao 3º lugar no *ranking* de prestação de contas do Comitê Olímpico do Brasil, em uma lista que envolve todas as confederações de esporte do país, e também teve renovada nos últimos anos a Certidão de Registro Cadastral, emitida pela Secretaria Especial do Esporte, que significa que cumpre todas as exigências dos órgãos responsáveis e está apta a receber recursos públicos nos termos da legislação nacional.

Deixar a "casa em ordem" abre espaço para a promoção de iniciativas de desenvolvimento do esporte na base e apoios mais assertivos no nível profissional, para que os atletas possam exibir o máximo de suas qualidades em busca de grandes resultados, uma realidade que já é concreta.

Em termos de ações para o desenvolvimento do esporte, o tênis brasileiro é *case* de sucesso na América do Sul com a realização do Encontro Internacional de Treinamento. Trata-se de um evento anual que reúne os principais atletas do Brasil – entre profissionais e juvenis –, além de alguns tenistas de países convidados. A cada edição, o evento ganha proporção e projeção maiores, abraçando mais jogadores e categorias.

Indo mais adiante, foi implantado no ano de 2020 o Centro de Treinamento Nacional. Por meio de uma parceria envolvendo o COB, a CBT abriu espaço para que tenistas brasileiros de destaque tenham local e profissionais capacitados para treiná-los em um ambiente adequado e por um período específico. A ação inicialmente é feita em parceria com o Itamirim Clube de Campo, em Itajaí (SC), e com a ADK Tennis, que conta com professores com os níveis máximos de capacitação dentro do sistema da Federação Internacional de Tênis. Entre alguns jogadores que passaram por essa ação, vale citar o número 1 do país no *ranking* masculino, Thiago Monteiro, e Beatriz Haddad Maia, que, após o período em Santa Catarina, embarcou para a Europa, onde conquistou cinco títulos na retomada do circuito após a paralisação do calendário devido à Covid-19.

Os resultados dentro de quadra, aliás, são grandes balizadores do trabalho que é feito nos bastidores. Foi só em 2010, na chave de simples do Australian Open, que Tiago Fernandes encerrou o jejum que durava desde 1994 sem um título juvenil de *Grand Slam* por um brasileiro – ano em que Gustavo Kuerten faturou as duplas em Roland Garros. Um cenário que contrasta com o cenário do histórico recente. Em 2014, Orlando Luz e Marcelo Zormann foram campeões de duplas em Wimbledon. Em 2016, Felipe Meligeni também formou uma parceria vencedora no US Open, assim como Matheus Pucinelli em Roland Garros em 2019 – ano em que o Brasil chegou a ter oito jovens entre os cem melhores do mundo.

Em 2018, foi Thiago Wild quem elevou o sarrafo. De destaque dos campeonatos nacionais infantojuvenis, ele trilhou seu caminho até o título do *Grand Slam* juvenil do US Open. E esse não foi o único brilho do jovem no circuito internacional. Em 2020, voltou a atrair os holofotes com o troféu no ATP 250 de Santiago, já no nível profissional, tornando-se o primeiro tenista nascido neste milênio a ganhar um título de nível ATP no mundo inteiro. Uma façanha que revela um futuro promissor para o talentoso paranaense.

Há outros títulos que merecem destaque desde que a atual diretoria assumiu a gestão da Confederação Brasileira de Tênis, em 2017. Tenistas apoiados pela entidade se destacaram em *Grand Slams*, como Marcelo Melo, campeão de duplas de Wimbledon em 2017; Bruno Soares, campeão de duplas do US Open em 2019; além de Gilbert Klier Júnior, que foi bronze nos Jogos Olímpicos da Juventude em 2018.

No tênis feminino, o cenário se mostra em evolução, com Beatriz Haddad Maia chegando ao posto de número 58 do *ranking* de simples no feminino em 2017, e Luisa Stefani alcançando a 32ª posição nas duplas em 2020. Duas atletas que compõem a equipe nacional na disputa da Billie Jean King Cup (ex-Fed Cup), em que o Brasil figura nas últimas edições entre os principais times do mundo após ter vencido o Zonal Americano com a capitã Roberta Burzagli.

Os grandes feitos também são visíveis no *beach tennis* e no tênis em cadeira de rodas. No esporte praticado nas areias, a CBT investiu na profissionalização do departamento que cuida especificamente da modalidade ao longo dos últimos anos. Como consequência disso, a estante de troféus ficou maior e mais valiosa. Campeão em 2013 do Campeonato Mundial por Equipes (a mais importante competição da ITF), o Brasil também voltou para casa com os títulos de 2018 e 2019. No nível sul-americano e pan-americano, os atletas brasileiros dominaram os quadros de medalhas e troféus em todas as competições, colocando o país como uma das maiores potências da modalidade que luta para se tornar olímpica.

Isso tudo contribuiu para a massificação da categoria. Nos últimos cinco anos, a entidade mais do que triplicou o número de filiados no *beach tennis*, saltando de 390 em 2015 para 1.214 em 2019. O número de eventos também se multiplicou, passando de 17 em 2018 para 45 em 2019.

No tênis em cadeira de rodas, o histórico recente também revela um currículo vitorioso e que permite projetar mais conquistas em um futuro próximo. Recentemente, o Brasil alcançou alguns de seus melhores resultados na história no tênis adaptado. Em 2019, um brasileiro participou pela primeira vez de um *Grand Slam* de TCR, quando Ymanitu Silva recebeu um *wild card* (convite) para participar de Roland Garros por parte da Federação Francesa de Tênis – fruto da parceria institucional com a CBT. Já o mineiro Daniel Rodrigues chegou ao 11º lugar no *ranking* mundial masculino – uma posição jamais ocupada por um atleta do país. Representante da nova geração, a brasiliense Jade Lanai começou 2019 como a melhor juvenil do mundo entre os cadeirantes. Os três fazem parte do grupo de tenistas apoiados pela confederação para competir dentro do Brasil e no exterior.

A Confederação Brasileira de Tênis realiza o trabalho de capacitação de professores e técnicos da modalidade, além de árbitros que atuam aqui e em outros países. No que tange ao trabalho feito com os professores, o Departamento de Capacitação da CBT conta com o Selo Ouro da ITF, o que coloca o Brasil entre as principais nações do mundo no quesito. Em relação à arbitragem, o trabalho também é louvável. Com dezenas de cursos realizados em parceria com as 26 federações e associações ligadas à entidade, os árbitros brasileiros ganham cada vez mais qualificação, sendo presença constante nos *Grand Slams* e nos principais torneios do circuito.

Todos esses êxitos são fruto de um trabalho compartilhado por todos os agentes envolvidos, da base ao topo da pirâmide. A mais importante voz dentro da Confederação Brasileira de Tênis é a dos jogadores. A CBT ampliou o número de tenistas que participa da comissão de atletas de 1 para 13, todos com direito a voto para eleição da diretoria da entidade. Essa comissão já foi presidida por Ymanitu Silva, do tênis em cadeira de rodas, e atualmente conta com a liderança de João Menezes, o medalhista de ouro no Pan-Americano de Lima 2019 – uma prova da pluralidade de vozes que contribui para o desenvolvimento do esporte.

Outro palco para debates frutíferos sobre a modalidade é o Comitê Consultivo, formado pelo presidente da CBT, Rafael Westrupp, pelo jogador Marcelo Melo e pelos empresários Rafael Kuerten, Christian Burgos e Rogério Melzi, que contribuem com um olhar diversificado e sob diferentes prismas para sugerir ideias e propor iniciativas em prol do tênis.

Para realizar todos os projetos e ações, há ainda um grande time por trás da CBT para investir no presente e fomentar um futuro mais vencedor: o time de patrocinadores. O BRB – Banco de Brasília é o patrocinador *master* do tênis da Confederação Brasileira de Tênis, que também tem como investidores a Wilson e a Peugeot. Além disso, são duas as fornecedoras de materiais esportivos: a W. A. Sport e a Maniacs, que é dedicada exclusivamente ao *beach tennis*.

Muitos resultados positivos foram alcançados ao longo dos últimos anos, mas há margem para mais conquistas e para que o esporte no Brasil galgue degraus mais altos. O trabalho executado até o momento mostra que o tênis está no caminho certo e que os atletas do país contam com uma grande engrenagem girando a favor deles nos mais diversos níveis. Uma força que age de forma invisível durante um jogo e faz com que, no terceiro *set* de uma partida decisiva com 5 a 4 a favor, a perna não trema, a raquete não fique mais pesada e o sonho se torne realidade com uma bola milimetricamente dentro da quadra.

CONFEDERAÇÃO BRASILEIRA DE TÊNIS DE MESA

Alaor Gaspar Pinto Azevedo

História do tênis de mesa no Brasil e da CBTM

Os primeiros registros do tênis de mesa no Brasil datam do início da década de 1900, com notícias relacionadas com a vinda de um "jogo da moda" na

Inglaterra: o pingue-pongue. Identificam-se, naquela época, algumas disputas entre clubes de São Paulo/SP e Rio de Janeiro/RJ, como prática dentro de clubes até o início da oficialização e institucionalização do esporte, na década de 1940, com a filiação da Federação Metropolitana de Tênis de Mesa, do Rio de Janeiro, à Confederação Brasileira de Desportos (CBD), em 1942.

Além da oficialização do tênis de mesa, na década de 1940 foram registrados dois fatos marcantes: a realização do primeiro Campeonato Brasileiro de Tênis de Mesa em 1946, na sede do Fluminense Football Club, no Rio de Janeiro, que contou com a participação de representantes de São Paulo (capital) e Rio de Janeiro (capital e interior), com provas oficiais no naipe masculino e jogos de exibição no feminino; e a primeira participação em mundiais, quando quatro brasileiros – Mario Joffre, Dagoberto Midosi, Ivan Severo e Antonio Correa – foram para Estocolmo, na Suécia, em 1949. Até 2019 foram 53 edições de Campeonato Brasileiro e 80 atletas brasileiros em mundiais.

Esse é um pouco do embrião de nossa história de construção e desenvolvimento do tênis de mesa no Brasil. Os feitos passam pela construção de domínio esportivo do país nas Américas e pela realização de façanhas marcantes.

Uma delas foi protagonizada pelo menino Ubiraci Costa, o Biriba. Em 1961, a vitória sobre o campeão mundial em plena China é uma narrativa fantástica do tênis de mesa brasileiro, dentro de uma fase romântica do esporte. As conquistas de Biriba anos antes o colocaram ao lado de Pelé e Maria Esther Bueno na capa da revista *A Gazeta Esportiva Ilustrada* de novembro de 1958. Símbolo maior para demonstrar a grandeza das realizações de Biriba.

Avançando um pouco mais na linha do tempo do tênis de mesa, chegamos ao ano de 1979, com a independência da modalidade da CBD, deixando de ser um departamento e passando a integrar a Confederação Brasileira de Tênis de Mesa (CBTM).

No curso de sua história, a CBTM passou por diferentes fases e focos de investimento. Conquistou relevância pela atuação em prol da profissionalização do tênis de mesa no país.

Como registros importantes, destaque para a realização do Mundialito no Rio de Janeiro, em 1984, com a vinda de atletas de referência global naquela época, passando pelas conquistas nas Américas de Hugo Hoyama e sua relevância para a ampliação da notoriedade do tênis de mesa no Brasil, e a integração do segmento paralímpico à entidade em 2007, ampliando o universo de atuação da entidade.

Organização e gestão

Na CBTM, uma das premissas fundamentais foi a de manter um trabalho alinhado com conceitos modernos de gestão do esporte. Um dos pilares desse processo foi o fato de a entidade trabalhar, desde sua origem e mesmo com poucos recursos, sempre com profissionais remunerados, em contraponto a uma visão amadora e voluntária do esporte no Brasil.

Logicamente que o ponto da virada do esporte no país foi a promulgação da Lei Agnelo-Piva, em 2001. Até então, a CBTM contava com recursos incertos de um ano para outro, tendo grandes dificuldades de planejar e se estruturar.

Em 2008, por intermédio de uma consultoria, realizamos um desenho de planejamento estratégico com visão de curto-médio prazo. O processo permitiu descrever uma série de procedimentos, de modo a padronizar as atividades da entidade e melhoria dos serviços.

A experiência de planejar foi reforçada em 2016, quando um novo trabalho de consultoria foi contratado. Dessa feita, a missão era apontar caminhos para buscar independência financeira e modernizar a entidade em termos de gestão orientada para o mercado. Focada, sobretudo, na visão dos praticantes e na aproximação com a comunidade do tênis de mesa. O planejamento, aprovado em assembleia geral em 2016, tem uma visão de dois ciclos olímpicos/paralímpicos, com metas e ações bem definidas.

Em essência, o que se busca em um ciclo de gestão é construir pilares para alcançar um "ciclo virtuoso", que permita que a entidade tenha sustentabilidade no tempo, conforme mostra a Figura 1.

Em suma, o trabalho passa por continuar entregando mais e melhor tênis de mesa para todos, de modo a buscar as contrapartidas e os resultados adequados para todos os parceiros estratégicos da entidade, entregando valor para toda a sociedade, como ídolos do esporte e credibilidade perante o mercado, como o correto alinhamento com premissas de governança do esporte.

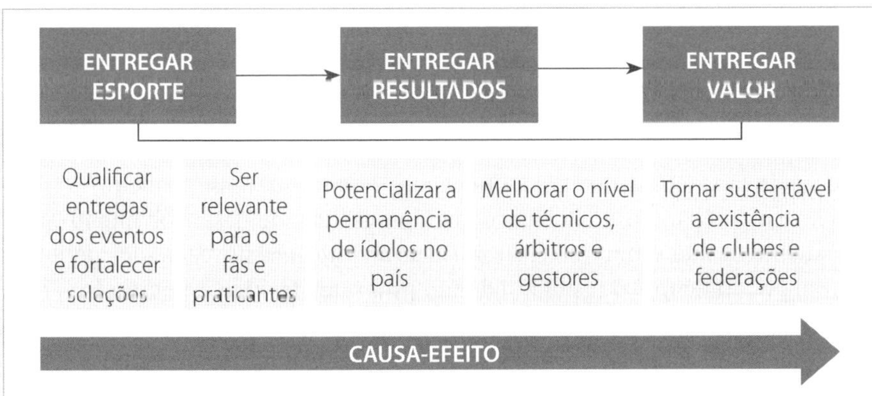

Figura 1 Ciclo virtuoso do tênis de mesa no Brasil.

Fonte: CBTM.

Um ciclo virtuoso é constituído por etapas e objetivos que precisam ser bem executados e aplicados de forma concomitante. É sobre esses pilares que se concebe o progresso da CBTM.

Investimento técnico e desenvolvimento do tênis de mesa

Na esteira de transformações que a CBTM passou, destaque especial para o período vivido em relação ao Ciclo Olímpico/Paralímpico Rio 2016. Na CBTM, o projeto técnico começou com o anúncio da sede da Rio 2016, no ano de 2009. Na ocasião, tendo a ambição de colocar o Brasil entre as maiores potências do tênis de mesa, mesmo não tendo tradição na modalidade, entendeu-se necessário buscar trazer novos conhecimentos em vez de grandes estruturas, que foi o movimento comum do esporte brasileiro naquele período.

Com a ampliação dos investimentos, a CBTM contratou o consultor francês Michel Gadal, que foi treinador Jean-Philippe Gatien, campeão mundial em 1993 e duas vezes medalhista olímpico (1994 e 2000). Na ocasião, entendia-se necessário construir, antes de atletas campeões, um sistema que pudesse proporcionar o desenvolvimento da excelência esportiva como algo natural no Brasil, dentro de um processo estruturado.

Convencionado como a "Rota do Alto Nível", passou-se a ter um direcionamento para as melhores tomadas de decisão do trabalho técnico feito pela CBTM e de forma customizada, respeitando as características do país.

E é sob a tutela dessa matriz que a CBTM tem pautado sua atuação, passando pelas escolhas de desenvolvimento do tênis de mesa e a busca de excelência em resultados internacionais.

Assim, os principais programas e projetos, da base ao alto rendimento, quando escolhidos por seu orçamento ou definições estratégicas, tem um olhar especial sobre a "Rota do Alto Nível". E ela está integrada, tanto no contexto do esporte olímpico quanto no do paralímpico.

O Quadro 1 apresenta programas e projetos que são realizados (ou estão planejados) de acordo com os cinco pilares definidos pela Rota do Alto Nível em face da faixa etária do atleta. Ou seja, apresenta-se, dessa maneira, como a CBTM tem preparado e alicerçado seus programas de desenvolvimento para se manter e evoluir em termos de massificação e alcance de resultados perenes.

Em pouco tempo, o resultado de um programa técnico estruturado foi capaz de consolidar resultados internacionais de grande relevância, posicionando o país com destaque e protagonismo tanto no segmento olímpico como no paralímpico. Essa assertiva está retratada nas Figuras 2 e 3, que mostram a linha do tempo da atual geração de atletas e paratletas brasileiros do tênis de mesa, respectivamente.

Quadro 1 Rota do Alto Nível e visão dos programas de desenvolvimento projetados pela CBTM

<table>
<tr><th>Idade →
Rota do Alto Nível ↓</th><th>6</th><th>7</th><th>8</th><th>9</th><th>10</th><th>11</th><th>12</th><th>13</th><th>14</th><th>15</th><th>16</th><th>17</th><th>18</th><th>19</th><th>20</th><th>21</th></tr>
<tr><td>Processo de seleção</td><td colspan="6">▪ Polo de desenvolvimento regional
▪ Detecção Diamantes do Futuro</td><td colspan="10"></td></tr>
<tr><td>Organização de competições</td><td colspan="8">Liga Estudantil
Circuito TMB = TMB Regional e TMB Estadual [...]</td><td colspan="8">Circuito TMB = TMB Challenge e TMB Platinum
Liga TMB</td></tr>
<tr><td rowspan="3">Formação dos treinadores</td><td colspan="8">Curso I – Iniciação esportiva</td><td colspan="8"></td></tr>
<tr><td colspan="4"></td><td colspan="7">Curso II – Formação de atletas</td><td colspan="5"></td></tr>
<tr><td colspan="8"></td><td colspan="8">Curso III – Alto rendimento</td></tr>
<tr><td>Detecção e formação de talentos</td><td colspan="6">Treinamento Diamantes do Futuro</td><td colspan="10">▪ Investimento na Participação em Competições Internacionais
▪ Training Camp</td></tr>
<tr><td>Filosofia de treinamento</td><td colspan="16">Diretrizes metodológicas, com orientações</td></tr>
</table>

Fonte: Michel Gadal e CBTM.

Figura 2 Linha do tempo da atual geração de atletas olímpicos.

Fonte: CBTM.

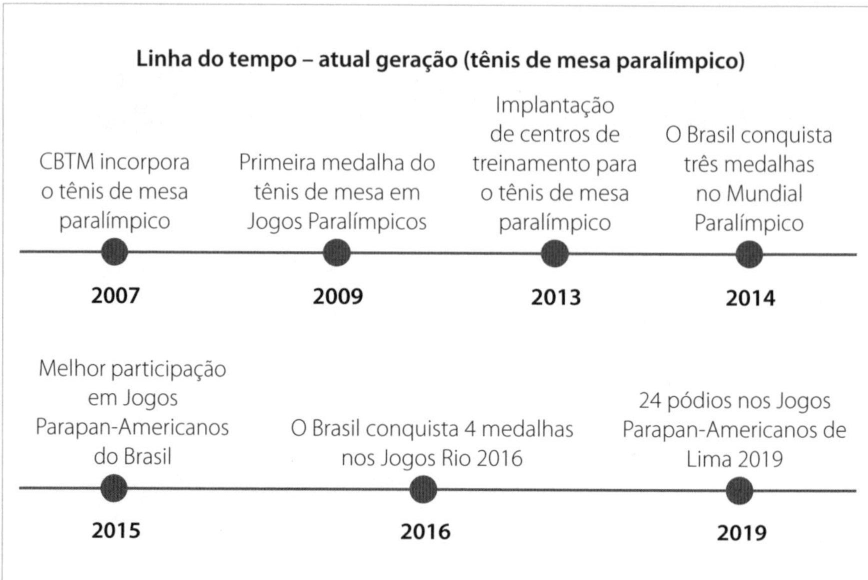

Figura 3 Linha do tempo da atual geração de atletas paralímpicos.
Fonte: CBTM.

Quando se olha para esse passado recente, tem-se a certeza dos caminhos e escolhas que a entidade tomou. E de que os resultados são conquistas de um trabalho amplo, com esforços, ideias e conceitos somados de diferentes atores.

Considerações finais: o que esperar do futuro?

A empreitada de colocar e manter o Brasil entre as principais potências do tênis de mesa global é desafiadora. Mas sabemos que a CBTM e a comunidade do tênis de mesa querem muito mais.

Por isso, a entidade segue trabalhando com vertentes que busquem uma adequada modernização do esporte, aproximando-se de novos modelos de negócio e novas tecnologias que somem e contribuam com melhores resultados. Tanto econômicos quanto esportivos. Até porque temos clareza de que ambos se somam dentro de um trabalho integrado e mútuo.

Para o futuro, a atuação deverá permear pela contínua busca da melhoria na entrega dos serviços, na aproximação irrestrita com as pessoas, colocando-as no centro de nossas decisões e o investimento adequado em novas tecnologias.

CONFEDERAÇÃO BRASILEIRA DE *BADMINTON*

Keiko V. O. Fonseca[1]

A Confederação Brasileira de *Badminton* – CBBd (http://www.badminton.org.br) é a entidade nacional gestora do esporte de raquete *badminton* no Brasil, sendo seu atual gestor o Sr. Francisco Ferraz de Carvalho (termo atual de 2016-2020).

A CBBd conta atualmente com vinte federações estaduais afiliadas (http://www.badminton.org.br/mapa_federacao): Alagoas, Amapá, Amazonas, Brasília, Ceará, Maranhão, Mato Grosso, Mato Grosso do Sul, Minas Gerais, Paraíba, Paraná, Pernambuco, Piauí, Rio de Janeiro, Rio Grande do Norte, Rio Grande do Sul, Santa Catarina, São Paulo, Sergipe e Tocantins. Em 2020, estavam afiliados à CBBd 2.450 atletas e 87 técnicos, sendo esse cadastro um requisito para participação em torneios organizados pela CBBd válidos para o *ranking* nacional. Dentre esses atletas, 199 são de *parabadminton.*

A CBBd é afiliada desde 1988 da Badminton World Federation (BWF desde 2006, antiga International Badminton Federation – IBF), confederação mundial da modalidade, com *status* de membro.

Histórico do *badminton* no Brasil

Os primeiros registros de *badminton* no Brasil são de 1938, do Santos Atlético Clube (SAC), e referem-se à alocação de verbas para o *badminton* no orçamento anual do clube. Na década de 1960, há registros do *badminton* como esporte oficial das olimpíadas internas do SAC. Em Santa Catarina, há registros de 1978 da prática de *badminton* em Blumenau (SC) sob coordenação do Dr. Frederico Strassburger, entre família e amigos.[2] No Distrito Federal, a prática do *badminton* é registrada desde 1990. Esses três estados (SP, SC e DF) estabeleceram as primeiras organizações de gestão do esporte no país.

Como esporte competição, a primeira competição brasileira foi organizada pela Associação Paulista de *Badminton* (APB) com o apoio da Secretaria Municipal de Esportes de São Paulo: I Taça São Paulo, nessa cidade, em 1984. Nesse mesmo ano, o Brasil se fez representado no I Campeonato Sul-Americano em Buenos Aires, como nação. No ano seguinte, 1985, também em Buenos Aires, o Brasil foi campeão do II Campeonato Sul-Americano. Em 1987, o Brasil estreou

---

1 A autora agradece as informações fornecidas por memórias vivas do *badminton* no Brasil, como Francisco Ferraz de Carvalho, Edmilson Kaestner, Ralf Strassburguer, Gilmar Bohmann, Cristiano Rodrigo Chew, Artur Nogueira, entre muitos outros.

2 Disponível em: https://www.badminton.esp.br/historiafcb.

em Lima (Peru) no Campeonato Pan-Americano de *Badminton*. A participação e a organização nos eventos citados se fizeram pela APB, até então a entidade desportiva exclusiva de *badminton* no Brasil. A fundação da Federação Paulista de *Badminton* (FPB), em 1988, pelos clubes Associação Esportiva Dragão, Associação Brasileira A Hebraica e São Paulo Futebol Clube, possibilitou a afiliação como representante nacional junto à IBF, hoje BWF. Em 1990, já como sede do IV Sul-Americano de *Badminton*, o Brasil conquistou o 2º lugar nesse evento, realizado na cidade de Mairinque (SP).

O *badminton* no Brasil

A linha do tempo representada na Figura 4 apresenta os principais eventos e destaques de conquistas internacionais realizados pelo *badminton* do Brasil, bem como caracteriza os períodos de gestão da Confederação. O registro e as informações sobre os eventos relacionados às conquistas do *badminton* brasileiro[3] são uma cortesia do Sr. Luís Manoel da Fonseca Barreto[4], primeiro presidente da Confederação Brasileira de *Badminton* e que permaneceu nessa função até 2004. Em 2005, o Sr. Celso Wolf Júnior foi eleito presidente da CBBd e reeleito em 2008.

No início de 2011, a CBBd passou por uma fase turbulenta, quando sofreu intervenção federal por má gestão. O interventor indicado, Sr. Manoel Góri, também foi afastado e um novo interventor assumiu, o Sr. Alexandre Augusto de Moraes Sampaio. Uma nova eleição em 2012 elegeu o Sr. Francisco Ferraz de Carvalho, que assumiu com a árdua tarefa de pacificar a comunidade e reorganizar a Confederação, sendo reeleito em 2016 para mais um período de gestão, encerrada no final de 2020. As duas gestões comandadas pelo Sr. Ferraz se caracterizaram pela busca da profissionalização da gestão da entidade e da participação democrática das entidades afiliadas, em especial, o fórum nacional, com reuniões anuais dos representantes da comunidade de *badminton* no Brasil (Enabad – Encontro Nacional de *Badminton*), o investimento em disseminação do esporte por meio da disponibilização de recursos instrucionais em português, ações de desenvolvimento de *badminton* escolar, inclusão e participação do *badminton* nos Jogos Escolares, cursos de formação de professores e técnicos, criação e operação da comissão nacional de arbitragem, organização profissional de eventos competitivos nacionais e internacionais, uma seleção nacional permanente para representar o país, centros de treinamento próprios da modalidade, sendo um exclusivo para *badminton* (CT de Teresina, no Piauí), um núcleo de ciências do esporte, uma ouvidoria, o reconhecimento de voz

3 Disponível em: http://www.badmintonnobrasil.comunidades.net/.
4 Disponível em: http://badmintonnobrasil.comunidades.net/o-autor.

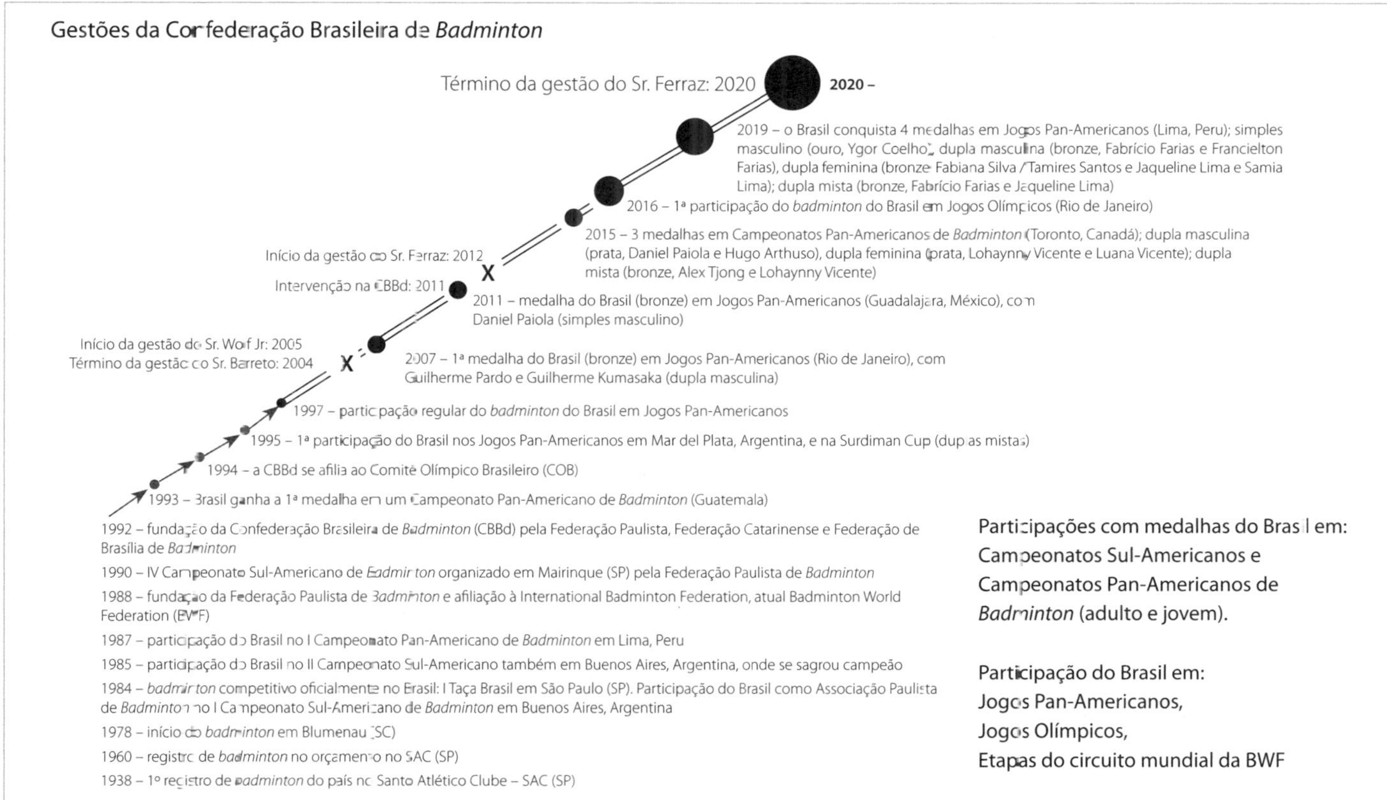

Figura 4 Linha do tempo de destaques (eventos e conquistas) do *badminton* no Brasil.

Fonte: elaborada pela autora.

dos atletas (comissão de atletas) e, recentemente, um conselho de administração. Ressaltam-se aqui também as iniciativas de padronização (certificação ISO 9.000) e a formalização de procedimentos para atender aos requisitos de gestão ética e responsável, reconhecidos com base na classificação da CBBd entre as cinco melhores na avaliação do Rating Integra.[5]

Um marco para o *badminton* brasileiro foi a classificação pela primeira vez de dois atletas para os Jogos Olímpicos de Verão (Rio, 2016). Embora o Brasil tivesse direito a duas vagas por convite, por sediar o evento, os atletas Ygor Coelho (como 29º do *ranking* olímpico) e Lohaynny Vicente (como 35ª) conquistaram as vagas por estarem entre os 38 melhores do mundo.[6] Outro marco importante foi a medalha de bronze de Jaqueline Lima nos Jogos Olímpicos da Juventude (*Youth Olympic Games*), em 2018, em Buenos Aires, Argentina.[7]

O trabalho da CBBd foi também, nesse período, reconhecido mundialmente por meio dos prêmios internacionais outorgados pela Federação Mundial de *Badminton* (BWF) a duas brasileiras, pelos relevantes serviços prestados ao esporte mundial nas áreas de desenvolvimento de mulheres no *badminton*: Keiko Verônica Ono Fonseca, em 2016, e Shirly Gabay, em 2019, recebedoras do prêmio em "*Gender Equity And Diversity Award*".[8]

O *parabadminton* no Brasil

O *parabadminton* teve sua primeira competição local realizada em 2008, pela Federação de *Badminton* de Brasília, e a nacional, em 2009 (Campeonato Brasileiro de *Badminton* Adaptado).[9] Já sobre a participação internacional do Brasil, foi em 2010, nos Pan-Americanos da modalidade, em Curitiba. Desde 2010 são disputados torneios nacionais de *parabadminton*, sob a gestão da CBBd.

A Figura 5 apresenta o crescimento de participação de atletas de *parabadminton*, por ano, desde 2015. Em 2016, dos 47 atletas, 27 já tinham classificação internacional, número hoje igual a 75 atletas, impulsionados com a inclusão do *parabadminton* nos Jogos Paralímpicos Mundiais de Tóquio 2020. O mesmo gráfico apresenta a quantidade de medalhas conquistadas pelo Brasil em eventos internacionais da modalidade:

- 2017: 31 medalhas (6 de ouro, 8 de prata e 17 de bronze) no *I Brazil Parabadminton International*.

---

5 Disponível em: https://www.ethos.org.br/cedoc/rating-integra-apresenta-os-resultados-do-seu-primeiro-ciclo-de-avaliacao-e-da-a-largada-para-o-segundo/.

6 Disponível em: http://www.badminton.org.br/noticia.php?id=2811/.

7 Disponível em: https://glo.bo/2Ua9paK.

8 Disponível em: https://extranet.bwfbadminton.com/docs/document-system/81/82/130/Gender%20Equity%20and%20Diversity%20Award%20Recipients.pdf.

9 Disponível em: http://parabadminton.blogspot.com/2010/02/.

- 2018: 57 medalhas (15 no *II Brazil Parabadminton International* e 42 no *PanAm Parabadminton Championships*).
- 2019: 16 medalhas (10 no *Parapan American Games*, 1 no *5th Turkish Parabadminton International*, 1 no *2nd Fazza Dubai Parabadminton International*, e 3 no *TOTAL BWF Parabadminton World Championships*, 1 no *Hulic Daihatsu Japan Parabadminton International*).
- 2020: 7 (3 no *III Brazil Parabadminton International*, 4 no *Peru Parabadminton International*).

A partir de 2019, os eventos internacionais já miravam a corrida paralímpica, com elevado grau de competitividade em relação aos anos anteriores. Em 2020 não houve competições nacionais em função da pandemia de Covid-19.

Um marco importante foi a primeira participação do Brasil nos Jogos Paralímpicos Pan-Americanos no Peru (*Parapan American Games*) em 2019. Foram conquistadas 10 medalhas no total, ficando o nosso país em primeiro lugar na classificação geral do evento de *parabadminton*.

O destaque atual do *parabadminton* brasileiro é o atleta Vitor Tavares, classificado para as Paralimpíadas de Tóquio com chances de medalha olímpica.[10]

Perspectivas

A escala dos eventos competitivos nacionais atingiu recentemente um patamar (mais de 300 atletas inscritos) que requer uma complexa logística de transporte de material e gestão de recursos humanos e de patrimônio. Esse aumento é também reflexo da inclusão do *badminton* nos Jogos Escolares Brasileiros (12 a 14 anos, organizados pela Confederação Brasileira de Desporto Escolar) e nos Jogos da Juventude (sub-18, organizados pelo Comitê Olímpico Brasileiro). As futuras gestões têm a responsabilidade de repensar essa escala (descentralização, modelos de ligas, categorias etc.) para gerir de forma sustentável o desenvolvimento do *badminton* nos anos vindouros. Os efeitos dessa escala também são sentidos na gestão das federações e na relação da CBBd com suas afiliadas.

A sustentabilidade tem sido alvo das discussões no Enabad em temas como: efeitos da especialização esportiva precoce, responsabilidade ambiental e social, gestão pós-carreira e melhor qualificação dos profissionais da comunidade de *badminton*. É clara também a necessidade de focar a boa governança baseada na efetividade, na legitimidade e na ética. É dever da CBBd enfrentar os desafios em quatro dimensões essenciais: transparência, democracia, prestação de contas e responsabilidade social e ambiental.

10 Disponível em: http://www.badminton.org.br/noticia/4375/vitor-tavares-com-forca-de-vontade-e-grande-dedicacao-alimenta-o-sonho-olimpico/.

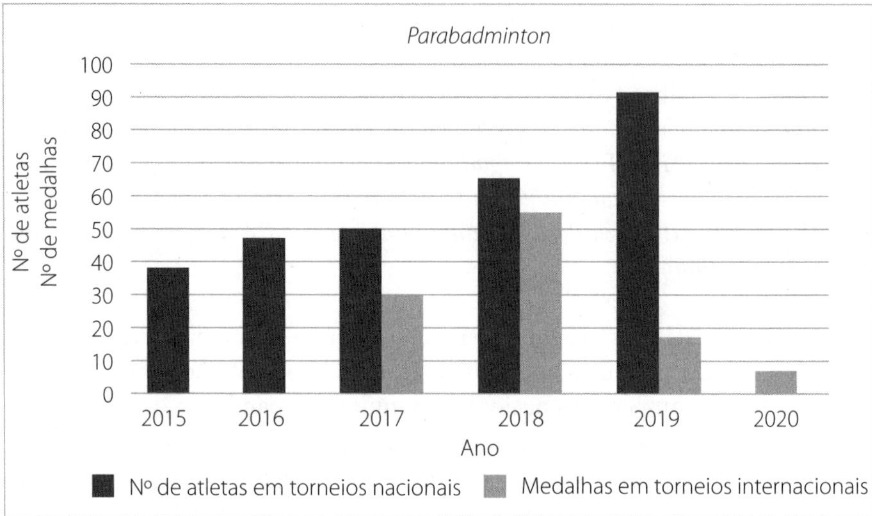

Figura 5 Número de atletas de *parabadminton* em torneios nacionais e de medalhas conquistadas em torneios internacionais por ano.

Fonte: elaborada pela autora.

É com foco no presente e no futuro que a CBBd espera marcar a história do *badminton* no país, como uma gestora comprometida com valores que a caracterizem como competente, honesta e justa.[11]

REFERÊNCIAS

Barreto LM. Badminton competitivo no Brasil. 2020. Disponível em: http://www.badmintonnobrasil.comunidades.net/; acessado em: 14 de março de 2021.

Barreto LM. O autor. 2020. Disponível em: http://badmintonnobrasil.comunidades.net/o-autor; acessado em: 14 de março de 2021.

Bastianini P, Fonseca K. Badminton: introduzindo um novo esporte no Brasil. Relatório Técnico, Badminton Federação Paranaense. Paraná; 2007.

BWF. Gender equity and diversity award recipientes. Badminton World Federation. Disponível em: https://extranet.bwfbadminton.com/docs/document-system/81/82/130/Gender%20Equity%20and%20Diversity%20Award%20Recipients.pdf; acessado em: 14 de março de 2021.

CBBd1. Ygor Coelho e Lohaynne Vicente representarão Brasil nos Jogos Olímpicos 2016. 2016. Disponível em: http://www.badminton.org.br/noticia.php?id=2811/; acessado em: 14 de março de 2021.

11 Disponível em: http://www.badminton.org.br/admin/upload/documentos/f881fc8e32.pdf.

CBBd2. Vitor Tavares, com força de vontade e grande dedicação, alimenta o sonho olímpico. 2020. Disponível em: http://www.badminton.org.br/noticia/4375/vitor-tavares-com-forca-de-vontade--e-grande-dedicacao-alimenta-o-sonho-olimpico/; acessado em: 14 de março de 2021.

FCB. Federaçao Catarinense de Badminton. História da FCB. 2012. Disponível em: https://www.badminton.esp.br/historiafcb; acessado em: 14 de março de 2021.

Fernandes W, Merguizo M, Peters R, Nunes G. Jaqueline Lima conquista o bronze no badminton para equipes mistas, nas Olimpíadas da Juventude. Globo Esporte. 2018. Disponível em: https://globoesporte.globo.com/google/amp/jogos-olimpicos-da-juventude/noticia/jaqueline-lima-conquista-o--bronze-no-badminton-para-equipes-mistas-nas-olimpiadas-da-juventude.ghtml#aoh=16050175382697&referrer=https://www.google.com&csi=1; acessado em: 14 de março de 2021.

Fonseca KV, Bastianini PR. Badminton: manual de fundamentos e exercícios. Curitiba: MM Ono; 2012.

Gadal, M. Rota do alto nível: consultoria para a Confederação Brasileira de Tênis de Mesa. Rio de Janeiro. 2011.

Parabadminton Brasil. Campeonato Brasileiro de badminton adaptado. 2009, 2015. Disponível em http://parabadminton.blogspot.com/2010/02/; acessado em: 14 de março de 2021.

Índice remissivo

B

C

D

E

F

G

H

I

J

L

Q

R

S

T

U

V

W